吴邦国论人大工作

（上）

人民出版社

吴邦国

　　2003 年 3 月 5 日，第十届全国人民代表大会第一次会议在北京人民大会堂开幕。江
泽民、胡锦涛、李鹏、朱镕基、李瑞环、李岚清、吴邦国、温家宝、贾庆林、曾庆红、
黄菊、吴官正、李长春、罗干等步入会场。

　　2003 年 3 月 15 日，第十届全国人民代表大会第一次会议在北京人民大会堂举行第五次全体会议，吴邦国当选第十届全国人民代表大会常务委员会委员长。图为李鹏与吴邦国握手。

2013 年 3 月 5 日，第十二届全国人民代表大会第一次会议在北京人民大会堂开幕。胡锦涛、习近平、吴邦国、温家宝、贾庆林、李克强、张德江、俞正声、刘云山、王岐山、张高丽等步入会场。

2013 年 3 月 4 日，第十二届全国人民代表大会第一次会议在北京人民大会堂举行预备会议。图为吴邦国和张德江握手。

2011 年 1 月 24 日，全国人大常委会办公厅在北京人民大会堂举行"形成中国特色社会主义法律体系座谈会"。吴邦国出席并讲话。

2012 年 12 月 4 日，首都各界在北京人民大会堂集会，隆重纪念现行宪法公布施行
30 周年。习近平、吴邦国、李克强、张德江、俞正声、刘云山等出席大会。

2009 年 9 月 3 日，吴邦国在古巴哈瓦那亲切探望古巴共产党中央委员会第一书记菲德尔·卡斯特罗。

2006 年 5 月 30 日，吴邦国在莫斯科会见俄罗斯总统普京。

2009 年 9 月 10 日，吴邦国在白宫会见美国总统奥巴马。

2009 年 5 月 27 日，吴邦国在北京人民大
会堂会见美国国会众议院议长佩洛西。

2010年7月19日，吴邦国在日内瓦会见各国议会联盟主席古里拉布和秘书长约翰松。

出 版 说 明

《吴邦国论人大工作》一书收入了吴邦国同志二〇〇三年三月至二〇一三年三月在担任中共中央政治局常委、全国人大常委会委员长期间关于人大工作的重要著作，共有报告、讲话、批示、答问等一百二十六篇，相当一部分是第一次公开发表。

曾经公开发表过的著作，这次编入本书时，又作了少量的文字订正。为了便于读者阅读，编辑时作了必要的注释，附在篇末。

在编辑本书时，作者逐篇审定了全部文稿。

本书编辑组

二〇一七年三月

目　录

（上）

竭诚为祖国为人民服务 *

（二〇〇三年三月十八日）

这次大会选举产生了新一届全国人大常务委员会，并选举我担任本届全国人大常委会委员长。这是各位代表和全国各族人民对我们的信任和重托，我代表十届全国人大常委会全体组成人员表示衷心的感谢！我们深感责任重大。我们将同全体代表一道，以对国家、对人民高度负责的精神，忠实模范地遵守宪法，尽心尽力地做好工作，竭诚为祖国、为人民服务，决不辜负全国各族人民的期望。

我国已经进入全面建设小康社会、加快推进社会主义现代化的新的发展阶段。十届全国人大任期的五年，是为实现全面建设小康社会奋斗目标打下坚实基础的重要时期。党的十六大明确把发展社会主义民主政治，建设社会主义政治文明，同建设社会主义物质文明、精神文明一起，作为全面建设小康社会的重要目标。强调必须在坚持四项基本原则的前提下，继续积极稳妥地推进政治体制改革，扩大社会主义民主，健全社会主义法制，建设

---

* 这是吴邦国同志在第十届全国人民代表大会第一次会议上讲话的一部分。

2003 年 3 月 18 日，十届全国人大一次会议举行闭幕会。吴邦国在闭幕会上讲话。

社会主义法治国家，巩固和发展民主团结、生动活泼、安定和谐的政治局面；强调发展社会主义民主政治，最根本的是把坚持党的领导、人民当家作主和依法治国有机统一起来；强调坚持和完善人民代表大会制度，保证人民代表大会及其常委会依法履行职能，保证立法和决策更好地体现人民的意志。这些都为人大工作指明了方向。十届全国人大及其常委会将坚持以邓小平理论和"三个代表"重要思想为指导，全面贯彻党的十六大精神，紧紧围绕国家工作大局和经济建设这个中心，在党中央的坚强领导下，把坚持党的领导、人民当家作主和依法治国有机统一起来，继续把发展社会主义民主、健全社会主义法制作为根本任务，认真履行宪法和法律赋予的职责，坚持和完善人民代表大会制度，继往开来，与时俱进，努力开创人大工作新局面，更好地发挥人民代表大会制度的优越性，为把中国特色社会主义事业不断推向前进作出更大的贡献。

我们要继续加强立法工作，提高立法质量。要按照党的十六大再次明确提出的到二〇一〇年形成中国特色社会主义法律体系的要求，适应社会主义市场经济发展、社会全面进步和加入世贸组织的新形势，抓紧制定一批新的法律，及时修改完善一批现有法律，争取在本届任期内，基本形成中国特色社会主义法律体系，为深化改革、加快发展、保持稳定提供有力的法律保障，为加快推进社会主义现代化、为开创中国特色社会主义事业新局面创造良好的法制环境。

我们要继续加强监督工作。要紧紧围绕增强监督实效这一中心环节，开展对宪法和法律实施的监督，坚决纠正有法不依、执法不严、违法不究的行为，切实维护宪法和法律的权威。要依法加强对国务院、最高人民法院和最高人民检察院工作的监督，促进行政机关依法行政、审判机关和检察机关公正司法。

我们要继续加强与人民群众的密切联系。人大是由民主选举产生的，要始终不渝地为人民群众谋利益。要了解民情，反映民意，集中民智，自觉地把人大工作置于人民群众的监督之下。常委会要密切与代表的联系，切实为他们执行代表职务创造条件，更好地发挥代表的作用。要密切与地方人大的联系，及时总结地方人大的工作经验，共同推进我国社会主义民主法制建设。

我们要继续加强自身建设。做到务必继续保持谦虚谨慎、不骄不躁的作风，务必继续保持艰苦奋斗的作风。要努力学习，深入实际，脚踏实地，求真务实，力戒形式主义，按照民主集中制的原则，扎扎实实地依法履行好自己的职责。要进一步健全工作制度，完善工作规则，严格议事程序，努力提高工作能力和水平。

努力开创人大工作新局面 *

（二〇〇三年三月十九日）

第十届全国人大常委会已经开始履行宪法和法律赋予的庄严职责。

本届全国人大任期的五年，是为实现全面建设小康社会奋斗目标打下坚实基础的重要时期。十届全国人大及其常委会工作的总体要求是，坚持以邓小平理论和"三个代表"重要思想为指导，全面贯彻党的十六大精神，紧紧围绕国家工作大局和经济建设这个中心，在以胡锦涛同志为总书记的党中央的坚强领导下，把坚持党的领导、人民当家作主和依法治国有机统一起来，继续把发展社会主义民主、健全社会主义法制作为根本任务，认真履行宪法和法律赋予的职责，坚持和完善人民代表大会制度，继往开来，与时俱进，努力开创人大工作新局面，更好地发挥人民代表大会制度的优越性，为把中国特色社会主义事业不断推向前进作出更大的贡献。

下面，我就做好人大工作讲五点意见，与同志们商量。

---

* 这是吴邦国同志在十届全国人大常委会第一次会议上的讲话。

一、坚持和完善人民代表大会制度，为人民行使好国家权力

人民代表大会制度是我国的根本政治制度。坚持和完善人民代表大会制度，加强和改进人大工作，是发展社会主义民主政治、建设社会主义政治文明的必然要求，是依法治国、建设社会主义法治国家的必然要求，是保证人民当家作主、实现党和国家长治久安的必然要求，也是本届全国人大及其常委会重大而光荣的任务。为了做好工作，首先要对人民代表大会制度有深刻的理解，要对加强和改进人大及其常委会工作的重要性有深刻的理解。

江泽民同志在党的十六大报告中第一次庄重地把发展社会主义民主政治，建设社会主义政治文明作为全面建设小康社会的重要目标。强调要促进社会主义物质文明、政治文明和精神文明的协调发展。这反映了我们党对人类社会发展规律、社会主义现代化建设规律认识的深化，是对中国特色社会主义的理论和实践的丰富和完善。改革开放二十多年的实践证明，实现社会主义现代化的过程，是包括经济、政治、文化发展在内的社会全面进步的过程，是物质文明、政治文明和精神文明建设相互协调、相互促进、全面推进的过程。

按照党的十六大要求，继续积极稳妥地推进政治体制改革，发展社会主义民主政治，建设社会主义政治文明，它的本质要求是人民当家作主。社会主义现代化既是亿万人民的共同事业，又造福于亿万人民，只有人民当家作主，才能维护最广大人民群众的根本利益，充分调动全社会、全国各族人民的积极性、主动性和创造性。

列宁说过，民主是一种国家形式、国家形态。我国现行宪法总纲的第一条开宗明义地规定："中华人民共和国是工人阶级领导的、以工农联盟为基础的人民民主专政的社会主义国家。"这里明确的是我们的国体、我们国家的性质。在我国，人民，只有人民，才是国家和社会的主人。宪法规定："中华人民共和国的一切权力属于人民。"它揭示了我们的国家制度的核心内容和基本准则，也是整个宪法的基本精神。一切权力属于人民，人民当家作主，归纳起来最重要的是两件大事，一是决定国家的大政方针，二是选举和决定任命国家机构领导人员，从而在政治上和组织上保证全体人民掌握国家权力，真正成为国家的主人。

全国有近十三亿人，怎样管理国家？总要有一定的组织形式和制度来体现、来保证。宪法规定："人民行使国家权力的机关是全国人民代表大会和地方各级人民代表大会。"人民代表大会制度是我们的政体，是全国各族人民管理国家的基本组织形式，是我国的根本政治制度。这一根本政治制度的基本内容主要包括五个方面：一是各级人大都由民主选举产生，对人民负责，受人民监督；二是各级人大及其常委会实行民主集中制，集体行使权力、集体决定问题，以求真正集中人民的共同意志、代表人民的根本利益；三是国家行政机关、审判机关、检察机关都由人大产生，对它负责，受它监督；四是遵循在中央统一领导下，充分发挥地方的主动性、积极性的原则，划分中央和地方的国家机构的职权；五是各少数民族聚居的地方实行区域自治，设立自治机关，自治机关除行使一般地方国家机关的职权外，同时依法行使自治权。

在制定一九五四年宪法时，毛泽东同志就指出，我们这个国家制度比较能经得起风险。邓小平同志也说过，民主集中制的人民代表大会制度是个好的制度。好在哪里？第一，它使人民能够更好地行使国家权力，把国家的、民族的前途和命运掌握在自己手中。这是维护人民根本利益的可靠保证，也是我们国家比较能经得起各种风险、克服各种困难的可靠保证。第二，它在国家机构的设置和职权划分上体现了这样的精神：在法律的制定和国家重大问题的决策上，必须由国家权力机关按照民主集中制的原则，充分发扬民主，集体决定问题，以求真正集中人民的共同意志、代表人民的根本利益；而在法律和决定的贯彻执行上，必须实行严格的责任制，主要由"一府两院"依法各负其责。第三，我们的国家可以而且必须由人民代表大会统一行使国家权力；同时，在这个前提下，又明确地划分了国家的行政权、审判权、检察权，使国家权力机关和行政、审判、检察机关能够协调一致地工作。国家机构的这种合理分工，既可以避免权力过分集中，又可以使国家的各项工作协调有效地进行。

我们在最高国家权力机关工作，受全国各族人民重托，为人民掌握和行使国家权力，必须兢兢业业，扎实工作。发展社会主义民主政治，建设社会主义政治文明，做好人大及其常委会的工作，极为重要的是，胡锦涛同志在党的十六届二中全会上强调的，必须坚持社会主义方向。他说，"牢牢把握这一点极为重要。如果这一点把握不好、把握不牢，走偏了方向，不仅政治文明建设很难搞好，而且会给党和人民事业带来损害，影响社会政治稳定，影响党和国家长治久安。"[1] 坚持正确的政治方向，关键是要把握好这样三点。

一是要把坚持党的领导、人民当家作主和依法治国有机统一起来，这是最根本的。中国共产党从诞生那一天起就以实现和发展人民民主为己任，并为之进行了长期奋斗。中国共产党执政就是领导和支持人民当家作主，并且通过宪法和法律把党的主张和人民意志统一起来，作为执政兴国的基本依据，实行依法治国，建设社会主义法治国家。因此，全国人大作为最高国家权力机关，坚持和完善人民代表大会制度，为人民行使好国家权力，必须坚持党的领导，决不能削弱党的领导，脱离党的领导，放弃党的领导，决不能搞西方那种多党制、那种议会制。坚持党的领导最重要的就是两点：一是经过法定程序，使党的主张成为国家意志；二是经过法定程序，使党组织推荐的人选成为国家政权机关的领导人员，并对他们进行监督。在这个重大的政治原则问题上，我们在人大工作的同志，必须时刻和始终保持清醒的头脑。

二是要坚持走中国特色的政治发展道路。党的十六大指出，中国共产党和中国人民对自己选择的政治发展道路充满信心，将坚定不移地把中国特色社会主义政治建设推向前进。这句话的含义十分深刻，这就是说，发展社会主义民主政治，建设社会主义政治文明，包括坚持和完善人民代表大会制度，必须从我国的国情出发，坚持走自己的路。我们要借鉴人类政治文明的有益成果，但决不能照搬西方那一套"三权分立"的政治制度模式。一些发展中国家盲目照搬西方政治制度模式，导致了严重的社会政治后果，吃了大亏，这方面的教训我们一定要引为警戒。

三是要坚持和发展我国社会主义政治制度的特点和优势。我们党领导全国各族人民，经过长期的探索和实践，选择了我国的社会主义政治制度，坚持党的领导，实行民主集中制，充分发扬民主，推进依法治国。事实已经证明并将继续证明，我们的政治制度符合中国特色社会主义事业发展的要求，既有利于反映人民的要求、集中人民的意志、维护人民的利益，使社会政治生活充满活力，又有利于保持国家的统一、民族的团结、社会的稳定，可以集中力量办大事，提高工作效率，促进经济发展和社会全面进步。

总之，本届全国人大及其常委会要为人民行使好国家权力，就一定要按照党的十六大要求，始终坚持以邓小平理论和"三个代表"重要思想为指导，坚持贯彻党的基本理论、基本路线、基本纲领和基本经验，积极稳妥地推进政治体制改革，坚持和完善人民代表大会制度，不断推进社会主义民主政治的制度化、规范化和程序化，扎扎实实地把社会主义政治文明建设推向前进。

二、切实加强立法工作，重在提高立法质量

立法权是全国人大及其常委会的一项重要职权，加强立法工作是它的一项重要任务。

发展社会主义民主政治，建设社会主义政治文明，要着重加强制度建设。它更带有根本性、全局性、稳定性和长期性。邓小平同志在党的十一届三中全会前夕召开的中央工作会议上就明确指出："为了保障人民民主，必须加强法制。必须使民主制度化、法律化，使这种制度和法律不因领导人的改变而改变，不因领导人的看法和注意力的改变而改变。"[2] 由此可见，社会主义民主是社会主义法制的本质，社会主义法制是社会主义民主的保障，二者是统一而不可分割的。

加强社会主义法制建设，基本的要求还是党的十一届三中全会提出的那四句话：有法可依，有法必依，执法必严，违法必

究。四句话，强调了两个方面：一是做到有法可依，这就要求加强立法；二是做到依法办事，这就要求严格执法。这两个方面，立法是基础。如果没有比较完备的、高质量的法律法规，就谈不上实现社会主义民主政治的制度化、规范化和程序化，就谈不上依法治国、建设社会主义法治国家。党的十六大再次明确提出，为适应社会主义市场经济发展、社会全面进步和加入世贸组织的新形势，要加强立法工作，提高立法质量，到二〇一〇年形成中国特色社会主义法律体系。十届全国人大及其常委会要为实现这一重要而艰巨的任务，作出不懈努力。

党的十一届三中全会以来，随着改革的不断深化、开放的不断扩大，特别是面对社会主义市场经济体制的建立与完善，以及加入世贸组织的新形势，国家立法取得了举世瞩目的巨大进展。从中央层次的立法来看，二十四年来，除现行宪法和三个宪法修正案外，全国人大及其常委会审议通过了法律三百零六件、法律解释九件、有关法律问题的决定一百二十二件，国务院制定了九百四十二件行政法规，中国特色社会主义法律体系已初步形成，国家的政治生活、经济生活、社会生活的主要方面基本做到了有法可依。这是了不起的成就。

本届全国人大及其常委会的立法工作，怎样在现有的基础上加强和提高，是我们需要认真研究、切实解决的问题。现在，我谈一谈大体的思路，就是一个目标、一个重点。

一个目标是，争取在本届全国人大及其常委会的五年任期内，基本形成中国特色社会主义法律体系。确定这样一个目标，主要基于三点考虑：一是为实现党的十五大和十六大提出的到二〇一〇年我国立法工作的总体目标和要求，在本届全国人大及其常委会任期届满时，距离二〇一〇年年底只有不足三年的时间，应该确定一个承前启后的目标，所以我们提出"基本形成"。二是通过前几届人大及其常委会卓有成效的工作，已经初步形成了中国特色社会主义法律体系，立法工作已经有了很好的基础。三是提出这样一个目标，便于对今后五年的立法工作作统筹安排。

一个重点是，提高立法质量。对本届全国人大及其常委会来说，在基本形成中国特色社会主义法律体系的目标下，需要更加强调的是，提高立法质量。这样讲，不是不重视数量，而是说不要片面地追求数量。关于提高立法质量的工作，前几届全国人大及其常委会已经积累了许多成功的经验，并在立法法中肯定了下来。我们要认真执行，老老实实地把它们继承下来、发展下去。

在这里，我再强调四点。

一是坚持以"三个代表"重要思想为指导。法律是实践证明是正确的、成熟的、需要长期执行的党的路线方针的制度化、规范化和程序化。党的路线方针是法的灵魂。因此，立法要坚持以"三个代表"重要思想为指导，自觉地把党的主张、党的方针政策，经过法定程序，同人民的意志统一起来，转化成法律，成为国家意志，作为全社会都必须一体遵循的活动规范和行为准则，并最终依靠国家的强制力来保证它的严格执行，从制度和法律上保证党的路线方针政策的贯彻落实。正因为我们的宪法和法律是党领导人民制定出来的，遵守宪法和法律，与坚持党的领导，服从人民利益是完全一致的。

二是坚持从国情和实际出发。法律属于上层建筑，它是由经济基础决定的，又作用于经济基础。社会实践，首先是当代中国改革开放和社会主义现代化建设的实践，是我们立法的基础。因此，立法要从我国的国情出发，从实际出发，不能从愿望和想当然出发，不能从本本和概念出发。法律只能是实践经验的总结。对国外的经验要认真研究和借鉴，不论大陆法，还是普通法，尤其是对反映市场经济共同规律的东西，我们更应研究和借鉴。在加入世贸组织的新形势下，这方面的工作需要加强。除了按照世贸组织协定和我国政府对外承诺，我国有关法律、法规和其他政策措施要与世贸组织规则相衔接、相一致以外，我们在立法工作中对外国的经验应该采取分析、鉴别的态度，从中吸取对我们有益、有用的东西。但是，不能照搬。土教条不行，洋教条也不行，搞教条主义注定是要吃亏的。

三是坚持突出重点，为民所用。法律是调整社会关系的，说到底，是调整社会经济利益关系的。在我国，法律又以体现人民共同意志、维护人民根本利益、保障人民当家作主为本质特征，它的贯彻执行应该建立在能为广大人民群众所掌握并自觉遵守的基础之上。因此，我们的立法工作重点应该放在基本的、比较成熟的、改革发展稳定迫切需要的立法项目上。法律还是备而不繁为好，要防止法繁扰民。我们不能像西方国家那样，搞得法律多如牛毛，成了法律"迷宫"，使老百姓根本搞不懂。我们不能走他们那条路。

四是坚持服从服务于党和国家的工作大局。我们各方面的工作，都要服从并服务于党的中心任务。党的十一届三中全会已经把党和国家的工作中心转移到经济建设上来。邓小平同志强调，发展才是硬道理。江泽民同志在党的十六大报告中进一步明确，把发展作为党执政兴国的第一要务，并要求紧紧抓住本世纪头二十年这个可以大有作为的重要战略机遇期，集中力量，全面建设惠及十几亿人口的更高水平的小康社会。因此，我们的立法工作，必须紧紧围绕全面建设小康社会这个奋斗目标，体现、推动和保障发展这个第一要务，为发展创造更加良好的法制环境、提供更加有力的法制保障。这是检验立法质量的一条重要标准。

三、依法加强监督工作，保证宪法和法律得到切实执行

全国人大及其常委会如何履行宪法赋予的监督职权，保证其制定的法律和就国家重大问题作出的决定得到切实执行？对这个问题，广大人民群众很关心。前几届全国人大及其常委会都很强调要搞好监督，并进行了有益的探索，取得了明显的成效，积累了宝贵的经验。当然，由于历史的和现实的种种原因，这个问题至今依然比较突出。这次人代会上，代表对此的反映仍然比较强烈。我们应该给予高度重视、认真对待。

总的来说，在我们国家，不应该存在不受监督的权力，任何国家机构和国家机构工作人员在行使法定权力的同时，必须依法接受监督，承担法定责任。权力与责任是统一的，有权必有责，用权受监督，谁都不能例外。当然，讲对具体问题的监督，那就要作具体分析，分别处理。

讲监督，有党的监督、政府的监督、司法机关的监督、权力机关的监督，还有民主监督，等等。党有党纪，政有政纪，国有国法。违反党纪的问题，应由党组织去处理，党的纪律检查机关是专司这项职能的。违反政纪的问题，应由政府去处理，政府的监察部门是专司这项职能的。违反法律的问题，应由司法机关依法处理。江泽民同志在一九九〇年就指出，在我们国家生活的各

种监督中，人大作为国家权力机关的监督是最高层次的监督。那么，全国人大常委会监督什么、怎样监督？宪法对这个问题有明确规定。主要是两种监督：

一是法律监督，就是对宪法和法律的实施进行监督。国家行政机关、审判机关、检察机关如果作出了同宪法和法律相抵触的决议、决定，全国人大及其常委会有权力、有责任予以撤销。这样做的目的，是维护宪法和法律的权威，维护社会主义法制的统一和尊严。

二是工作监督，就是对"一府两院"的工作进行监督。工作监督的形式，主要是听取、审议、批准政府工作报告及计划报告、预算报告；听取、审议、批准最高人民法院和最高人民检察院的工作报告。这是基本的工作监督。发现重大问题，能不能管？能管，也应该管。按照宪法和法律规定，国家权力机关有权提出质询案，必要时还可以组织关于特定问题的调查委员会。

这里需要指出的是，宪法规定，全国人民代表大会和地方各级人民代表大会都由民主选举产生，对人民负责，受人民监督。我们要始终不渝地为人民群众谋利益。要了解民情、反映民意、集中民智，自觉地把人大工作置于人民群众的监督之下。各级人大常委会是本级人民代表大会的常设机关，对本级人民代表大会负责并报告工作，要自觉地接受本级代表大会和代表的监督。人大代表要自觉地接受选民和原选举单位监督。全国人大常委会要进一步做好代表工作，密切与代表的联系，切实为他们执行代表职务创造条件，更好地发挥代表作用。要密切与地方人大的联系，及时总结地方人大的工作经验，共同推进我国社会主义民主法制建设。

总而言之，我们国家的监督来自于不同的方面、不同的系统，必须在党中央的统一领导下，各负其责，相互配合，形成合力，才能形成坚强有力的、全方位的监督机制。

这里，我想专门讲一下人大同政府的关系问题。按照宪法规定，人民代表大会是国家权力机关，政府是它的执行机关，是国家行政机关。一个是国家权力机关，一个是它的执行机关和国家行政机关，它们之间的关系是清楚的，二者目标一致，都是在党的领导下，以邓小平理论和"三个代表"重要思想为指导，以宪法为准绳，以全心全意为人民服务为宗旨，以全面建设小康社会为目标。国家权力机关对同级国家行政机关的监督，一个是法律监督，一个是工作监督。主要是监督它是否违宪、违法，是否全面、准确地执行了国家的方针政策。至于具体工作、日常工作问题，可以这样办，也可以那样办的，还是由政府去决定为好。因为，毕竟责任也主要在政府身上。人大既要监督又要支持政府工作，监督也是一种有力的支持。但不要代替政府工作，不要不恰当地干预政府工作。总之，全国人大及其常委会应该在宪法和法律赋予的职权范围内进行工作，这里有一个界限，既不能失职，又不能越权。

讲这些，主要是想说明人大监督工作的特点。应当看到，对全国人大及其常委会来说，立法和监督应当摆在同样重要的位置。立法是为了做到有法可依，宪法和法律是监督的依据；监督是为了更好地做到有法必依、执法必严、违法必究，为了保证宪法和法律得到切实执行。同时，通过监督还可以发现法律本身不够完善的地方，从而促进立法工作，提高立法质量。因此，立法和监督，二者不可偏废。

本届全国人大及其常委会要在总结前几届工作经验的基础上，继续加强和不断改进监督工作。要在增强监督实效上下功夫，克服形式主义。要坚决纠正有法不依、执法不严、违法不究的行为，切实维护宪法和法律的权威，促进依法行政和公正司法。要把主要精力花在抓重大问题和人民群众普遍关心、关系人民群众切身利益的热点难点问题上。务求人大监督工作的作用得到更好地发挥。

四、当前需要抓紧做的几件事

本届全国人大常委会刚刚开始工作，头绪很多，当务之急应该抓几件什么事？我想到的有这样四个问题。

第一，尽快转换角色、转变工作方式问题。讲这个问题是有针对性的。一是我们这一届常委会组成人员中，新人多。本届全国人大常委会委员中有四分之三是新进常委会的，十六位委员长和副委员长中新任的是十一位，占三分之二。这两个比例都要比上届高。新人多是本届人大常委会组成人员的一个特点，很多同志，包括我在内对常委会的工作不熟悉。但是工作不能等，不能等我们都熟悉了再去做。所以需要尽快进入角色。二是人大工作与党政工作的方式和特点有很大不同。人大及其常委会是依法、按程序、集体行使权力和决定问题。一要严格按程序办事，程序也是法。不能图省事。二要严格按民主集中制办事，充分发扬民主，集体行使权力，集体决定问题，实行一人一票。这一点不同于政府，政府实行的是行政首长负责制。还有，人大是国家权力机关，工作着重在立法和监督上。过去我们习惯"忙忙碌碌"，习惯于处理大量具体的日常工作，现在要更多地考虑事关改革发展稳定全局的、长远的问题。基于上述分析，我们提出希望同志们尽快转换角色、转变工作方式和作风，适应工作的需要。

这里需要强调两点：一要对做好人大工作充满信心。我们做好工作有很多有利条件。一是中央对人大工作的指导方针是十分明确的，中央对人大工作的领导和支持是坚强有力的。二是大家在原来工作岗位上长期积累了丰富的实际工作经验，对一个方面或几个方面都很熟悉。把这些经验优势充分发挥出来，转化为工作优势，将有利于加强和改进人大工作。三是我们都有做好工作的愿望。大家为了一个共同的目标，从五湖四海走到了一起。所有这些，都为我们做好工作创造了有利条件。二要提高对人大工作重要性的认识，这是做好工作的前提。党中央历来高度重视人大工作。江泽民同志在党的十六大报告中用了一个专门的部分讲了政治建设和政治体制改革问题，要求坚持和完善人民代表大会制度，保证人民代表大会及其常务委员会依法履行职能，保证立法和决策更好地体现人民的意志。胡锦涛同志在党的十六届二中全会和"两会"党员负责人会议上，就开好"两会"、做好人大工作作了重要指示，强调了人大工作的重要性，对做好人大工作提出了明确要求。江泽民同志、胡锦涛同志的重要讲话，我们要认真学习、深刻领会、全面贯彻落实。全国人大和地方各级人大是人民行使国家权力的机关，肩负着人民的重托，宪法和法律赋予全国人大及其常委会的职权是很大、很重要的。现在社会上有一种说法，长期在党和政府工作的同志到人大工作是退居"二线"、是"半退"。这种看法是片面的、不正确的。到人大工作只是工作岗位的变动，不存在"一线"、"二线"的问题，但也不是"火线"。当然，到人大工作确实遇到一些新情况、新问题。因此，大家都有一个转变观念和改变工作习惯、工作方法的问题。要学会思考一些大问题，要学会依照法定程序办事，不能怕麻烦。

第二，加强学习问题。首先要深入学习贯彻邓小平理论、"三个代表"重要思想和党的十六大精神，这是做好人大工作的保证。要密切联系国家改革开放和现代化建设的实际，密切联系全国人大及其常委会工作的特点，紧密结合自身的情况，有目标、有计划、有重点地学，缺什么、补什么。当前，我们首要的任务是深入学习十六大报告。要加深对"三个代表"重要思想的科学内涵和精神实质的理解，增强贯彻"三个代表"重要思想的自觉性和坚定性。通过学习，做到全面准确地把握党的基本理论、基本路线、基本纲领和基本经验，自觉地以"三个代表"重要思想统领人大各项工作，确保在工作中把握正确的政治方向。同时要加紧学习宪法和法律。全国人大及其常委会是立法机关，在人大工作的同志，熟悉和精通宪法和法律知识至关重要。宪法是国家根本大法，也是全国人大及其常委会工作的根本大法，大家务必模范遵守宪法，要成为熟悉宪法的专家。要先学习与工作直接有关的法律，熟悉议事规则和议事程序。立法也好，监督也好，熟悉宪法和有关法律是前提，不然的话，难以很好开展工作。

九届全国人大常委会在每次会议结束后，都举办一次法制讲座，收到了很好的效果。本届全国人大常委会要继续这样做。还可以考虑举办一些专题培训、研讨班。通过多种形式把人大学习和培训工作进一步抓紧抓好。

第三，修改宪法问题。党的十六大确立了"三个代表"重要思想是党必须长期坚持的指导思想，明确了全面建设小康社会的奋斗目标，对建设中国特色社会主义经济、政治、文化和党的建设等各项工作作出了全面部署。以"三个代表"重要思想为指导，根据十六大精神，对现行宪法作适当修改，是必要的。现行宪法于一九八二年十二月四日经五届全国人大五次会议通过颁布实施以来，一九八八年、一九九三年、一九九九年曾经先后三次以宪法修正案的形式作过修改，分别是在党的十三大、十四大、十五大之后，根据党的代表大会精神进行的。三次修改宪法，都是由中共中央向全国人大常委会提出修改宪法的建议，由全国人大常委会向全国人大提出宪法修正案草案。修改宪法是国家政治生活中的一件大事。在修改宪法过程中，要加强党的领导，充分发扬民主，广泛听取各方面意见，依法办事。修改宪法的大量具体工作都在人大，我们要在党中央的领导下，按照要求加紧工作，确保圆满完成任务。

第四，专门委员会的工作问题。十届全国人大和九届全国人大一样，依法设立了民族委员会等九个专门委员会。这些专门委员会是全国人大常设的专门机构，在全国人大及其常委会的领导下，各专门委员会负责研究、审议和拟订有关议案。没有他们做助手，全国人大及其常委会要加强经常工作，是不可能的。新一届专门委员会已经设立，要尽快开展工作。原来有同志建议开一个专门会议部署这项工作，因考虑大部分同志都是新进专门委员会的，需要有一个学习、熟悉的过程，所以在这次常委会会议上先一并提出要求。请各专门委员会在这次会议后，依据宪法和有关法律的规定，结合实际，总结前几届专门委员会的工作经验，提出各自的工作思路、工作计划，在这个基础上我们再一家一家听专题汇报、作专门研究。好在各专门委员会都有部分同志参加过上一届的工作，办事机构的人员也没有变动，还是可以保持工作的连续性的。

关于常委会今年的工作计划问题。包括立法计划、执法检查计划、听取"一府两院"专题工作报告计划、法制讲座计划以及外事工作计划等，都需要抓紧拟订。特别是今年上半年的工作安排，要尽快搞出来。要为四月下旬、六月下旬将分别召开的常委会第二次、第三次会议作好充分准备。

五、加强作风建设

昨天，胡锦涛同志对新一届国家机构工作人员提出四条要求：一要发扬民主、依法办事；二要忠于祖国、一心为民，做到权为民所用、情为民所系、利为民所谋，始终做人民的公仆；三要继往开来，与时俱进，永不自满，永不懈怠，开拓进取，不断前进；四要严以律己、廉洁奉公。我们要身体力行，高标准要求自己。全国人大及其常委会由民主选举产生，代表人民行使国家权力，对人民负责，接受人民监督。全国人大常委会的作风建设的核心，是保持同人民群众的血肉联系。人大工作的最大优势是密切联系群众，最大危险是脱离群众。在任何时候任何情况下，我们都必须坚持走群众路线，坚持全心全意为人民服务的宗旨，把实现人民群众的利益作为一切工作的出发点和归宿。要做联系群众的模范、团结群众的模范、廉洁自律的模范、遵守宪法和法律的模范。要务必继续保持谦虚谨慎、不骄不躁的作风，务必继续保持艰苦奋斗的作风。要努力学习，深入实际调查研究，勤于思考问题。要防止和克服形式主义和官僚主义，扎扎实实、尽心尽力地履行好自己的职责。

为了把作风建设落到实处，这里我再强调和重申几条，与大家共勉。一是全国人大常委会组成人员一般不题词，不出席与人大工作无关的剪彩、庆典、奠基等事务性活动。二是外出调查研究、出国访问，尽量轻车简从。三是按时出席常委会会议等有关会议，特殊情况不能出席的，要事先请假。四是去外地出差要事先报告，便于统一安排工作。我相信，经过大家的共同努力，全国人大常委会的作风建设一定会在现有的基础上，实现新的提高、出现新的气象。

各位委员，做好本届全国人大常委会的工作，我们深感责任重大；同时，又充满信心。因为我们有马列主义、毛泽东思想、邓小平理论和"三个代表"重要思想作指导，有以胡锦涛同志为总书记的党中央的坚强领导，有全国各族人民、全国人大代表和地方各级人大的热情支持，有前几届人大常委会工作的基础和经验。我坚信，只要我们团结一致，开拓创新，谦虚谨慎，扎实工作，就一定能够把本届全国人大常委会建设成为民主务实、团结奋进的人大常委会，为开创人大工作的新局面作出应有的贡献！

注　释

[1] 见胡锦涛《推进社会主义政治文明建设》（《胡锦涛文选》第 2 卷，人民出版社 2016 年版，第 32 页）。

[2] 见邓小平《解放思想，实事求是，团结一致向前看》（《邓小平文选》第 2 卷，人民出版社 1994 年版，第 146 页）。

以高度的政治责任感做好
全国人大机关工作*

（二〇〇三年三月三十一日）

充分认识全国人大机关工作的重要性

全国人民代表大会是最高国家权力机关，是人民行使国家权力的机关。全国人大机关担负为确保最高国家权力机关依法履行职能，做好参谋助手和服务的重要责任，工作重要，责任重大，任务艰巨，要求很高。做好机关的各项工作，对于充分发挥全国人大及其常委会的职能和作用，顺利完成人大的各项任务，起着不可替代的重要作用。我想至少可以从以下四个方面来说明人大机关工作的重要性。

第一，机关的工作和机关的干部队伍，是保证人大工作连续性，实现人大工作承前启后、继往开来的重要保障。依据宪法规定，全国人大代表是有任期的，全国人大常委会组成人员也是有任期的。每次换届，人大代表和常委会组成人员，都要换不少人。我们这一届常委会组成人员中，新人很多。其中，委员中有四分之三是新进常委会的；十六位委员长、副委员长中，新任的

---

* 这是吴邦国同志在全国人大常委会机关干部大会上讲话的一部分。

有十一位，占三分之二。这两个比例都比上届高。大批新同志到
人大工作，都有一个转换角色、重新学习的过程。而人大工作的
一大特点是，法律性、连续性强，程序要求严格，需要熟悉有关
的法律知识，熟悉运作规则。要保持工作的连续性，人大机关起
着至关重要的作用。好在我们机关的内设机构这些年相对稳定，
这次换届也未作调整，机关的不少同志有在人大机关工作的经
验，各方面也都有一些基本的工作规范，常委会组成人员在你们
的帮助下，可以缩短转换角色、重新学习的过程。从这一阵子的
工作实际来看，机关工作人员的作用是十分明显的。

第二，机关工作是人大及其常委会依法履行职责的重要基
础。全国人大代表来自祖国各地、从事不同的职业，大多数代表
是不脱产的，也没有为每位代表、每位常委会组成人员配备专门
的助手班子。人大机关是人大代表和常委会组成人员集体的参谋
助手，共同为全国人大会议、常委会会议、委员长会议服务，为
全国人大代表和常委会组成人员依法行使职权服务。人大是集体
行使职权，通过会议行使职权。人大代表、人大常委会组成人
员到代表大会会议和常委会会议上审议法律草案、审议有关报
告，或者是在闭会期间开展执法检查等，前期的工作和基础性的
工作，大部分是由机关来做。还有，各种会议的安排，文件的准
备，提供审议议案必要的参考资料、背景材料，会议中的简报快
报工作，信息查询服务，后勤保障，等等，也都离不开机关的各
个部门和在座的各位同志。可见，全国人大及其常委会的工作基
础，是常委会机关各部门和专门委员会办事机构的前期准备、基
础性工作和会议中的各项服务工作。所以说，机关工作的深度、
质量和水平，直接关系着全国人大及其常委会工作的深度、质量

和水平。我们人大机关集中了一批对法律和人大工作有一定研究的专家，有一批责任心很强、实践经验丰富的实际工作者。这是一笔宝贵的财富。我相信，有这样一批同志和机关的广大干部职工一起努力，本届全国人大及其常委会的工作一定能够做得更好。

第三，做好人大机关的工作，对于坚持和完善人民代表大会制度，加强和改进人大工作，具有重要的作用。人民代表大会制度是我国的根本政治制度，是以民主选举产生的人民代表大会为基础的整个政权体系、政权组织制度，是包含了各级人大以及由它产生的其他国家机关的组成、职权、活动原则和相互关系的制度。人民代表大会制度与人大有联系，但不是一回事。我国的政权体系是由人大、政府、法院、检察院等国家机关组成的。只有这些机关都严格依法履行职责，协调地工作，才能保证社会生活的正常进行，巩固和发展民主团结、生动活泼、安定和谐的政治局面，从而保障和促进经济发展、社会全面进步，保障人民安居乐业。为此，全国人大常委会和各专门委员会就要与国务院、最高人民法院、最高人民检察院等机关发生大量的日常联系。比如，我们制定立法规划、立法计划，受理有关机关提请常委会审议的议案，协调法律草案有关内容，安排有关部门向常委会和专门委员会报告工作，开展人大的对外交往，等等，都要由人大机关去与人大以外的有关机关发生联系，进行协商和沟通。比如，我前面讲到要处理好人大与政府的关系，其实，经常和政府部门打交道的是人大机关。人大机关和政府机关之间的关系处理好了，处理好人大与政府的关系也就有了前提和保证。

再比如，人民大会堂是党和国家进行重要活动的场所。大会堂管理局既为全国人大常委会的日常办公和举行会议服务，又为党中央和其他中央国家机关在大会堂举行的各种大会和活动服务。大会堂管理局的工作，对保证党中央和各中央国家机关工作的正常进行，具有重要意义。人大机关各部门包括大会堂管理局的工作无小事，必须做到万无一失。

第四，人大机关是常委会与全国人大代表、地方人大、人民群众联系的具体承担者和重要渠道。常委会要加强与代表的联系，发挥代表作用，这是做好人大工作的基础。近三千名全国人大代表分布在全国各地，常委会如何联系他们呢？当然，常委会组成人员可以通过走访代表、召开代表座谈会等方式，听取代表的意见，通报常委会的工作，加强与他们的联系。但联系代表的很多具体工作要靠人大机关。比如，代表向常委会提出意见和建议，反映情况，来机关办事，要由机关的有关部门受理、接待；代表列席常委会会议，要由机关有关部门来安排；香港特别行政区和澳门特别行政区的全国人大代表在内地的视察活动，要由办公厅直接组织和提供服务；代表在人代会提出的有关建议，要由人大机关来研究答复。

全国人大与地方人大虽然没有领导和被领导关系，但为了做好人大工作，共同推进国家的民主法制建设，全国人大常委会还必须加强同地方人大的联系，总结地方人大的工作经验，这方面的大量具体工作也是由人大机关承担的。比如，答复地方人大关于法律问题的询问，根据地方人大的要求对地方性法规草案提出咨询意见，了解地方人大的工作情况，等等。

全国人大由民主选举产生，代表人民行使国家权力，对人民负责，受人民监督。应该说，人大及其机关与人民群众有着比一般国家机关更多、更深的内在的血肉联系。人大工作在任何时候任何情况下，都必须走群众路线，反映人民群众的意愿，代表人民群众的利益。人大工作走群众路线，具体工作大多需要通过机关各部门去做。人大与人民群众联系有多种渠道和方式。比如，信访部门就是人大联系人民群众的一条重要的经常性的渠道。信访部门是代表全国人大常委会接待人民群众的来访、受理人民群众的来信，在一定程度上，在一些方面，人民群众是通过信访部门的工作来评价人大常委会的工作的。所以，我们要高度重视和切实加强信访工作。

以上，我从四个方面讲了人大机关工作的重要性，讲得可能还不全面，应当说人大机关工作的重要性不仅仅是这四个方面，我讲这个问题的目的，是希望同志们提高对人大机关工作重要性的认识。大家在最高国家权力机关工作，光荣而崇高，责任也十分重大。希望同志们以高度的政治责任感，勤奋细致的工作态度，兢兢业业做好本职工作，当好参谋和助手，为开创人大工作新局面争作贡献。

树立最高国家权力机关的工作机构和办事机构的良好形象

人大机关工作的重要性前面已经讲的很多了。要做好人大及人大机关的工作，适应新形势、新任务的要求，必须加强机关建设，尤其是要努力建设一支高素质的机关干部队伍。在刚刚闭幕的十届全国人大一次会议上，胡锦涛同志对新一届国家机构工作人员提出了四条要求：一要发扬民主、依法办事；二要忠于祖国、一心为民，做到权为民所用、情为民所系、利为民所谋，始终做人民的公仆；三要继往开来、与时俱进，永不自满，永不懈怠，开拓进取，不断前进；四要严以律己、廉洁奉公。这四条要求，也是对我们人大机关工作人员的要求，我们要身体力行，时刻用这四条来严格要求自己。这里，我想结合人大机关工作的特点，提点要求。归纳起来是六句话、二十四个字，也就是："政治坚定、业务精通、务实高效、作风过硬、团结协作、勤政廉洁。"

第一，政治坚定。人大工作无论是立法、监督，还是决定国家的重大事项、选举或决定任命国家机构的领导人员，政治性都很强。同志们要有政治敏锐性和洞察力，善于从政治上观察问题、处理问题，在事关政治方向、政治原则的重大问题上，要同党中央保持高度一致。为此，我们必须认真学习马列主义、毛泽东思想、邓小平理论和"三个代表"重要思想，必须认真学习党的十六大报告。通过学习，做到全面准确地把握党的基本理论、基本路线、基本纲领和基本经验，自觉地以"三个代表"重要思想统领人大的各项工作，确保在工作中把握正确的政治方向。

第二，业务精通。全国人大是最高国家权力机关，它的工作涉及国家政治、经济、文化等方方面面，而且工作的法律性、程序性都很强。这就要求全国人大机关的工作人员博学，甚至成为某些方面的专家。要达到这个目标，一要学习，二要实践。要深入学习宪法、法律，熟练地掌握做好人大工作必备的宪法和法律知识，还要学习当代经济、科技、文化、军事等多方面的知识。学习，一方面是通过培训和学校教育。机关要为同志们积极创造这方面的条件，提供这方面的机会。机关人事部门、培训中心和机关党校要把这项工作切实安排好。但更主要的，还是要通过工作实践来学习，也就是密切联系国家改革开放和现代化建设的实际，密切联系全国人大及其常委会的工作实际，紧密结合自身的情况，有目标、有计划、有重点地一边工作，一边学习，缺什么，补什么。希望机关的全体工作人员树立刻苦学习的良好风气，努力把全国人大机关建设成为学习型的机关。要加强图书资料和出版工作，为大家学习提供更便利的条件。

第三，务实高效。人大机关的工作一定要务实，不搞花架子、不搞形式主义。比如，监督工作要有一定的形式，但主要是要讲求监督的实效。又比如，人大工作讲程序，程序也是法，这是对的；但另一方面又不能搞繁琐哲学，不是必须的、又影响工作效率的程序，应当加以改进，这也是人大工作与时俱进的要求。人大的工作还要讲求高效，决定了的事情要雷厉风行地去做，今天的工作不要拖到明天。机关各部门都要建立健全责任制和各方面的工作制度、工作规则、工作程序，尽快实现各项工作的规范化，提高工作质量和效率。希望各个部门会后都对本部门办文、办会、办事等业务进行认真研究、梳理，加以整理规范，使各项工作都有章可循，规范运作。

第四，作风过硬。我在常委会第一次会议上讲过，人大工作最大的优势是密切联系群众，最大的危险是脱离群众。全国人大常委会作风建设的核心，是保持同人民群众的血肉联系。这对我们人大机关也是一样。机关要做好工作，必须坚持走群众路线，全心全意为人民服务，把实现人民群众利益作为一切工作的出发点和归宿。机关干部要深入实际，深入基层，深入群众，加强调查研究，深入了解民情。要畅通人大同人民群众保持密切联系的渠道，并逐步扩大人民群众对人大工作的知情权和对人大工作的有序参与，保证我们这个代表人民行使国家权力的机关永远不脱离人民群众。人大机关比较清苦，我们要大力提倡奉献精神。

第五，团结协作。人大机关除了办公厅以外，还有法制工作委员会、预算工作委员会、香港基本法委员会、澳门基本法委员会，以及各专门委员会的办事机构，虽然大家工作上分工不同，但都是为全国人大及其常委会依法履行职责服务的。我们做任何一项工作，不是靠一个或几个单位可以完成的，而是要靠整个机关的大力协同。因此，机关的工作既要有明确的分工，并建立严格的责任制，又要有协同和合作。要强调机关是统一的整体，做到协调一致地工作。单位与单位之间、人与人之间，都要讲团结。我们来自五湖四海，为了国家的民主法制建设，为了全面建设小康社会，走到一起来了。我们的理想和目标是一致的，这是搞好团结最可靠的基础。只有团结才有力量，只有团结才能做好机关的各项工作。因此，我们都要倍加珍惜团结，并努力做团结的模范。

第六，勤政廉洁。人大的工作任务很重，党和人民信任我们，把有关的工作任务交给了我们，我们就要恪尽职守，兢兢业业，千方百计把自己的工作做好，让党和人民放心。同时，作为最高国家权力机关的工作人员，我们必须牢牢记住并身体力行"两个务必"，永远保持谦虚谨慎和艰苦奋斗的作风，老老实实做事、清清白白做人，廉洁自律，自觉地同各种腐败现象作斗争，做勤政廉洁的模范。

最后，我再强调三个问题。

第一个问题，一定要加强机关党的建设和思想政治工作。机关党组织和人事部门要多听机关广大干部职工的意见和要求，了解思想动态，结合人大的业务工作，从最需要思想政治工作介入的内容和环节入手，开展扎实深入、有针对性的思想政治工作。要充分利用机关党校教育、形势报告会等多种形式，通过科学、系统、生动、具体、有说服力的思想政治教育，统一机关干部职工思想，增强干部职工的责任感，为做好机关工作提供强大的精神动力和政治保证。

第二个问题，关于干部工作。机关党组和秘书长办公会议要高度重视干部工作。要加强对干部的培养，要爱护干部，爱惜人才。目前，我们机关一些领导班子还没有配齐，我已经与兆国[1]、华仁[2]等同志商量了，今年机关建设的一项重要任务，就是要根据德才兼备的原则和干部"四化"的要求，通过严格考核，逐步配齐各级领导班子。据了解，由于种种原因，过去人大机关的干部流动很少。这在很大程度上影响了机关干部队伍建设。这个问题，应当引起我们的高度重视。经与中央有关部门研究，已同意把人大机关的干部纳入中组部的干部交流范围，以后人大机关的干部可以与党委、政府、司法机关的干部进行交流。同时，针对机关年轻干部缺乏基层锻炼的问题，结合中青年干部的培养工作，还要考虑组织干部到基层和地方挂职锻炼。只有这样才能有利于干部成长，促进干部队伍建设。这项工作要搞个计划，统筹进行，形成制度。

第三个问题，要关心干部职工的生活。机关的各级干部都要关心体贴干部职工，帮助他们解决工作和生活中的困难，让他们感受到组织的温暖和关怀。要积极为干部职工办实事办好事，创造条件改善机关的福利待遇。如解决干部职工子女的入学难问题，进一步办好职工食堂，逐步解决职务变动的干部和新分配到机关工作的同志的住房问题。机关的后勤工作从某种意义上讲也是政治工作。希望机关后勤部门要想方设法改善机关干部职工的工作和生活条件，解决大家的后顾之忧。要重视和加强机关的安全保卫工作。

这里我还要专门强调一下做好离退休干部工作问题。机关的离退休干部都为全国人大的工作做出了贡献，不少人在全国人大兢兢业业工作了几十年。这方面的工作已经有了一个很好的基础和传统。希望继续认真执行离退休干部政策，照顾好他们的晚年生活，让他们老有所养，老有所乐，老有所为。工作不能放松。做好离退休干部工作，也会起到稳定在职干部队伍的作用。

总之，我们要靠事业激励人，让同志们觉得在人大工作有干头、有奔头、有前途，能够充分发挥他们的聪明才智，工作有意义；要靠感情凝聚人，让同志们在人大心情舒畅地工作，中国有句古语："哀莫大于心死"，如果人心凉了，队伍就必然散了；要靠适当的福利待遇留住人，让同志们安心地在人大做好工作。

注　释

[1] 兆国，即王兆国，时任中共中央政治局委员，全国人大常委会副委员长、党组副书记。

[2] 华仁，即盛华仁，时任全国人大常委会副委员长兼秘书长。

建立和健全全国人大常委会党的组织[*]

（二〇〇三年四月二十四日）

　　如何加强和改善党对人大工作的领导，如何建立和健全全国人大常委会党的组织，如何充分发挥全国人大常委会委员中共产党员的模范带头作用，是我们需要认真研究的一个重大问题。这次换届前，我去看望和拜访上一届全国人大常委会的领导同志，他们在谈人大工作时，很多同志都谈到如何加强党对人大工作的领导，充分发挥党员作用的问题。在听取各方面意见后，我们提出了将人大常委中党的组织关系不在人大机关的党员的临时组织关系转到人大，并成立临时党组织，开展必要工作的想法。十届全国人大常委会党组成立后进行了认真研究。胡锦涛等中央领导同志对此十分重视，都很赞成这个想法。中组部对这个问题进行专题研究，提出了相关意见，中央政治局常委会会议讨论并通过了这个意见。

　　为什么要在全国人大常委会委员中建立党的临时组织呢？原因主要有以下三条。

---

　　* 这是吴邦国同志在全国人大常委会中共党员委员会议上讲话的一部分。

第一，这是加强党对人大工作领导的需要。中国共产党是中国工人阶级的先锋队，同时是中国人民和中华民族的先锋队，是中国特色社会主义事业的领导核心。党的十六大报告指出，党的领导主要是政治、思想和组织领导，通过制定大政方针，提出立法建议，推荐重要干部，进行思想宣传，发挥党组织和党员的作用，坚持依法行政，实施党对国家和社会的领导。这里，党制定的大政方针，提出的立法建议，需要经过人大的法定程序，才能成为国家意志；党推荐的重要干部，也需要经过人大的法定程序，才能成为国家机关的领导人员。而完成这个法定程序，要靠发挥人大党的组织和在人大工作的共产党员的作用。大家知道，人大是集体行使职权，任何法律或者决定，最后都要根据民主集中制原则，一人一票，通过投票表决或者按表决器，超过组成人员的半数赞成才能通过。而我们这一届常委会委员中，百分之七十的同志是中共党员，如果我们对党中央制定的大政方针、提出的立法建议、推荐的重要干部，思想认识上统一了，就能确保党的主张经过法定程序，真正成为国家意志。由此可见，在常委会委员中的中共党员成立临时党的组织，不仅是加强党对人大工作领导的一项重大措施，而且也是确保党对国家和社会实施领导的一项重大措施，是非常必要的。

第二，这是落实党的十六大精神，进一步规范党与人大关系的需要。党的十六大提出改革和完善党的领导方式和执政方式，按照党总揽全局，协调各方的原则，规范党委与人大的关系。规范党委与人大的关系，既包括工作制度，也包括组织制度。在工作制度方面，我们已经有了一些成熟的做法。比如宪法的修改，先由中共中央向全国人大常委会提出修宪建议，由常委会审议后，形成常委会关于修改宪法的议案，再提请全国人民代表大会审议。一九八二年以后三次对宪法个别条款和部分内容的修改，就是这么做的；我们即将进行的宪法修改，也要这么做。又比如法律的制定，涉及政治方面的法律案，先由全国人大常委会党组报党中央，中央同意以后，再经过法定程序提请常委会审议；其他的法律，如审议中涉及重大问题，也要把这些问题报党中央作出决定后，再转入人大的法定程序进行审议。这些都是确保党对人大工作实施领导的重大的工作制度，我们一定要继续遵守。在组织制度方面，按照党章的规定和过去的做法，全国人大常委会成立党组，党组成员包括委员长会议组成人员中的中共党员，党组受党中央领导。全国人大机关也成立党组，其成员一般包括秘书长、副秘书长中的中共党员。无论是常委会党组，还是全国人大机关党组，都要负责贯彻执行党的路线方针政策，保证党的主张经过法定程序成为国家意志。但是，过去全国人大常委会委员中的中共党员，他们的组织关系都在各自所属的行政单位，因此，当在人大工作中遇到一些重大问题，需要在党内统一认识时，往往无法在党内通过充分发扬民主，来达到统一认识的目的。因此，如何从组织制度上进一步规范党和人大的关系，使党对人大工作的领导有更坚强的组织保证，是一个亟待解决的问题。我们这一届全国人大常委会在委员中建立中共党的临时组织，就是解决这个问题的一个尝试。这里我还想强调一下，党的十六大提出改革和完善党的领导方式和执政方式，很重要的一个方面，是要从过去主要依靠政策执政，向既依靠政策、又依靠法律，并且主要依靠法律执政转变。这也是建设社会主义政治文明、实施依法治国的应有之义。今后，党的主张将更多地需要通过人大立法，成为全体人民一体遵行的行为规范。我们这次在常委会委员中成立党的临时组织，正是适应党的领导方式和执政方式转变的客观需要。

第三，这是保证人大工作更好地代表全国各族人民根本利益的需要。党的十一届三中全会以来，随着改革开放的不断深入，我国的社会阶层构成发生了新的变化，所有制形式和利益主体日趋多元化。在这种新的形势下，社会不同阶层和不同方面群众的利益要求，都会反映到我们人大工作中来。全国人大是最高国家权力机关，在依法履行职责的过程中，我们必须正确反映并妥善处理各种利益关系，必须认真考虑和兼顾不同阶层和不同方面群众的利益。但是，最重要的是必须首先考虑并满足最大多数人的利益要求，切实维护最大多数人的合法权益。而要做到这一点，要靠我们党员。常委会委员来自各个行业、各个方面，在处理各种利益关系时出现不同的认识和观点是正常的。但在涉及最广大人民群众根本利益的一些重大问题上，党内必须统一认识。我们强调本届常委会的立法工作要突出提高立法质量这个重点。所谓提高立法质量，很重要的一条，就是要正确处理各种利益关系，切实维护最大多数人的利益要求。同时还要注意避免不适当地扩大部门利益，防止部门利益的法制化。近些年来，有些部门为了维护本部门的权力和利益，想方设法"游说"人大各专门委员会和常委会委员的现象是存在的，但我们必须坚持人民的利益高于一切。建立临时党的组织，就是为了在遇到这样一些重大问题时，可以在党内充分讨论，以便达到统一思想、统一认识的目的。

以上就是为什么从这一届人大开始，要在人大常委会委员中建立临时党组织的主要原因。关于具体的做法，准备按照常委会会议分组审议的六个组，分别成立六个临时党支部。这六个临时党支部直接受全国人大常委会党组领导。常委会委员中的中共党员，要把党的临时关系转到全国人大来，放在全国人大机关党委。党员日常的组织生活还在原单位过，党费也在原单位交。在人大的临时党支部，主要是在遇有需要党内统一认识的重大问题时，根据常委会党组的统一安排开展活动。

中共党员要在全国人大常委会中
发挥模范带头作用[*]

（二〇〇三年四月二十四日）

人大常委会委员中的中共党员，是我们党的优秀分子，是党的骨干力量，其中的不少同志担任过党和国家有关方面的领导工作，大家党的观念是很强的，心中是有大局的。但是到人大工作以后，工作任务和环境都发生了变化。全国人大作为最高国家权力机关，它的主要任务是审议、决定国家根本的、长远的、重大的问题。最大的是两件事：一是决定国家的大政方针，包括立法、批准计划和预算等，涉及的都是根本性的、长远的、重大的问题；二是选举和决定任命国家机构领导人员，这也是根本性的大事，因为路线确定以后，干部就是决定的因素。所以，在人大工作，责任是很大的，这就要求我们共产党员必须进一步树立党的观念和大局意识，把党员的模范带头作用进一步发挥好。今年三月，贺国强[1]同志曾经代表党中央，在"两会"前举办的新当选的全国人大代表培训班上，对中共党员提出了要求。这里，我结合人大工作，再讲一些意见，与大家共勉。

---

* 这是吴邦国同志在全国人大常委会中共党员委员会议上讲话的一部分。

第一，关于做认真学习的模范。我们在第一次常委会会议上就提出了常委会组成人员要加强学习的问题，希望党员同志以更高的标准，更严格地要求自己，争做认真学习的模范。当前和今后一段时期，我们的首要任务是深入学习贯彻邓小平理论、"三个代表"重要思想和十六大精神。"三个代表"重要思想是十六大的灵魂和主线，它继承和发展了马克思列宁主义、毛泽东思想和邓小平理论，反映了当代世界和中国的发展变化对党和国家工作的新要求，是推进我国社会主义制度自我完善和发展的强大理论武器。我们要自觉地在人大的各项工作中全面贯彻落实"三个代表"重要思想，保证我们各项工作正确的政治方向。同时，要认真学习宪法和有关法律，这是同我们履行法定职责、做好人大工作直接关联的，必须加以熟悉和掌握。在李鹏委员长亲自主持下，九届全国人大常委会建立了法制讲座的学习制度，成为具有人大工作特点的学习形式，取得了很好的效果。十届全国人大常委会要坚持这一学习制度，继续把法制讲座办好。明天上午，我们将举行第一次法制讲座。以后我们将结合常委会立法、监督工作的实际需要，在每次常委会会议前后举办法制讲座，希望党员同志们踊跃参加，认真听讲，没有特殊情况不要请假。总之，我们的学习要持之以恒地坚持下去。只要肯下苦功夫，真正钻进去，我们就一定能够把过去不熟悉的东西熟悉起来，逐步成为人大工作的内行。

第二，关于做坚持党的原则的模范。中国共产党站在历史发展的前沿，代表全国各族人民的利益。我们在人大工作的同志必须旗帜鲜明地坚持党的原则，模范地贯彻执行党的路线方针政策，在思想上政治上行动上同党中央保持高度一致。全国人大及其常委会代表人民行使国家权力，所制定的各项法律，所作出的各项决定，都是全社会和全体人民的行为规范，责任十分重大。因此，常委会的各项工作必须把握正确的方向，坚持党的原则。如果这一点没有把握好，势必给党和人民的事业带来损害，影响社会政治稳定，影响党和国家的长治久安。有的同志可能会讲，要求我们同党中央保持高度一致，是不是就不能在常委会的各种会议上发表不同意见呢？当然不是的。人大实行民主集中制，强调在高度民主的基础上实行高度集中。宪法和法律规定，人大代表和常委会组成人员在人大各种会议上的发言和表决不受法律追究，目的也是为了广开言路，让大家畅所欲言。只有这样，我们才能把全体人民的意见集中起来，才有可能实现正确的集中，这同坚持党的原则是一致的，因为党的宗旨就是全心全意为人民服务。因此，常委会临时党组织建立起来以后，也要按照党的民主集中制原则开展活动。党员在党内有充分的民主权利，可以提出自己的意见和建议，全国人大常委会党组有责任向中央反映大家的意见和建议。但是，一旦中央或者全国人大常委会党组在充分听取大家的意见后，作出了决定，全体党员必须严格执行。尤其是在涉及重大立法、重大人事安排等问题上，常委会委员中的共产党员，必须坚决贯彻党中央的决议和决定，保证党中央的各项主张和意图顺利实现，决不能自作主张、各行其是。这是关系到党的主张能否通过法定程序，变成国家意志的重大问题。在这个政治纪律问题和党性原则问题上，我们决不能有丝毫含糊。

第三，关于做团结协作的模范。本届全国人大任期的五年，是为实现全面建设小康社会奋斗目标打下坚实基础的重要时期，任重而道远，需要我们团结一切可以团结的力量，把一切积极因素充分调动和凝聚起来。只有我们常委会所有委员团结一心，拧成一股绳，集中精力，开展工作，才能保证实现基本形成中国特色社会主义法律体系这一目标，并履行好监督、决定重大事项、任免国家机构领导人员等各项职责。工作中有不同意见，是很正常的，可以通过民主集中制的办法逐步形成共识。但工作中的不同意见不应影响我们的团结。在这方面，党员要带头做团结协作的模范，自觉抵制各种不利于团结的言行。我们还要团结和带动党外委员，大家都相互协作，通力配合，共同为完成党和人民交给我们的重任而努力奋斗。

第四，关于做密切联系群众的模范。密切联系群众，坚持走群众路线，是我们党、也是人大工作一贯的优良传统和作风。全国人大及其常委会是人民代表机关，由民主选举产生，代表人民行使国家权力，密切同人民群众的联系，是常委会委员的职责。人大工作的最大优势是密切联系群众，最大危险是脱离群众。作为常委会组成人员中的中共党员，在任何时候任何情况下，都必须把党性和人民性统一起来，坚持走群众路线，坚持全心全意为人民服务的宗旨，保持同人民群众的血肉联系。要经常深入基层就一些关于改革发展稳定大局和涉及群众切身利益的问题调查研究，直接听取普通老百姓的意见和要求。要认真处理群众的来信来访，切不可采取多一事不如少一事、事不关己高高挂起的官僚主义态度。要想人民群众之所想，急人民群众之所急，把实现人民群众的根本利益作为一切工作的出发点和归宿。只有坚持走群众路线，充分反映各方面的意见，才能妥善处理改革开放和社会主义现代化建设事业中出现的各种矛盾和问题，保证国家的长治久安，才能保证我们制定的法律和做出的决定符合最广大人民群众的根本利益。

中国共产党党员是中国工人阶级的有共产主义觉悟的先锋战士。我相信，只要我们常委会委员中的共产党员都自觉地发挥模范带头作用，我们就一定能够把本届常委会的工作做得更好，就一定不会辜负党和人民对我们的重托。

注　释

[1] 贺国强，时任中共中央政治局委员、中央书记处书记、中央组织部部长。

做好人大工作要把学习放在突出位置 [*]

（二〇〇三年四月二十五日）

今天，我们举行十届全国人大常委会第一次法制讲座。

为了切实加强全国人大常委会的学习，九届全国人大常委会在李鹏委员长的主持下，建立了法制讲座的学习制度，从一九九八年开始共举办了三十讲。讲座的举办，对于常委会组成人员熟悉法律和人大工作，提高素质，更好履行宪法和法律赋予的职责，特别是提高审议法律的质量，起到了积极的作用。举办法制讲座已经成为具有人大特点的有效学习形式，在社会上产生了一定的影响。十届全国人大常委会将发扬这一传统，承前启后，继续把法制讲座办好。在本届常委会第一次会议上，我曾就加强学习，提出了原则要求。下面，我再就学习问题，谈点意见。

我们党历来重视学习，始终把学习作为一项关系党的事业兴旺发达的战略任务来抓。特别是在重大历史转折时期，党中央更是强调学习，强调用先进的理论武装党员干部。以毛泽东、邓小平、江泽民同志为核心的党的三代中央领导集体，都高度重视全

---

　　* 这是吴邦国同志在十届全国人大常委会第一次法制讲座上的讲话。

党的学习。毛泽东同志曾经说过，重要的问题是善于学习。建国前夕，他在《论人民民主专政》这篇文章中指出："我们必须学会自己不懂的东西。我们必须向一切内行的人们（不管什么人）学经济工作。拜他们做老师，恭恭敬敬地学，老老实实地学。不懂就是不懂，不要装懂。"他指出："钻进去，几个月，一年两年，三年五年，总可以学会的。"改革开放之初，邓小平同志强调"实现四个现代化是一场深刻的伟大的革命"，"全党同志一定要善于学习，善于重新学习"[1]。党的十五大后，江泽民同志指出：我们党要领导全国人民实现中华民族的伟大复兴，必须坚持学习；如果不能通过新的学习和实践，不断提高自己，就会落后于时代，就有失去执政资格、失去人民信任和拥护的危险。党的十六大以后，以胡锦涛同志为总书记的党中央十分重视学习。中央政治局已经组织了三次集体学习活动，为全党和全国各级领导干部加强学习作出了表率。

全国人大及其常委会代表人民行使国家权力。做好人大的各项工作，迫切需要我们把学习放在突出的位置，努力提高自身素质和工作水平。为什么这样说呢？我觉得主要有三个方面的原因。

第一，加强学习是提高素质，更好地依法履行职责的需要。根据我国宪法和法律的规定，全国人大常委会担负着立法、监督、决定国家机关有关领导人选、决定国家重大事项等职责。全国人大常委会的工作，关系党和国家工作的大局，关系人民群众的根本利益。我们通过的法律、作出的决定，全国各地、各行各业、全体人民都必须一体遵行。我们肩上的担子很重、责任很大。我们要真正担负起这些职责，必须具备较高的思想理论水平，具有良好的法律素质和政治、经济、科技、文化等多方面的知识。我们唯有刻苦学习、才能不辜负党和人民的重托。

第二，加强学习是适应人大工作特点，提高人大工作质量和水平的需要。这次常委会换届后，有四分之三的常委委员是新到人大工作的。一批长期在党政部门的同志，对人大工作这个新岗位，还不熟悉，需要转换角色、重新学习，努力提高工作质量和水平。人大工作的法律性、程序性和规范性很强。人大是集体行使职权，民主决定问题。讲究程序、严格依照法定程序办事，是人大工作的显著特点。要看到，按程序办事本身也是讲民主，程序民主是实体民主的保证。所以我们在人大工作的同志首先要尽快学习、熟练掌握人大及其常委会的议事规则和工作程序，以便依法履行好宪法和法律赋予的各项职责。

第三，加强学习是形势发展和知识更新的需要。我们国家正处在全面建设小康社会，加快推进社会主义现代化的新的发展阶段。十届全国人大任期的五年，正是为实现全面建设小康社会奋斗目标打下坚实基础的五年，改革、发展、稳定的任务极其繁重。从国际形势看，世界各国综合国力竞争日趋激烈，国际形势复杂多变，需要我们不断增强应对各种风险的能力。摆在我们面前既有历史遗留下来的问题，又有许多发展中遇到的新问题。虽然这些都是前进中的问题，发展中的问题，但要解决这些问题必须付出极大的努力。我们要把加强学习作为应对各种机遇和挑战的重要措施，准确、全面把握新形势，研究解决新问题。同时，我们正处在一个知识更新速度越来越快的时代。新的东西层出不穷，许多新的知识亟待我们去学习和掌握。正如胡锦涛同志最近讲的，"现在社会各个方面的发展日新月异，人民群众的实践创造丰富多彩，不学习、不坚持学习、不刻苦学习，势必会落伍，势必难以胜任我们所肩负的重大职责"[2]。人大工作要跟上时代发展的步伐，我们必须不断学习，不断更新知识，增强学习的自觉性。

以上讲的，是为什么要把学习放在突出位置。那么，我们要着重学什么？首先要学习马克思列宁主义、毛泽东思想和邓小平理论，学习"三个代表"重要思想，当前我们突出强调的是，学习党的十六大精神。这是人大工作的指导思想，是人大工作坚持社会主义方向的重要保证。我们要通过学习，努力掌握马克思主义的基本原理，领会马克思主义的精髓和本质，学会运用马克思主义的立场、观点、方法，分析和解决依法履行职责中遇到的各种实际问题，自觉地把坚持党的领导、人民当家作主和依法治国的有机统一的要求，自觉地把完成社会主义物质文明、政治文明和精神文明协调发展的各项任务，更好地落实到人大的各项工作中。

作为在人大工作的同志，必须学好宪法。宪法是国家的根本大法，规定了国家的根本制度和根本任务，是治国安邦的总章程，具有最高的法律效力，其他法律都要以宪法为基础和依据，各项工作都要以宪法为根本的活动准则。只有学好宪法，才能实施好宪法，才能保证人大立法、监督等各项工作符合宪法和法律的要求。我们还要注重学习规范人大依法履行职责的相关法律，熟悉和掌握人大的议事规则和工作程序，这是我们做好人大工作的一项"基本功"。通过对宪法和相关法律的学习和掌握，还将有利于对人民代表大会制度有更准确、更深刻的理解，有利于更好地坚持和完善人民代表大会制度这一我国的根本政治制度。

做好人大工作，还要学习经济、政治、文化、科技、管理、历史、军事等方面的知识。这是因为，全国人大常委会的立法、监督、决定重大事项等各项工作，涉及党和国家工作的方方面面，要求我们有多方面的知识。在这方面，我们有优势。有的同志曾长期在党政部门的领导岗位上工作，许多同志是各方面的专家，具有丰富的工作经验和专业知识。但是我们在知识的掌握上还有不足，特别是要看到，当今世界科学技术日新月异，新的技术、新的管理理念、新的知识不断涌现，逼着我们去学习、去熟悉。否则，有可能从内行变成外行。

强调学习，是为了应用，是为了提高分析、解决实际问题的能力和水平，把人大工作做得更好。理论联系实际，学以致用，是我们党的优良传统，我们必须坚持这一好的学风。胡锦涛同志最近就理论学习如何与解决工作实际问题相结合，提出了四个"一定要"，即："一定要紧密联系党和国家事业的发展要求来进行，一定要紧密联系认识和解决改革和发展中出现的新情况新问题来进行，一定要紧密联系自身世界观和人生观的改造来进行，一定要紧密联系更好地为最广大人民谋利益来进行。"[3]对此，我们要认真贯彻落实，把理论学习与解决实际问题结合起来，注重研究解决人大工作实践中的各种问题。要密切联系国家改革发展稳定的实际，密切联系全国人大及其常委会工作的特点和自身情况，有目标、有计划、有重点地学习。既要从书本上学习，又要重视在实践中学习，还要善于向地方人大学习，向群众学习。学习要持之以恒，做到经常化、制度化。只有这样，我们的学习才会富有成效，才能更好地推进人大各项工作的开展。

借今天这个机会，我还想就全国人大的干部培训工作谈点意见。

九届全国人大常委会在加强常委会组成人员的学习和抓好干部教育培训工作方面，做了不少工作，奠定了一个好的基础。这些年，办公厅每年制定干部培训计划，并加强了培训力量，增加了培训经费，改善了教学设施和教学条件，课程的设置也更有针对性。但应当看到，新的形势和任务对人大的教育培训工作提出了更高的要求。围绕培养造就一支政治坚定、业务精通、务实高效、作风过硬、团结协作、勤政廉洁的人大干部队伍的目标，进一步提高人大干部的整体素质，是人大干部教育培训工作面临的重要任务。要切实加强对干部培训工作的领导，增加投入，进一步理顺关系，加强培训、后勤保障等有关部门的协调配合，把干部培训工作作为一项重要的基础性工作，抓紧抓好。同时，我们还要积极支持地方人大的干部培训工作。希望我们的干部培训工作在现有的基础上，再接再厉，更上一层楼，取得更大的成效。

考虑到十届全国人大一次会议前，中组部等部门已组织全国人大代表对宪法和人民代表大会制度基本知识进行了学习，经研究，这次法制讲座先安排一讲，介绍《我国的立法体制、法律体系和立法原则》，下次常委会会议将安排两讲，介绍《全国人大常委会的监督工作》和《全国人大常委会的组织制度和议事制度》。这三讲对于我们了解全国人大常委会的主要工作、议事规则与工作程序，更好地开展工作，是迫切需要的。今后每次常委会前后都将举办法制讲座。在这里，我向常委会组成人员提出一个要求，没有特殊情况、不要请假，这要作为一条纪律，我们委员长会议组成人员带头遵守，也请大家共同遵守。

注　释

[1] 见邓小平《解放思想，实事求是，团结一致向前看》(《邓小平文选》第 2 卷，人民出版社 1994 年版，第 152、153 页)。

[2] 出自胡锦涛二〇〇二年十二月二十六日在中共中央政治局集体学习时的讲话。

[3] 出自胡锦涛二〇〇二年十二月二十六日在中共中央政治局集体学习时的讲话。

依法办事，建立防治
传染病的有效机制*

（二○○三年四月二十六日）

这次会议听取了吴仪副总理代表国务院所作的关于非典型肺炎防治工作的情况报告，各位委员进行了认真审议。非典型肺炎防治工作是大家都很关心的问题，牵动着亿万人民的心。对这场疫病，党中央、国务院高度重视，采取了一系列预防、治疗和控制措施，防止疫情蔓延。胡锦涛、温家宝[1]同志亲临现场指导工作，多次主持会议分析疫情、研究对策，并多次作出重要批示。疫情发生后，各地区、各部门做了大量工作，有关方面特别是广大医务工作者作出了艰苦努力和积极贡献。

从总体上讲，防治工作取得了成绩，但形势依然严峻。由于多方面的原因，近来非典型肺炎病例持续增加，流行范围有扩大的趋势。最近，党中央、国务院派出督查组协助北京市全面核查了有关情况，患者和疑似患者的人数，与北京市原来所报疫情出入很大。分析原因，从客观上说，这次发生的非典型肺炎是一种尚未完全认识的疑难病症，从收治到确诊需要有个过程；北京地区的医疗机构又分属北京市、卫生部、部队、武警等不同系统，

---

* 这是吴邦国同志在十届全国人大常委会第二次会议上讲话的一部分。

缺乏必要的沟通和协调机制。但从工作上说，北京市在信息收集、监测报告、追踪调查方面存在较大疏漏，没有及时准确地掌握并上报疫情，救治和预防措施落实得不够好，未能有效地监控和切断传播渠道，给北京地区的疫情控制带来很大被动，影响了防治工作的开展。在整个防治工作中，卫生部应对突发公共卫生事件工作不力，要求不明确，措施不到位。鉴于上述情况，为了加强全国和北京地区的非典型肺炎防治工作，确保首都大局的稳定，党中央采取了调整卫生部和北京市政府主要负责同志等一系列重大措施。这充分表明了中央对非典型肺炎防治工作的高度重视，对广大人民群众的极端负责，对疫情态度的严肃坦诚，对战胜疫病的坚定信心。这次常委会会议上，我们按照法定程序，决

2003 年 4 月 25 日，十届全国人大常委会第二次会议在北京人民大会堂分组审议国务院副总理吴仪所作的关于非典型肺炎防治工作的报告。吴邦国参加小组审议并讲话。

定任命了新的卫生部部长。

非典型肺炎是一场突如其来的重大灾害。面对这场灾害，我强调三点：一是我们一定要把思想和行动统一到中央的精神上来，要从贯彻"三个代表"重要思想的高度，从保护人民群众身体健康和生命安全的高度，从维护改革发展稳定大局的高度，为国家和社会分忧，共同把非典型肺炎防治工作作为当前的一项重大任务，切实抓好。二是面对防治非典型肺炎的严峻形势，当前我们的共同任务是，坚定信心，团结一致，同心同德，扎实工作，在各自工作岗位上齐心协力做好非典型肺炎防治工作，通过防治非典的实践，进一步增强民族凝聚力。我们要充分肯定和支持国务院的工作。国务院做了大量卓有成效的工作，但毕竟非典型肺炎还不为人类所完全认识，而且我国人口多、流动性大，非典型肺炎的传染性比较强，最终解决问题还有一个过程。在与疫情的斗争中，对国务院及各地政府的工作，要给予更多的理解和支持，动员全社会力量，与非典作斗争。三是要加大传染病防治法的宣传和执法监督，以通过防治非典的实践，健全有效的工作系统和监控网络，建立防治传染病的有效机制，真正做到依法办事。这些都是会上大家的共同认识。

在与非典型肺炎的斗争中，战斗在防治非典工作一线的广大医务工作者临危不惧，恪尽职守，发扬救死扶伤、无私奉献的崇高精神，忘我地与疫情作斗争，赢得了全社会的尊敬和赞誉。在这里，我代表全国人大及其常委会，向广大医务工作者表示亲切的慰问和衷心的感谢。并希望有关方面采取切实有效措施，全力保护在一线工作的医护人员。

我们坚信，在以胡锦涛同志为总书记的党中央领导下，只要各地区、各部门和各方面团结一心，扎实工作，就一定能够战胜困难，夺取非典型肺炎防治工作的胜利。

注　释

　[1] 温家宝，时任中共中央政治局常委，国务院总理。

立法工作是全国人大及其
常委会的首要任务[*]

（二〇〇三年四月二十六日）

在十届全国人大常委会第一次会议上，我谈过本届人大立法工作的思路，就是要实现一个目标，突出一个重点。一个目标是，争取在本届人大任期内基本形成中国特色社会主义法律体系。一个重点是，提高立法质量。在与九个专门委员会座谈时，大家提出了什么是中国特色社会主义法律体系，怎样才算基本形成这一法律体系的问题。这涉及两个问题，一是法律规范的范围，二是法律规范的分类。九届全国人大常委会曾组织力量对这个问题进行过专门研究，二〇〇一年三月九届全国人大四次会议通过的常委会工作报告，对此作了较为详细的论述。中国特色社会主义法律体系，是由七个法律部门、三个不同层次的法律规范构成的。从横向上看，根据法律规范的调整对象和调整方法划分，中国特色社会主义法律体系主要由宪法和宪法相关法、民法商法、行政法、经济法、社会法、刑法、诉讼与非诉讼程序法等七个法律部门组成。从纵向上看，有宪法和全国人大及其常委会制定的法律，国务院制定的行政法规，地方人大及其常委会制定

---

　　* 这是吴邦国同志在十届全国人大常委会第二次会议上讲话的一部分。

的地方性法规、自治条例和单行条例三个层次。在与专门委员会的同志座谈中，大家认为，这七个法律部门、三个不同层次的法律规范的划分，既是从全国人大及其常委会立法工作的实际需要出发的，也比较符合法律自身的特点和内在规律。

这里还需要强调两个问题：一是，这个法律体系是以宪法为统帅，法律为主干，包括行政法规、地方性法规、自治条例和单行条例等规范性文件在内的由七个法律部门、三个层次的法律规范组成的统一整体。宪法是我国的根本大法，是法律体系的核心，任何法律、行政法规、地方性法规都不能同宪法相抵触。为了维护中国特色社会主义法律体系的完整和统一，我们不能在这个法律体系之外，再搞其他的"小而全"的法律体系，不能再在每个执法部门内搞各自的所谓"母法"和"子法"，全国人大各专门委员会也不搞自己独立的"法律体系"。二是，中国特色社会主义法律体系是动态的、开放的、发展的，而不是静止的、封闭的、一成不变的。我国正处在社会主义初级阶段和全面建设小康社会的起步阶段，市场经济体制还不完善，整个国家还处在改革、转型的时期，各地经济、文化、社会的发展不平衡。因此，我们的法律体系要体现与时俱进的精神，处理好稳定性与变动性、前瞻性与阶段性的关系。即使到二〇一〇年中国特色社会主义法律体系形成之后，也还要根据我国经济、政治、社会发展的需要不断进行调整和完善。

本届任期内我们要基本形成中国特色社会主义法律体系，总要有个标准。概括大家的意见，主要有这样三个标准：第一，涵盖各方面的法律部门，即宪法和宪法相关法、民法商法、行政法、经济法、社会法、刑法、诉讼与非诉讼程序法这七个法律部门要齐全。这一点我们已经做到了。第二，各个法律部门中基本的、主要的法律应当比较齐备，做到有法可依。第三，以法律为主干，相应的行政法规、地方性法规、自治条例和单行条例，应当制定出来并相互配套。

下面谈谈五年立法规划问题。为了在本届人大任期内基本形成中国特色社会主义法律体系，就要制定好五年的立法规划，同时还要制定今年的立法计划。关于制定五年立法规划和年度立法计划的指导思想，这里我强调三点：一是突出重点，把基本的、急需的、条件成熟的立法项目作为立法规划的主要内容。因此，五年立法规划准备只列重点立法项目。这里所谓基本的，主要是指那些构成中国特色社会主义法律体系具有支架作用、必不可少的重要法律；所谓急需的，主要是指那些适应社会主义市场经济发展、社会全面进步和加入世界贸易组织的新形势，改革开放和现代化建设迫切需要、维护人民群众切身利益迫切需要的重要法律；所谓成熟的，主要是指那些符合社会主义初级阶段国情、客观环境和立法条件比较具备的法律。这就要求我们从国情出发，从工作实际出发，要充分考虑建立和完善社会主义市场经济体制、加入世界贸易组织和全面建设小康社会等实际需要和情况，抓住重点进行立法。二是五年立法规划应当是预期的、滚动的、指导性的，而不是指令性的。有些立法项目虽然没有列入立法规划，但如果确有需要，立法条件也确实成熟了，可以在年度立法计划中再列进去，规划本身也可以根据情况的变化加以调整。三是有些法律虽然是基本形成中国特色社会主义法律体系所不可缺少的，但近期的立法条件还不成熟，可以由国务院根据立法法的规定，先用行政法规的形式规定行政管理措施，等将来条件成熟了再制定法律。至于一些区域性的问题，可以由地方人大根据立法法的规定，通过制定地方性法规去加以规范。这些都是专门委员会主任委员会议上达成的共识。我们准备根据以上指导思想制定五年立法规划和今年的立法计划。

座谈中，还谈到了专门委员会在立法工作中的作用问题。大家认为，法律的起草，特别是专业性、技术性比较强的法律的起草，应当由国务院、中央军委、最高人民法院、最高人民检察院去负责。他们掌握的实际情况比较多，让他们起草法律可能会更有针对性，更贴近实际。人大主要起草基本的法律和国务院、中央军委、最高人民法院、最高人民检察院自己起草不了，需要综合考虑的一些法律。专门委员会的主要精力要放在对法律案的审议上。衡量专门委员会的工作，主要不是看起草了多少部法律，而是看在法律案的审议中提出了多少有价值的意见。

通过抗击非典斗争实践
进一步树立法制观念*

（二〇〇三年五月十一日）

我们这次抗击非典斗争，花了这么大的精力，要力争达到三个效果。

第一个效果，就是要使非典疫情得到有效控制。现在看来，这个传染病有四个阶段。第一个阶段是潜伏期，第二个阶段是扩散期，第三个阶段是下降期，第四个阶段是好转期。我们现在处于第二个阶段，形势非常严峻，不容乐观。要通过大家的共同努力，真正把疫情控制住，尽可能降低死亡率。要彻底解决问题，最终要靠病理学科研上的突破。现在我们所能做的，是从传染病流行病学的角度进行控制。内蒙古这方面的工作已初见成效。我同意五月中旬还是关键时期的判断，要上下齐努力、老幼皆自防，把工作再做得细一些，通过必要措施，把这个流行病控制住。

第二个效果，是通过运用传染病防治法动员全民参与抗击非典的斗争，增强全民的法制意识和各级政府的依法行政意识。通

---

* 这是吴邦国同志在内蒙古自治区考察非典型肺炎防治工作期间主持召开贯彻实施传染病防治法座谈会时的讲话。

过防非典，使每个人、每个单位都思考在这种情况下负有什么样的法律责任，有什么样的法律权利，应承担什么义务，使各级政府都认真研究怎么样依法来管理。我们提出依法治国，建设社会主义法治国家的目标，到二〇一〇年形成中国特色法律体系的立法目标。还提出有法必依、执法必严、违法必究的法制原则。通过这次抗击非典斗争，如何使这些目标和原则能够得到更有效的贯彻和落实，使广大人民群众法制观念进一步增强，这也是党的领导方式转变的一个很重要的方面。怎样依法规范我们的领导行为，值得研究。通过这次抗击非典斗争实践，一定能使传染病防治法得以深入贯彻，从而引导我们进一步树立法制观念，逐步健全和完善依法管理、依法治国的体制。

　　第三个效果，是能够把群防群控和公共卫生系统更有效地确

　　2003年5月10日，吴邦国在内蒙古自治区考察非典型肺炎防治工作时向内蒙古疾病预防控制中心咨询室的工作人员询问热线电话咨询情况。

立起来。首先要进一步建立起完善的应急信息系统。坦率地讲，一开始大家都不知道北京到底有多少人发病，搞不清情况就无法判断，无法作出决策。我们有传染病防治法，但发生疫情后，依法办事的意识不强，有不习惯用法的问题。今后需要把加强法制观念与整个国家的体制改革、加强政治文明建设很好地结合起来。

内蒙古贯彻传染病防治法工作做得不错。刚才，大家谈到传染病防治法是个武器。在关键时期，拿起这个武器就有了权威，就可以理直气壮地去工作。你们在这方面积累了很好的经验，做了大量的工作。通过宣传贯彻传染病防治法，真正动员起了广大人民群众，维护了防治疫情的秩序，你们还依法检查、依法处理了一些人。不处理，工作就搞不下去，秩序就建立不起来，这也是工作的需要。

人大的立法和监督工作
要从中国实际出发[*]

（二〇〇三年五月十九日）

开这个座谈会的一个主要目的就是看看大家，建立一个联系。另外，大家知道，我刚到人大工作两个月时间，一切从头开始，对人大工作还不太熟悉。在座的其他几位同志，到人大时间也都不长，基本上都是近期从党委及国务院的各个部门转过来的。所以今天还有一个目的，就是向大家学习，听听大家意见，看怎么更好地开展工作。比如，大家刚才提到的监督法、民法典，包括部门预算要不要搞，怎么搞好？想听听大家的意见，向大家学习。今天开这个会，主要是这两个目的。下面，我就人大工作讲点原则性意见。

第一，人大工作是一项很重要的工作，意义非常重大。我到人大两个月以来，一个总的感觉，就是在我们整个国家的政治生活中，人大工作越来越重要，而且随着时间的推移，人大工作在整个国家工作中的地位会进一步得到加强。党的十六大精神的一个很重要方面，就是明确提出了全面建设小康社会的奋斗目标。过去，我们讲实现小康主要是着眼于经济目标，就是实现人均国

---

　　* 这是吴邦国同志在江西省人大工作座谈会上讲话的一部分。

内生产总值翻两番，二〇〇〇年翻两番，再过二十年再翻两番。我国去年国内生产总值总量一万二千五百亿美元，人均国内生产总值不到一千美元，再过二十年，要力争达到四万亿美元，人均三千美元，翻两番，这是我们过去一直强调的目标。党的十六大明确提出"三个文明"协调发展，即物质文明、政治文明和精神文明协调发展，把建设社会主义政治文明作为全面建设小康社会的重要目标，明确提出在坚持四项基本原则的前提下，积极稳妥地进行政治体制改革。这对人大工作提出了很高的要求。过去外国人批评我们搞经济体制改革很积极，但不搞政治体制改革。实际上，改革开放这些年来我国一直在推进政治体制改革，这次党的十六大更是进一步明确提出要把坚持党的领导、人民当家作主和依法治国有机统一起来，继续积极稳妥地推进政治体制改革。政治体制改革怎么搞，就是要坚持从我国国情出发，坚持和完善共产党领导下的人民代表大会制度，实施依法治国的基本方略，建设社会主义法治国家，绝不照搬西方政治制度的模式，不搞"两院制"，不搞多党制，不搞"三权分立"。根据这一要求，我感到人大工作在整个国家政治生活中的地位越来越突出，越来越重要。我到人大工作以后，感到人大工作涉及上层建筑方面的东西更多，政治性很强，也感到我们国家越来越向法制化迈进。比如，这次我们抗击非典之所以能够取得较好的成效，一个重要的原因，就是一九八九年制定的传染病防治法充分发挥了作用，赋予了卫生职能部门很大的权力。当时制定这部法律时经历了一九八八年上海发生甲肝这件事，有实践的基础，所以这个防治法搞得比较有可操作性，有一定的质量。在这次抗击非典的战斗中，有关部门就是依据这个传染病防治法所赋予的权力，才可以把人隔离起来，也才可以征调一些医院作为防治非典医院，或者把某个区域隔离起来，以及把废污物进行强制性处理。没有这个法，卫生部门哪有这个权呀？所以，人大工作不是"二线"，而是第一线的工作，是一项很重要的工作，在人大工作很有意义。

　　2003 年 5 月 15 日至 20 日，吴邦国深入江西省南昌、赣州、吉安等 8 个市县的工矿企业、城镇乡村和建设工地，考察非典防治工作和经济建设情况。图为 5 月 15 日吴邦国在南昌考察企业。

　　第二，做好人大工作必须坚持正确的政治方向，进行积极探索。人大很多工作还处在探索当中，这与我们整个国家处于社会转轨阶段有关。我在十届全国人大常委会第一次会议上，着重强调了坚持正确的政治方向的问题。我感到探索过程当中特别要注意坚持正确的政治方向，这一点锦涛同志在党的十六届二中全会上讲得很明确，我在讲话中引用了锦涛同志的这段话，因为这是个特别突出、特别重要的原则性问题。中国是在共产党领导下，坚持社会主义制度，坚持以工人阶级为领导工农联盟为基础的人民民主专政国家。我们的体制改革是社会主义制度的自我完善，而不是一种制度的改造或者改变。我们要从中国的实际出发，中国的实际是社会主义初级阶段，这是邓小平理论中一个很重要的内容。我们长期处于社会主义初级阶段，这是我国的国情。我们想问题、做工作只能从这个实际出发，而不能从西方发达国家的那种社会制度出发，也不能从西方那种经济发展水平出发。我们的各项工作包括人大的工作，立法也好，监督也好，都要围绕改革开放、经济建设这些重大问题来开展。要始终以经济建设为中心，即使在抗击非典时期，也还是要以经济建设为中心。小平同志曾经讲过，除了发生大规模的外敌入侵或内乱以外，任何时候全党都要始终坚持经济建设这个中心不动摇。这次来江西考察，我看到江西的工作做得很好，很好地贯彻了小平同志的这个精神。因为不发展，不以经济建设为中心，就什么东西都没有。我们要最终让老百姓富裕起来，让国家强盛起来，最根本的就是要坚持这个中心。我们的整个工作包括人大工作，都要紧紧围绕党的中心工作，围绕经济建设这个中心，围绕改革开放这个大局来进行。也就是说立法工作和监督工作，都不能仅仅从法律体系出发，也不能仅仅从法理出发，而应该一切从中国的实际出发，不断规范和促进我们的工作。最近，我们听了一次法制讲座，强调实践是母亲，法制是子女，这是符合马克思主义的认识论的。进行探索性的工作，最重要的就是要从中国的实际情况出发。我们要在这个前提下，积极思考和谋划如何完善我们社会主义制度，完善国家的体制，使整个党和国家更加充满活力，使人民和各方面的积极性得到最大限度的调动，使我们整个的目标能够更好实现。有些法律全国来搞，条件可能还不成熟，就可以先搞国务院法规及部委的规章，也可以一些地方先进行探索，先制定地方性法规，等条件成熟以后再上升为国家法律。比如，刚才讲的物权法，十六大提出要进行国有资产管理体制的改革，就是要明确出资人，这是一个很深刻的体制改革。我在国务院时就讲过，这个问题涉及面很广，不仅涉及到国有资产流失不流失的问题，而且涉及到国有企业改革的许多深层次问题，涉及到国有资产的战略性调整问题。我想，是不是可以先搞一个国务院的法规，等条件成熟以后，再形成国有资产管理法。另外，我看过法工委整理的关于对监督法初稿意见的一份很长的简报，其中不赞同的意见比赞同的意见要多得多，而且深刻得多。在这种情况下，要拿出一个比较理想的东西来，我看有一定难度，因为涉及面很广，难统一认识。当然我们过去也有一些经验，作出过两个决定，一个是预算监督的决定，一个是经济监督的决定，它是监督法里面经济监督的两个部分。我想实在不行，就不搞全的，先搞某个方面的，也可以先在一些地方就某个方面进行一些试点。比如，对干部进行述职评议，一些地方已经在实践，在试点，我想这个问题在一些地方有了实践基础，就可以逐步地深化，也可以制定有关的法律法规。总之，这些工作都要逐步逐步地进行。前不久，全国人大专门委员会主任开了一个会，听取了九个专门委员会工作情况汇报，在反复研究、统一思想的基础上，大家形成了一些共识。当前，我们整个社会在变革，我们正处在一个转轨时期，立法工作必须坚持以"三个代表"重要思想为指导，坚持从国情和实际出发，坚持服从服务于党和国家的工作大局，突出重点，抓紧制定改革发展稳定迫切需要的、最基本的、比较成熟的法律法规。总的想法就是，立法工作要积极探索，分步推进，分别处理，要从国家急需的和老百姓切实关心的问题入手，围绕这些问题来开展立法工作，来开展监督工作，这样可能效果会比较好。法为民所用。我不主张立法搞得过于繁琐，不要搞法律"迷宫"，让人搞不懂。执法检查宁可少一点，实在一点，重点检查老百姓关心的问题。

维护司法权威 *

（二〇〇三年五月二十一日——
二〇〇七年六月二十六日）

一

四月份人大收到的群众来信中，对法院生效判决（特别是经济案件）得不到及时有效的执行，反映强烈，这影响法院的威信，也损害我依法治国的形象。综合归纳来信反映的原因有三条：一是债务人拒不执行，而对此又惩罚不力。二是法院执法人员工作拖拉，或拒绝执行，而其中往往又有利益关系。三是异地执行中，本地法院不配合。来信反映的仅是其中三例。供阅酌。

（二〇〇三年五月二十一日在转送中央政法委书记
罗干的群众来信上的批语）

---

* 这是吴邦国同志关于法院判决执行难问题的六则批语、批示。

二

解决执行难的问题，政法系统要带好头，对败诉后拒不执行判决的，要有相应措施。中央政法委于九九年在高院复核认定基础上，要求执行的案件至今尚未执行，公民权利又怎能得到保护。以上意见供酌。

（二〇〇四年七月十九日在转送中央政法委书记
罗干的情况反映上的批语）

三

对执行难问题群众有意见。尤其对司法机关、行政机关、领导干部及人大代表利用自己的特殊身份和权力干预法院执行，使生效判决长期得不到执行意见更大，请将群众来信有关这方面信件转有关部门阅处。

（二〇〇四年十二月二十日在群众来信上的批示）

四

针对执行难的问题，中央政法委、最高法院曾专门下发文件，但情况并未根本好转，仍是群众来信反映的突出问题之一，且呈逐年上升的趋势。建议组织得力干部（人大内司委可派人参加）就此问题深入调研，提出可操作性的办法，力争使这一问题有根本好转。这既是司法体制改革应解决的问题，也是维护司法权威的需要。以上意见妥否，请予批示。

（二〇〇五年七月二十六日在转送中央政法委书记
罗干的群众来信上的批语）

五

群众来信摘报均系反映经济案件执行难的问题。政府部门、人大代表、政协委员更应模范遵纪守法，而不应成为解决执行难的障碍。

（二〇〇七年三月八日在转送中央政法委书记罗干
的群众来信上的批语）

六

民事诉讼法修改是件大事，对解决当前群众反映的再审难、执行难的问题大有帮助，起码可化解一些矛盾，希听取各方面意见，把法律修改好。

（二〇〇七年六月二十六日在最高人民检察院《关于完善民事
执行检察监督制度的报告》上的批示）

不断探索解决法治建设中的问题[*]

（二〇〇三年六月一日）

在我国的政治体制改革和政治文明建设中，人大会发挥越来越重要的作用，人民对人大的期望也越来越高。党的十五大以后提出依法治国，建设社会主义法治国家。党的十六大再一次强调要依法治国，并把发展社会主义民主政治、建设社会主义政治文明，确定为全面建设小康社会的一个重要目标。依法治国一个很重要的问题就是党的领导方式和执政方式的转变。要把坚持党的领导、人民当家作主和依法治国有机结合起来。做好这篇文章，人大的工作会起十分重要的作用。通过充分发挥人大的作用，使党和国家的工作做得更好。推进依法治国的过程中，出现这样或那样的问题并不奇怪，过去我们依靠行政命令习惯了，厉行法治需要有一个过程。这一次抗击非典，传染病防治法深入人心、家喻户晓，就是一个很好的法制宣传教育，政府有什么权力和责任，卫生部门有什么权力来整合社会卫生资源，公民有什么权利和义务等，法律中都有了明确的规定。我们要在推进法制建设的过程中不断解决问题，实现依法治国。实现依法治国的过程就是

---

　　* 这是吴邦国同志在四川省人大工作座谈会上讲话的主要部分。

69

社会进步的过程，需要上下共同努力，不断探索。

关于立法工作。立法权是人大很重要的一项职权，我到人大后首先关注立法工作。我们现在已有二百二十一件法律、六百多件行政法规、八千多件地方性法规、几万件规章，基本上做到了有法可依。但目前还有一些重要的法律没有制定，如物权法等。到二〇一〇年，我们要建成中国特色的社会主义法律体系，而究竟什么是中国特色的社会主义法律体系，有许多问题值得我们进一步探讨。现在，立法应该有新的工作重点。要认真研究人大的专门委员会是把工作重点放在起草法律草案上还是放在审议上。

关于今后地方立法的作用。法有几个层次，法律、行政法规、地方性法规和规章。我国现在处于社会转型时期，还需要用规章、地方法规先摸索经验，再上升为法律。各地区发展不平衡是中国一个很大的特点，地方立法将来还会有较大的空间，目前淡化不了。立法项目的确定很重要，应从实际出发，把基本的、成熟的、急需的先制定出来。法的起草，现在很多是由部门起草稿子，把部门利益法制化。行政审批已经清理了不少，但关键的、最厉害的还没有取消，这确实需要有一个过程。

关于司法个案监督工作。集体行权是个案监督的一个原则，不是某一个领导说了算，这就需要有一个程序。我一至五月收到信访信件六千多件，有三分之一是关于司法案件的申诉，怎么批？以什么名义批？政法部门是不希望搞个案监督的。现在感到最难把握的、最核心的问题是要不要搞个案监督。监督中如何给案件定性？江泽民同志曾经讲，人大的监督是最高层次的监督。个案监督是不是最高层次的监督？党的十六大提出进行司法体制改革，最重要的就是要解决司法公正、司法监督问题。人大的监督应坚持党的领导、依法监督、不具体办案、集体行使职权和启动司法内部监督机制的原则。司法案件监督要依法、依程序。人大的监督，要不代行审判权和检察权，就应启动司法内部的监督机制，这本身涉及司法体制的改革。解决司法不公问题，检察院要切实负起监督职责。

切实纠正城市收容遣送工作中的问题 *

（二〇〇三年六月四日）

自孙志刚被错误收容、遭殴打致死一案[1]发生后，在法学界、新闻界部分人中引起强烈反映。核心问题是将收容的"救济性"变为对外来人口（主要是民工）的"强制性管理"，收容范围扩大，加之利益驱使、粗暴执法，造成对外来人口自由和身体的侵犯。据初步分析，这有法规上的问题，但主要还是执行中的问题。建议国务院有关部门研究（人大法工委可派人参加），切实纠正现城市收容遣送工作中的问题[2]。以上意见请酌。

注　释

[1] 二〇〇三年三月十七日，任职于广州某公司的湖北青年孙志刚在前往网吧的路上，因缺少暂住证，被作为"三无"人员（即无身份证、无暂居证、无用工证明的外来人员）收容。次日，因在收容人员救治站受到工作人员以及其他被收容人员的殴打，于三月二十日死亡。

---

* 这是吴邦国同志在转送国务院总理温家宝的材料上的批语。

　　[2] 二〇〇三年六月二十日，国务院发布《城市生活无着的流浪乞讨人员救助管理办法》，于二〇〇三年八月一日起施行。一九八二年五月十二日国务院发布的《城市流浪乞讨人员收容遣送办法》同时废止。

提高法律意识、增强法制观念
是依法治国的基础[*]

（二〇〇三年六月二十八日）

我就加强法制宣传教育，增强全社会法律意识问题，讲点意见。

一、为什么要讲这个问题？首先，这是因为前一段时间抗击非典这场斗争，使我们更加深刻地认识到，加强法制宣传教育，增强全社会的法律意识，是我国法制建设的一项基础性工作，太重要了。我国的传染病防治法是一九八九年由七届全国人大常委会制定的，已经公布实施十四年了，条文和内容规定针对性、操作性比较强。但在非典疫情爆发初期，许多人并不知道有传染病防治法，一些地方和部门也不知道依照这部法律开展非典防治工作。通过这段时间的实践，大家才感到传染病防治法很管用，切身感受到了法律的权威和依靠法制的力量。上个月全国人大常委会在对固体废物污染环境防治法的执法检查过程中，也听到一些地方的同志反映，如果不是这次执法检查，还不知道有固体废物污染环境防治法这样一部法律。可见，立了法，怎样让老百姓知道，真正为民所用，怎样让国家机关和国家机关工作人员

---

　　*　这是吴邦国同志在十届全国人大常委会第三次会议上讲话的一部分。

掌握，是一个迫切需要解决的大问题。二十多年来，我们总结实践经验，花了很大精力，制定了四百多件法律和有关法律问题的决定，现行有效的法律已经有两百多件，国务院和地方人大还制定了一大批行政法规和地方性法规，以宪法为核心的中国特色社会主义法律体系初步形成，改变了过去相当长一段时间里存在的无法可依的局面，使我国的政治、经济、文化和社会生活的各个方面基本上实现了有法可依。这是一个了不起的巨大成绩。按照我们的目标，再经过八年努力，将形成中国特色社会主义法律体系，有法可依的问题将从根本上得到解决。但是，法律制定出来以后，不只是让人看看，更不能变为只是在书架上摆着的本本，而应该也必须真正成为依法治国的基础，成为依法行政、公正司法的准绳，成为全社会一体遵循的行为规范。强调有法必依，执法必严，违法必究，显得尤为重要。这就要求我们进一步加强法制宣传教育，增强全社会的法律意识。

其次，这是全面贯彻落实党的十五大、十六大提出的依法治国、建设社会主义法治国家和建设社会主义政治文明的需要。依法治国、建设社会主义法治国家是一项系统工程，它包括了要有法可依，也包括了要严格执法、保证法律的实施，还包括了要提高全体人民的法律意识和法制观念。有法可依是前提，它要通过立法来实现；严格执法是关键，它要通过行政执法和司法实践来实现；提高法律意识和增强法制观念是基础，它要通过法制教育来实现。正如邓小平同志指出的："加强法制重要的是要进行教育，根本问题是教育人。"[1]江泽民同志也强调，加强社会主义法制建设，坚持依法治国，一个重要的任务就是要不断提高广大干部、群众的法律意识和法制观念。党的十六大提出了不断促进

社会主义物质文明、政治文明和精神文明协调发展的任务。所有
这些，都需要不断提高人的文明程度和提高人的素质。法律素质
是人的素质的一个重要方面，法治文明是政治文明的一项重要内
容。我们要建设富强民主文明的社会主义国家，法制比较完备、
全体公民具有较高法律素质是其重要的内涵。在我国，旧中国
留给我们的封建专制传统比较多，民主法制传统很少。加上"文
革"十年内乱，法律的尊严被破坏殆尽，这种影响依然存在。因
此，增强广大干部、群众的法律意识和法制观念的任务就更加艰
巨，这也要求我们必须花更大的力气，把法制宣传教育这项工作
长期进行下去。

二、加强法制宣传教育，要以增强全社会的法律意识为基本
目的。法律是党领导人民制定的，是党的主张和人民意志相统一

2003 年 6 月 28 日，十届全国人大常委会在北京人民大会堂举行第二次法制讲座。
吴邦国主持讲座。

的体现。通过法制宣传教育，要把法律交给人民，在广大人民群众中普及法律知识，增强法制观念，一是遵法而不违法，履行应尽的责任和义务，二是能用法律武器来保护自己的合法权益。通过法制宣传教育，要尽快提高国家公职人员，特别是各级领导干部的法律素质。这是重点。党的十六大报告明确指出："加强法制宣传教育，提高全民法律素质，尤其要增强公职人员的法制观念和依法办事能力。党员和干部特别是领导干部要成为遵守宪法和法律的模范。"我们说依法治国，重要的一个方面是依法治官、依法治权。当然老百姓要遵守法律，要维护国家利益、公众利益，不管谁犯了法都要受到法律的制裁。但是，法治更重要的含义，是规范国家机关的行为，保护人民群众的权利和利益，法学界有一种说法，叫"规范公权、保护私权"。增强公职人员特别是各级领导干部法制观念和依法办事能力，是实现行政机关依法行政，司法机关公正司法的基础。要看到，各个机关和组织严格依法办事本身，就是最好的法制教育。只有公职人员真正成为法律的模范遵守者和执行者，才能真正做到依法办事，才能让老百姓服气，才能在全社会形成良好的法治氛围。

三、法制宣传教育必须实事求是，不搞一刀切，应当讲层次，对不同的人提出不同的要求。对广大人民群众来讲，主要应当了解与自己的权利和利益密切相关的一些法律，就是对这些法律，也不是要求他们对所有条文都要知道。每一部法律，核心的内容往往只有几个问题，关键的条文也往往只有几条，掌握了这些，就能划出大的杠杠，知道自己有什么权利和要承担什么义务，可以规范自己的行为。而对于行政执法机关和司法机关及其工作人员来讲，就应当学习和熟悉宪法及一些基本的法律，不仅是熟悉，而且要熟练掌握本行业、本部门、本岗位依法行使职权必须具备的法律知识，做到依法办事。要牢固树立执政为民的思想，把依法办事，严格执法的过程，作为全心全意为人民服务的过程，保证把人民赋予的权力真正用来为人民谋利益。

法制宣传教育怎样才能深入人心、取得实效？这次抗击非典的斗争给了我们重要的启示：法治实践是增强全社会法律意识的最佳途径。通过这次抗击非典的实践，现在传染病防治法已经家喻户晓、深入人心。当时，为防治非典这种未被完全认识的传染病，需要采取必要的隔离措施，需要整合医疗资源，调用社会资源，这就涉及到不少单位和个人的切身利益。老百姓需要了解自己有什么权利、有什么义务，各级政府及卫生部门需要了解有什么职权和承担什么样的法律责任，因此大家都需要学习传染病防治法，用这部法律的规定去规范自己的行为。没有这部法律，就无法实施隔离措施，卫生部门也无权调用整合资源，可能带来的后果是不可想象的。这次防治非典的实践，不仅使传染病防治法深入人心，而且是对全社会的一次活生生的法制教育，对增强全社会法律意识将产生深远的影响。这件事告诉我们，社会实践是最好的普法学校。要增强法制宣传教育的实效，很重要的一条是要将法律运用到解决现实生活中遇到的实际问题中去，把解决问题的过程，作为普及法律知识、增强法律意识和法制观念过程，使法制宣传教育植于实践的沃土中，生根发芽结果。我们相信，只要坚持不懈地抓下去，全社会的法制观念和法律意识将会不断增强，建设社会主义法治国家的社会基础将会更加广泛和坚实。

我们还要把立法和执法检查工作与法制宣传教育工作结合起

来，使立法和执法检查的过程成为普及法律知识的过程。从现在起到二〇一〇年形成中国特色社会主义法律体系，我们还有一批基本的、急需的、条件成熟的法律需要制定和修改。每一部法律的制定或修改，都有一个充分发扬民主，广泛征求意见的过程，包括开座谈会、论证会、听证会，还包括一些与人民群众切身利益密切相关的法律公布草案征求全民意见等。执法检查是为了使法律得到有效实施，也是普及相关法律知识的过程。总之，在加强法制宣传教育，增强全社会法制观念和法律意识方面，已经做了不少工作，但还有大量的工作要做。希望各地区、各部门从增强实效出发，结合实际，积极探索，把法制宣传教育深入持久地开展下去。

注　释

[1] 见邓小平《在全体人民中树立法制观念》（《邓小平文选》第 3 卷，人民出版社 1993 年版，第 163 页）。

重视群众来信来访是人大加强
监督工作的重要内容 [*]

（二〇〇三年八月八日——二〇〇四年一月十八日）

一

今后每月可否搞一期综合性简报反映来信来访情况，尤其是来信来访比较多的省市的情况，简报发至省直辖市，以引起地方领导的重视。当否，请兆国[1]、华仁[2]同志批示。

（二〇〇三年八月八日在群众来信上的批示）

二

重视群众来信来访，做好信访工作是联系群众，了解社情民意的重要渠道，也是人大加强监督工作的重要内容，请在总结经

---

* 这是吴邦国同志关于信访工作的三则批示。

验的基础上，逐步完善。

（二〇〇三年八月二十二日在全国人大常委会办公厅信
　　访局报送的《近期信访摘报的领导批示及处理情况的报
　　告》上的批示）

三

　　教育部认真查处人大代表及群众来信反映的教育乱收费问题，并采取措施清欠集资款，这不仅纠正了行业不正之风，而且化解了群众不满情绪。群众来信来访是联系群众、了解社情民意的重要渠道，以负责的态度，实事求是地处理也体现了锦涛同志提倡的"求真务实"的精神。

（二〇〇四年一月十八日在教育部《关于对全国人大常委会办公
　　厅信访局〈给吴邦国委员长来信情况〉第五期反映的教育乱收
　　费问题调查处理情况的报告》上的批示）

注　释

　　[1] 兆国，即王兆国，时任中共中央政治局委员，全国人大常委会副委员长、党组副书记。

　　[2] 华仁，即盛华仁，时任全国人大常委会副委员长兼秘书长。

保证行政许可法得到切实有效的实施[*]

（二〇〇三年八月二十七日）

这次会议通过了行政许可法。这个法律草案先后经过四次审议，其中九届全国人大常委会对这个法律草案审议过两次，本届常委会本着认真负责的态度，在以往工作的基础上对草案又进行了两次审议。在审议过程中，我们高度重视立法质量。

上次常委会会议审议以后，根据大家的审议意见，我们对法律草案涉及的一些重大问题又进行了深入调查研究，广泛听取各方面的意见特别是不同意见，对争论比较大的问题在集思广益的基础上慎重地做出决断，对草案涉及的一些重大问题和文字都进行了较大的修改。例如：特别强调行政许可要贯彻公开、公平、公正原则；对行政许可范围和行政许可的设定权进行明确限定；对草案划分的五种许可进行合并，取消国务院部门规章设定行政许可的权力，对省级人民政府规章设定临时性行政许可的时间进行限制；更加重视保护被许可人的合法权益；更加强调保障人身健康、生命财产安全、生态环境保护等。

在这次常委会会议上，又根据大家的审议意见，对草案作了

---

　　* 这是吴邦国同志在十届全国人大常委会第四次会议上讲话的一部分。

八个方面、四十多处修改。现在看来，这次会议通过的行政许可法比较好地贯彻了行政审批制度改革的精神，针对性、操作性都比较强。一是简化行政审批手续，取消不必要的限制，使行政机关对社会、经济事务的管理进一步纳入规范化和法制化的轨道，有利于促进各级人民政府更好地转变职能，改进管理方式，规范行政行为，提高行政效率。二是明确规定行政许可的范围和设定权限，有利于打破地方保护主义和部门的保护主义，推动社会主义统一市场的建立和发展。三是建立公开、公平、公正的行政许可程序，杜绝实施行政许可过程中的"暗箱操作"和权钱交易，从源头上和制度上治理和预防腐败。四是适应经济全球化和加入世界贸易组织的新形势完善行政审批制度，为建立行为规范、运转协调、公正透明、廉洁高效的行政管理体制，进一步扩大对外开放，促进社会主义市场经济体制的建立和完善，提供了有力的法律保障。

行政许可法是一部非常重要的法律。从现在起到明年七月一日，我们要做好行政许可法施行的准备工作。首先，要采取生动活泼的形式，加强对行政许可法的普法宣传工作，让人民群众了解这部法律，特别是要让行政机关的工作人员深刻领会和熟练掌握这部法律。第二，各级行政机关要从实践"三个代表"重要思想的高度贯彻这部法律，严格依法办事，做到权为民所用，情为民所系，利为民所谋，为群众诚心诚意办实事，尽心尽力解难事，坚持不懈做好事，维护公民、法人和其他组织的合法权益。第三，各级人大常委会要加强督促检查工作，保证行政许可法得到切实有效的实施。

缔造亚洲百年和平，
共创亚洲持续发展 *

（二〇〇三年九月一日）

尊敬的德贝内西亚议长阁下，

各位议长、副议长，

女士们，先生们，朋友们：

首先，我谨代表中国全国人大常委会，并以我个人的名义，对亚洲议会和平协会第四届年会的隆重召开表示热烈祝贺，对德贝内西亚议长及东道国菲律宾的各位朋友为此所做的努力表示衷心感谢。

这次会议的主题是"亚洲百年和平"。在当前国际和地区形势发生深刻变化的背景下，亚洲各国议会的领导人和代表汇聚一堂，探讨如何实现亚洲的持久和平与发展，具有十分重要的现实意义和深远的历史意义。

亚洲各国在追求和平与发展的道路上历尽艰辛、饱经沧桑，最懂得和平的珍贵和发展的重要。经过几代人的不懈努力，亚洲绝大多数国家赢得了和平与安宁，不少国家实现了经济的跨越式

---

　　*　这是吴邦国同志在菲律宾马尼拉举行的亚洲议会和平协会第四届年会开幕式上的主旨讲话。

2003 年 9 月 1 日，亚洲议会和平协会第四届年会在菲律宾首都马尼拉开幕。亚洲议会和平协会主席、中国全国人大常委会委员长吴邦国在开幕式上发表主旨讲话。

发展。

当前，维护和平是亚洲形势的主流。我们绝大多数国家都把恢复和发展经济作为首要任务。和平是人心所向，稳定是众望所归。我们积极致力于各种形式的安全对话和区域合作，了解、信任与交融不断加深。

但是，亚洲的和平仍面临着不少挑战。传统与非传统的安全问题相互交织，安全形势错综复杂。我们都关注朝核问题的和平解决。我们都感受到恐怖主义、分裂主义、极端主义的威胁。传染病、跨国犯罪、生态灾难等是我们面临的共同问题。

女士们、先生们、朋友们！

　　缔造亚洲普遍、持久的和平，谋求共同发展，是亚洲各国议会和政府肩负的历史使命。我们应牢牢把握机遇，积极应对挑战，努力塑造美好的未来，造福我们的子孙后代。我们认为：

　　——确保和平，需要推动建立公正、合理的国际政治经济新秩序。国际形势的变化和人类文明的进步，呼唤一个能反映大多数国家和人民共同利益的国际秩序。我们应逐步调整和改革现有秩序中的不合理、不公正之处，推动实现国际关系民主化。我们追求的新秩序，应是各国在政治上相互尊重，共同协商；经济上相互促进，共同发展；安全上相互信任，共享和平；文化上相互借鉴，共同繁荣。亚洲国家可以率先在这方面进行尝试，开展合作。

　　——确保和平，需要谋求各国的共同发展与繁荣。事实证明，贫困经常成为动荡的诱因，贫富分化往往激化社会矛盾。我们应不断推动地区和全球经济体系在平等互利基础上健康发展，努力形成优势互补、携手并进的发展格局。我们应进一步促进南南合作，加强南北合作，发达国家应更多地关心和帮助发展中国家，使各国能共享全球化带来的好处。

　　——确保和平，需要树立以互信、互利、平等、协作为核心的新安全观。当今世界，国与国相互依存日益加深，我们的安全应是共同的安全。武力不能带来真正的和平。各国应超越意识形态、社会制度和宗教信仰的差异，相互尊重，平等相待，以对话合作增进了解与信任，以和平谈判解决分歧与争端，防止战争与冲突。亚洲区域合作虽起步较晚，但发展很快，已成为巩固和加强本地区国家关系的主要纽带。我们应倍加珍惜这一来之不易的局面，积极推动亚洲区域合作机制向新的广度和深度发展，进一步促进各国政治上互信、经济上交融、安全上共赢。我们始终认为，世界是丰富多彩的。"君子和而不同"，应承认并尊重亚洲和世界的多样性，通过对话与合作和平解决分歧。亚洲各国和平共处，相互尊重彼此的历史文化、社会制度和发展模式，相互学习和借鉴有益的经验，有利于亚洲乃至世界的和平与发展。

——确保和平，需要不断维护和加强联合国的重要作用。联合国的诞生与发展，代表了人类社会的进步。在新的形势下，联合国宪章的宗旨和原则仍是维护世界和平的重要法律基础。我们应悉心维护联合国的权威，提高联合国的效率，使之在国际事务中发挥更大的作用。

女士们、先生们、朋友们！

亚洲议会和平协会的成立，是亚洲各国为加强本地区主权国家议会之间的合作与交流，促进本地区的和平与发展而作出的重要贡献。协会成立四年来，协会的宗旨和主张不断深入人心，凝聚力不断加强，成员不断扩大，使其较快地发展为亚洲最大的区域性议会组织。

如何使这一组织更为有效地运作，不断充满活力，真正成为联系本地区各国议会和人民的纽带，是我们共同关心的问题。我认为，只要我们大力弘扬协会历次会议确定的原则，紧密围绕和平与发展两大主题，开展各种形式的友好合作，加强在国际和地区问题上的对话与磋商，鼓励和推动协会成员国在民主法制建设方面进行交流、相互借鉴，我们就一定能够塑造亚洲和平、稳定与繁荣的美好未来。

女士们、先生们、朋友们！

中国是亚洲大家庭中的一员，深知自己对维护亚洲和平的重要责任。新中国成立五十多年来，我们始终坚持独立自主的和平外交政策，恪守不称霸、不参加军事集团、不谋求势力范围的庄严承诺，为推动和促进亚洲和平与发展作出应有的贡献。中国参与倡导的和平共处五项原则，已成为处理国际关系的基本准则。

独立自主的和平外交政策，是中国政府从全中国人民和世界各国人民的根本利益出发，制定的一项长远战略，也源于中华民族的传统文化和价值理念。千百年来，我们深信"天下以和为善，人类以和为贵"。今后，不论国际形势发生什么变化，中国经济发展到什么阶段，我们都将毫不动摇地坚持维护世界和平、促进共同发展的外交政策。

今年三月召开的第十届全国人大第一次会议，中国确定了全面建设小康社会的奋斗目标。举国上下都在聚精会神搞建设，一心一意谋发展，力争到二〇二〇年国内生产总值比二〇〇〇年翻两番，使经济更加发展、民主更加健全、科教更加进步、文化更加繁荣、社会更加和谐、人民生活更加殷实。不久前，我们取得了抗击非典的阶段性重大胜利。上半年，中国经济取得百分之八点二的增长。这再次表明我们有能力、有决心克服前进道路上的种种困难，保持良好的发展局面。

中国的发展离不开亚洲的和平与稳定。我们将继续加强睦邻友好，坚持"与邻为善、以邻为伴"的周边外交方针，加强区域合作，把同周边国家的交流与合作推向新水平，与各国一道，携手营造和平、合作、和谐的地区环境。

女士们、先生们、朋友们！

和平这个神圣而崇高的目标，代表着亚洲人民的根本利益。我们倡导的亚洲百年和平，反映出亚洲三十六亿人民的共同愿望。中国全国人大将与亚洲议会和平协会各成员国议会一道，为增进各国人民之间的理解、友谊、信任与合作发挥积极作用，为维护亚洲的持久和平，促进亚洲的共同发展作出新的贡献。

谢谢大家。

深刻认识继续推进中日关系发展的
历史责任和崇高使命 *

（二〇〇三年九月五日、八日）

一

二十五年前，中日两国老一辈领导人从长远战略出发，克服重重困难，缔结了《中日和平友好条约》，以法律的形式确认了《中日联合声明》的各项原则，为中日两国和平共处、世代友好奠定了法律基础，为两国政府和人民的交流与合作构筑了稳固桥梁，也体现了中日两国人民世世代代友好下去的共同愿望，具有划时代的伟大意义。

条约的缔结，不仅凝聚了两国老一代政治家的胆识和智慧，也凝聚了两国友好团体和两国人民的长期不懈的努力，是他们留给后人的宝贵财富。在隆重纪念条约缔结二十五周年的今天，我们深切地缅怀两国老一代政治家，并向为缔结条约和促进中日友好事业发展作出贡献的两国各界人士，致以崇高的敬意。

中日两国毗邻而居，一衣带水，源远流长的文化交流很早就把两国人民连接在一起。中日实现邦交正常化，特别是缔结和平

---

* 这是吴邦国同志访问日本期间两次讲话的节录。

友好条约以来，在两国政府和各界人士的共同努力下，中日友好合作得到了全面发展，达到中日交流史上任何时期都无法比拟的广度和深度。去年双边贸易额突破一千亿美元，人员往来达到三百六十八万人次，友好城市已达二百二十对，就充分说明了这一点。中日友好关系的发展，不仅为两国人民带来了实实在在的利益，也有利于本地区及世界的和平与发展。

实践证明，任何时候只要我们遵循中日双边关系三个重要文件的原则和精神，中日关系就顺利发展，如果背离这些原则和精神，中日关系就出现波折。回顾中日关系发展历史和经验教训，我们更加珍惜来之不易的中日友好成果，更加深刻地认识到继续推进中日关系发展的历史责任和崇高使命。

中国新一届领导集体将一如既往地致力于发展中日友好，我

2003年9月5日，吴邦国在东京出席《中日和平友好条约》缔结25周年纪念招待会，并发表了题为《发展中日友好，造福两国人民》的讲话。

们赞赏并希望日本坚持和平宪法、走和平发展道路。中日双方应从长远和战略高度对待和运筹两国关系。让我们以纪念《中日和平友好条约》缔结二十五周年为新的起点，在《中日联合声明》、《中日和平友好条约》和《中日联合宣言》三个政治文件的指导下，本着"以史为鉴、面向未来"的精神，妥善处理好存在的问题，进一步扩大共识、增进互信，紧紧围绕和平与发展、友好与合作的主题，致力于和平与稳定的友好合作，以更好地造福两国人民，为亚洲和世界和平与发展作出新的更大的贡献。

（二〇〇三年九月五日在东京举行的《中日和平友好条约》缔结二十五周年纪念招待会上的讲话《发展中日友好，造福两国人民》）

二

中日两国是相邻之邦。紧密的地缘联系，悠久的历史渊源，牵动着我们的思想感情；日新月异的现代科技，缩短着我们的时空距离；日趋密切的互利合作，巩固着我们的利益纽带。

中日关系正在迎来新的发展时期。我们两国作为亚洲和世界上具有重要影响的国家，在维护和平、促进发展方面肩负着更加重要的责任，相互需要日益上升，共同利益不断增多，合作领域明显扩大。

中国人民愿与日本人民一道，共同秉承传统友好，在两国关系现有发展成果的基础上，更加积极地推进两国各领域友好交流与合作，使我们两国永远做好邻居、好伙伴，携手共创两国关系更加美好的未来，为亚洲和世界的和平与发展作出应有的贡献。

为实现这一目标，我认为，双方需要重点做好以下三方面的工作。

一是保持高层对话，增进政治互信。两国政治家应站在全局和战略的高度，将两国关系放在地区和全球的大框架内来审视和把握，弘扬传统友好，推动各层次的交往，增进了解和信任，拓展和深化双边合作，加强在国际和地区事务中的协调与配合，共同为亚洲和世界的和平与发展作贡献。

二是积极推进经贸合作和人员交往。中日经贸合作虽已达相当规模，合作的领域也在不断扩大，但中日经贸合作的潜力巨大。中日两国经济有很强的互补性。日本雄厚的资本、技术实力，无疑将继续对中国现代化建设发挥积极的促进作用。中国优秀丰富的劳动力、日益扩大的市场和不断改善的投资环境，也可使日本充分受益。中日经贸合作将进一步促进两国的经济结构调整和产业升级。两国经贸关系将长期呈现合作大于竞争的总体态势，合作前景广阔。

三是慎重处理对方关切的问题。恪守《中日联合声明》、《中日和平友好条约》和《中日联合宣言》三个政治文件的原则，坚持以史为鉴、面向未来，妥善处理历史和台湾等各种问题，排除干扰，维护大局。这样，我们两国关系就能始终沿着和平、友好、合作的正确方向前进。

（二〇〇三年九月八日在名古屋出席中日新闻社等机构举办的演讲会时的演讲《中国的发展与中日关系》）

答《日本经济新闻》社长杉田亮毅问[*]

（二〇〇三年九月十日）

杉田亮毅：您对三国之行的成果有何评价？

吴邦国：我这次出访菲律宾、韩国、日本三国，与三国的朝野各界都进行了广泛接触，会见了老朋友，结交了新朋友。我想把这次访问归纳为三点。

一是发出了一个明确的信息，这就是中国新一届领导集体高度重视同周边邻国发展持久、稳定的睦邻友好合作关系。菲、韩、日都是中国的重要近邻，我在访问期间全面介绍了中国奉行的内外政策和发展战略，强调中国的睦邻友好政策不是权宜之计，而是长远方针。我们将本着"与邻为善、以邻为伴"的精神，同三国加强互利合作，谋求共同发展。这体现了中国新时期周边外交的指导思想，代表了中国人民与各国人民友好相处、共创未来的诚挚愿望。

二是促进了中国与三国关系的发展。我访问期间，通过与三国议会、政府和政党领导人接触，充分肯定了中国与三国友好合作迄今取得的进展，共同展望了今后的发展前景，并就进一步深

---

[*]　吴邦国同志访问日本期间在大阪接受了《日本经济新闻》的专访。

化与三国的全面合作达成重要共识。菲方表示愿与中国加强和发展长期稳定的睦邻互信合作关系。中韩双方强调要加紧落实两国元首达成的重要共识，发展两国全面合作伙伴关系。今年是《中日和平友好条约》缔结二十五周年，中日关系正处在继往开来的重要时期，双方一致同意本着"以史为鉴、面向未来"的精神，推动中日关系取得新的更大发展。

三是加强了中国全国人大与三国议会的友好交往。议会交往是国家关系的重要组成部分，对增进人民之间友好，促进双边关系发展具有重要意义。各方一致认为，应从长远和战略高度，加强议会特别是年轻议员之间的往来，增进相互理解和信任。

此外，我访菲期间还出席了亚洲议会和平协会第四届年会，同与会各国议会代表围绕"迈向亚洲的百年和平"这一主题进行了有益的探讨。

这次访问取得许多积极成果，达到了增进了解、加强信任、深化合作、共谋发展的预期目标。我愿借此机会感谢三国的热情接待和周到安排。我相信在各方共同努力下，中国与三国的睦邻友好合作关系在新的世纪里一定能够取得新的更大发展。

杉田亮毅：请您介绍一下中国国有企业改革的情况。

吴邦国：我在国务院工作八年，就是主管这方面工作的。中国的大中型企业我基本都去过。我亲身经历了国有企业改革、脱困、发展的过程。一九九七年是国有企业最困难的时期，有一半以上的企业亏损，成为困扰中国经济发展的最大难题。以江泽民同志为核心的党的第三代中央领导集体明确提出把国有企业改革作为整个经济体制改革的中心环节来抓，确定三年改革脱困的目标。经过不懈努力，到二〇〇〇年，国有企业的利润比一九九七

2003 年 9 月 10 日，吴邦国在大阪接受《日本经济新闻》社长杉田亮毅的专访。

年翻了两番，达到历史最好水平，一批具有较强竞争力的大公司大集团，在激烈的市场竞争中发展壮大，成为市场投资主体。今年上半年，虽然受到非典的影响，但国有企业的利润仍比去年同期增长百分之七十七点四。

这些年我们的具体做法概括起来讲，主要有三点：一是着眼于搞好整个国有经济，坚持有进有退，有所为有所不为，从战略上调整国有经济布局和改组国有企业。二是对国有企业进行公司制改造，鼓励有条件的企业到境外上市，促进企业机制转换。中国石油、中国石化、中国海油、中国电信、中国联通、中国铝业等企业的成功上市，大大增强了企业活力。三是正确处理好改革、发展、稳定的关系，加大完善社会保障制度的建设和再就业工作力度，妥善安置下岗失业人员，为深化企业改革，加快企业发展，创造良好的外部环境。

杉田亮毅：随着中国加入世界贸易组织，中国经济融入世界经济，中国经济不断发展，人民币升值压力也在提高，有人认为应该提高人民币对美元汇率。在今后一两年内中方是否考虑这样做？

吴邦国：我们实行的是以市场供求关系为基础的、有管理的浮动汇率。中国人民银行已明确宣布，要保持人民币汇率的稳定，并积极探索汇率形成机制。

所谓"中国威胁论"、"输出通缩"等说法是缺乏根据的。一是中国国内生产总值仅占全球的百分之三点九，对外贸易不到全球的百分之五，不具备影响世界市场价格和供求关系的能力。二是中国出口的百分之六十五源自外资企业，在华投资企业主要从事加工贸易，由母公司控制原料、零部件的进口和制成品的出口，得利的主要是外国跨国公司。对外贸易相当程度上是靠跨国公司内部的贸易实现的，他们在中国的企业已经成为经济全球化供应链不可缺少的一部分。三是中国与发达国家贸易和经济技术合作互补性很强。中国向发达国家出口的商品基本上是劳动密集型产品，这些产品在发达国家早已不生产了，而中国提供的低价高质的商品，最大受益者是发达国家广大的消费者。所以，这种贸易完全是互利的，就整体贸易而言，将长期呈现合作大于竞争的格局，构不成冲击和竞争关系。

杉田亮毅：您如何看待中国经济发展的地区差异？

吴邦国：中国作为一个幅员辽阔、人口众多的大国，地区发展不平衡是我国的一个基本国情。

改革开放二十多年来，中国经济得到了较大发展，总体达到小康水平，人均国内生产总值超过九百美元。东部地区发展得更快一些，像我长期工作过的上海，人均国内生产总值接近五千美元。但是中部，特别是西部地区还远远不到九百美元。现在我们提出下一步发展目标，很重要的一条，就是要缩小中西部地区与东部地区的差距。

邓小平先生早在改革开放初期就提出要树立"两个大局"的思想。他指出："沿海地区要加快对外开放，使这个拥有两亿人口的广大地带较快地先发展起来，从而带动内地更好地发展，这是一个事关大局的问题。内地要顾全这个大局。反过来，发展到一定的时候，又要求沿海拿出更多力量来帮助内地发展，这也是个大局。那时沿海也要服从这个大局。"[1]以江泽民同志为核心的党的第三代中央领导集体在全国总体达到小康水平时，启动了西部大开发的战略。

这些年，中央财政建设资金百分之七十都投向中西部地区，中央对中西部地区采取了更加宽松和开放的政策。中西部地区有资源和劳动力的优势。我们高兴地看到，在中央和东部地区的帮助下，中西部地区的增长速度已超过全国平均增长速度。

当然，缩小东西部差距，解决地区发展不平衡问题是一个长期的过程，需要几代人甚至十几代人的不懈努力。目前，中西部地区已经呈现良好的发展势头。我们对最终实现共同富裕的目标充满信心。

杉田亮毅：听说中国近期将修改宪法，您能否介绍一下这方面的情况？

吴邦国：大家知道，下个月我们将召开中国共产党十六届三中全会，这是一次十分重要的会议。会议的任务主要有两个，一是研究完善社会主义市场经济体制问题，二是提出修改宪法部分内容的建议。

修改宪法是国家政治生活中的一件大事。对一个国家来说，宪法的稳定是国家稳定的基础。中国现行宪法是一九八二年制定的，是一部好宪法，总体上是适应我国改革开放和现代化建设需要的，应当保持稳定。同时为适应国家经济社会发展的客观需要，依照法定程序对宪法作适当的修改和补充也是必要的。

我们对宪法部分内容进行修改，将坚持以邓小平理论和"三个代表"重要思想为指导，全面贯彻十六大精神。在经党的十六届三中全会审议后，依法定程序将提请全国人民代表大会常务委员会和明年召开的全国人民代表大会审议。

注　释

[1] 见邓小平《中央要有权威》(《邓小平文选》第 3 卷，人民出版社 1993 年版，第 277—278 页)。

执法检查工作要抓住与人民群众
密切相关的热点难点问题 *

（二〇〇三年九月十九日）

根据今年的执法检查计划，全国人大常委会即将组织开展对农村土地承包法实施情况的检查。农业与农村委员会和常委会办公厅已经制定了具体方案，我都同意。今天的会议是执法检查组的第一次全体会议，也是一次动员会。下面我先讲三点意见，请大家研究。

一、充分认识农村土地承包法的重要意义。

我们党和国家历来重视农业、农村、农民问题。改革开放以来，农业和农村有了很大发展，农民生活水平总体上得到明显提高，这得益于党的农业和农村政策的正确性，也得益于农村土地承包政策的稳定性和连续性。在总结二十多年实践经验的基础上，二〇〇二年八月，九届全国人大常委会制定了农村土地承包法，并于今年三月一日起正式施行。这部法律的制定和实施，以法律形式赋予农民长期而有保障的农村土地承包经营权，标志着我国农村土地承包走上了法制化轨道。贯彻实施好农村土地承包

---

　　* 这是吴邦国同志在农村土地承包法执法检查组第一次全体会议上的讲话。

法，对稳定党的农村基本政策、切实保护农民的合法权益，进一步调动农民生产积极性，促进农业和农村经济发展、维护农村稳定，都具有重大的现实意义和深远的历史意义。

第一，农村土地承包法关系到农民的命根子。在各种自然资源中，土地资源是最宝贵的、不可再生的资源。农民以土地为本。人多地少是我国的基本国情。我国百分之七十的人口在农村，农村土地问题显得尤为突出。农村土地是农业生产的基本要素，是农民的基本生产资料，也是农民最主要、最可靠的生活保障，是农民的命根子。党的十一届三中全会以来，农村实行家庭联产承包责任制，使农民获得了土地使用权，极大地调动了农民的生产积极性，农业生产力得到了空前的解放和发展，农业生产和农村经济取得了举世公认的伟大成就。农村土地承包经营制度，是关系亿万农民切身利益、关系农业发展和农村稳定的一项基本制度。保护农民的土地权利，是对农民权益最直接、最具体、最实在的保护。农村土地承包法的核心内容，就在于保障农民的土地权利，在于保护农民的命根子。贯彻实施好农村土地承包法，为农民的土地承包经营权提供长期稳定的法律保障，将更好地调动广大农民的生产积极性，农民可以大胆地增加农业投入、放心地发展农业生产。

第二，农村土地承包法关系到党的农村政策的基石。稳定完善农村土地承包关系，是党的农村政策的基石。这个基石能否保持稳定，关系重大。邓小平同志一九九二年在视察南方谈话中就反复告诫我们："城乡改革的基本政策，一定要长期保持稳定。当然，随着实践的发展，该完善的完善，该修补的修补，但总的要坚定不移。即使没有新的主意也可以，就是不要变，不要使人们感到政策变了。有了这一条，中国就大有希望。"[1] 稳定农村政策，最重要的是要稳定农村土地承包关系，而实现政策稳定最有效办法是制定法律。改革开放以来，我们十分重视把经过实践检验的改革成果用法律形式肯定下来，并为进一步推动改革提供法律保障。农村土地承包经营制度的立法过程就充分体现了这一点。一九九三年三月，八届全国人大一次会议把农村中的家庭联产承包为主的责任制写入了宪法。一九九九年三月，九届全国人大二次会议又把农村集体经济组织实行家庭承包经营为基础、统分结合的双层经营体制写入了宪法。二〇〇二年八月，九届全国人大常委会在总结二十多年实践经验的基础上，制定了农村土地承包法，进一步把农民通过土地承包享有土地使用权，用法律形式固定下来，从而保障农村土地承包关系的长期稳定，使党的这一农村政策经过人大的法定程序成为国家意志，维护了广大农民的根本利益，反映了农民的共同心声，得到了农民的一致拥护。因此，能否贯彻实施好农村土地承包法，将直接影响到党的农村政策的基石，影响到保障农民权益、促进农业发展、保持农村稳定的制度基础。

第三，农村土地承包法关系到改革发展稳定的大局。江泽民同志强调指出，"农村稳定是整个社会稳定的基础"[2]。今年一月，胡锦涛同志在中央农村工作会议上的讲话中明确指出："土地直接关系农民的权益、农业的发展和农村的稳定，我们一定要给农民一个'定心丸'。"农村土地承包法的核心是赋予农民长期而有保障的土地使用权，突出保护农民土地承包经营权、规范承包当事人行为。农村土地承包法明确规定，不得剥夺和非法限制农民承包土地的权利；禁止承包期内发包方收回和调整农民的承包地；承包方依法享有承包土地使用、收益的权利，以及土地承包经营权流转的权利，有权自主组织生产经营和处置产品，有权依法获得相应补偿。应当说，农村土地承包法实施半年多来，各级行政机关和司法机关做了大量工作，实施的总体情况是好的。但也要看到，一些地方仍然存在土地承包关系不稳定、农民土地承包经营权落实不到位、承包权益受到侵害等问题。特别是近几年来，一些地方以建"开发区"、"工业园"为名，乱占滥用耕地，违法转让农村土地，随意破坏农村土地承包关系，强行剥夺农民合法权益，造成农民失地又失业，严重损害农民利益和国家利益，危及农民生计和农村社会稳定。这些问题，必须引起我们的高度重视，采取切实措施，认真加以解决。我们还要看到，我国农业和农村生产力比较落后，农民收入增长比较缓慢，还有两千八百多万农村人口尚未脱贫，城乡经济社会二元结构仍未改变，农业和农村经济发展还面临着一些有待解决的深层次矛盾和问题。在我们这样一个人口众多、底子又薄的大国里，农业问题、粮食问题，始终是关系国计民生的大问题。农业始终是战略产业，粮食始终是战略物资。而发展农业、生产粮食都离不开土地。实现全面建设小康社会的宏伟目标，基点是农业，重点在农村，难点在农民。没有农业的发展就没有整个国民经济的持续快速健康发展，没有农村的现代化就没有整个国家的现代化，没有农民的小康就没有全国人民的小康。因此，我们务必高度重视贯彻实施农村土地承包法，更多地支持农业，更多地关注农村，更多地关心农民。

总之，依法维护农民的土地承包经营权，切实保护农民权益，不仅是一个重大的经济问题，也是一个重大的政治问题。因此，要从认真贯彻"三个代表"重要思想的政治高度，从全面建设小康社会的战略高度，从维护社会稳定的全局高度，深刻认识贯彻实施农村土地承包法的重要性，进一步统一思想，提高认识。这是我们能否搞好这次执法检查的基础和前提。

二、关于执法检查。

对国家行政、审判、检察机关依法进行监督，是各级人大及其常委会的一项重要职责。执法检查，是人大及其常委会开展法律监督和工作监督的行之有效的基本形式。执法检查目的是，促进有法必依、执法必严、违法必究，督促和支持政府依法行政、法院和检察院公正司法，从而保证法律正确有效的实施。

十多年来，全国人大及其常委会始终把制定法律与监督法律实施放在同等重要的位置，到目前为止共检查了四十多部法律的实施情况，取得了明显成效。并先后由常委会和委员长会议制定了关于加强对法律实施情况检查监督的若干规定，以及关于改进执法检查工作的几点意见，使执法检查工作逐步走上规范化、制度化、法制化的轨道。本届全国人大常委会高度重视执法检查工作。在四、五月份全国抗击非典期间，适时开展了固体废物污染环境防治法的执法检查，随后又对未成年人保护法的实施情况进行了检查，并及时向常委会会议作了检查情况的报告。目前正在对建筑法实施情况进行检查，执法检查报告将提请下个月召开的常委会会议审议。在执法检查中，有关副委员长亲自挂帅，参加检查组的同志事先认真准备，检查中注意深入基层、深入实际，全面了解情况，抓住存在的主要问题，提出有针对性的意见和建议，引起了国务院及有关方面的重视，推动了有关方面工作的改进。

这里，我就执法检查工作着重讲三点意见。

第一，充分认识执法检查的作用，高度重视执法检查工作。执法检查已经成为人大开展监督工作的行之有效的基本形式，要在不断总结经验的基础上，深入持久地开展下去。通过执法检查，一是可以有效推动法律的正确实施，促进各级政府及其有关部门依法行政，促进人民法院和人民检察院公正司法。二是可以进行生动有效的法制宣传教育。每检查一部法律的实施情况，都要组织有关方面参加，动员广大人民群众参与，还要通过新闻媒体进行宣传报道。执法检查的过程是对法律的宣传普及的过程，也是一次活生生的法制教育的过程。三是可以发现法律本身不够完善的地方，通过修订和完善有关法律，提高立法质量，使法律更加切合实际，更具有可操作性，促进我国法律制度更加完备。

第二，执法检查要注重实效，体现少而精的精神。全国人大及其常委会制定的法律，现行有效的有两百多部，每年组织全国性的执法检查，只能针对少数个别的法律进行。这些年来，全国人大常委会每年组织的执法检查大体在四到五次，数量虽然不多，但起到了举一反三的效果，不仅推动了这几部法律及其相关法律的正确实施，而且在增强全社会法律意识和法制观念方面发挥了重要作用。实践经验告诉我们，要提高执法检查工作的质量，必须突出重点、注重实效。一要有针对性选择检查的法律项目。关键是要抓住关系改革发展稳定和法律实施中的重大问题，抓住与人民群众切身利益密切相关的热点难点问题。开展农村土地承包法的执法检查，正是体现了这一精神。二要转变作风，深入实际，深入基层，到第一线去听人民群众的反映，掌握第一手真实材料。三要注意发现典型案例和共性问题，提出有针对性的、中肯的意见和建议，并督促有关部门改进。

第三，执法检查要依法进行。这里有两点要特别注意：一要明确执法检查的监督对象。执法检查的监督对象是负责法律实施的主管机关。执法检查组到各地去检查，不是去直接解决下面单位的问题和追究他们的责任，而是为了深入了解法律实施的真实情况，了解执行和适用法律中带有典型性、普遍性的问题，督促国务院法律实施主管机关去解决。二要贯彻集体行使职权、集体处理问题的原则。执法检查组不直接处理执法检查中发现的问题，而是把问题和意见带回来，向常委会报告，由常委会通过认真审议，将审议意见反馈给执法主管机关，由执法主管机关根据常委会的审议意见，认真进行整改。

三、关于农村土地承包法执法检查工作。

前面已经讲了贯彻实施农村土地承包法的重大意义和执法检查工作。这里，我就搞好这次农村土地承包法的执法检查，再强调三个问题。

第一，要抓住重点。也就是要抓住农村土地承包法规定的核心内容和这部法律实施中存在的突出问题。一是家庭土地承包经营权的落实情况，主要是土地承包经营权证书、承包合同、承包地块、承包面积"四到户"的问题。二是征用占用承包地的情况，主要是违法违规征占耕地，侵害农民利益，造成农民失地又失业的问题，以及征用占用承包地的补偿问题。三是土地承包经营权流转情况。主要是违背农民意愿，强迫或限制承包方转包、出租、互换、转让土地承包经营权问题。总之，农村土地承包法的执法检查，要以农民享有的土地承包经营权这一核心作为检查重点。这样，执法检查就有了针对性。

第二，要以一法为主、多法配合进行检查。与农村土地承包法直接相关的法律有不少，如农业法、土地管理法、草原法、森林法等。在对农村土地承包法执法检查中，肯定会碰到涉及相关法律的问题，需要以一法为主、多法配合方法进行检查。这样能够达到事半功倍的效果。

第三，要力戒形式主义。农村土地承包法涉及千家万户农民，执法检查组要深入农村、深入农户，到农民中去，到田间地头去。检查组的组成人员要尽可能精干，要减少层层陪同，不要增加基层的负担，不能增加农民的负担，更不要扰民。要多倾听农民的呼声，反映农民的要求，代表农民的利益，帮助农民解决困难和问题。农民是很实在的，在执法检查中，要坚持"两个务必"，让农民群众看到全国人大常委会务实廉洁的形象。

最后，我再说一下，这次执法检查需要到农村去调查研究，比较辛苦，有的同志年纪也比较大，望大家保重身体。我们检查组的同志，来自不同部门和单位，希望大家团结一致，互相学习，相互帮助，努力工作。相信一定能够圆满完成任务。

注　释

[1] 见邓小平《在武昌、深圳、珠海、上海等地的谈话要点》（《邓小平文选》第 3 卷，人民出版社 1993 年版，第 371 页）。

〔2〕见江泽民《高度重视农业、农村、农民问题》(《江泽民文选》第 1
卷，人民出版社 2006 年版，第 258 页)。

为完善社会主义市场经济体制
提供法律保障[*]

（二〇〇三年十月二十八日）

党的十六届三中全会通过的《中共中央关于完善社会主义市场经济体制若干问题的决定》，贯彻"三个代表"重要思想和党的十六大精神，总结二十多年来改革开放的经验，在理论和实践的结合上实现了重大突破和创新，是进一步深化经济体制改革，促进经济和社会全面发展的纲领性文件，对推进改革开放和现代化建设具有重大而深远的意义。

建成完善的社会主义市场经济体制，是我们党在新世纪新阶段作出的重大历史性决策。法律属于上层建筑，它是由经济基础决定的，又反过来为经济基础服务。在一定意义上说，市场经济就是法治经济。建设完善的社会主义市场经济体制，法治是保障。为此，一要形成中国特色社会主义法律体系，做到有法可依；二要使法律得到切实有效的实施，做到有法必依。改革开放二十多年来，特别是党的十四届三中全会以来，我们制定了一大批有关市场经济的法律法规，为社会主义市场经济体制的初步建立提供了有力的法律保障。当前，我国已经进入了深化经济体制

　　＊　这是吴邦国同志在十届全国人大常委会第五次会议上讲话的一部分。

　　2003 年 10 月 11 日至 14 日，中国共产党第十六届中央委员会第三次全体会议在北京举行。会议通过了《中共中央关于完善社会主义市场经济体制若干问题的决定》。

改革，建设完善的社会主义市场经济体制的重要时期。十六届三中全会通过的决定，明确提出完善经济法律制度是完善社会主义市场经济体制的主要任务之一。按照决定的要求，全国人大及其常委会一方面要以经济立法为重点，抓紧制定一些新的法律和修改完善已有的法律，另一方面要不断总结经济体制改革中新鲜的、成功的经验，使之制度化、法律化。要按照依法治国的基本方略，着眼于确立制度、规范权责、保障权益，进一步完善六个方面的法律制度，这就是：市场主体和中介组织法律制度，产权法律制度，市场交易法律制度，预算、税收、金融、投资法律制度，劳动、就业、社会保障法律制度，社会领域和可持续发展方面的法律制度。总之，我们要为完善社会主义市场经济体制和建设更具活力、更加开放的经济体系，为全面建设小康社会，开创中国特色社会主义事业新局面，创造更加良好的法制环境，提供更加有力的法律保障。

立法的目的在于实施。法律制定出来以后，不是让人看看的，更不能变成只是在书架上摆摆的本本，而应该也必须真正成为依法治国的基础，成为依法行政、公正司法的准绳，成为全社会一体遵循的行为规范。这就要求，在加强立法工作的同时，要大力推进法律的有效实施，做到有法必依、执法必严、违法必究，严格依法办事。要看到，虽然目前我国的法律体系还只是初步形成，立法方面仍有大量工作要做，但比较而言，当前法律实施方面的问题更加突出。这个问题不解决，不仅影响法律的效力和权威，而且将影响社会主义市场经济体制的完善。为落实依法治国的基本方略，实现党的十六大提出的建成完善的社会主义市场经济体制目标，必须大力加强法律实施工作。为此，一是各级行政机关、审判机关和检察机关要加大执法力度，提高行政执法和司法的水平，严格做到依法行政、公正司法。二是各级人大及其常委会要加强对法律实施的监督检查。这些年来，全国人大常委会每年都有计划、有针对性地对几部法律的实施情况进行监督检查，取得了比较好的效果，并已形成了制度。今年，全国人大常委会已经对四部法律的实施情况进行了检查。我们要在总结经验的基础上，不断改进工作，增强监督实效。三是要在全社会继续开展普法教育，加强对法律的宣传，提高广大干部群众的法律意识和法制观念，为法律的实施提供广阔、坚实的群众基础。

改革要从中国国情出发 [*]

（二〇〇三年十一月十五日）

　　人大的立法、监督、决定重大事项和人事任免等工作都是法律规定的。这些工作，总体是围绕党的中心工作，围绕改革开放的一些重大问题，围绕老百姓关心的问题。中国为什么发展快，就是全国上下围绕一个中心转，包括我们的立法、监督等。这里，我重点要讲的，就是要探索如何做好人大工作，比如监督问题。我想特别强调两点：一是一定要从中国实际出发。我们不搞西方那种多党制，我们是共产党领导的多党合作制，这同国外有很大区别。我们宪法的第一条就明确了搞社会主义、人民民主专政。我们不是两院制，是一院制，是人民代表大会制度，是人民当家作主。国外的多党制、"三权鼎立"，在中国行不通，这就是中国的实际。二是中国处在社会主义初级阶段，我们不能离开初级阶段这个事实。完成社会主义建设，小平同志说过需要几代、十几代甚至几十代人的实践。我们的实践不能从理论出发，要从实际出发；不能从国外出发，要从国内出发。

　　实践探索是要有一个过程的。依法治国是十五大提出的，才

---

　　* 这是吴邦国同志在安徽省人大工作座谈会上讲话的一部分。

2003 年 11 月 17 日，吴邦国在淮南矿业集团张集煤矿 630 米深的矿井看望慰问采煤矿工。

过去六年，过去靠红头文件领导，现在要一天之内变成依法治国，那不现实啊！政治体制改革要积极稳妥，比如党内生活的民主化，就有很大的进步。我们现在五年开一次党代会，一个月开一次政治局会，一个星期开一次常委会，人大每两个月开一次常委会，这些都已形成了制度。

改革要积极稳妥地进行，不要想一口吃成一个胖子。有些问题要积极探索，搞得太快，往往适得其反。所以我讲要在实践中探索。探索要从中国的国情出发，要循序渐进，照抄照搬是不行的，要有利于党的领导，有利于社会主义制度优越性的发挥，有利于人民当家作主，有利于社会发展进步。

关于加强立法工作 *

（二〇〇三年十二月十七日）

这次立法工作会议是十届全国人大常委会召开的一次十分重要的会议。会议的主要任务是，以邓小平理论和"三个代表"重要思想为指导，贯彻党的十六大和十六届三中全会精神，分析立法工作面临的形势和任务，落实《十届全国人大常委会立法规划》，部署今后一个时期的立法。下面，我讲三个问题。

一、我国立法工作的形势和任务

发展社会主义民主，健全社会主义法制，是建设中国特色社会主义的一项重要任务。改革开放以来，我们党对社会主义民主法制建设的认识不断深化，工作不断加强。党的十一届三中全会总结建国以来的经验教训特别是"文化大革命"的惨痛教训，作出把全党工作中心转移到经济建设上来的重大决策，同时强调要发展社会主义民主、健全社会主义法制。邓小平同志指出，为了保障人民民主，必须健全法制，必须使民主制度化、法律化，使

---

　　* 这是吴邦国同志在全国人大常委会立法工作会议上的讲话。

这种制度和法律不因领导人的改变而改变，不因领导人的看法和注意力的改变而改变。他还强调，应该集中力量制定各种必要的法律，做到有法可依、有法必依、执法必严、违法必究。以江泽民同志为核心的党的第三代中央领导集体，在改革开放的伟大实践中丰富和发展了中国特色社会主义民主法制建设思想。党的十五大提出依法治国是党领导人民治理国家的基本方略，明确到二〇一〇年形成中国特色社会主义法律体系的立法任务。党的十六大再次重申这一重要任务，指出发展社会主义民主政治，建设社会主义政治文明，是全面建设小康社会的重要目标，强调发展社会主义民主政治，最根本的是要把坚持党的领导、人民当家作主和依法治国有机统一起来，要求不断促进社会主义物质文明、政治文明和精神文明的协调发展。

改革开放二十多年来，在邓小平理论和"三个代表"重要思想指引下，在党的正确领导下，经过各方面的共同努力，我国立法工作取得了举世瞩目的巨大成就。一九八二年通过了现行宪法，此后又根据改革开放和社会主义现代化建设实践以及形势发展的客观需要，先后对宪法部分内容作了三次修改。从一九七九年初到现在，全国人大及其常委会通过了四百四十多件法律、法律解释和有关法律问题的决定，其中现行有效的法律有二百二十多件，国务院制定了其中现行有效的六百七十多件行政法规，地方人大及其常委会制定了近万件地方性法规，民族自治地方制定了近五百件自治条例和单行条例。经过多年的努力，目前我国以宪法为核心的中国特色社会主义法律体系已经初步形成。我国的政治生活、经济生活和社会生活的主要方面基本做到了有法可依，从根本上改变了过去那种无法可依的状况。初步形成的中国特色社会主义法律体系，反映了我国现代化建设的进程，总结了改革开放以来的成果，有力地保障和推动了改革开放和社会主义现代化建设事业的健康顺利发展。

在充分肯定立法工作取得成绩的同时，我们也必须清醒地看到，当前我国立法工作还不能完全适合社会主义市场经济发展、社会全面进步和加入世贸组织的新形势的需要，一些重要的法律亟待研究制定，一些已经制定的法律法规急需修改完善，一些应与法律相配套的实施细则还没出台，一些法律与法律、法律与法规、法规与法规之间的矛盾或不协调问题依然存在，等等。这些问题必须引起我们的高度重视，采取切实有效措施逐步加以解决。要充分认清我国立法工作面临的形势和任务，提高对加强立法工作和提高立法质量重要性、紧迫性、艰巨性的认识。立法工作关系到建设中国特色社会主义的大局，只能加强，不能削弱。之所以对我国立法形势和任务作这样的判断，主要考虑是：

第一，加强立法是依法治国，建设社会主义法治国家的重要基础。根据党的十五大精神，一九九九年修宪时把实行依法治国，建设社会主义法治国家写入了宪法，确立了依法治国基本方略的宪法地位。依法治国，就是广大人民群众在党的领导下，依照宪法和法律规定，通过各种途径和形式，管理国家事务，管理经济文化事业，管理社会事务，保证国家各项工作都依法进行，逐步实现社会主义民主的制度化、法律化。立法是国家的一项基本政治活动，是实行依法治国基本方略的重要基础和依据。加强立法是依法治国题中应有之义。我国的宪法和法律是党的主张和人民意志相统一的体现，是建设中国特色社会主义伟大实践的总结，是建成富强民主文明的社会主义国家的重要保障。但是，我国目前的法律体系只是初步形成，还不完善，切实加强立法工作，提高立法质量仍然是一项重要而紧迫的任务。要认真研究制定急需的、基本的、条件成熟的法律法规，及时修改完善已有的法律法规，建立起符合改革开放和现代化建设需要的、比较科学完备的、有中国特色的社会主义法律体系，为依法治国，建设社会主义法治国家奠定基础，创造条件。

第二，加强立法是完善社会主义市场经济体制的客观需要。市场经济是法治经济。市场经济的运行，市场秩序的维系，国家对经济活动的宏观调控和管理，以及生产、交换、分配、消费等各个环节，都需要法律的引导和规范。江泽民同志曾经明确指出："世界经济的实践证明，一个比较成熟的市场经济，必然要求并具有比较完备的法制。"[1] 没有健全的社会主义法制，就不可能有完善的社会主义市场经济体制。改革开放二十多年来，特别是党的十四届三中全会以来，我们制定了一大批有关市场经济的法律法规，为社会主义市场经济体制的初步建立提供了有力的法律保障。当前，我国进入了深化经济体制改革、建设完善的社会主义市场经济体制的重要时期。经济体制和社会结构处在转轨变化之中，各种利益关系的调整，对法制的需要更加突出、更为迫切。党的十六届三中全会把完善经济法律制度作为完善社会主义市场经济体制的主要任务之一，足以说明了这一点。我们要按照依法治国的基本方略，着眼于确立制度、规范权责、保障权益，加强经济立法，全面推进经济法制建设。要进一步完善六个方面的法律制度，这就是：市场主体和中介组织法律制度，产权法律制度，市场交易法律制度，预算、税收、金融、投资法律制度，劳动、就业和社会保障法律制度，社会领域和可持续发展方面的法律制度，为完善社会主义市场经济体制和建设更具活力、更加开放的经济体系，提供更加有力的法律保障。

第三，加强立法是全面建设小康社会的内在要求。党的十六大提出，我们要在本世纪头二十年，集中力量，全面建设惠及十几亿人口的更高水平的小康社会。全面建设小康社会宏伟目标，是中国特色社会主义经济、政治、文化全面发展的目标，是物质文明、政治文明和精神文明协调发展的目标。十六大报告明确指出，全面建设小康社会的目标是四条，不仅要求我国国内生产总值二十年翻两番，综合国力和国际竞争力明显增强，而且还有三条，即：（一）社会主义民主更加完善，社会主义法制更加完备，依法治国基本方略得到全面落实，人民的政治、经济和文化权益得到切实尊重和保障；（二）全民族的思想道德素质、科学文化素质和健康素质明显提高，促进人的全面发展；（三）可持续发展能力不断增强，整个社会走上生产发展、生活富裕、生态良好的文明发展道路。经济的发展、社会的进步，迫切要求法制的完备；更加完备的社会主义法制，将有力地保障和促进经济发展和社会进步，它们之间有着内在的必然联系，是相辅相成、缺一不可的。我们现在强调树立科学发展观，坚持在经济发展的基础上促进社会全面进步和人的全面发展，坚持在开发利用自然的过程中实现人与自然的和谐相处，实现经济社会的可持续发展，所有这些都离不开法律的保障、规范和引导。

二、加强立法工作，提高立法质量

加强立法工作是全国人大及其常委会的重要职责和首要任

务。本届全国人大及其常委会立法工作的目标是基本形成中国特色社会主义法律体系。为了实现这个目标，我们反复强调提高立法质量这个重点。这并不是说我们不重视立法的数量，而是说不要片面追求数量，真正把提高立法质量摆在更加突出的位置，把新时期的立法工作提高到一个新的水平。为进一步做好立法工作，这里，我想强调六点。

第一，坚持党的领导。中国共产党是中国特色社会主义事业的领导核心。党的领导是人民当家作主和依法治国的根本保证。党的领导主要是政治、思想和组织领导，通过制定大政方针，提出立法建议，推荐重要干部，进行思想宣传，发挥党组织和党员的作用，坚持依法执政，实施党对国家和社会的领导。党制定的大政方针，提出的立法建议，需要通过人大的法定程序，才能成为国家意志。因此，人大及其常委会在立法工作中必须树立党的观念、政治观念、大局观念和群众观念，一切法律法规都要有利于加强和改善党的领导，有利于巩固和完善党的执政地位，有利于社会主义优越性的发挥。立法工作必须坚持党的领导，服从并服务于党和国家工作的大局，自觉地使党的主张通过法定程序成为国家意志，成为全社会一体遵循的行为规范和准则，从制度上和法律上保证党的路线方针政策的贯彻实施，保证改革开放和现代化建设的顺利进行。正因为我们的宪法和法律是党领导人民制定的，遵守宪法和法律与坚持党的领导、服从人民利益是完全一致的。

第二，坚持以"三个代表"重要思想为指导。坚持正确的指导思想是搞好立法工作，形成中国特色社会主义法律体系的前提和根本保证。法律是实践证明是正确的、成熟的、需要长期执行的党的路线方针的制度化、规范化和程序化。"三个代表"重要思想全面体现了党的基本理论、基本路线、基本纲领和基本经验，是坚持和发展社会主义的必然要求，是马克思主义在中国发展的最新成果，反映了最广大人民的共同意愿，是我们必须长期坚持的指导思想，是全党全国人民在新世纪新阶段继续团结奋斗的共同思想基础。党的路线方针是法的灵魂。宪法和法律是党的主张和人民意志相统一的体现。因此，立法工作必须坚持以"三个代表"重要思想为指导，保证立法的正确的政治方向，使制定的法律符合先进生产力的发展要求，符合先进文化的前进方向，符合最广大人民的根本利益。

第三，坚持从我国社会主义初级阶段的国情出发。社会实践是立法的基础，法律是实践经验的总结。我国正处于并将长期处于社会主义初级阶段，现在达到的小康还是低水平的、不全面的、发展很不平衡的小康。我国的生产力和科学教育还比较落后，实现工业化和现代化还有很长的路要走，城乡二元经济结构还没改变，地区差别扩大的趋势尚未扭转，贫困人口还为数不少，就业和社会保障压力增大，社会稳定始终是我们要高度重视的问题。这是我国的基本国情。为了实现全面建设小康社会的宏伟目标，我们在深化改革、扩大开放、促进发展、保持稳定等诸方面都面临极其繁重而艰巨的任务，也对法律的制定和修改完善提出了新的更高的要求。因此，立法工作必须坚持从我国国情出发，从实际出发，不能从愿望和想当然出发，不能从本本和概念出发，也不能照搬照抄西方发达国家的东西。要始终把我国改革开放和社会主义现代化建设的伟大实践，作为我们立法的基础。要紧紧围绕全面建设小康社会的奋斗目标，紧紧围绕经济建设这个中心任务，紧紧围绕执政兴国这个第一要务，紧紧围绕促进物质文明、政治文明和精神文明协调发展来开展立法工作。立法的项目应当主要来源于社会主义市场经济发展的需要，社会全面进步的需要，加入世贸组织新形势的需要，维护、实现和发展人民群众根本利益的需要。当然，我们在立法工作中也需要研究和借鉴国外的有益经验和人类共同创造的文明成果，特别是在我国加入世贸组织、经济全球化趋势日益增强的新形势下，这方面的工作有待进一步加强。但在学习、借鉴国外立法经验时，应采取分析、鉴别的态度，从中吸取一些对我们有益、有用的东西，而不能照抄照搬。

第四，坚持法制的统一。我国是一个集中统一的社会主义国家。社会主义法制的统一，是维护国家统一、政治安定、社会稳定，促进经济协调发展和社会全面进步的基础，是完善社会主义市场经济体制的重要保障。坚持社会主义法制的统一对做好立法工作至关重要。我们建设的中国特色社会主义法律体系，是以宪法为统帅，法律为主干，包括行政法规、地方性法规、自治条例和单行条例等规范性文件在内的，由七个法律部门、三个层次的法律规范组成的协调统一整体。立法工作必须坚持中国特色社会主义法律体系的完整和统一，必须在全国法律体系的框架内加强立法工作。我们不能抛开全国统一的法律体系另搞一套，追求地方、部门所谓的"法律体系"，既不能在每个法律部门内形成各自的"母法"和"子法"，各地方、各部门也不能搞自己的"法律体系"。同时，我们也要看到，我国各地经济、文化、社会发展很不平衡，市场经济还不完善，整个国家处在改革转型的时期，法律规范之间的关系比较复杂，这就要求在坚持法制统一的前提下，建立既统一又分层次的立法制度。中国特色社会主义法律体系充分体现了这一精神，法律、行政法规、地方性法规都是国家统一的法律体系的重要组成部分，行政法规和地方性法规是对国家法律的细化和补充。坚持法制的统一要做到两条：一是必须依照法定权限、遵循法定程序立法，不得超越法定权限、违反法定程序立法；二是坚持以宪法为核心和统帅，任何法律、行政法规和地方性法规都不能同宪法相抵触，行政法规不得同法律相抵触，地方性法规不得同法律、行政法规相抵触，法律法规的规定之间要衔接协调，不能相互矛盾。

第五，坚持充分发扬民主，严格依法办事。充分发扬民主，严格依法办事，是我国社会主义民主制度的内在要求，对于保证立法更好地体现人民意志、代表人民利益至关紧要。一是要严格按照立法法规定进行立法工作。要认真执行法律规定的审次制度，保证各方面充分发表意见。法律草案反复审议的过程，是充分发扬民主的过程，是各方面逐步取得共识的过程，也是法律草案不断完善的过程。这种在充分审议的基础上再依法进行表决，作出决策的审议制度，既坚持了少数服从多数的民主原则，又保障了人大常委会组成人员、人大代表充分发表意见的民主权利。这是我国人民代表大会制度特点和优越性的具体体现。

二是广泛听取各方面意见，切实做到集思广益。立法为了人民，应当依靠人民。立法工作必须走群众路线。现在，全社会的法律意识在不断增强，广大人民群众参与立法的积极性越来越高。立法工作中要十分注意倾听基层群众的意见，要通过组织立法听证会、论证会、座谈会等多种形式广泛征求社会各方面对有关法律草案的意见，对于事关人民群众切身利益的重要法律草案，要向全社会公布，切实做到集思广益，使制定的法律充分体现人民群众的共同意愿，增强法律贯彻实施的群众基础。

三是坚持时间服从质量的原则。对分歧意见比较大的法律草案，不急于交付表决，不简单地以少数服从多数来决定问题，而是耐心地进行充分的研究论证，与各方面反复协商、权衡利弊，着眼于用合理的解决方案来统一大家的思想认识，在各方面基本取得共识以后，再启动表决程序。这样做，不但可以使通过的法律质量更高、更符合实际，也可以保证法律通过以后能够得到顺利的实施。

第六，坚持正确处理好几个关系。立法是对社会活动和社会行为进行规范。法律质量的高低，直接关系到法律的实施效果。为了不断提高立法质量，应当处理好三个关系：一是正确处理数量与质量的关系。改革开放初期，百废待兴，无法可依的问题相当突出。正如邓小平同志当时指出的"现在的问题是法律很不完备，很多法律还没有制定出来"[2]。经过二十多年的努力，情况已经发生了根本性的变化。我们已经制定了四百四十多件法律、法律解释和有关法律问题的决定，基本做到了有法可依。如何提高立法质量已成为当前立法工作的主要矛盾。这不仅是指新制定的法律要提高质量，而且现有的法律也要通过修改，使其更加完善。我们不要在立法数量上搞攀比，而要把主要精力放在提高立法质量上。

二是正确处理权力与权利的关系。立法一定要坚持执政为民的原则，防止部门利益法制化的倾向，真正做到以人为本、立法为民。特别是在大量的法律草案是由有关职能部门起草的情况下，如何正确处理权力与权利的关系、权力与责任的关系，显得更为重要。我们既要注意给予行政机关必要的手段，以确保行政权力依法有效行使，又要注意对行政权力的规范、制约和监督，促使行政机关依照法定的权限和程序正确行使权力，确保自然人、法人和其他组织的合法权利不受非法侵害。这是立法质量高不高的一个重要体现。

三是正确处理法律的稳定性与改革过程中变动性的关系。法律的特点在于"定"，一旦作出规定，就要保持相对稳定，避免朝定夕改；而改革的特点是"变"，是要突破原有的一些体制和规则。所以，我们的立法工作一方面要及时把改革中成功的经验用法律形式固定下来，对现有法律中不适应改革开放和现实生活需要的规定及时作出修改，为改革提供可靠的法制保障；另一方面要注意为深化改革留下空间，把法律的"定"和改革的"变"有机结合起来。

地方立法在坚持立法工作总的指导思想和原则的基础上，还应坚持三条原则，这就是坚持与宪法和法律不抵触的原则、坚持具有地方特色和时代精神的原则、坚持增强可操作性的原则，这样才能有针对性地开展立法工作，切实提高地方性法规、自治条例和单行条例的质量。

三、落实立法规划，努力实现立法目标

在二○○三年三月召开的十届全国人大常委会一次会议上，我们就提出了本届全国人大及其常委会要争取基本形成中国特色社会主义法律体系的立法工作目标。确定这样一个目标主要是基于三点考虑：一是党的十五大和十六大都提出了到二○一○年形

成中国特色社会主义法律体系的总体目标和要求。本届全国人大任期届满距离二〇一〇年还有不到三年时间，应该确定一个承前启后的目标，所以我们提出"基本形成"。二是经过改革开放二十多年来各方面卓有成效的工作，已初步形成了中国特色社会主义法律体系，立法工作有了很好的基础。三是提出这样一个目标，有利于对这五年的立法工作进行统筹安排。

《十届全国人大常委会立法规划》是根据上述基本形成中国特色社会主义法律体系的目标要求，在总结经验，广泛征集立法项目建议，深入调查研究，充分听取有关方面的意见和建议，反复协调、仔细推敲的基础上形成的，凝聚了方方面面的智慧和力量。

在制定立法规划的过程中，我们在坚持立法指导思想和原则的基础上，注意把握了以下三点：一是突出重点。把中国特色社会主义法律体系中基本的、急需的、条件成熟的法律作为立法规划的主要内容和重点任务。有些对形成法律体系不可缺少但近期立法条件还不成熟的立法项目，依照立法法的规定由国务院先制定行政法规，待条件成熟时再制定法律。

二是着眼于基本形成中国特色社会主义法律体系。列入立法规划的七十六件立法项目，主要是三个方面的法律：（一）对构成中国特色社会主义法律体系具有支架作用、必不可少的重要法律；（二）适应社会主义市场经济发展、社会全面进步和加入世贸组织的新形势，改革开放和现代化建设迫切需要、维护人民群众切身利益迫切需要的重要法律；（三）符合社会主义初级阶段国情，客观环境和立法条件比较成熟的法律。同时，充分考虑改革发展稳定的实际需要，统筹安排其他方面的立法项目。

三是制定法律与修改法律并重。中国特色社会主义法律体系不是静止的、封闭的、一成不变的，而是动态的、开放的、发展的。我国正处在社会主义初级阶段和全面建设小康社会的起步阶段，市场经济体制还不完善，社会经济、政治、文化等方面在不断地改革和发展。因此，立法规划要体现与时俱进的精神，处理好稳定性与变动性、前瞻性与阶段性的关系，把修改法律与制定法律放在同等重要的位置，在认真研究制定新的法律的同时，及时修改那些与发展形势不相适应的法律，并适时进行法律清理工作，使法律体系根据国家的政治、经济和社会形势发展的需要逐步趋于完善。

总之，这个立法规划是以邓小平理论和"三个代表"重要思想为指导，以宪法为依据制定的，贯彻了党的十六大精神，符合加强立法工作，提高立法质量，保障和促进经济社会发展，全面建设小康社会的要求。实现这个规划，将为形成中国特色社会主义法律体系奠定坚实的基础。对于进一步健全社会主义法制，促进和保障社会主义物质文明、政治文明和精神文明协调发展，具有重要意义。

为了落实好立法规划，有关方面必须明确责任、加强协调、密切配合。全国人大常委会要依据规划抓紧拟定二〇〇四年的立法计划，国务院及其有关部门、中央军委及有关部门、最高人民法院、最高人民检察院要依据规划拟定自己的五年规划和年度计划，保证规划中立法项目的起草单位、提请审议时间、相应配套法规"三落实"。全国人大有关专门委员会和常委会工作机构要加强与法律起草部门的协调和沟通。由国务院、中央军委、最高人民法院、最高人民检察院负责起草的法律草案，全国人大的有关专门委员会要提前介入法律草案的调研起草工作，为常委会审议法律草案做好充分准备。由全国人大专门委员会和常委会工作机构负责起草的经济、社会管理方面的法律草案，一般要同国务院有关部门联合组成起草组，共同开展工作，更有效地提高立法质量，完成立法任务。

当然，这个立法规划是滚动的、指导性的。有些立法项目虽然没有列入规划，但如果确有需要，立法条件也确实成熟了，可以列入年度立法计划，确有必要规划本身也可以根据实际情况的变化加以调整。

这里需要强调两点：一是不能用西方的法律体系来套中国特色社会主义法律体系。外国法律体系中已有的法律，但不符合我国国情和实际的，我们完全可以不搞；外国法律体系中没有的，但我国的现实生活需要的法律，我们要及时制定。二是中国特色社会主义法律体系三个层次的结构，是符合我国国情和实际的。一方面，改革开放和现代化建设中会遇到许多新情况、新问题，一下子都用法律来规范还不具备条件，有的可以先制定行政法规或地方性法规，待取得经验、条件成熟时再制定法律。另一方面，我国幅员辽阔，各地经济社会发展很不平衡，对一些地方或民族的特点，有的法律不可能都顾及到，需要通过制定地方性法规或自治条例、单行条例进行规范。

实现五年立法规划，是摆在我们面前的光荣而艰巨的任务。让我们紧密地团结在以胡锦涛同志为总书记的党中央周围，坚持以邓小平理论和"三个代表"重要思想为指导，切实加强立法工作，不断提高立法质量，为形成中国特色社会主义法律体系而奋斗！

注　释

[1] 见江泽民《坚持依法治国》(《江泽民文选》第 1 卷，人民出版社 2006 年版，第 511 页)。

[2] 见邓小平《解放思想，实事求是，团结一致向前看》(《邓小平文选》第 2 卷，人民出版社 1994 年版，第 146 页)。

关于修改宪法问题 *

（二〇〇三年十二月二十二日）

在今天下午的常委会全体会议上，王兆国[1]同志受中共中央委托将对中央的修宪建议作说明。这里，我先讲四个问题。

一、这次修改宪法部分内容的必要性和总的原则。

我国现行宪法是一九八二年十二月由五届全国人大五次会议通过的。根据形势发展的需要，一九八八年、一九九三年、一九九九年先后三次依照法定程序对宪法的部分内容作了修改。二十多年来，这部宪法既保持了稳定，又在实践中不断完善，对我们进行改革开放和社会主义现代化建设，发展社会主义民主政治，推进依法治国、建设社会主义法治国家的进程，维护最广大人民的根本利益，发挥了重要作用。实践证明，现行宪法是一部好宪法，总体上是适应改革开放和社会主义现代化建设需要的，应当保持稳定。宪法的稳定是国家稳定的基础。同时，我们也要看到，自一九九九年以来，我国在建设中国特色社会主义事业的伟大实践中，经济和社会发展都发生了深刻变化，根据经济社会

　＊　这是吴邦国同志在全国人大常委会中共党员委员会议上讲话的一部分。

发展的客观要求，依照法定程序对宪法部分内容作适当的修改和补充也是必要的。对这次修改宪法部分内容的必要性，我们可以从以下三个方面来认识。

首先，保持宪法的稳定是前提，这是由宪法的性质、地位和作用决定的。宪法是国家的根本大法，是治国安邦的总章程。一是，宪法作为中国特色社会主义法律体系的核心，在体系中居统帅地位，一切法律、法规都不得同宪法相抵触。二是，宪法规定的是国家的根本制度和根本任务、公民的基本权利和义务。也就是说，宪法解决的是国家政治、经济和社会生活中带全局性、长期性、根本性的问题。一般法律只是解决国家政治和社会生活中某一方面、某一领域的问题。三是，宪法具有最高的法律效力。全国各族人民、一切国家机关和武装力量、各政党和各社会团体、各企业事业组织，都必须以宪法为根本的活动准则，并且负有维护宪法尊严、保证宪法实施的职责。正是由于宪法在国家政治和社会生活中所具有这种特殊的性质、极其重要的地位和作用，保持宪法稳定就显得尤为重要。因此，对宪法的修改也必须采取十分严肃和慎重的态度，必须依照特别的法定程序进行。对此宪法作了明确规定，即："宪法的修改，由全国人民代表大会常务委员会或者五分之一以上的全国人民代表大会代表提议，并由全国人民代表大会以全体代表的三分之二以上的多数通过。"

其次，宪法的稳定和宪法的与时俱进是不矛盾的，两者在社会实践中是统一的。保持宪法的稳定，并不等于对宪法的每一个字都不能改、不能变。社会实践是法律的基础，也是宪法的基础。随着时代的进步、形势的发展和认识的深化，宪法同样有一个与时俱进的问题。如果宪法"僵化"不动，将会失去生命力。世界上没有一部宪法制定以后是一直没有修改过的，道理也在这里。美国的宪法两百多年修改了十八次，形成了二十七条修正案。法国从一七九一年到一九五八年共制定了十几部宪法，一九五八年宪法制定后又作过多次修改。意大利一九四七年制定了现行宪法，到目前已经对这部宪法的部分内容作了几次修改。德国一九四九年现行宪法制定以来也作过多次修改。

保持宪法的稳定，主要是指宪法在我们国家举什么旗、走什么路这个根本问题上所确定的基本内容不能改变，如四项基本原则不能改变，国体、政体和基本社会制度不能改变，国有经济的主导地位不能改变，等等。我们国家是统一的单一制的社会主义国家，我们国家的国体是工人阶级领导的、以工农联盟为基础的人民民主专政，我们国家的政体是民主集中制的人民代表大会制度，我们国家的基本社会制度是社会主义制度。这些基本的方面符合中国的国情，具有强大的生命力和优越性。中国共产党和中国人民对自己选择的政治、经济和社会发展道路充满信心，将坚定不移地把中国特色社会主义伟大事业不断推向前进。

我们对一九八二年制定的宪法所作部分内容的三次修改，加起来共十七条，其中十五条集中在宪法序言和总纲。如确定了邓小平理论在国家政治和社会生活中的指导地位，明确了我国将长期处于社会主义初级阶段，明确了以公有制为主体、多种所有制经济共同发展的基本经济制度，确定了国家实行社会主义市场经济，确定了依法治国、建设社会主义法治国家的基本方略，等等。对宪法所作的这些重要修改，都是关系国家发展和长治久安的重大问题，既反映了我国社会主义政治制度和社会主义经济制度的自我完善和发展，又反映了全党全国人民对什么是社会主义、怎样建设社会主义这个根本问题认识的深化，从而使宪法更加完善，更加适应改革开放和社会主义现代化建设的发展要求，并没有因此而影响宪法的稳定，也没有因此而损害宪法的权威和尊严。

第三，近些年来社会实践的发展，客观上要求修改宪法的部分内容。党的十五大以来，经过全党全国人民团结奋斗，我国改革开放和社会主义现代化建设取得了历史性进展，积累了十分宝贵的经验。从本世纪开始，我国进入了全面建设小康社会、加快推进社会主义现代化的新的发展阶段。去年召开的党的十六大，全面分析了新世纪新阶段我们党和国家面临的新形势新任务，科学总结了改革开放以来特别是十三届四中全会以来党带领全国人民建设中国特色社会主义的基本经验，把"三个代表"重要思想同马克思列宁主义、毛泽东思想、邓小平理论一道确立为党必须长期坚持的指导思想，明确提出了本世纪头二十年的奋斗目标和重大方针政策。我国是有十三亿人口的大国，建设中国特色社会主义，实现中华民族的伟大复兴，决不能搞意识形态的多元化、指导思想的多元化。因此，根据党的十六大精神，在宪法中确立"三个代表"重要思想在国家政治和社会生活中的指导地位，把实践中取得的、并被实践证明是成熟的重大认识和重要经验写入宪法，反映了全党全国人民的共同愿望，适应全面建设小康社会、开创中国特色社会主义事业新局面的要求，将使宪法更加符合我国的国情，更好地体现时代精神。

中央确定这次修改宪法总的原则是：坚持以马克思列宁主义、毛泽东思想、邓小平理论和"三个代表"重要思想为指导，贯彻党的十六大精神，体现党的十三届四中全会以来的基本经验，把党的十六大确定的重大理论观点和重大方针政策写入宪法。根据这个原则，这次修宪不是大改，而是部分修改，对实践证明是成熟的、需要用宪法规范的、非改不可的进行修改，可改可不改的、可以通过宪法解释予以明确的不改。

二、中央修宪建议是在充分发扬民主、广泛听取意见的基础上形成的。

修改宪法是国家政治生活中的一件大事，党中央十分重视。中央政治局常委会明确提出，要根据新形势下党和国家事业发展的要求，着手进行宪法修改工作。二○○三年三月二十七日，中央政治局常委会会议研究和部署了修改宪法的工作，确定了这次修改宪法总的原则，并成立了中央宪法修改小组，在中央政治局常委会领导下工作。胡锦涛总书记对这项工作非常关心，二○○三年三月全国"两会"期间就作出重要批示，要求尽快启动修改宪法的工作，强调在整个修改宪法过程中，一定要加强党的领导，充分发扬民主，广泛听取各方面的意见，严格依法办事。这次修改宪法工作充分体现了这一精神。

按照胡锦涛同志指示精神和中央对修改宪法工作的部署，四月初中央发出了征求对修改宪法部分内容意见的通知，请各省、自治区、直辖市人大常委会党组在调查研究的基础上提出修改宪法建议，经本省、自治区、直辖市党委常委会讨论后报中央。中央宪法修改小组从五月下旬开始，先后在上海、成都和北京召开了六个座谈会，分别听取了各省、自治区、直辖市人大常委会党组负责人、中央部委和国家机关部委负责人、部分法学专家和经济学专家、部分大型国有企业和私营企业负责人对修改宪法的意见。军委总政治部和几个中央单位报送了对修改宪法的意见。此外，还整理了全国人大代表、全国政协委员以及部分理论工作者对修改宪法的意见。中央宪法修改小组认真研究了各方面的意见，并且查阅了世界主要国家宪法的相关规定。在此基础上，拟订了《中共中央关于修改宪法部分内容的建议（草案征求意见稿）》。七月三十一日中央政治局常委会会议、八月十一日中央政治局会议先后审议并原则同意这个建议草案征求意见稿，并于八月十八日由中央办公厅下发各省、自治区、直辖市党委，中央各部委，国家机关各部委党组（党委），军委总政治部，各人民团体党组，再次在党内更大范围征求意见。八月二十八日，胡锦涛总书记主持召开各民主党派中央、全国工商联的负责人及无党派人士座谈会，九月十二日，中央宪法修改小组召开部分理论工作者、法学专家和经济学专家座谈会，征求对建议草案征求意见稿的意见。中央宪法修改小组逐条研究了这些意见和建议，对建议草案征求意见稿作了修改补充。九月十八日中央政治局常委会会议、九月二十九日中央政治局会议先后审议并原则同意，形成了《中共中央关于修改宪法部分内容的建议（草案讨论稿）》，决定提请党的十六届三中全会审议。党的十六届三中全会审议通过了《中共中央关于修改宪法部分内容的建议》。

在征求意见和中央全会审议过程中，全党同志和各地方、各部门、各方面都一致认为，中央建议提出的修宪内容立意高远，内涵深刻，都是关系国家发展和长治久安的重大问题，体现了党的主张与人民意志的统一。

这次中央形成关于修改宪法部分内容的建议的过程，与前三次不同。一是以往三次修改宪法，是先形成修改方案，再征求意见；这次是先广泛征求意见，再形成修改方案。二是以往的修改方案，是经中央政治局讨论后，向全国人大常委会提出建议的；

这次的修改方案，是中央政治局讨论后，又经中央全会审议通过，然后向全国人大常委会提出建议的。

总之，《中共中央关于修改宪法部分内容的建议》，是两下两上，在充分发扬民主、广泛听取各方面意见的基础上形成的，凝聚了全党全国人民的集体智慧。

三、中央修宪建议的主要内容。

根据这次修改宪法总的原则，中央建议对现行宪法十三个方面的内容进行修改，主要是：（1）确立"三个代表"重要思想在国家政治和社会生活中的指导地位；（2）增加推动社会主义物质文明、政治文明和精神文明协调发展的内容；（3）在统一战线的表述中增加社会主义事业的建设者；（4）完善土地征收征用制度；（5）进一步明确国家对发展非公有制经济的方针；（6）完善对私有财产保护的规定；（7）增加建立健全社会保障制度的规定；（8）增加尊重和保障人权的规定；（9）完善全国人民代表大会组成的规定；（10）将戒严修改为进入紧急状态；（11）在有关国家主席职权的规定中增加"进行国事活动"的内容；（12）将乡镇政权的任期由三年改为五年；（13）增加对国歌的规定。前三次宪法修改，第一次形成了两条修正案，第二次形成了九条修正案，第三次形成了六条修正案，三次修改一共形成了十七条修正案。这次修改涉及十三个方面的内容，修改的幅度是不小的。这十三个方面的内容具体怎么修改，在今天下午的会议上，王兆国同志将作详细说明，这里就不具体讲了。

在征求意见过程中，一些地方、部门和专家还提出了其他一些修改意见，经过慎重研究，中央的修宪建议中没有采纳。这些意见大体上分为这样几种情况。

第一种情况是宪法已有规定，不宜改动的。主要是关于增加宪法实施监督机构的建议。有的主张设立同全国人大常委会并列的宪法委员会，有的主张设立宪法法院，有的主张设立全国人大专门委员会性质的宪法监督委员会。经研究认为，人民代表大会制度是我国的根本政治制度，全国人大是最高国家权力机关，不论设立同全国人大常委会并列的宪法委员会，还是设立宪法法院等，都不符合我国的根本政治制度。现行宪法已明确赋予全国人大及其常委会监督宪法实施的职权，现在的问题是全国人大及其常委会如何进一步完善宪法赋予的职权，不涉及修改宪法的问题。

第二种情况是意见虽然比较集中，但宪法可以不作规定的。主要是关于将全面建设小康社会的内容写入宪法序言第七自然段的建议。经研究认为，宪法序言第七自然段表述的是国家在社会主义初级阶段的根本任务，全面建设小康社会是党确定的本世纪头二十年的阶段性目标和战略部署，可以不在宪法中作规定。

第三种情况是宪法对有关内容已有具体规定，可以不作修改的。主要是：

关于将科教兴国战略、可持续发展战略的内容写入宪法的建议。经研究认为，宪法中有关发展教育事业，发展科学技术，合理利用自然资源和土地，促进人口增长与经济、社会发展相适应，保护环境、生态等方面的规定，已经分别体现了科教兴国和可持续发展的内容和要求，可以不作修改。

关于将依法治国和以德治国相结合内容写入宪法的建议。经研究认为，党的十六大报告和党章都是把"依法治国和以德治国相结合"写在精神文明建设一段中，宪法对精神文明建设已经作了比较充分的规定，体现了以德治国的内容和要求，可以不作修改。

第四种情况是有关法律已经明确作出规定，宪法可以不增加规定的。这方面的意见，主要是将较大的市的立法权和公正审判原则写入宪法。这两个内容分别在地方组织法、立法法和刑法、刑事诉讼法中已有规定和体现，宪法可以不再规定。

第五种情况是意见分歧较大，写入宪法的条件尚不成熟的。主要是关于将迁徙自由、罢工自由、知情权等公民权利写入宪法的建议。第一，关于迁徙自由。现行宪法未作规定，不等于不允许迁徙或者迁徙不自由。这次有的同志建议写上，但也有不少同志认为需要慎重考虑。一九五四年宪法是写了迁徙自由的，不仅没有做到，而且加强了城乡户籍管理。究其原因，是因为粮食不够吃。进城的人多了，种粮的人就少，吃粮的人就多，国家难以承受。现在如果写上迁徙自由，无限制地允许农民到城里落户，一是涉及就业和社会保障问题。我国的经济发展水平还比较低，政府拿不出很多钱为进城的农民提供最低生活保障。农民的生活保障主要靠土地。当然农民进城务工是一回事，如果允许大量农民转为城镇人口则是另一回事。二是与我国发展中小城镇的方向不符。如果人都拥向北京、上海这类大城市，就会出现像新德里、墨西哥城周边地区那样的贫民窟。这不符合我国的发展道路。第二，关于罢工自由。宪法没有规定罢工自由，不等于禁止罢工。按照有关法律规定，工人可以通过多种途径和形式，维护自己的合法权益。罢工往往涉及公共利益，比如民用航空业、通讯业等社会公用事业的工人如果罢工，社会就会瘫痪。从国外的宪法看，英、美、法、德等国家的宪法都没有规定罢工自由。第三，关于知情权。随着现代社会的发展和群众参与意识的增强，公民的知情权很重要，我们党和国家也一直在推进政务公开。但是，这个问题比较复杂，首先需要界定清楚知情权的范围，以及正确处理保守国家秘密和信息公开的关系，这些方面都还需要进一步研究，许多国家的宪法对知情权并没有作规定。

四、修宪工作必须坚持正确的政治方向。

做好修改宪法的工作，必须讲政治。对这次修改宪法，国内外都十分关注。广大人民群众通过各种方式提出了许多好的意见和建议。但是，国内也有极少数人提出了政治上极端错误的主张，比如，要求删去宪法序言，从根本上否定四项基本原则；改变宪法第一条关于国体的规定、第二条关于政体的规定，实行总统制、两院制，从根本上否定我国的国体和政体；否定国有经济的主导地位等。对此，我们要高度警惕，保持清醒头脑。苏共下台、苏联解体，原因是多方面的，但苏联一九九〇年的修宪是一个重要原因。修改后的宪法，取消了苏联共产党的领导地位，改变了国家的社会主义性质，实行总统制和三权分立制度，主张"私有化"，破坏了苏联宪法的经济基础。这个教训是极其深刻的，我们一定要引以为戒。

在修改宪法过程中，我们要始终坚持正确的政治方向，坚持四项基本原则，立足我国国情，立足我国改革开放和现代化建设的实际，绝不能照搬西方的总统制、两院制、三权分立、多党制等政治制度的模式。讲法与讲政治是统一的。为了在修改宪法的过程中坚持正确的政治方向，统一思想，协调好各方面的意见，中央提出了修改宪法必须做到"五个有利于"，这就是：有利于加强和改善党的领导，有利于发挥社会主义制度的优越性，有利于调动广大人民群众的积极性，有利于维护国家统一、民族团结和社会稳定，有利于促进经济发展和社会全面进步。

修宪工作是我国政治生活中的一件大事。宪法和法律是党的主张和人民意志相统一的体现。提交这次常委会讨论的《中共中央关于修改宪法部分内容的建议》，就是党的主张，全国人大及其常委会要通过法定程序把它变成国家意志，这是每一位人大常委会的中共党员委员义不容辞的责任。我们常委会委员中的中共党员，不仅自己要把思想统一到《中共中央关于修改宪法部分内容的建议》上来，还要在审议过程中做好党外委员的工作，充分发挥共产党员的模范带头作用，确保宪法修改工作的顺利进行。这里我要说明两点：一是宪法是国家根本大法。同一般法律相比，宪法只能规定国家的根本制度和根本任务、公民的基本权利和义务，也就是说，宪法解决的是国家政治、经济和社会生活中带有全局性、长远性、根本性的问题。国家政治生活中某一方面、某一领域的问题是一般法律规范的内容。在审议过程中不能将某部门或某领域的问题作为修宪的依据。二是这次修宪的原则之一，是可改可不改的、可通过宪法解释予以明确的不改。如果可改可不改的都去改，那么，可能要修改的内容还会有不少。比如，在征求意见的过程中，有的同志提出，把宪法第十二条"社会主义的公共财产神圣不可侵犯"中的"神圣"两个字删去，认为这不是法律术语。对这类问题，我们认真研究过，如果现在制定宪法就不会写"神圣"这个词，既然写上了，也没有改的必要，改了反倒会在社会上引起不必要的猜疑，"是不是现在公共财产就不神圣了"。类似的意见还有不少，本着可改可不改的不改的精神，中央的建议没有采纳这类意见。

对在这次常委会会议上委员们可能提出的一些具体意见和建议的处理问题，常委会党组的意见是，常委会会议就不作修改了，将把委员们的意见和建议认认真真、原原本本地带到明年三月召开的十届全国人大二次会议上，连同代表大会上代表们提出的修改意见，一并加以研究。

《中共中央关于修改宪法部分内容的建议》，今天晚上新华社将发通稿，明天见报。全国人大常委会的宪法修正案草案，也将依照规定，在明年三月五日举行十届全国人大二次会议的一个月前，印发给每位全国人大代表。为了保证做好这次修宪工作，常委会党组要求，在明年大会前，要组织所有的全国人大代表认真学习现行宪法，学习有关文件，讨论宪法修正案草案。其目的：一是把认识统一到中央这次修宪精神上来，为明年召开的十届全国人大二次会议审议宪法修正案草案做好充分的准备。二是通过这次修宪，普及宪法知识，增强宪法意识和法制观念。今天这个会议，各省级人大常委会的负责同志都参加了，我们委托各省、自治区、直辖市的人大常委会的同志们，请大家回去后，认真加以组织和落实。解放军、香港、澳门的全国人大代表的宪法学习如何组织的问题，我们将另商有关部门后确定。

注　释

[1] 王兆国，时任中共中央政治局委员，全国人大常委会副委员长、党组副书记。

为促进亚太地区和平与发展携手合作[*]

（二〇〇四年一月十二日）

新年伊始，亚太议会论坛成员国的议员再次汇聚一堂，围绕政治、经济和安全等议题进行交流和探讨，这不仅表明亚太各国政治家对地区和平与发展问题的高度关注，也反映了亚太各国人民的共同愿望。

当前，世界正经历着复杂而深刻的变化。和平与发展仍是时代的主流，求和平、要稳定、谋发展是世界各国人民的共同心愿。但是，世界并不太平，局部冲突仍在继续，恐怖主义、疾病传播、环境恶化、贫困加剧等安全问题日益突出，经济全球化在给各国带来机遇的同时，也使发展中国家面临空前严峻的挑战。值得欣慰的是，在复杂多变的国际形势下，亚太地区总体上保持了和平与发展的良好势头。为了巩固和发展这一来之不易的局面，亚太地区国家需要进一步加强团结与合作，从战略的高度，用长远的眼光，深化亚太国家间关系，在关系地区持久和平与长远发展的重大问题上扩大共识，付诸行动。为加强亚太地区的团

---

　　* 这是吴邦国同志在北京举行的亚太议会论坛第十二届年会开幕式上讲话的主要部分。

结合作，实现地区持久和平与长远发展，我们主张：

一、加深互信，尊重各国人民自主选择本国的发展道路。世界是丰富多彩的。各种文明、不同社会制度和发展模式构成了世界的多样性。承认世界和亚太地区的多样性，彼此尊重对方的历史文化，尊重各国人民根据本国国情所选择的社会制度和发展道路，是达到和谐共处、实现共同繁荣的前提。

中国是一个有十三亿人口的发展中大国，有着不同于其他国家的基本国情。中国人民经过长期的艰苦奋斗，选择了适合本国国情的发展道路，取得了举世瞩目的伟大成就。我们的宪法明确规定，社会主义制度是中国的根本制度，人民代表大会制度是中国的政体，共产党领导的多党合作和政治协商制度及民族区域自治制度是中国的基本政治制度。我们实行依法治国的基本方略，在深化经济体制改革、扩大对外开放的同时，积极稳妥地推进政治体制改革，完善民主制度，加强法制建设，不断促进社会主义物质文明、政治文明和精神文明协调发展。正是因为我们坚持了符合自身国情和实际的制度和政策，中国才有了今天持续快速健康发展的良好局面。

中国和亚太地区各国友好关系发展的事实也充分说明，只要坚持平等相待、相互理解，彼此尊重对方的国情和实际，不同社会制度国家之间完全可以开展友好合作，增加政治共识，扩大共同利益，从而促进地区乃至世界的和平与繁荣。

二、采取有效措施，加强经贸合作。亚太地区各国经济互补性强，经贸合作的领域众多、前景广阔。在经济全球化深入发展的今天，国与国之间的相互依存不断加深。加强经贸合作，既是一个国家积极参与国际分工的客观要求，也是一个国家经济发展的内在需要。

我们也应看到，经济全球化是在不公正不合理的国际经济旧秩序没有根本改变的情况下发生和发展的。目前南北差距继续拉大，贫富分化仍在加剧，新的贸易壁垒不断出现，对发展中国家造成不利影响，使多边贸易体制的发展面临许多困难，也对全球经济的复苏和增长形成不少障碍。这些问题，在发展双边和多边贸易合作中应当认真加以解决。应推动地区和全球经济体系在平等互利基础上健康发展，加强南南合作，促进南北合作。发达国家有义务、有责任进一步开放市场，放开技术出口限制，取消贸易壁垒，更多地关心和帮助发展中国家，使各国能共享经济全球化带来的好处。

经贸关系是国家关系的重要组成部分，是实现和平共处的经济基础。经贸合作的加强，有利于国家关系的巩固和发展，国家关系的发展，又为深化经贸合作创造条件。中国正在以更加积极的姿态走向世界，全面提高对外开放水平，在更大范围、更广领域和更高层次参与国际经济技术合作与分工，特别是以双边和多边的方式不断加强与亚太各国的经贸合作关系。以中国与东盟的经贸关系为例，过去十年，中国与东盟贸易增长了六倍多。有关建立中国—东盟自由贸易区的谈判取得可喜进展。在自由贸易区框架下的"早期收获"计划已于今年一月一日如期实施，为进一步深化合作奠定了基础。中国与东盟以及中国与其他亚太国家经贸合作的经验表明，只要坚持互利互补、平等开放，国与国之间完全可以成为长期稳定的经贸合作伙伴，促使地区经济形成优势互补、共同繁荣的良好格局。

三、加强合作，维护亚太地区的和平稳定。和平稳定是发展的前提，也是当前亚太形势的主流。绝大多数国家都把恢复和发展经济作为首要任务。但是，亚太地区和平与安全仍面临许多挑战。传统和非传统的安全问题相互交织，安全形势错综复杂。亚太国家在维护地区稳定、缓和紧张局势、解决热点问题方面具有共同利益。努力营造和平、安全的地区和国际环境，是各国议会和政府义不容辞的历史使命。我们应当充分利用本地区的各种合作机制和渠道，加强磋商与对话，共同维护地区的和平与稳定。

和平共处五项原则以及其他公认的国际关系准则，是维护和平的政治基础。平等对话、协商谈判，是解决争端、维护和平的正确途径。各国的安全是相互依存的，我们所讲的安全应是共同的安全。任何一个国家，离开国际合作都难有自身真正的安全。国际形势的变化和人类文明的进步，呼唤一个能反映大多数国家

2004 年 1 月 12 日，亚太议会论坛第 12 届年会在北京开幕。吴邦国出席开幕式并发表主旨讲话。

和人民共同利益的国际政治经济新秩序。为此，我们主张树立以互信、互利、平等和协作为核心的新安全观，逐步调整和改革现有秩序中不合理不公正之处，推动国际关系民主化进程。各国应超越意识形态、社会制度和宗教信仰的差异，通过平等对话与友好合作，加深理解，增进信任。同时，要维护联合国在国际事务中的权威，支持联合国在处理重大国际问题方面的主导作用。

中国始终不渝地奉行独立自主的和平外交政策，强调睦邻友好，坚持与邻为善、以邻为伴的方针，重视区域合作，加强同亚太国家，特别是同周边国家的交流与友好合作，愿与亚太各国携起手来，共同把地区和平与发展事业不断推向前进。

女士们、先生们、朋友们！

议会交往是国家关系的重要组成部分，发挥着不可替代的独特作用。在新的形势下，议会交往大有可为。为加强亚太地区各国议会交流与合作，我们可以从以下三个方面做出努力。

一是加强议会各个层次的友好往来。议会在各国的政治生活中具有重要地位和作用。议会之间的交往领域广阔、内容丰富、方式灵活。议会领导人之间的交往和直接对话尤为重要，应该不断加强；专门委员会、双边友好组织是不可缺少的交流渠道，应当切实加以利用和拓展。事实证明，通过议会各个层次、各种方式的交流，不仅可以增进议会领导人之间、议员之间的了解和信任，还可以带动党际关系的发展，加深人民之间的友谊，促进地区之间的联系，为国家关系的发展充实新的内容，增添新的活力。

二是加强议会立法和监督工作的交流与借鉴。亚太地区各国议会制度不尽相同，法律体系各具特色，立法重点也有所侧重，但工作职能和运作机制有许多相同或相近之处，一般都有立法权、监督权以及对国家重大事项的决定权。加强议会之间不同职能部门的交流，特别是加强立法和执法监督工作的交流十分必要。中国全国人大与几十个国家的议会进行了这方面的交流，起到了互相借鉴、取长补短、共同提高的作用。

三是加强年轻议员之间的沟通与交往。青年蕴蓄着希望，代表着明天。年轻议员一般都是各国重要的政治后备力量，对国家长远的发展负有重要责任。目前，亚太各国议员的年龄结构正在发生新的变化，一大批年轻议员走上政治舞台。加强各国年轻议员之间的交流，增进相互了解、信任和友谊，对保证各国议会乃至国家之间友好关系的持续稳定发展，对维护亚太地区的持久和平与共同繁荣都具有重要的战略意义。各国议会和地区议会组织应着眼未来，积极创造条件，支持和鼓励年轻议员开展多种形式的友好交往。

女士们、先生们、朋友们！

中国是亚太大家庭的一员，一向从战略的高度看待同亚太各国的关系和区域合作。中国是维护世界和平、促进共同发展的坚定力量。中国的发展将给亚太各国带来发展机遇和实际利益，而中国的发展也离不开亚太地区的和平稳定。中国全国人大愿进一步与各国议会发展双边交往，与国际和地区议会组织开展多边友好合作。让我们共同携手，为不断加强亚太各国之间的友好合作，为不断促进亚太地区的和平与发展作出新的更大的贡献。

依法完善人大代表选举制度[*]

（二〇〇四年一月十五日、二〇〇五年七月三十日）

一

群众来信中，反映基层人大代表、村委会换届选举的为数不少，且逐年增加，请批转人大有关部门，在总结经验教训基础上，如何从制度上、工作上确保公民的选举权。

（二〇〇四年一月十五日在群众来信上的批示）

二

建议分析人大代表涉案原因，完善人大代表选举制度，从制度上防止政治素质不高、人品不好的人混入各级人大代表队伍。

（二〇〇五年七月三十日在一份情况反映上的批示）

---

*　这是吴邦国同志关于人大代表选举工作的两则批示。

147

基本法是香港特别行政区
施政、立法和司法的依据和基础 *

（二〇〇四年四月一日）

处理香港问题，要严格按基本法办事

香港特别行政区基本法，是七届全国人大第三次会议于一九九〇年四月四日通过的，一九九七年七月一日开始实施。基本法包括一个序言、九章一百六十条，还有三个附件。基本法核心内容可以概括为三句话：一是坚持一个国家，保障国家主权；二是坚持两种制度，保障香港高度自治；三是坚持基本不变，保障繁荣稳定。

基本法在香港是一部宪制性法律，具有凌驾的法律地位。基本法第十一条规定，香港特别行政区立法机关制定的任何法律均不得同基本法相抵触。基本法是香港特别行政区施政、立法和司法的依据和基础，也是落实"一国两制"、"港人治港"、高度自治方针的基本依据。

这次常委会将审议的是对基本法附件有关条款的法律解释草

案。处理香港问题，要依据基本法办事，而我们这次提出的法律解释草案的依据是什么，也是基本法。为便于同志们审议，建议大家看看基本法、学习基本法。结合我们这次常委会将审议的法律解释草案，我仅就基本法中的两个问题作些说明。目的在于统一思想，更自觉地以基本法为依据审议好这一法律解释草案。

一是必须明确香港特别行政区的高度自治权来源于中央的授权。也就是说，香港特别行政区的权力不是香港固有的，而是中央授予的。我国是单一制国家，不同于联邦制，更不同于邦联制，中央机关代表国家统一行使主权。我们只有一个最高国家权力机关就是全国人大，只有一个最高国家行政机关就是国务院，只有一个最高国家军事机关就是中央军委。基本法总则第一条开宗明义规定："香港特别行政区是中华人民共和国不可分离的部分。"第十二条规定："香港特别行政区是中华人民共和国的一个享有高度自治权的地方行政区域，直辖于中央人民政府。"这里非常明确表明，香港特别行政区处于国家的完全主权之下。

香港的高度自治权是中央授予的。中央授权但并不因此而丧失权力，仍对特别行政区有监督权。中央授予特别行政区多少权，特别行政区就有多大权，不存在所谓"剩余权力"的问题。

在确保国家主权的完整性、确保中央对香港行使主权方面，基本法都有明确规定。重大的有：

1. 基本法第十五条规定，任命行政长官和行政机关的主要官员。这个任命不是程序性的，而是实质性的。这一点在基本法第四章中有明确规定。

2. 基本法第一百五十八条、第一百五十九条明确规定，基本法的修改权在全国人大，解释权在全国人大常委会。

3.行政长官和立法会两个产生办法的任何改变，必须获得中央同意。基本法附件一第七条规定："二〇〇七年以后各任行政长官的产生办法如需修改，须经立法会全体议员三分之二多数通过，行政长官同意，并报全国人民代表大会常务委员会批准。"明确批准权在中央。基本法附件二第三条规定："二〇〇七年以后香港特别行政区立法会的产生办法和法案、议案的表决程序，如需对本附件的规定进行修改，须经立法会全体议员三分之二多数通过，行政长官同意，并报全国人民代表大会常务委员会备案。"这里讲的虽是"备案"而不是"批准"，但基本法第十七条明确："全国人民代表大会常务委员会在征询其所属的香港特别行政区基本法委员会后，如认为香港特别行政区立法机关制定的任何法律不符合本法关于中央管理的事务及中央和香港特别行政区的关系的条款，可将有关法律发回，但不作修改。经全国人民代表大会常务委员会发回的法律立即失效。"虽是"备案"，但有发回失效的条款，确保了中央在政治体制上的主导权。也就是说，对行政长官和立法会两个产生办法的主导权、决定权都在中央。

4.基本法第十三条、第十四条规定，中央负责管理外交事务和特别行政区的防务。

5.基本法第十八条规定，香港发生危及国家统一或安全的动乱时，全国人大常委会有权决定进入紧急状态。

总之，香港特别行政区的高度自治权是中央授予的。中央掌握了任命权、解释权、修改权、批准权、监督权，就把握了根本，就能保证"一国两制"方针和基本法的实施。

二是必须明确香港特别行政区的政治体制，是行政主导。基本法在起草过程中，有人提出"三权分立、行政主导"，也有人提出"三权分立、立法主导"。一九八七年四月小平同志会见基本法起草委员会委员时，批评了"三权分立"的说法，最后基本法确定的香港特别行政区政治体制是行政主导。为避免在字面上争论，基本法中没有出现"行政主导"四个字，但在具体条款中，规定了行政机关在整个政权运作中是处于支配地位的。这在基本法中主要体现在以下规定中：

1. 基本法第四十三条规定，行政长官是香港特别行政区的首长，代表香港特别行政区，对中央人民政府和香港特别行政区负责。

2. 基本法第四十八条（五）规定，对特别行政区主要官员的任命和免除，由行政长官提名并报中央人民政府批准。

3. 基本法第七十四条规定，立法会议员对法律草案的提案权不得涉及公共开支、政治体制或政府运作，凡涉及政府政策的法律草案，在提出前必须得到行政长官的书面同意。第四十九条规定，如立法会通过的法案不符合香港整体利益，行政长官可在三个月内发回立法会重议。第五十条规定，行政长官如拒绝签署立法会再次通过的法案，或立法会拒绝通过政府提出的财政预算案或其他重要法案，经协商仍不能取得一致意见，行政长官可解散立法会。

4. 从法案的表决机制上，也体现了行政主导。基本法附件二第二条规定，政府提出的法案，如获得出席会议的全体议员的过半数通过，也就是一个过半数即为通过；而立法会议员提出的议案，须经功能团体选举产生的议员和分区直接选举、选举委员会选举产生的议员两部分出席会议议员各过半数通过，也就是要获得两个过半数，才能通过。

5. 就是对香港特别行政区法院在审理案件中涉及的国防、外交等国家行为问题，基本法第十九条也明确，应取得行政长官的证明文件，而该证明文件对法院有约束力。

从上述规定我们可以明显看出，香港特别行政区的政治体制是行政主导。

当然，基本法的内容很多，我们要认真学习。为了做好这次审议工作，我仅就以上两个问题作必要的说明。从以上说明可以看出，这次常委会审议的法律解释草案，完全是按基本法办事的。基本法是我们解决香港问题的基本依据。

关于这次对基本法附件有关条款的解释问题

处理香港问题必须坚持"一国两制"方针，依照基本法办事，有理有据地进行。由全国人大常委会依照宪法和香港特别行政区基本法，对行政长官和立法会两个产生办法的有关条款作出法律解释，这是中央主导当前香港政治体制发展的重要法律手段，也体现了中央依照基本法处理香港事务的原则。具体步骤有两个：第一步，由委员长会议向常委会提出关于基本法附件有关条款的解释草案；第二步，由全国人大常委会审议通过该法律解释。这是香港回归祖国以来，中央对港工作采取的力度最大的措施，是对香港前途命运具有现实作用和长远影响的战略举措。我们一定要深刻领会和不折不扣地贯彻落实中央的意图和部署，确保圆满完成这一庄严而崇高的政治任务。

在讲法律解释草案的具体内容之前，要先说明两个问题。

一是在起草基本法过程中，关于香港的政治体制，包括行政长官和立法会两个产生办法，当时就是斗争的焦点。最后，基本法是用附件的形式规定了这两个产生办法。其中，附件一的行政长官产生办法，主要对前两任行政长官的产生作了具体规定；附件二的立法会产生办法，主要对前三届立法会的产生作了具体规定。对于二〇〇七年以后，也就是第三任行政长官和第四届立法会的产生，两个办法没有作出明确规定。即附件一第七条规定："二〇〇七年以后各任行政长官的产生办法如需修改，须经立法会全体议员三分之二多数通过，行政长官同意，并报全国人民代表大会常务委员会批准。"附件二第三条规定："二〇〇七年以后香港特别行政区立法会的产生办法和法案、议案的表决程序，如需对本附件的规定进行修改，须经立法会全体议员三分之二多数通过，行政长官同意，并报全国人民代表大会常务委员会备案。"从这两条规定本身来看，确有需要进一步明确的地方，这里主要涉及五个问题：一是"二〇〇七年以后"是否包括二〇〇七年当年；二是"如需修改"是不是一定要修改；三是由谁确定需要修改；四是由谁提出修改法案；五是现行办法不修改，二〇〇七年以后是否适用。

本来在作出法律解释前，各方面对这些内容有不同的理解也是正常的。但香港内外敌对势力和反对派挑起这个问题，意图绝不是真的想弄清楚这两条规定，而是想利用这两条规定中不够明确的地方，通过修改行政长官和立法会两个产生办法，搞"双普选"，企图从根本上改变香港行政主导的政治体制，从而全面夺取对香港的实际管治权力。认清香港内外敌对势力和反对派的这一政治图谋，对我们做好这次基本法附件有关条款的法律解释工作是十分重要的。

二是关于法律解释问题。立法法规定，法律有以下两种情况之一的，由全国人大常委会解释：一是法律的规定需要进一步明确具体含义的；二是法律制定后出现新的情况，需要明确适用法律依据的。全国人大常委会的法律解释与被解释的法律规定具有同等、同期效力。但法律解释又不同于制定法律，也不同于作出决定，它是在忠实立法原意的基础上，进一步明确法律规定的具体含义，或进一步明确适用的法律依据，而不是对有关问题重新作出规定。

我们这次对两个产生办法有关条款的解释，属于上述第一种情况。这个解释草案，是根据基本法确定香港政治体制的立法原意，对有关规定的具体含义作出的法律解释。那么这个立法原意是什么，这在当年姬鹏飞[1]同志关于香港基本法草案的说明中有明确的表述。他说，香港政治体制，要符合"一国两制"的原则，要从香港的法律地位和实际情况出发，以保障香港的稳定繁荣为目的。必须兼顾香港社会各阶层的利益，有利于香港资本主义经济的发展；既要保持原政治体制中行之有效的部分，又要循序渐进地逐步发展适合香港情况的民主制度。这就是基本法确定香港政治体制的总的原则，即立法原意，也是我们这次进行法律解释所要遵循的总的原则。

这次提出的解释草案，事先有关方面进行了反复研究推敲。解释草案就前面谈到的五个问题，分别作了解释。

第一，关于"二〇〇七年以后"是否含二〇〇七年的问题。目前有两种不同的理解，一种认为不包含，一种认为应包含。我们研究认为，"二〇〇七年以后"，应当含二〇〇七年。

主要理由是：从我国法律规定和习惯来说，法律用语中表示具体数字或年份所用的"以上"、"以下"或"以前"、"以后"，均包括本数在内。姬鹏飞同志所作的香港基本法草案说明的第四部分，专门讲了"政治体制"，用了"一九九七年至二〇〇七年的十年内"和"在特别行政区成立十年以后"两个提法。据参加基本法起草的同志讲，当时的立法原意是包含二〇〇七年的。据此，解释草案第一条就明确解释为"上述两个附件中规定的二〇〇七年以后，含二〇〇七年"。这表明这个法律解释是实事求是的。

第二，关于"如需修改"的含义问题。其实这里的"如需修改"，意思是清楚的，是指可以修改，也可以不修改。这是不言而喻的，本来是可以不作解释的。我们对这一点进行解释，用意在于强调"如需修改"并不是只有修改一种可能，更不是二〇〇七年以后的两个产生办法必须修改。

第三，关于"如需修改"由谁确定的问题。对这个问题的解释是这次法律解释最核心的问题。我们研究认为，两个产生办法是否需要修改、怎样修改，中央都有决定权。

一是，香港特别行政区是中华人民共和国不可分离的部分，是直辖于中央人民政府的享有高度自治权的地方行政区域。香港特别行政区的高度自治来源于中央的授权。香港特别行政区的政治体制是由全国人民代表大会制定的基本法予以规定的。基本法的修改权属于全国人民代表大会，基本法的解释权属于全国人民代表大会常务委员会。

二是，我国是单一制国家，地方政府无权自行决定其政治体制，香港特别行政区也不例外。香港特别行政区政治体制属于中央管理的事务，涉及中央与香港特别行政区的关系，必须在基本法的框架内进行。行政长官和立法会两个产生办法，是香港政治体制的重要组成部分，是否进行修改和怎样修改，中央都有决定权。这是宪法和基本法确立的一项极为重要的原则，是"一国两制"方针的应有之义。

三是，两个产生办法分别规定，修改须经立法会全体议员三分之二多数通过，行政长官同意，并报全国人大常委会批准或备案。这一规定，既明确了修改时必经的法律程序，又通过批准或备案的规定，进一步表明中央对两个产生办法的决定权。

第四，关于需要修改时修改法案由谁提出的问题。我们研究认为，应由香港特别行政区政府向立法会提出法案。

一是，这是行政长官的职责所在，也是香港行政主导体制所决定的。基本法第四十三条明确规定，香港特别行政区行政长官是香港特别行政区的首长，代表香港特别行政区。香港特别行政区行政长官依照本法的规定对中央人民政府和香港特别行政区负责。两个产生办法是香港政治体制的重要组成部分，行政长官作为香港特别行政区的首长，必须依照基本法对其职权的规定，负起这个责任。

二是，立法会议员无权提出涉及政治体制的法案。基本法第七十四条规定："香港特别行政区立法会议员根据本法规定并依照法定程序提出法律草案，凡不涉及公共开支或政治体制或政府运作者，可由立法会议员个别或联名提出。"而两个产生办法属于政治体制的重要内容，因此，立法会议员个人或联名都无权提出。

第五，关于现行办法不修改，二〇〇七年以后是否适用的问题。根据基本法及其两个附件的立法原意，在两个产生办法未作修改之前，仍按照原办法执行。对此，解释草案第四条作了相应解释。

这里需要说明的是，全国人大常委会对基本法附件有关条款作出法律解释，是有充分的法理依据的。

一是，解释宪法和法律是全国人大常委会的职权，也是全国人大常委会义不容辞的职责。基本法第一百五十八条明确规定，"本法的解释权属于全国人民代表大会常务委员会"。

二是，基本法附件一和附件二规定的是行政长官和立法会两个产生办法，都是事关香港政治体制发展的重大问题，按宪法和基本法规定的精神，属于中央的事权。

三是，两个产生办法有关条款本身有不够明确的地方，也为全国人大常委会作出法律解释留下了空间。

以上是关于这次法律解释草案的有关情况。

注　释

[1] 姬鹏飞，当时任国务院港澳事务办公室主任，全国人大香港特别行政区基本法起草委员会主任委员。

对香港问题的几点认识[*]

（二〇〇四年四月一日）

这里，主要讲三个问题。

第一，香港出现复杂局面有其深刻的历史根源。从一九七九年小平同志提出香港回归祖国的问题到一九九七年，我们同香港内外敌对势力的斗争大体经历了四个阶段。

一是，从一九八二年到一九八四年。一九八二年三月和一九八三年四月，廖承志[1]同志给中央写了两个报告，提出了解决香港地位问题的初步方案，小平同志作了批示。我们提出收回香港，英国人是不愿意的，在主权和治权问题上同我们纠缠不清，最后小平同志在会见撒切尔夫人[2]时指出，主权问题不是一个可以讨论的问题。小平同志还确定要在香港驻军。一九八四年十二月，中英在北京签署了联合声明。

二是，从一九八五年到一九八九年。一九八五年四月，我们成立了基本法起草委员会，经过四年零八个月的工作，基本法起草工作完成。在这个时期，英国人同我们有斗争有合作，

---

　　* 这是吴邦国同志在全国人大常委会中共党员委员会议上讲话的一部分。

一九八九年春夏之交的政治风波后，英国人突然改变立场，采取不合作态度，但这一阶段总的是合作的。

三是，从一九九〇年到一九九三年。一九八九年春夏之交北京发生政治风波，特别是东欧剧变、苏联解体后，英方采取不合作的态度。港英政府抛出《人权法案条例》，企图架空基本法，为敌对势力"九七"后在香港制造事端提供便利。一九九二年彭定康[3]到任后，英方进一步采取同我公开对抗的政策，抛出所谓"政改方案"，单方面对香港现行政治体制作重大改变。这个方案违反了中英联合声明，违反了与基本法衔接的原则，也违反了中英双方达成的有关协议和谅解，即"三违反"。一九九三年四月，中英就这个问题开始谈判，共十七轮。由于英方毫无诚意，谈判破裂。

四是，从一九九三年到一九九七年。鉴于当时的形势，中央及时提出"以我为主，两手准备"的方针，实际是另起炉灶。江泽民同志当时就说过，我们不能把香港实现平稳过渡的希望寄托在英方的合作上，而应当立足于依靠我们自己的力量和港人的共同参与来实现香港的平稳过渡。一九九三年七月，我们决定设立预委会。一九九四年八月，我们明确港英最后一届三级政制架构将于一九九六年六月三十日终止。一九九六年一月，香港特别行政区筹委会成立。一九九六年三月，香港特别行政区临时立法会成立。一九九七年二月，我们宣布《人权法案条例》中有关凌驾地位的条款，不采用为香港特别行政区法律。一九九七年六月三十日午夜，中英双方在香港举行交接仪式。

回顾这个历史过程不难看出，我们同英国人的斗争就没有停止过。英国是老牌殖民主义国家，在香港问题上要维护自身的利益，扶植亲英的势力，为他们在一九九七年以后继续活动创造条件。这段历史虽然已经过去了，但很值得深刻总结，这有利于加深对香港问题的认识，也有利于我们进一步做好香港工作。

第二，扭转目前香港的困难局面，必须有一系列强有力的政策措施和工作部署。在大的原则问题上不能退让，中央的态度必须鲜明，这样董建华[4]先生、特别行政区政府和爱国爱港人士的腰杆子才能硬起来。

一是，要明确从目前香港形势看，立法会和行政长官尚不具备普选条件。要加强对香港政治体制发展的引导和支持特别行政区政府做好今年立法会选举的准备工作。事实上，英国人在香港从来就没有搞过什么民主，历任港督都是女王委任的。英国从一八四三年管治香港开始，到一九八五年前的一百四十多年中，议员都是由总督委任的，在一九八五年中英联合声明签署后，才开始有间接选举产生的议员，一九九一年才引入直接选举。实际上这是英国针对我"九七"回归的一个对策。也说明香港并没有所谓"民主"的传统。英国是实行民选最早的国家，搞了三百年到一九四八年才有一人一票。现在，反对派提出"还政于民"、搞"双普选"，绝不只是修改两个产生办法那么简单，而是想从根本上改变香港的政治体制，是想在香港上台执政。从目前香港形势看，立法会和行政长官暂时不能搞普选。当然，我们不是说香港今后就一定不能搞普选，香港基本法第四十五条、第六十八条都明确规定，普选是香港最终达至的目标。也不是说香港基本法附件一和附件二规定的产生办法，二〇〇七年以后就不能改变，而是要从香港的实际出发，遵循循序渐进的原则。对于香港的政治体制，我们要坚持一条，就是要看能否在香港顺利选出中央信任、港人拥护的爱国爱港的行政长官人选。要坚持循序渐进。这些原则不能动摇。这也是基本法的精神。中央在适当时候要有理有据地表明态度。中央有了态度，虽然反对派可能会闹事，但对爱国爱港力量是个很大的支持。即便反对派闹事，也不可怕，闹不到哪里去。只要稳住了，对保持香港长期繁荣稳定有利。

二是，香港事务是中国的内政，不允许外国人插手干预。要给美国、英国打招呼，明确告诉他们，保持香港繁荣稳定，对他们的利益有好处；把香港搞乱了，对他们也没什么好处。告诫他们不要对香港问题说三道四，不能让他们整天在那里煽风点火。

三是，香港是中国不可分离的一部分，谁要在那里反对中央政府，就是迈过了政治底线，那就绝对不能客气。这个道理是能够服人的。

总的来讲，中央有了态度，虽然反对派可能会闹事，但对爱国爱港力量是个很大的支持。即便反对派闹事，也不可怕，闹不到哪里去。在维护香港稳定这个问题上，态度要坚决，不要怕人家说什么。顾忌太多，往往会误事。小平同志一九八七年就说过："有些事情，比如一九九七年后香港有人骂中国共产党，骂中国，我们还是允许他骂，但是如果变成行动，要把香港变成一个在'民主'的幌子下反对大陆的基地，怎么办？那就非干预不行。干预首先是香港行政机构要干预，并不一定要大陆的驻军出动。只有发生动乱、大动乱，驻军才会出动。"[5] 我们要争取最好的前景，但也要做好应对最坏局面的准备。关键是要加紧工作，切实防止出现不可收拾的局面。

第三，要加强对香港经济发展的支持，做好爱国爱港力量和争取人心的工作。

一是，要加强内地同香港的经济贸易关系，促进香港经济发展，这对保持香港繁荣稳定具有重大意义。支持的措施要适合香港的情况和特点，可以支持香港大力发展金融业、航运业、旅游业和现代服务业。这些方面香港有优势，也有发展的有利条件。

二是，爱国爱港力量是我们保持香港繁荣稳定的基本力量，对实施"一国两制"和基本法，确保以爱国者为主体的"港人治港"十分紧要。对广大爱国爱港人士，要帮助他们振奋精神，鼓舞士气，在爱国爱港的旗帜下加强团结。

三是，香港问题的一个重要症结是人心问题。香港有其特殊的历史，许多民众对我们的心态十分复杂，要在短期内改变英国殖民统治一百五十六年形成的社会心理状态不容易。争取人心的工作要坚持不懈地做，而且要有一套机制和办法，把各方面的力量都充分调动起来。

为此，要加强中央对香港工作的集中统一领导，及时分析和掌握香港的政治动态和各界人士的思想状况，有针对性地做好工作。要狠抓落实，过去我们在对香港工作方面明确过很多措施，但由于种种原因落实得不够好，今后一定要避免再出现这样的问题。

以上是中央对香港工作的一些考虑。中央认为，当前必须明确香港政治体制发展的决定权在中央，明确立法会没有对涉及政治体制问题的法案的提案权。真正把香港政治体制发展的主导权牢牢地掌握在中央手中，要做到即使香港形势出现最恶劣情况，中央仍有能力主导香港政治体制的走向，从而确保"一国两制"方针和基本法在香港的正确贯彻实施，切实维护香港社会各阶层、各界别和各方面的根本利益，确保香港的长期繁荣稳定。

注　释

〔1〕廖承志，当时任中共中央政治局委员，全国人大常委会副委员长，国务院港澳事务办公室主任。

〔2〕撒切尔夫人，即玛格丽特·希尔达·撒切尔，当时任英国首相。

〔3〕彭定康，最后一任港英总督。

〔4〕董建华，一九九七年任香港特别行政区首任行政长官，二〇〇二年连任。

〔5〕见邓小平《会见香港特别行政区基本法起草委员会委员时的讲话》（《邓小平文选》第 3 卷，人民出版社 1993 年版，第 221 页）。

人大工作要有党的观念、政治观念、大局观念和群众观念[*]

（二〇〇四年四月十一日）

人大工作要有党的观念、政治观念、大局观念和群众观念，中国对自己选择的政治发展道路要理直气壮地宣传。这个东西看起来好像很空，实际上是碰得到的，比如宪法修改就遇到这个问题。我们的政治体制是什么？就是共产党领导。我们不搞多党制。我们可以想象一下，如果在中国搞多党制会是什么局面？东欧剧变、苏联解体以后，好多国家都搞了多党制，最后没好果子吃。我们搞的不是"三权分立"，也不是什么行政主导或者立法主导。我们人民代表大会制度，是共产党统领全局、协调各方，要讲主导就是共产党主导。我们还讲四项基本原则，讲"三个代表"。这里很重要的是，我们在中国不能搞意识形态多元化，假如什么思想都有，中国还不乱吗？中国有九百六十万平方公里土地、十三亿人口，这么大的一个国家，不采用这种政治体制是搞不下去的，否则，中国非天下大乱不可，中国人肯定没好日子过。所以有些问题该鲜明的就要鲜明，我们要理直气壮地宣传我们的政治体制。这是中国的实际情况。

_* 这是吴邦国同志在重庆市考察工作时讲话的一部分。

在实际工作中要注意别把胃口吊得太高，包括经济上和政治上的胃口，也包括民主、自由等。胃口吊得太高，实现不了，就好像欠人家的。我国将长期处于社会主义初级阶段，因此，我们也就只能有初级阶段的经济、初级阶段的政治。

我们这么大一个国家，不能靠人治，必须靠法治，这是一个国家成熟的表现。这些年我国有很大的变化，整个政治生活是比较正常化的。我们去年这么大规模的换届，实际上是把我们干部制度逐步地法制化、制度化了。过去我们是终身制，现在在中国的土壤上，终身制应该说是彻底地破除了。我们制定行政许可法，它包括两个方面：一是让你有足够的行政权力，高效率运作；二是行政权力要受到制约，不能胡来。我们应该朝这个方向努力，当然还有一个过程，但早晚要走到这一步，这样碰到问题就可以理性地处理。

为解决"三农"问题创造稳定良好的法制环境 *

（二〇〇四年四月二十八日、六月二十五日）

一

　　当前突出的问题是粮食产量连年下降。一九九八年粮食产量超过一万亿斤，二〇〇二年是九千一百多亿斤，去年下降到八千六百多亿斤，是一九九〇年以来的最低点，人均粮食占有量六百七十斤，是一九八三年以来的最低点。而我国一年的粮食消耗大体在九千七百亿斤左右，去年的缺口是一千一百多亿斤。当然，我们还有三千六百多亿斤粮食库存，但有个库存的品种结构问题，稻谷短缺已成为不争的事实。与此相对应的是，粮价上涨，一季度粮价上涨了百分之二十点七，稻谷价格上涨了近三成，这是近年来季度最大涨幅。当然，这有利于农民增收，调动农民种粮的积极性，但也反映了粮食的供求关系。中国这么大、人口这么多，粮食只能立足自给，只能自己养活自己。粮食可以进口，但只能作为品种调剂。这是建国五十多年的经验。陈云同志讲，手中有粮，心中不慌。粮食问题直接关系到国家的经济安

全，是一个全局性的问题。

造成粮食短缺的原因主要有两条：一是耕地减少，二是农民种粮积极性不高。两者有区别也有联系。我国本来就是一个人多地少的国家，人均耕地不足一点四五亩，只有世界平均水平的三分之一。但这些年来耕地大量流失。这里有一组数据：粮食播种面积，一九九八年是十七亿亩，去年下降到不足十五亿亩，为历史最低水平。五年间粮食播种面积减少了两亿亩，如果亩产按五百斤算就是一千亿斤粮食，按八百斤算就是一千六百亿斤粮食。

造成耕地减少的原因主要有三个方面：一是城市和开发区建设占用大量耕地。这与前面讲的投资增长过快有直接关系。据统计，全国有各类开发区六千多个，规划用地面积达三万五千四百平方公里，这相当于五千三百多万亩地，而且大部分是好地、高产地。二是种粮的比较效益低，农业结构调整占用了大量耕地。据湖北省的同志介绍，这些年湖北耕地流失二千六百万亩，其中近一半都变成鱼塘和经济作物用地，该省已由粮食调出省变为调入省。三是绿化占用大量耕地。退耕还林的方针是对的，效果也是好的。退耕还林政策是将二十五度以上的坡地退耕还林，二十五度以上坡地种粮产量极低，还造成水土流失。退耕还林是好事，问题是在执行中将一些不该还林的也还林了，更有甚者，在几百公里的高速公路两旁搞上百米宽的绿化带，占用的都是好地。

粮食问题、农民增收问题，关系到党和国家工作的大局，关系到改革发展稳定的大局，关系到农民切身利益，中央高度重视，明确这是今年工作的重中之重。今年三月下旬国务院专门召开了农业和粮食工作会议。这也是今年人代会期间代表们普遍关心的热点问题，理应成为今年全国人大常委会执法检查和调研工作的一个重点。

执法检查和调研，主要做好三方面的工作。

一是结合土地管理法的执法检查，严格土地管理，加强耕地保护。保护耕地是我国的一项基本国策。土地管理法是一九八六年制定的，一九八八年和一九九八年作过两次修改。一九九八年的修改突出了严格保护耕地的精神。土地管理法在总则中明确规定，国家实行土地用途管制制度，严格限制农用地转为建设用地，控制建设用地总量，对耕地实行特殊保护。土地管理法对耕地保护专设了一章，规定国家实行占用耕地补偿制度，即实行"占多少，垦多少"的原则；规定国家实行基本农田保护制度，要按规定划定基本农田保护区，实行严格管理，国务院据此制定了基本农田保护条例。为严格控制农用地转为建设用地，土地管理法对征地作了极其严格的规定。如，规定只要是征用基本农田，无论数量多少都要报国务院批准；还规定对征用基本农田以外的耕地超过三十五公顷（五百二十五亩）的、征用其他土地超过七十公顷（一千零五十亩）的，均要报国务院审批；规定征用上述规定以外的土地的，由省级人民政府审批。并在法律责任一章中规定相应的、严格的处罚条款。土地管理法这些规定应该说是够严格的，有的专家讲这是世界上最严格的土地管理制度，但实际上根本没有做到。国务院提出今年粮食生产的目标是九千一百亿斤，其中一项主要的措施，就是要实行最严格的土地管理及耕地保护制度，不仅暂停审批农用地转为非农建设用地，而且对现有的开发区等进行清理。

人大执法检查，就是检查这些法律规定和政策措施是否落实下去了。这既是依法履行监督职能，也是对国务院工作的支持。所以，无论是从贯彻落实土地基本国策，维护法律的权威和严肃性，还是从解决盲目投资，纠正和查处违法批地、滥占耕地的问题，以及确保和增加粮食播种面积及粮食生产等诸多方面来讲，认真开展对土地管理法及相关涉农法律的执法检查，监督落实法律规定，督促各级政府和有关部门依法严格土地管理，切实保护耕地，都是十分必要的，也是相当重要的。

二是通过听取和审议专题报告，开展调查研究等形式，促进解决"三农"问题各项政策的贯彻落实。前面讲了，解决"三农"问题是全党全国工作的重中之重，也是今年全国人代会上代表们普遍关注的热点。今年的《政府工作报告》中提出六项政策措施，国务院在农业和粮食工作会议上进一步提出了八项措施。如取消除烟叶外的农业特产税，五年内取消农业税并在粮食主产区加大减免农业税力度；今年国家从粮食风险基金中拿出一百亿元，直接补贴给种粮农民；今年中央财政对农业和农村的投入增加了三百亿元；今年除对大豆、小麦继续实行良种补贴外，把补贴范围扩大到水稻，主要安排在大米重点产区，每亩补贴十至十五元；恢复尿素生产企业交纳的增值税先征后返百分之五十等稳定农业生产资料价格的政策，以及对重点粮食品种实行最低保护收购价制度等。这些政策措施地方都很拥护，深受农民欢迎。现在的问题是，中央的这些好政策能不能落到实处，能不能落到农民身上，能不能让农民得到实惠。我们要通过听取和审议专题工作报告、调查研究等多种方式，督促检查和促进这些政策的贯彻落实，真正把政策交给农民群众，真正把实惠落到农民身上，充分调动农民种粮积极性，促进粮食增产、农民增收。

三是开展对支农金融政策问题的研究。目前支持"三农"政策主要是财政政策。中央关于促进农民增收的若干意见中明确要求加快改革和创新农村金融体制，加大金融支农力度。从实际情况和长远发展来看，对"三农"的支持，不仅财政要拿钱，还有一个金融支持的问题。农民贷款具有季节性强、分散和小额的特点，要做好这项工作是比较复杂的，涉及很多方面。日本为了支持农业生产，建立了一个农业基金，给农民种粮贷款担保和贴息，对鼓励农业生产起到了很重要的作用。现在我们虽有农村信用合作社等为"三农"服务的金融机构，但地方反映不能完全适应农民的需要。由于农民贷款难，有些农村高利贷现象严重。因此，需要抓紧研究金融如何支持"三农"问题。这里有服务机构的问题，有资金来源的问题，还有担保和贴息问题，等等。希望大家就这个问题深入全面地进行调研，提出建议。

统筹城乡经济社会发展，建设现代农业，发展农村经济，增加农民收入，是全面建设小康社会的重大任务。我们要高度重视和切实加强农业、农村和农民工作，用科学发展观指导发展，在发展中解决"三农"问题。同时要看到，我国正处于并将长期处于社会主义初级阶段这一基本国情，要看到解决"三农"问题是一个长期的过程，不可能一蹴而就，必须牢固树立长期奋斗的思想，以更加务实的作风，做更加扎实的工作，使农业基础地位进一步加强，农业生产特别是粮食综合生产能力进一步提高，农民收入得到增加，农民负担得以减轻，促进农村经济的全面繁荣。

（二〇〇四年四月二十八日在全国人大常委会围绕"三农"
问题开展执法检查和工作调研会议上的讲话）

二

围绕"三农"问题开展执法检查和工作调研，是常委会今年工作的一个重点。为什么确定这样一个重点？这是基于以下三点考虑：一是确保国家粮食安全的需要。这几年耕地面积逐年减少，特别是粮食播种面积明显减少，粮食产量明显下降，去年降到了八千六百亿斤，是一九九〇年以来的最低点，人均粮食占有量六百七十斤，是一九八三年以来的最低点，粮食安全问题凸显出来了。二是落实全国人代会精神的需要。"三农"问题是全国人大代表和广大人民群众普遍关注的热点问题。去年以来，中央出台了一系列支农政策，今年人代会期间，《政府工作报告》提出了六条政策措施，代表们一致给予高度评价，并十分关注这些政策措施能否真正落到实处。三是增强人大工作实效的需要。我们多次强调，人大工作必须紧紧围绕党和国家的工作大局，紧紧围绕改革发展稳定中的热点难点问题，紧紧围绕关系群众切身利益的问题，从人大工作的特点出发，集中力量，抓住关键，抓出成效。解决"三农"问题是党和国家全部工作的重中之重，关系经济社会发展的全局，关系人民群众的根本利益。在研究今年工作时，大家一致认为，解决"三农"问题应当成为全国人大常委会今年工作的一个重点。今年四月二十八日，我们就这项工作进行了动员和部署。会后由成思危、盛华仁、乌云其木格三位副委员长分别任组长，由全国人大环境与资源保护委员会、农业与农村委员会、财政经济委员会牵头，由全国人大常委会部分委员、有关专门委员会负责同志、部分在地方工作的全国人大代表参加，组成三个大组、十二个小组，分赴十五个省、自治区进行执法检查和工作调研，同时还委托部分省级人大常委会对本地情况进行检查和调研。执法检查和工作调研期间，大家本着对党、对人民、对国家高度负责的精神，不辞辛苦，深入基层，深入实际，到田间，到地头，走村串户，既检查了有关法律的实施情况，督促了有关政策的落实，又了解到大量第一手材料，提出了进一步改进"三农"工作的建议。会议期间，常委会组成人员认真审议了这三个报告，提出了许多很好的意见和建议。这次活动，力量集中，重点突出，抓住了关键，取得了实效，为解决"三农"问题发挥了重要作用。

党中央、国务院历来高度重视"三农"问题。中央每年都召开农村工作会议，每年都出台关于"三农"问题的文件。特别是去年以来，针对粮食减产较多、违法违规占用耕地现象严重等问题，党中央、国务院采取了一系列重大政策措施。从这次执法检查和工作调研情况看，这些政策措施得到了广大农民的衷心拥护，取得了明显成效。一是各地区、各部门对粮食安全和"三农"问题是重视的，贯彻落实中央关于"三农"问题的政策措施和实施有关法律的情况，总的也是好的。不少地方和部门还结合实际，采取了相应的积极措施。目前，我国农业生产的形势出现了转机。二是土地市场整顿工作取得一定效果，依法加强了土地管理，珍惜土地、保护耕地的意识得到增强，滥占土地尤其是滥占耕地的势头得到初步遏制。这不仅为保证粮食播种面积创造了条件，也有利于遏制盲目投资和盲目建设。三是中央政策的落实调动了广大农民的种粮积极性，撂荒地减少，田间管理加强，粮食播种面积和产量有所增加。四是农民负担继续减轻，收入有较大幅度增加。同时，在执法检查和工作调研中也了解到目前存在的一些值得重视的问题：一是在贯彻落实中央关于支农的政策措施，以及实施涉农的法律法规方面，地区之间、部门之间还不平衡，有的好一些，有的差一些。二是有的地方和单位对中央严格保护耕地的大政策不理解、认识不统一，违法违规占地的冲动依然强烈，保护耕地的形势不容乐观。仅今年四、五两个月，全国人大信访部门接待的群众来访中，就有二百五十五批次反映违法征占土地、损害农民利益的问题。三是农民贷款难、对农业和农村投入不足等问题仍然存在。另外，在执法检查和工作调研中，不少农民在举双手拥护鼓励种粮政策的同时，也流露出了担心，担心这些好的政策会变，用农民的话讲就是："粮食少了，政策来了；粮食多了，政策又走了。"

这里，我想再着重强调三点。

第一，切实提高对粮食安全和"三农"问题重要性的认识，真正把解决好"三农"问题作为工作的重中之重，坚持不懈地抓紧抓实抓好。前面谈到的这些问题，说到底还是个认识问题。"三农"问题是关系经济社会发展全局的重大问题。解决好"三农"问题，加快农业和农村发展，是保持国民经济持续快速协调健康发展、实现全面建设小康社会宏伟目标、维护社会稳定和国家长治久安的必然要求。解决"三农"问题是党和国家一贯坚持的战略思想。去年的中央经济工作会议再次明确提出，必须始终重视农业的基础地位，始终重视严格保护耕地和保护、提高粮食综合生产能力，始终重视维护粮食主产区和种粮农民的利益，始终重视增加农民特别是种粮农民的收入。各地区、各部门要把认识统一到中央的精神上来，牢固树立科学发展观，按照"五个统筹"的要求，把重视和解决"三农"问题落实到行动中去。这里，我还要强调两点：一是对我们这样一个人口大国，确保粮食安全，始终是经济发展、社会稳定和国家安全的基础。解决粮食问题只能立足于自己，只能自己养活自己。粮食可以进口，但只能作为品种调剂。二是人多地少是我国的一个基本国情。我国人均耕地不足一点四五亩，只有世界平均水平的三分之一，土地资源十分珍贵。正确处理好工业发展、城镇建设与保护耕地、确保粮食安全的关系，是摆在我们面前的一项长期、艰巨的任务。对此，必须始终保持清醒的头脑。我们要把严格保护耕地，稳定增加粮食产量，确保国家粮食安全作为一项重要任务坚持不懈地抓紧抓好。

第二，保持执法和工作力度，巩固已有成果，切实防止反弹。这次全国人大常委会围绕粮食安全和"三农"问题开展执法检查和工作调研，其中一项很重要的内容，是对土地管理法的实施情况进行检查。这是因为前一时期滥占耕地的问题相当突出，不仅直接导致粮食产量下降，有的还滋生了腐败现象。从这次执法检查和工作调研情况来看，经过清理整顿，情况有所好转，但反弹的可能性依然很大。为什么这么讲？一是前面谈到的一些地方和单位对中央严格保护耕地的大政策不理解、认识不统一，占地欲望并未消除；二是十多年前我们对房地产市场进行过严格整顿，并在总结经验教训的基础上，于一九九八年重新修订了土地管理法，规定了最严格的土地管理和耕地保护制度，但实际上没有做到。所以，无论是从贯彻落实土地基本国策，维护法律的权威性和严肃性，还是从制止盲目投资，纠正和查处违法批地、滥占耕地的问题，以及防止反弹、确保和增加粮食生产等方面，加大对土地管理法、农村土地承包法等涉农法律法规的执法力度，都是相当重要的。各地区、各有关部门要在现有工作的基础上，加大工作和执法力度，巩固已有成果，切实防止反弹。

第三，继续完善解决"三农"问题的政策措施，保持支农政策的稳定性和连续性。目前，加快农业和农村发展、增加农民收入，处在关键时期。一方面，我们现在对解决"三农"问题所采取的直接、有力的政策措施，使广大农民得到了实实在在的利益，他们是举双手拥护的，但也担心这些好的政策会变。保持政策的稳定性和连续性，是农民普遍关心的问题。另一方面，农业劳动生产率低，农村生产力落后，农民收入增长因素不确定，是我国国民经济的薄弱环节。解决"三农"问题是一个长期的过程，不可能一蹴而就。这也要求我们必须牢固树立长期奋斗的思想，不断加强"三农"工作。保持支农政策的稳定性和连续性，也是解决"三农"问题的客观需要。对此，建议国务院尽快明确。对于人大工作来说，我们要及时把党和国家的行之有效的政策用法律的形式固定下来，并通过各种形式的监督工作，督促法律的贯彻实施。改革开放以来，根据党中央关于"三农"问题的方针政策，全国人大常委会已经制定了农业法、土地管理法、农村土地承包法、农业技术推广法、种子法、农业机械化促进法等十多部法律。这些法律是党的"三农"政策经过法定程序成为国家意志的体现，符合我国现阶段农业、农村和农民的实际情况，受到广大农民和基层干部的普遍欢迎。今后，全国人大常委会将继续高度重视涉农法律的修改和制定工作，及时把经过实践检验的成功经验吸收到法律中来，并进一步加大监督工作力度，增强工作实效，切实保障涉农法律和支农政策的有效实施，为解决"三农"问题创造一个稳定的、良好的法制环境。

（二○○四年六月二十五日在十届全国人大
常委会第十次会议上的讲话）

在中俄边境和地区合作论坛上的演讲*

（二〇〇四年五月二十五日）

尊敬的米罗诺夫[1]主席，

女士们，先生们，朋友们：

今天，在我对俄罗斯进行正式访问之际，有机会出席中俄边境和地区合作论坛，与新老朋友聚集一堂，感到十分高兴。首先，我谨对论坛的召开表示热烈祝贺，向与会的各界人士致以诚挚问候和良好祝愿，对两国有关方面为此所付出的努力表示衷心感谢。在这里，我还要特别感谢米罗诺夫主席，是他去年访问中国时与我商定双方共同举办这次论坛，为推进中俄经贸合作、促进睦邻友好构筑了新的舞台和桥梁。

俄罗斯人民用自己的智慧和汗水建设着美好家园，以璀璨的文学艺术、丰富的哲学思想和卓越的科技成就，为人类的文明进步作出了重要贡献。作为俄罗斯的友好邻邦和战略协作伙伴，我们为俄罗斯在新时期取得的显著成就感到由衷的高兴，衷心祝愿俄罗斯人民在普京总统领导下实现强国富民的宏伟目标。

---

* 这次论坛在俄罗斯莫斯科举办。演讲原题为《加强互利合作，促进共同发展》。

女士们、先生们、朋友们！

中国的发展为世人所瞩目，也为俄罗斯朋友所关注。借此机会，我愿向各位简要介绍一下中国的经济社会发展情况。

中国实行改革开放已经二十五年。二十五年来，中国的面貌发生了深刻的变化。社会主义市场经济体制初步建立，社会生产力和综合国力大幅度跃升，人民生活水平总体上实现了由温饱到小康的历史性跨越。二十五年来，中国经济保持了年均增长百分之九点四的速度。国内生产总值由一九七八年的二千一百六十五亿美元，提高到去年的一万四千亿美元。外贸进出口总额由一九七八年的二百零六亿美元，提高到去年的八千五百一十二亿美元。外汇储备由一九七八年的一亿六千七百万美元，提高到去年的四千零三十三亿美元。实际利用外资累计达近六千八百亿美元。中国改革开放二十五年给人民带来了实实在在的利益。贫困人口由二亿五千万人减少到不足三千万人，城乡居民年均收入扣除物价上涨因素实际增长了四倍多，人的平均寿命由新中国成立前的三十五岁上升到七十一点八岁。

同时我们也清醒地认识到，中国人口多，底子薄，发展还很不平衡。虽然中国人均国内生产总值已经突破一千美元，但仍排在世界一百位之后。中国要实现现代化，需要长期不懈的艰苦努力。为此，我们确立了本世纪头二十年的奋斗目标，这就是全面建设惠及十几亿人口的更高水平的小康社会，力争到二〇二〇年实现国内生产总值比二〇〇〇年翻两番，达到四万亿美元，人均三千美元。到那时，中国的经济更加发展、民主更加健全、科教更加进步、文化更加繁荣、社会更加和谐、人民生活更加殷实。

中国的发展离不开世界，世界的繁荣也需要中国。中国的发展，不仅造福于全体中国人民，也是对世界和平与发展的重大贡献。中国的发展给世界各国特别是周边国家的发展带来重要机遇。中国稳定和谐的政治社会环境、丰富优秀的劳动力资源和潜力巨大的市场，为与世界各国尤其是周边国家开展互利互惠的经贸合作提供了理想的场所。

中国始终奉行独立自主的和平外交政策。中国的发展需要和平稳定的周边和国际环境。我们真诚地同世界各国开展友好交往和各领域的合作。我们主张建立公正合理的国际政治经济新秩序。世界各国政治上应相互尊重，共同协商；经济上应相互促进，共同发展；文化上应相互借鉴，共同繁荣；安全上应相互信任，共享和平。我们反对霸权主义和强权政治，反对一切形式的恐怖主义。我们多次向全世界人民承诺，中国现在不会去威胁别人，将来富强了，也永远不称霸，永远不扩张，永远做维护世界和平、促进共同发展的坚定力量。

女士们、先生们、朋友们！

中俄两国山水相连，传统友谊源远流长。近十多年来，中俄两国秉承友好传统，总结历史经验，适应新的形势，谱写了中俄睦邻友好的新篇章。特别是二〇〇一年江泽民主席和普京总统签署的《中俄睦邻友好合作条约》，将两国和两国人民世代友好、永不为敌的和平思想用法律形式固定下来，确立了中俄关系的基本原则，明确了长期协作的方向，为中俄两国永远做好邻居、好伙伴、好朋友提供了有力的法律保障，将中俄战略伙伴关系推向更加巩固、更为成熟的新的发展阶段。

十余年来，在中俄双方共同努力下，两国形成了合作发展的条约法律基础和密切磋商机制。一九九二年至今，两国已签署的国家间和政府间文件共计一百八十多个，已在经济和科技领域建立了八个政府分委会和二十五个常设小组，在社会和人文领域建立了五个分委会。中俄两国领导人之间已建立起牢固的信任和合作关系。

中俄还顺利解决了历史遗留的边界问题。两国对地区和国际问题有着相同或近似的立场，保持密切磋商与合作，有效捍卫了两国的根本利益，提高了两国的国际地位。

当然，中俄关系发展中也还存在一些问题。我们既要正视两国关系中的磨擦和分歧，更要以诚相待，通过协商消除分歧。我们之间有互信的关系，有相互协作的机制，可以开诚布公地讨论任何问题，哪怕是极为敏感的话题，我们都可以通过增信释疑，找到解决办法。

中国新一届中央领导集体高度重视发展对俄关系。去年五月，中国国家主席胡锦涛成功对俄罗斯进行了国事访问。两国元首一致表示，无论国际风云如何变幻，深化中俄睦邻友好、互利合作和战略协作伙伴关系，始终是两国外交政策的战略优先方向。我们愿与俄方一道，承前启后，继往开来，全面落实《中俄睦邻友好合作条约》，增进互信，扩大共识，积极推动两国在政治、经济、科技、文化和国际事务等诸领域的全面战略协作，努力开创中俄关系发展的新局面。

经贸合作是中俄睦邻友好关系的物质基础，是中俄战略协作伙伴关系题中应有之义，也是使两国关系持续充满活力的重要保证。近些年来，在双方的共同努力下，中俄经贸合作取得长足发展。双边贸易额连续四年大幅增长，去年达到一百五十七亿六千万美元，今年一季度同比增长百分之三十五点六，有望实现两国领导人确定的二百亿美元的目标。但坦率地讲，中俄经贸合作与两国战略协作伙伴关系发展的要求还不相适应，与两国经济实力和水平很不相称，两国经贸合作的潜力还远远没有发挥出来。

加强和扩大中俄经贸合作具有得天独厚的条件。两国政治稳定，社会和谐，经济高速增长，在技术、投资、资源、商品等领域互有需求，又互为最大的邻国，具有毗邻的地缘优势和友好交往的传统。更为重要的是，双方都有加强互利合作、提升合作质量和水平的强烈愿望。出席这次论坛的，既有两国立法机构和中央政府的官员，又有地方政府和有实力的企业以及商会、协会的代表，就充分说明了这一点。我认为，双方应抓住机遇，本着积极、务实的精神，扩大合作领域，拓宽合作方式，充实合作内容，提升合作层次，使两国经贸合作实现跨越性的发展。

为此，我提出以下建议。

第一，改善贸易商品结构，巩固和扩大商品贸易。商品贸易是中俄经贸关系的传统领域，这些年增长较快，但贸易商品的结构亟待改善。劳动密集型的低附加值产品和初级产品所占过大的比重，与两国经济发展和工业、科技的水平不相称。双方应进一步优化和改善贸易商品结构，提高互供商品的技术含量和附加值，增加高新技术产品和机电产品在贸易中的比重，提升商品贸易的整体质量和水平。

第二，拓宽领域，扩大投资合作。目前，中俄两国双向投资规模很小，到二〇〇三年底，中俄相互投资总额仅分别为五亿五千万美元和三亿四千万美元，对贸易拉动作用不明显，而且投资领域单一，更缺乏支撑性的大项目。当前中俄经济快速增长为开展投资合作带来难得的新机遇。双方应站在战略的高度，结合各自的特点和优势，积极地开展双向直接投资，包括能源和资源性项目开发、交通等基础设施建设、高新技术成果转化和电子信息技术等领域的投资合作，努力开创合作生产和联合研发的新途径，使两国经贸合作实现质的飞跃。

第三，促进地区合作，鼓励企业参与。目前，两国边境贸易发展势头良好，去年达三十五亿二千万美元，占双边贸易总额的百分之二十二点三，对两国贸易具有明显的拉动作用。两国地区之间的经贸往来和联系也日趋紧密，双方已有六十三个省、州和城市结为友好关系，九对建立了紧密的经贸合作联系。双方应进一步创造条件，调动两国地区和企业加强合作的积极性，引导和鼓励有实力、有竞争力的企业参与和投资，支持开展互惠互利的经济技术合作，鼓励中方参与俄远东地区和西伯利亚的开发，欢迎俄方参与中国东北老工业基地振兴和西部大开发，增强中俄经贸合作的生机和活力。

第四，改善合作环境，促进共同发展。互利共赢是发展国与国之间经贸合作的基础，也是经贸合作实现协调和可持续发展的条件，随着双方经贸合作规模的扩大和领域的拓宽，这点显得更为重要。中俄双方在改善合作环境方面已经做了大量工作，双方应继续共同努力，按照诚信、互利、共赢的原则，相互尊重对方利益，创造公平的法制环境，为对方商品、投资和服务进入本国市场提供有力支持。同时应完善双边协调机制，保持磋商渠道畅通，及时解决经贸交往中出现的问题，确保两国经贸合作健康发展。两国政府间应通过总理定期会晤机制，加强双边经贸合作中重大问题的磋商与协调。中国全国人大愿与俄罗斯联邦会议一道为发展中俄经贸合作作出更大贡献。

女士们、先生们、朋友们！

中俄战略协作伙伴关系正面临新的重要发展机遇，让我们以这次论坛为新的起点，在《中俄睦邻友好合作条约》指引下，双方共同努力，开创中俄经贸合作的新局面。

最后，预祝中俄边境和地区合作论坛取得圆满成功！

谢谢各位！

注　释

[1] 米罗诺夫，时任俄罗斯联邦委员会主席。

中国始终从战略高度
看待和发展同欧洲国家关系 *

（二〇〇四年六月三日）

在两周时间里，我们飞过千山万水，跨越欧亚大陆，从莫斯科红场到索非亚玫瑰园，从哥本哈根古堡到奥斯陆滑雪台，一路所见所闻在我脑海中交织成一幅令人深思的画卷。

我们居住的这个地球，是人类共有的家园。和平与发展仍是当今时代的主题，世界多极化和经济全球化趋势在曲折中发展，求和平、谋发展、促合作是不可阻挡的世界历史潮流。但是，世界并不太平，单边主义有新的表现，恐怖主义危害加大，各种局部冲突和战争此起彼伏，传统安全因素和非传统安全因素相互交织，跨国犯罪日益猖獗，南北差距继续拉大。这些挑战和困难需要各国人民共同应对。

维护世界和平，促进共同发展，是中国外交政策的宗旨。中国一贯奉行并将继续奉行独立自主的和平外交政策。我们主张国际关系民主化，世界上的事情应由各国平等协商，共同参与管理，通过对话和合作解决争端，反对动辄使用武力或以武力相威

---

　　* 这是吴邦国同志访问挪威期间应挪威外交政策研究所邀请在奥斯陆会议中心发表的演讲《增进相互了解，共创美好未来》的一部分。

2004 年 6 月 3 日，吴邦国在挪威奥斯陆会议中心发表题为《增进相互了解，共创美好未来》的演讲。

胁。我们主张世界不同文明和发展模式相互尊重，求同存异，和睦相处。我们主张加强国际合作，消除贫困，保护环境，共创美好未来。

欧洲是世界和平与发展的重要力量。中国始终从战略的高度看待和发展同欧洲国家的关系，重视欧洲在国际事务中发挥的积极作用。中国同欧洲国家之间不存在根本利害冲突，相反在事关人类和平与发展的重大问题上有着广泛的共同利益、有着相同或近似的看法及主张、有着密切的磋商与协作。近些年来，双方高层互访频繁，政治互信增强，对方关切得到重视，共识不断扩大，经贸合作发展迅速，各领域交流成果斐然，人员往来持续增加。应当说，中国与欧洲国家的关系处在最为活跃、最富有成果的时期。历史已经证明并将继续证明，发展中国与欧洲国家的关系符合双方的共同利益，不仅有利于双方的共同发展与进步，也有利于地区乃至世界的和平与繁荣。我们愿在相互尊重、平等互利的基础上，进一步加强同包括挪威在内的欧洲各国在各领域的交流与合作，推动中欧关系长期稳定向前发展。

人大工作的探索和发展
要服从于政治体制改革大局 *

（二〇〇四年七月四日）

　　人大工作的推进不能脱离我们整个国家政治体制改革的步伐。比如司法体制改革还没有出台，而司法体制改革很重要的一条就是加强监督；干部制度也有一个逐步改革的问题，是属于整个政治体制改革的，比如这些年干部终身制问题解决了，才能保证按时换届，才能实行竞争上岗、社会招聘等，才能逐步完善起来。所以，我想人大工作的探索和发展要服从于政治体制改革的大局，太超前了不行。而这个改革，牵头的是党，在党中央统一安排下进行。这是一个逐步改革的过程，是积极稳妥地进行政治体制改革。总的一条原则是，最后的结果要有利于党的领导，有利于社会主义制度优越性的发挥，有利于人民当家作主，最终坚持党的领导、人民当家作主和依法治国有机结合。千万千万不要用西方的体制来套我们的体制，我们不是"三权分立"。有些西方的制度是建立在搞多党制基础上的，而我们没有这个政党制度，我们是共产党领导的多党合作制，也没有搞什么上院下院，千万不要用那种模式来套，你套不出去的。比如人大与国务院之

---

　　* 这是吴邦国同志在云南省考察工作时讲话的一部分。

2004 年 7 月 3 日，吴邦国在走访云南省陇川县朋生村时与村民交谈。

间是有个监督关系，但讲来讲去，都是为共同目标在工作的，最后还要补国务院的台，还要支持国务院的工作。我们是这么一个运作体制。

世界上其他国家没有一个国家有监督法，而监督照样搞。一般的国家包括日本、德国也就是二百多部法律，但我没找到监督法。现在我们要搞了，那就积极探索，但要稳妥地探索，在实践中可操作，在中央统一领导下做好人大监督工作。

我经常讲，在人大工作的同志要有几个观念：一个是党的观念、一个是政治观念、一个是大局观念、一个是群众观念。没有这几个观念，有时候光从人大一个方面考虑问题，是要出毛病的。

积极探索制定符合中国国情的监督法 [*]

（二〇〇四年八月二十八日）

监督权是宪法和法律赋予人大的重要职权，加强监督是人大的一项重要工作。宪法和有关法律对人大监督的职权、内容和方式有明确规定。近年来全国人大常委会为加强监督工作，还专门制定了关于加强对法律实施情况检查监督的若干规定、关于加强中央预算审查监督的决定和关于加强经济工作监督的决定等。也就是说，人大的监督工作即使没有监督法也是有法可依的。这些年来，全国和地方各级人大及其常委会在加强和改善人大监督工作方面做了大量工作，进行了积极的探索，摸索到了一些监督的有效形式，并使之制度化、机制化。如每年三月份的全国人代会听取和审议"一府两院"的工作报告，六月份的常委会会议听取和审议国务院关于上一年度中央决算的报告和关于中央预算执行和其他财政收支的审计工作报告，八月份的常委会会议听取和审议国民经济和社会发展计划执行情况的报告；另外，常委会还根据情况听取和审议"一府两院"的

其他专题工作报告；常委会每年都就几部法律开展执法检查；对行政法规和地方性法规进行备案审查和处理人民群众来信来访等，并在工作中取得了明显成效。现在的问题是如何进一步提高监督质量，增强监督实效。经过全国人大和地方各级人大的探索，大家一致认为，要提高人大监督工作的质量，关键是监督的内容要紧紧围绕党和国家工作的大局，紧紧围绕改革发展稳定中的热点难点问题，紧紧围绕关系群众切身利益的问题。正是按照这个原则和思路，本届全国人大常委会从人大工作的定位和特点出发，集中力量，抓住重点，对出口退税、超期羁押和"三农"等问题开展了监督检查，督促有关方面解决了多年没有解决的问题，取得了实实在在的效果。总之，这些年人大的监督工作不是在削弱，而是在加强。人大尤其是地方人大在加强和改善监督工作方面进行了积极探索，并取得了显著成绩，这些都应予充分的肯定。

人大监督工作还需要进一步探索。从本次会议对监督法草案的审议情况看，意见分歧仍然比较大，但有两点重要共识。

第一，人大的监督工作要从中国国情出发。讲中国国情，核心是两条：一条是中国共产党的领导和社会主义制度。中国共产党是中国特色社会主义事业的领导核心。社会主义是我国的社会制度。我们的各项工作都必须在党的领导下，坚持社会主义的政治方向。另一条是我国正处于并将长期处于社会主义初级阶段。要把我国建成富强民主文明的社会主义现代化国家，还有很长的路要走。正是基于我国的国情和人大工作的特点，大家认为人大的监督工作，一是必须坚持党的领导的原则，二是必须遵循依法按程序办事的原则，三是必须遵循集体行使职权的原则，四是必须遵循不包办代替的原则。我们不能照抄西方的民主，要划清西方政党政治、三权分立与我国政治体制的界限，坚定不移地走中国特色社会主义政治发展道路。只有从中国实际出发，从人大自身特点出发，才能搞好人大的监督工作。总之，加强人大监督工作也好，制定监督法也好，都要做到五个有利于，这就是要有利于加强和改善党的领导，有利于社会主义制度优越性的发挥，有利于充分调动人民群众的积极性，有利于维护国家统一、民族团结和社会稳定，有利于促进经济发展和社会全面进步。

第二，继续积极探索，为立法创造条件。党的十六大对我国的政治建设和政治体制改革进行了全面部署，指出发展社会主义民主政治，建设社会主义政治文明，是全面建设小康社会的重要目标。强调发展社会主义民主政治，最根本的是要把坚持党的领导、人民当家作主和依法治国有机统一起来。提出了包括坚持和完善社会主义民主制度，加强社会主义法制建设，改革和完善党的领导方式和执政方式，改革和完善决策机制，深化行政管理体制改革，推进司法体制改革，深化干部人事制度改革，加强对权力的制约和监督，维护社会稳定等九个方面的具体任务和要求。监督法草案制定过程中有关干部述职评议、个案监督等焦点和难点问题，都涉及到上述这些改革。而这些改革，只能在党中央的统一领导下逐步向前推进。实践是立法的基础。人大任务之一，就是在党的领导下，依照法定程序，使党的主张成为国家意志。法律只能是经实践检验是正确的路线方针政策的规范化和制度化。为此，大家认为，在目前条件还不成熟的情况下，不要急于将监督法草案交付表决，建议继续认真研究，尤其是要认真跟踪总结改革的经验，同时依照宪法和法律的规定，结合人大工作实际，进一步探索和加强人大的监督工作，充分发挥人大作为国家权力机关的作用。

在国际刑法学大会开幕式上的讲话

（二〇〇四年九月十三日）

主席先生，

女士们，先生们，朋友们：

值此第十七届国际刑法学大会在北京隆重开幕之际，我谨代表中国政府和中国人民，并以我个人名义，对大会的召开表示热烈的祝贺！向出席会议的各位来宾和朋友表示诚挚的欢迎！

今天，来自世界各地的从事刑事司法工作的专家、学者和官员汇聚在北京，围绕"全球化时代刑事犯罪的挑战与对策"这一主题，交流学术观点，探讨合作途径，对活跃刑事法学的研究，寻求遏制刑事犯罪的良策，加强国际刑事司法的合作将产生积极的影响。

当今世界正经历着复杂而深刻的变化。和平与发展仍是时代的主流，求和平、要稳定、谋发展是世界各国人民的共同心愿。但是，世界并不太平，局部冲突仍在继续，传统和非传统的安全问题相互交织，安全形势错综复杂。其中，刑事犯罪是各个国家和地区都面临的必须很好解决的问题。当前，一些新型的犯罪不断滋生，特别是跨国犯罪和国际有组织犯罪正成为全世界的公害。建立和完善国际刑事司法领域的合作机制，预防和惩治跨国犯罪和国际有组织犯罪，是国际社会共同关注和正在探讨的重大问题。

2004 年 9 月 13 日，第十七届国际刑法学大会在北京人民大会堂开幕。吴邦国出席开幕式并发表讲话。

我们高兴地看到，世界各个国家和地区都在为此作出努力。

中国一直十分重视解决犯罪问题，通过制定和严格执行刑事法律和其他相关法律，加大预防和惩治犯罪的力度，保护人权，维护国家安全和社会稳定。中国作为国际社会负责任的国家，一贯并将继续积极承担和履行在打击跨国犯罪和国际有组织犯罪中的责任和义务。我们愿意在相互尊重主权和平等互利原则下与世界各国和地区，建立刑事法制建设的交流机制，相互学习，取长补短；建立刑事司法机构领导人的会晤机制，相互磋商，扩大共识；建立刑事司法领域的合作机制，相互协助，形成合力。

女士们、先生们、朋友们！

中国实行改革开放二十五年来，始终坚持走中国特色社会主义道路，依靠人民的智慧和力量，全力推进现代化建设，国家的各个方面发生了巨大而深刻的变化。国民经济持续快速发展，综合国力显著提高；经济体制改革不断深化，社会主义市场经济体制初步建立；对外开放水平不断提高，开放型经济迅速发展；人民生活不断改善，总体上达到小康水平；科技教育文化卫生事业不断发展，社会实现全面进步；政治体制改革逐步深化，民主法制建设不断加强。以宪法为核心的中国特色社会主义法律体系初步形成，国家政治、经济和社会生活的主要方面基本做到有法可依，中国公民的自由和权利依法得到维护和保障。本世纪的头二十年，我们确定了国内生产总值在二〇〇〇年基础上再翻两番等全面建设小康社会的宏伟目标。历史经验告诉我们，要完成改革和发展的繁重任务，必须保持长期和谐稳定的社会环境。我们将坚定不移地实施依法治国的基本方略，做到有法可依、有法必依、执法必严、违法必究。将进一步加强立法和监督，推进依法行政，维护司法公正，依法预防和惩治犯罪，切实保障人民群众的生命财产安全，保持国家安定团结的局面，把建设社会主义法治国家的进程不断推向前进。

女士们、先生们、朋友们！

崇尚法律，厉行法制，是人类文明的成果，是社会进步的表现。让我们携起手来，加强合作，共同预防和惩治跨国犯罪和国际有组织犯罪，为促进社会的安宁与祥和，建设世界的持久和平与普遍繁荣而努力奋斗！

祝大会取得圆满成功！

谢谢各位。

加强社会主义民主法制建设 *

（二〇〇四年九月十六日）

　　昨天上午，首都各界隆重集会，纪念全国人民代表大会成立五十周年，胡锦涛同志在会上发表了重要讲话。讲话全面回顾了人民代表大会制度形成与发展的光辉历程，系统总结了人民代表大会制度的巨大优越性，深刻阐述了坚持和完善人民代表大会制度最根本的是要把坚持党的领导、人民当家作主和依法治国有机统一起来，并从加强立法、监督、与人民群众联系和自身建设等四个方面对人大工作提出了明确要求。这篇重要讲话，对发展社会主义民主政治，建设社会主义政治文明，坚持和完善人民代表大会制度，开创人大工作新局面，具有十分重要的指导意义。我们要认真学习领会、深入贯彻落实。出席我们这次座谈会的同志，聆听了胡锦涛总书记的重要讲话，昨天下午和今天上午进行了分组讨论和大会发言，大家联系自己的工作实际，畅谈学习领会胡锦涛总书记重要讲话的体会，就加强社会主义民主法制建设，坚持和完善人民代表大会制度，做好新形势下人大工作进行

---

　　* 这是吴邦国同志在为纪念全国人民代表大会成立五十周年召开的社会主义民主法制建设座谈会上的讲话。

了认真座谈。下面，我讲三个问题。

一、进一步提高对社会主义民主法制建设重要性的认识

我们党历来以实现和发展人民民主为己任。改革开放以来，我们党对社会主义民主法制建设的认识不断深化，工作不断加强。回顾这段历史，应该特别指出的是，我们党作出的三项重大决定。

第一，党的十一届三中全会总结建国以来的历史经验特别是"文化大革命"的惨痛教训，作出把全党工作重点转移到社会主义现代化建设上来的重大决策，同时强调为了保障人民民主，必须加强社会主义法制，使民主制度化、法律化，使这种制度和法律具有稳定性、连续性和极大的权威，做到有法可依，有法必依，执法必严，违法必究。

第二，党的十五大提出依法治国是党领导人民治理国家的基本方略，提出要建设社会主义法治国家，明确到二〇一〇年形成中国特色社会主义法律体系的立法任务。这是以江泽民同志为核心的党的第三代中央领导集体，对中国特色社会主义民主法制建设思想的丰富和发展。

第三，党的十六大明确提出发展社会主义民主政治，建设社会主义政治文明，是全面建设小康社会的重要目标，强调发展社会主义民主政治，最根本的是要把坚持党的领导、人民当家作主和依法治国有机统一起来，要求不断促进社会主义物质文明、政治文明和精神文明的协调发展。同时重申了到二〇一〇年形成中国特色社会主义法律体系的目标。

改革开放二十多年来，在邓小平理论和"三个代表"重要思想指引下，在党的正确领导下，我们在不断推进经济体制改革的同时，积极稳妥地推进政治体制改革，社会主义民主法制建设取得了巨大成就。我们在国家领导制度、立法制度、行政管理制度、决策制度、司法制度、干部人事制度、基层民主制度和监督制约制度等方面进行了一系列改革，并将其成功的经验制度化、法律化。到目前为止，除现行宪法和四个宪法修正案外，全国人大及其常委会制定了二百多件现行有效的法律，国务院制定了六百五十多件现行有效的行政法规，地方人大及其常委会制定了七千五百多件现行有效的地方性法规，民族自治地方制定了六百多件自治条例和单行条例。现在，在我国以宪法为核心的中国特色社会主义法律体系已经初步形成，国家政治、经济和社会生活的主要方面基本上做到了有法可依。民主法制建设取得的这些成就，为改革开放和社会主义现代化建设提供了重要保障，为实现全面建设小康社会的宏伟目标奠定了坚实的法律基础。

在充分肯定我国社会主义民主法制建设取得成绩的同时，我们也必须清醒地看到，我国的民主法制建设还不能完全适应新形势下社会主义市场经济发展和社会全面进步的需要，一些重要的法律亟待研究制定或者修改完善，有法不依、执法不严、违法不究的现象在一些地方和部门依然存在，全社会的法律意识和法制观念有待进一步提高，公民权利的保障有待进一步加强，等等。这些问题必须引起我们的高度重视，并采取切实有效的措施逐步加以解决。社会主义民主法制建设关系到党和国家工作的大局，关系到中国特色社会主义的前途和命运，只能加强，不能削弱。发展社会主义民主、健全社会主义法制，是党的十一届三中全会以来坚定不移的基本方针。我们要充分认清我国社会主义民主法制建设面临的形势和任务，提高对发展社会主义民主、健全社会主义法制重要性、紧迫性和长期性的认识。我们党之所以高度重视并大力加强社会主义民主法制建设，这是因为：

（一）加强社会主义民主法制建设，是建设中国特色社会主义的内在要求。

邓小平同志早在改革开放之初就明确指出，为了实现四个现代化，必须发扬社会主义民主和加强社会主义法制。江泽民同志反复强调，没有民主和法制就没有社会主义，就没有社会主义的现代化。这些重要思想，深刻揭示了加强社会主义民主法制建设在建设中国特色社会主义伟大事业中的重要地位和作用。社会主义民主法制建设是建设中国特色社会主义题中应有之义，必须贯穿于中国特色社会主义建设的全过程。

我们党领导人民建立工人阶级领导的、以工农联盟为基础的人民民主专政的国家政权，真正实现了人民当家作主。这是中国几千年来政治史上的一次巨大历史性飞跃。这个历史事实，是任何人都否认不了的。改革开放以来，我们加强了社会主义民主法制建设，进一步保证了广大人民群众依法充分行使自己的各项民主权利。这是改革和建设得以顺利进行的重要保证。这个事实，也是任何人都否认不了的。

随着改革开放和社会主义现代化建设事业的不断发展，我国社会经济成分、组织形式、就业方式、利益关系和分配方式日益多样化，社会阶层结构出现新的变化，人民群众的利益要求和愿望也日益多样化。在这样的新形势下，为了更好地维护最广大人民的根本利益，更好地协调、兼顾各方面群众的具体利益，更好地调动和发挥各方面群众的积极性、主动性和创造性，形成维护国家统一、民族团结和社会稳定，推动经济社会发展的强大力量，把中国特色社会主义事业不断推向前进，必须进一步加强社会主义民主法制建设。

全面建设小康社会，要求我们必须加强社会主义民主法制建设。党的十六大提出，我们要在本世纪头二十年，集中力量，全面建设惠及十几亿人口的更高水平的小康社会。全面建设小康社会的宏伟目标，是中国特色社会主义经济、政治、文化全面发展的目标，是物质文明、政治文明和精神文明协调发展的目标。实现这个宏伟目标，使经济更加发展、民主更加健全、科教更加进步、文化更加繁荣、社会更加和谐、人民生活更加殷实，都离不开社会主义民主法制建设。同时，我们还要清醒地认识到，我国社会主义民主法制建设的时间还不很长，要建立比较成熟的充满活力的社会主义民主政治体制，任务相当艰巨，需要我们作出长期的努力。这就要求我们在实践中积极探索社会主义民主法制建设的规律，坚定不移地发展中国特色社会主义民主政治，使之呈现出更加蓬勃的生命力。

（二）加强社会主义民主法制建设，是国家长治久安的根本保证。

建国以来正反两方面的经验告诉我们，社会主义民主法制建设对于保证国家的长治久安具有特殊的重要意义。改革开放二十多年来，我们始终坚持一手抓经济建设，一手抓民主法制建设，成功地走出了一条建设中国特色社会主义的新路，国家的各个方面都发生了翻天覆地的变化。我国经济持续快速健康发展，综合国力显著提高；经济体制改革不断深化，社会主义市场经济体制初步建立；对外开放水平不断提高，开放型经济迅速发展；人民生活不断改善，总体上达到小康水平；科技教育文化卫生事业不断发展，社会实现全面进步。这些举世瞩目的伟大成就充分证明，我国的社会主义民主法制，作为上层建筑总体上是与我国的经济基础相适应的，对经济社会发展起到了有力的保障作用。

加强社会主义民主法制建设，很重要的一条，就是要加强制度建设。邓小平同志明确指出，制度问题更带有根本性、全局性、稳定性和长期性，关系到党和国家是否改变颜色，必须引起全党的高度重视。民主是法制的基础，法制是民主的保障。发展社会主义民主，必须同健全社会主义法制紧密结合。党的十五大总结历史经验，特别是党的十一届三中全会以来我们党治理国家的经验，提出了依法治国的基本方略。依法治国，就是广大人民群众在党的领导下，依照宪法和法律规定，通过各种途径和形式管理国家事务，管理经济和文化事业，管理社会事务，保证国家各项工作都依法进行，逐步实现社会主义民主的制度化、法律化。正如邓小平同志指出的，使这种制度和法律不因领导人的改变而改变，不因领导人看法和注意力的改变而改变。使社会主义民主制度化、法律化，是保证国家长治久安的根本之策。

纵观当今世界，各种势力的矛盾和较量错综复杂，既发生在经济领域，也发生在政治领域和文化领域。冷战结束后，我们与西方敌对势力在民主、人权、民族、宗教等问题上的斗争，说到底，是社会主义政治制度和意识形态与资本主义政治制度和意识形态的斗争。只有把中国特色社会主义民主政治建设好了，我们才能更有力地抵制西方敌对势力的政治渗透。建国前，毛泽东同志在同黄炎培先生谈话时就提出，民主是保证我们党不腐败、跳出旧政权兴亡周期率的根本途径。我们要始终坚定不移地发展民主。但必须明确，我们要发展的是中国特色社会主义民主政治，而不是西方国家的资本主义民主政治。一方面，我们要在坚持四项基本原则的前提下，继续积极稳妥地推进政治体制改革，不断发展社会主义民主政治。另一方面，我们在借鉴人类政治文明有益成果的同时，要坚决抵制西方敌对势力的政治渗透，不照搬西方政治制度的模式。这是推进改革开放和社会主义现代化建设的需要，也是保证国家长治久安的需要。

（三）加强社会主义民主法制建设，是全党全社会的共同任务。

发展社会主义民主政治，建设社会主义政治文明，是建设中国特色社会主义的重要目标。而在我们这样一个世界上人口最多的发展中大国，发展社会主义民主、健全社会主义法制，不仅是我国社会主义政治建设的重要历史使命，也是全党全社会面临的共同任务。

党的十六大提出了社会主义政治建设和政治体制改革的重要任务和明确要求，包括坚持和完善社会主义民主制度，加强社会主义法制建设，改革和完善党的领导方式和执政方式，改革和完善决策机制，深化行政管理体制改革，推进司法体制改革，深化干部人事制度改革，加强对权力的制约和监督，维护社会稳定。我们要在党的领导下，在坚持四项基本原则的前提下，积极稳妥地、有计划有步骤地向前推进，把各项任务和要求落实到国家经济、政治、文化及各项社会事业的决策和管理中去，落实到各项制度和实际工作中去，落实到广大人民群众行使民主权利的实践中去，把社会主义制度的优越性充分发挥出来。这些任务相当艰巨，需要全党全社会的共同努力。这就要求，一切国家机关、各社会团体、各企业事业组织都要在宪法和法律范围内活动，严格依法办事，切实维护公民的合法权益。全体公民都要牢固树立法制观念，自觉履行法定义务，依靠法律维护自身权益。各级国家公职人员特别是各级领导干部都要增强法律意识和法制观念，模范地遵守宪法和法律，全面提高依法决策、依法办事的自觉性和能力。只有各方面共同努力，才能把社会主义民主法制建设不断推向前进。

二、加强社会主义民主法制建设，最重要的是坚持和完善人民代表大会制度

人民代表大会制度是实现和保证我国人民当家作主的根本政治制度，体现了社会主义制度的优越性和社会主义民主的广泛性。我们建立和实行这一制度，是中国近代历史发展的必然结果，是中国共产党领导亿万人民流血牺牲、为人民民主长期奋斗取得的伟大胜利，反映了全国各族人民的共同愿望。坚持和完善人民代表大会制度，是加强社会主义民主法制建设的重要内容。我们要进一步加深对人民代表大会制度的理解，充分认识坚持和完善人民代表大会制度在社会主义民主法制建设中的重要作用，自觉地把人民代表大会制度坚持好、完善好。

（一）人民代表大会制度是实现人民当家作主的根本途径和最好形式。

我国现行宪法总纲第一条开宗明义地规定："中华人民共和国是工人阶级领导的、以工农联盟为基础的人民民主专政的社会主义国家。"这里明确的是我们国家的国体、我们国家的性质。

在我国，人民，只有人民，才是国家和社会的主人。宪法规定："中华人民共和国的一切权力属于人民。"一切权力属于人民，揭示了我们的国家制度的核心内容和基本准则。

人民当家作主的途径和形式多种多样，最根本、最重要的是掌握国家政权、行使国家权力。人民掌握国家政权、行使国家权力必须通过一定的组织形式和制度来实现、来保证。宪法规定："人民行使国家权力的机关是全国人民代表大会和地方各级人民代表大会。"人民代表大会制度是我们国家的政体，是全国各族人民管理国家的基本组织形式，是我们党在政权建设中走群众路线的最好的、最有效的形式。我国的人民代表大会制度主要从以下三个方面确保了人民当家作主：一是各级人大都由民主选举产生，对人民负责，受人民监督。二是各级人大及其常委会集体行使职权，集体决定问题，集中人民的共同意志，代表人民的根本利益。三是国家行政机关、审判机关、检察机关都由人大产生，对人大负责，受人大监督。我们这种国家政权组织形式，从制度上保证了人民当家作主，是实现好、维护好和发展好最广大人民根本利益的可靠保证，也是我们国家经受住各种风险考验、克服各种困难的可靠保证。

（二）坚持和完善人民代表大会制度，一定要从我国的国情和实际出发，走中国特色社会主义政治发展道路。

回顾我们走过的路，无论是经济体制改革还是政治体制改革，都要从我国的国情和实际出发，走中国特色社会主义发展道路。改革开放初期，西方一些人士为中国开了很多"处方"，核心是两条：一是在政治上搞多党轮流执政、搞"三权鼎立"，也就是搞西方那一套政治体制；二是在经济上搞私有化。邓小平同志明确指出，中国要走自己的路，绝不能照搬西方的那一套。经济上，我们始终坚持公有制为主体、多种所有制经济共同发展的基本经济制度，坚定不移地发展社会主义市场经济。政治上，我们不搞多党轮流执政，不搞"三权鼎立"，不搞两院制。我们坚持的是人民代表大会制度，是中国共产党领导的多党合作和政治协商制度，是民族区域自治制度，这些都是适合我国国情和实际的最好的民主政治制度。

讲我国的国情和实际，关键是两条：一是中国共产党的领导和社会主义制度；二是我国正处于并将长期处于社会主义初级阶段。我国是工人阶级领导的、以工农联盟为基础的人民民主专政的社会主义国家。中国共产党是中国特色社会主义事业的领导核心。中国共产党的领导地位和执政地位是由党的先锋队性质决定的，是经过长期革命实践形成的。一切权力属于人民，人民当家作主，是我们国家性质的核心内容和本质特征。共产党执政就是领导、支持、保证人民当家作主。人民代表大会制度是我国的根本政治制度，是党领导的人民民主制度，是实现人民当家作主的根本途径和最好形式。中国共产党领导的多党合作和政治协商制度，是由我国具体历史条件和现实条件决定的，也是我国政治制度的一个特点和优点。所有这些，都决定中国特色社会主义民主政治制度与西方资本主义政治制度有着本质的区别。

第一，在我国，人民，只有人民，才是国家和社会的主人，真正实现了人民当家作主，真正实现了最广泛的人民民主。资本主义国家虽也标榜"主权在民"，但资本主义社会制度的本质决定了他们只能是资产阶级对国家权力的垄断，只能是统治阶级内部的民主，其目的在于巩固资产阶级的政治统治。

2004年9月16日，为纪念全国人民代表大会成立50周年，全国人大常委会办公厅召开社会主义民主法制建设座谈会。吴邦国出席会议并发表讲话。

第二，在我国，中国共产党是领导核心，是执政党。各民主党派是中国共产党领导的与共产党长期合作共事的参政党，不是在野党，更不是反对党。资本主义国家实行的多党制或两党制，有执政党，有反对党和在野党，各党派明争暗斗。但不论哪个党派上台执政，都不能真正代表人民的利益，都要极力维护自己及其代表的利益集团的利益。西方议会无论是一院制还是两院制，都是各党派争权夺利的场所。

第三，在我国，人民代表大会是人民统一行使国家权力的国家机关。各国家机关分工不同、职责不同，但目标是完全一致的，都是在中国共产党的领导下为全国各族人民服务，为建设中国特色社会主义服务。这与资本主义国家的国家机关"三权鼎立"、相互掣肘，从根本上讲是完全不同的。

总之，我国是中国共产党领导的社会主义国家，国体和政体与资本主义国家有着本质的区别。我们绝不能照搬西方政治制度的模式。发展中国特色社会主义民主政治，是我们社会主义政治建设的根本目的。中国共产党和中国人民对自己选择的政治发展道路充满信心，将坚定不移地把中国特色社会主义政治建设推向前进。

（三）坚持和完善人民代表大会制度，一定要充分发挥人民代表大会制度的特点和优势。

邓小平同志指出，民主集中制的人民代表大会制度是个好的制度。人民代表大会制度的特点和优势在于：一是，它使人民能够更好地行使国家权力。人民通过民主选举选出的人大代表，具有广泛的群众基础，包括了各方面的人士，反映人民的意见和要求，通过代表大会代表人民决定国家和地方的大事，把国家、民族的前途和命运掌握在自己手中。二是，它在人民代表大会统一行使国家权力的前提下，明确了国家的行政权、审判权和检察权。在法律的制定和国家重大问题的决策上，由国家权力机关按照民主集中制原则，充分发扬民主，集体决定问题。在法律和决定的贯彻执行上，实行严格的责任制，主要由"一府两院"依法各负其责。国家机构的这种合理分工，既可以避免权力过分集中，又可以使国家的各项工作协调有效地进行。事实已经证明并将继续证明，人民代表大会制度是符合中国特色社会主义事业发展要求的好制度。人民代表大会制度一方面能够充分反映人民的要求、集中人民的意志、维护人民的利益，可以集中力量办大事，提高工作效率，使我们国家的社会政治生活充满活力，促进经济发展和社会全面进步；另一方面又保证国家统一、民族团结、社会稳定。这里，我想强调两点。

第一，处理好人大与"一府两院"的关系。人民代表大会统一行使国家权力，是人民代表大会制度的重要特征。人大根据党的主张和人民的意愿，通过制定法律、作出决议，决定国家的大政方针。政府根据人大制定的法律和通过的决议，依法行政。法院、检察院根据人大制定的法律，公正司法。人大统一行使国家权力，要尽职尽责，但不能越俎代庖，不能代行行政权、审判权、检察权。当然，人大对"一府两院"要依法进行监督。人大的监督是国家权力机关的监督，目的是保障宪法和法律得到全面正确的贯彻实施，维护社会主义法制的统一和尊严，促进各个国家机关严格依法行使职权，确保人民的各项权利得到尊重和维护。

第二，民主集中制既是国家政权组成的原则，也是人大及其常委会依法行使职权必须遵循的原则。人大工作与其他国家机关的工作相比，方式有很大不同。人大及其常委会主要是通过会议形式，依照法定程序，按照民主集中制原则，集体行使权力。无论是制定和修改法律，决定重大事项，行使人事任免权，还是开展监督工作，都必须充分发扬民主，严格依法按程序办事。在会议审议过程中，每个代表和常委会组成人员都可以各抒己见，充分发表意见。在认真审议的基础上，依照法定程序进行表决，实行一人一票，按照多数人的意见作出决定，保证人大及其常委会依法行使的职权能够更好地集中人民的共同意志，更好地维护最广大人民的根本利益。

三、做好新形势下人大工作的指导思想和原则

人民代表大会是人民行使国家权力的机关。随着人民代表大

会制度不断完善，国家权力机关在国家政治生活中发挥着越来越重要的作用。发展社会主义民主，健全社会主义法制，是各级人民代表大会及其常委会的根本任务。做好新形势下的人大工作，关键是要把坚持党的领导、人民当家作主和依法治国有机统一起来，牢固树立党的观念、政治观念、大局观念和群众观念，使人大工作有利于加强和改善党的领导，有利于发挥社会主义制度的优越性，有利于充分调动人民群众的积极性，有利于维护国家统一、民族团结和社会稳定，有利于促进经济发展和社会全面进步。这里，我就做好新形势下人大工作必须坚持的指导思想和原则，强调以下五点。

（一）必须坚持中国共产党的领导。中国共产党是中国特色社会主义事业的领导核心。共产党执政就是领导、支持、保证人民当家作主，最广泛地动员和组织人民群众依法管理国家事务，管理经济和文化事业，管理社会事务，实现好、维护好、发展好最广大人民的根本利益。人民代表大会制度是中国共产党领导和支持人民当家作主、实现党对国家和社会事务的领导的政权组织形式。坚持党的领导，自觉接受党的领导，是人大工作的基本前提和根本保证。党的领导主要是政治、思想和组织领导，通过制定大政方针，提出立法建议，推荐重要干部，进行思想宣传，发挥党组织和党员的作用，坚持依法执政，实施党对国家和社会的领导，发挥总揽全局、协调各方的领导核心作用。各级人大及其常委会要自觉地坚持党的领导，要通过人大的工作，使党的主张经过法定程序成为国家意志，使党组织推荐的人选经过法定程序成为国家政权机关的领导人员，并对他们进行监督。人大工作中遇到重大问题，人大常委会党组要事前向同级党委报告，在取得党委原则同意后按照法定程序办理。在人大工作的共产党员，必须牢固树立党的观念，模范地贯彻党的路线方针政策，在思想上政治上行动上与党中央保持高度一致。

（二）必须坚持以"三个代表"重要思想为指导。"三个代表"重要思想同马克思列宁主义、毛泽东思想和邓小平理论是一脉相承而又与时俱进的科学体系，是马克思主义在中国发展的最新成果，是我们必须长期坚持的指导思想，是全党全国人民在新世纪新阶段继续团结奋斗的共同思想基础。人大是民主选举产生的，是代表人民行使国家权力的机关。宪法和法律规定的人大的每一项职能，都与实践"三个代表"重要思想密切相关；人大依法进行的每一项工作，都直接关系到"三个代表"重要思想的贯彻落实。各级人大及其常委会要深入学习"三个代表"重要思想，深刻领会"三个代表"重要思想的精神实质，坚持理论联系实际，把学习贯彻"三个代表"重要思想同解决人大工作中遇到的实际问题紧密结合起来，切实把"三个代表"重要思想贯穿于人大依法履行职责的整个过程，落实到人大工作的各个方面。

（三）必须坚持社会主义的政治方向。只有社会主义才能救中国，只有社会主义才能发展中国。这是中国历史和现实发展得出的结论。我们进行的政治体制改革是社会主义政治制度的自我完善和发展。发展社会主义民主政治，建设社会主义政治文明，做好人大及其常委会的工作，必须坚定不移地坚持社会主义的政治方向。胡锦涛总书记明确指出："牢牢把握这一点极为重要。如果这一点把握不好、把握不牢，走偏了方向，不仅政治文明建设很难搞好，而且会给党和人民事业带来损害，影响社会政治稳定，影响党和国家长治久安。"[1]坚持正确的政治方向，关键是必须从我国国情和实际情况出发，坚持中国特色社会主义政治发展道路，绝不照搬西方政治制度的模式。我们党在团结带领人民进行革命、建设和改革的长期实践中，积累了发展人民民主的丰富经验，创造了许多行之有效的好做法、好制度，这些我们一定要坚持好、发扬好。同时，要适应新形势新任务的要求，认真总结实践中创造的新经验，把人民代表大会制度坚持好、完善好，使这一国家的根本政治制度的优势和特点更充分地发挥出来。我们把人民代表大会制度坚持得越好、发展得越好，就越有利于巩固我们党的执政地位和我国的社会主义制度，就越有利于凝聚全国各族人民的智慧和力量共同建设中国特色社会主义。

（四）必须坚持从最广大人民的根本利益出发。人民是我们国家和社会的主人。人大及其常委会受全国各族人民重托，为人民掌握和行使国家权力，必须兢兢业业，扎实工作。人大最大的优势是密切联系人民群众，最大的危险是脱离人民群众。人民群众的根本利益和共同意志，是人大一切工作的出发点和归宿。只有保持同人民群众的血肉联系，更好地代表人民，自觉地接受人民群众的监督，才能使人大工作保持旺盛的生命力。要把权为民所用、情为民所系、利为民所谋作为人大工作的准则，倾听人民呼声，代表人民意愿，维护人民利益，使人大的各项工作顺应民心，反映民意，贴近民生。人大代表要密切联系人民群众，充分反映社会各方面的意见和建议，保证人大通过的法律和作出的决定符合最广大人民的根本利益。

（五）必须坚持围绕党和国家工作的大局开展工作。发展是党执政兴国的第一要务。全面建设小康社会，最根本的是坚持以经济建设为中心，不断解放和发展社会生产力。人大工作涉及方方面面，很多工作都是法定的，一定要做，而且要做好，不做就是失职。同时，要在提高工作实效上狠下功夫，努力开创人大工作的新局面。这当中关键的一条，就是人大工作必须服从和服务于党和国家的中心工作，紧紧围绕党和国家工作的大局，紧紧围绕改革发展稳定中的热点和难点问题，紧紧围绕关系群众切身利益的问题，从人大工作的定位和特点出发，集中力量，突出重点，抓住关键，努力取得党和人民满意的效果。去年以来，我们在监督工作中着重抓了出口退税、拖欠工程款和民工工资、超期羁押和"三农"等问题，督促和支持有关方面解决了多年以来没有解决的一些问题，取得了比较好的效果，今后我们还要这样继续抓下去。

我国改革发展正处在关键时期。随着社会主义市场经济的发展和民主法制建设的推进，各级人大及其常委会的任务越来越繁重、越来越艰巨。让我们紧密团结在以胡锦涛同志为总书记的党中央周围，坚持以邓小平理论和"三个代表"重要思想为指导，全面贯彻党的十六大精神，树立和落实科学发展观，认真履行宪法和法律赋予的职责，统一思想，求真务实，奋发进取，开拓创新，切实做好新形势下的人大工作，为把中国特色社会主义事业不断推向前进作出新的更大的贡献！

注　释

[1] 见胡锦涛《推进社会主义政治文明建设》（《胡锦涛文选》第 2 卷，人民出版社 2016 年版，第 32 页）。

中国将永远站在非洲朋友一边 [*]

（二〇〇四年十一月五日）

当前，国际形势正经历着复杂而深刻的变化。和平与发展仍是当今时代的主题。维护世界和平，促进共同发展，是包括非洲在内的世界各国人民的共同愿望，也是不可阻挡的历史潮流。但世界还很不安宁，人类面临着许多挑战。影响和平与发展的不确定因素在增加。传统和非传统安全威胁的因素相互交织，恐怖主义危害上升。霸权主义和强权政治有新的表现。民族、宗教矛盾和边界、领土争端导致的局部冲突时起时伏。跨国犯罪猖獗、疾病蔓延、环境污染对国际社会的发展构成严重威胁。南北差距拉大，广大发展中国家在国际经济竞争中正面临新的困难和挑战。人类实现持久和平与发展的目标任重道远。

不管国际风云如何变幻，中国始终不渝地奉行独立自主的和平外交政策。我们主张国际关系民主化，各国的事情应由各国人民自己决定，世界上的事情应由各国平等协商。国家不分大小、强弱、贫富都是国际社会平等一员，都应受到国际社会的尊重，

---

　　* 这是吴邦国同志访问赞比亚期间在赞比亚国民议会的演讲《增进相互信任，促进共同发展》的一部分。

坚决反对以大欺小、以强凌弱。我们主张尊重文明的多样性，各国人民有权选择符合自己国情的社会制度、发展道路和民主制度。世界上的各种文明，应彼此尊重，在竞争比较中取长补短，在求同存异中共同发展。我们主张树立互信、互利、平等和协作的新安全观，世界的持久和平只能建立在互信和协作的基础上，通过对话与合作解决争端，尊重和发挥联合国及安理会在维护世界和平与稳定方面的重要作用，而不应诉诸武力或以武力相威胁。反对各种形式的霸权主义和强权政治，反对一切形式的恐怖主义。总之，维护世界和平，促进共同发展，是中国外交政策的宗旨。我们愿同各国人民一道，共同推进世界和平与发展的崇高事业。

我此次非洲四国之行的重要目的，是进一步推动中非关系的发展。这是我第二次访问非洲。非洲悠久的历史、灿烂的文化、丰富的资源、美丽的风光和纯朴的民风，尤其是非洲人民在振兴非洲的伟大事业中所展现出的勇于进取、不畏艰难、奋发图强的精神风貌，给我留下了深刻的印象。

时代在前进，非洲在发展。谋求和平、稳定和发展已成为非洲各国的普遍共识和行动目标，非洲各国都把经济建设、摆脱贫困和改善民生作为首要任务，全非经济连续九年保持增长。非洲国家共同制订了"非洲发展新伙伴计划"，以集体应对经济全球化的挑战，共同维护非洲国家的正当权益。中国人民对非洲人民所取得的每一项成就都感到由衷的高兴。我们坚信，在非洲各国人民的共同努力下，非洲大陆必将迎来更加美好的未来。

中国是世界上最大的发展中国家，非洲是发展中国家最集中

的大陆。中非合作是南南合作的重要组成部分。加强同包括非洲
国家在内的广大发展中国家的团结与合作，始终是中国独立自主
和平外交政策的基础。长期以来，在争取民族独立与解放的艰苦
斗争中，在发展经济与建设国家的共同任务中，在维护世界和平
与促进共同发展的崇高使命中，中非始终相互理解、相互支持，
结下了难能可贵的真挚友谊。近年来，中非高层互访增加，人员
往来频繁，政治关系日益密切，经贸关系发展迅速，各领域合作
卓有成效，在国际事务中的磋商与配合不断加强。特别是中非合
作论坛的创立和发展，构筑了中非集体对话与务实合作的新平台
和新机制，开辟了中非合作的新纪元。

二〇〇〇年十月，中非合作论坛在北京举行了第一届部长级

2004 年 11 月 5 日，吴邦国在卢萨卡会见赞比亚总统姆瓦纳瓦萨。

会议，通过了《中非合作论坛北京宣言》与《中非经济和社会发展合作纲领》，为中非发展长期稳定、平等互利、全面合作的新型伙伴关系确定了方向。二〇〇三年十二月，在埃塞俄比亚举行了第二届部长级会议，通过了《中非合作论坛——亚的斯亚贝巴行动计划（二〇〇四——二〇〇六年）》。会上，中国政府宣布了在中非合作论坛框架下的一系列支持非洲发展、促进中非合作的政策措施。近一年来，中国积极落实后续行动，中非合作呈现出新的气象。今年，中国国家主席胡锦涛访问了非洲，非洲国家的十位总理以上的国家领导人访问了中国。中国加大了对非洲人力资源开发合作的投入，今年计划举办一百二十个班，培训三千人。中国给予非洲最不发达国家对华出口部分商品免关税待遇的工作进展顺利，有望于明年初实施。今年还相继成功举办了以非洲为主宾洲的"相约北京"国际艺术节、"中华文化非洲行"和"中非青年联欢节"等一系列交流活动。中国在原有基础上，又与八个非洲国家签署了"中国公民出国旅游目的地"的谅解备忘录。我们正与非洲朋友一起积极筹备二〇〇六年在北京举行中非合作论坛第三届部长级会议。我们相信，在双方的共同努力下，中非合作论坛一定会越办越好，为发展中非友好合作关系发挥更大的作用。

在世界多极化趋势和经济全球化不断发展的新形势下，进一步加强中非友好合作，符合双方的根本利益，有利于中非的共同发展，有利于加强南南合作，有利于促进世界的和平与发展。我们将遵循胡锦涛主席今年二月提出的"坚持传统友好，推动中非关系新发展"；"坚持互助互利，促进中非共同繁荣"；"坚持密切合作，维护发展中国家的权益"[1]的三点倡议，同非洲各国一起，不断提高中非关系的质量与水平。为此，我提出五点建议。

一是保持高层交往势头。政治互信是中非友好关系的政治基础。面对新的形势和任务，中非双方应从中非人民的根本利益出发，继承和发扬友好传统，继续加强双方领导人的直接对话与接触，深化领导人之间的信任与合作关系，巩固中非关系的政治基础，推动双方各领域的交流与合作，促进中非关系的新发展。

二是拓展经贸互利合作。互利互惠的经贸合作是中非友好关系的经济基础。长期以来，中国在力所能及的范围内向非洲国家提供了不附加任何政治条件的援助，支持了非洲经济社会发展。今后，随着中国经济实力不断增强，我们还会增加对朋友的帮助。同时，我们也看到，中非经济上互补性强。非洲有丰富的自然资源和人力资源，中国有适用的技术和发展经验，双方互为广阔的市场，合作的潜力巨大。我们将同非洲国家一道，积极探索经贸互利合作尤其是企业合作的新途径和新方式。中国政府将积极推动企业间的务实合作，尤其要加强可带动全局的大项目的合作，鼓励中国有实力、有信誉的企业到非洲投资兴业，促进共同发展。

三是加强议会友好交往。议会交往是国家关系的重要组成部分。中国全国人大和非洲各国议会在各自国家政治生活中发挥着重要作用。虽然中国的人民代表大会与非洲各国的议会不同，但都面临民主法制建设的共同任务。中国全国人大愿与非洲各国议会开展多层次、多渠道的友好交往，相互学习和借鉴，加深人民之间的友谊，推动地区之间的合作，为国家关系的全面发展作出更大的贡献。

四是深化人文领域交流。人文领域的交流与合作是中非友好关系的社会基础。中国和非洲都是人类文明的发源地，在漫长的历史长河中，中华民族和非洲人民创造了光辉灿烂的文化，为人类的文明发展作出了重要贡献。中国将与非洲各国共同努力，把中非人文领域合作以及民间友好交流向深度和广度拓展，为中非关系的发展注入新的活力。鼓励中非年轻一代加强交往，使中非友谊代代相传。

五是密切在国际事务中的磋商与配合。在国际事务中，中非有着广泛的共同利益和良好的合作基础。作为联合国安理会常任理事国，中国将一如既往地支持包括非洲国家在内的广大发展中国家的合理主张和要求，促进发展中国家的团结与合作；继续支持非洲国家在和平解决地区冲突、发展经济等方面的努力；继续参与联合国在非洲的维和行动和促进经济社会发展的计划。中国在继续推进南南合作的同时，还将积极推动南北对话，呼吁发达国家采取切实行动，帮助发展中国家提高自主发展的能力。我们愿在国际多边场合继续与非洲国家协调立场，共同维护发展中国家的权益。

去年年底以来，中国国家主席胡锦涛、国务院总理温家宝、国家副主席曾庆红分别访问了非洲。我的这次非洲四国之行，再次向非洲各国朋友和国际社会传达一个重要信息，这就是中国新一届中央领导集体高度重视发展与非洲国家的友好合作关系。中国人民不会忘记老朋友，中国将永远站在非洲朋友一边。让我们携起手来，承前启后，继往开来，把中非老一辈领导人共同开创的中非友好事业不断推向前进，为中非的共同发展与繁荣作出新的更大的贡献！

注　释

[1] 见胡锦涛《巩固中非传统友谊，深化中非全面合作——在加蓬议会的演讲》（《人民日报》2004 年 2 月 4 日）。

充分发挥人大代表作用 *

（二〇〇四年十一月十八日）

今天的座谈会，主要是听听大家对坚持和完善人民代表大会制度，充分发挥人大代表作用的意见和建议。我国实行人民代表大会制度，一切权力属于人民。人民选举产生人大代表，组成各级人民代表大会，依法管理国家事务和社会事务。充分发挥人大代表的作用，是坚持和完善人民代表大会制度的重要内容。刚才大家对代表工作提出了很多意见，讲得都很好。从大家反映的情况看，代表们对履行职责具有很高的积极性，人大代表作用得到了越来越好地发挥。下面我谈几点意见。

一、人民代表大会制度具有巨大优越性，必须坚持好完善好

我国的人民代表大会制度，是符合中国国情，能够保证人民当家作主和经济社会顺利发展的好制度。最近，我访问了尼日利亚、津巴布韦、赞比亚、肯尼亚四个非洲国家，这些国家的领导人对

---

　*　这是吴邦国同志在广东省人大工作座谈会上的讲话。

中国的发展赞叹不已。访问期间，我在赞比亚国民议会发表演讲。他们的反响很强烈，认为中国这么大的一个国家，用了二十五年的时间就发生了翻天覆地的变化，简直难以置信。我跟他们主要讲了两点：一是中国在改革开放和经济建设过程中很注意学习借鉴国外的经验，派了很多人到国外去学习，国外的很多领导人、学者、友好人士也给我们提了很多建议，我本人就接触了不少这方面的情况。二是我们坚持走中国特色的政治发展道路，坚持走中国特色的经济发展道路，不全盘照搬外国的模式，在政治上不搞"三权分立"，不搞"自由化"，经济上不搞"私有化"。这也是中国人民长期探索得出的历史结论。胡锦涛总书记讲过，封建社会到了晚清已难以存在下去，从那个时候起，我们国家很多爱国人士就开始探索我国的政治发展道路。君主立宪制度没能成功，孙中山学习西方的民主共和制也没有成功。只有在中国共产党领导下，实行人民代表大会制度，人民才真正当家作主，中国才真正有了发展，真正有了稳定，真正有了民主法制。中国这么大的一个国家要实现这一点，是很不容易的。在政治上，坚持中国共产党的领导，坚持人民代表大会制度，坚持共产党领导的多党合作和政治协商制度，确保了国家的稳定和经济的持续发展。改革开放二十五年来，始终保持了百分之九以上的年均经济增长速度，成就举世瞩目。这就证明了我们的政治制度，我们的人民代表大会制度，是符合我们国情的，有利于国家的稳定和统一，有利于经济的发展。挪威的议长来到中国，和我探讨了几个问题，其中一个是中国是有十三亿人口的国家，很难想象是怎么管理的。挪威只有五百多万人口，他们已经感到够难办的啦。我跟他们说，主要是我们有好的政治体制。我们的人民代表大会是最高权力机关，在中国共产党的领导下，在权力机关统一行使权力的原则基础上，与政府、法院、检察院合理分权，人大和其他国家机关不是对立矛盾的，而是协调一致的，保证了政府运作的高效，保证了各部门工作的效率。正如邓小平同志说过的，这种体制益处很大，很有助于国家的兴旺发达，避免很多牵扯。也就是说，可以及时解决问题，有效推动发展，又充分地体现广泛的民主性。我们把人民代表大会制度发展得越好，就越有利于加强党的执政能力建设和巩固党的执政地位，就越有利于凝聚全国各族人民的智慧和力量共同建设中国特色社会主义。

在今年纪念全国人民代表大会成立五十周年大会上，胡锦涛同志发表了重要讲话，全面回顾了人大制度的发展历史过程，高度总结了人民代表大会制度的伟大成就，指出这一政治制度是完全符合中国实际的，必须始终自觉坚持和完善人民代表大会制度。经济体制改革是个过程，政治体制改革也是个过程。政治体制改革需要积极稳妥地推进。这些年，我们的人民代表大会制度有了很大的发展，在管理国家事务中的作用越来越大了，人民群众对人大制度建设和人大工作越来越关心了。宪法的修改，道路交通安全法的制定，全国人民都很关注；正在制定的物权法和社会治安管理法，也都引起了全国人民的关注。制度的建设和完善是一个过程。大家可以回想一下，我们是什么时候开始改革开放的，那时"文化大革命"刚刚结束，国民经济遭到巨大损失，法制也受到了极大的破坏。党的十一届三中全会以来，我们在推行改革开放的同时，加强了社会主义民主法制建设。邓小平同志明确提出，中国这么大一个国家，光靠人治是不行的，必须靠法制，并且使这种制度和法律不因领导的变化而变化，不因领导人的看法和注意力的变化而变化。当时的立法主要是先解决有法可依的问题。

2004 年 11 月 21 日，吴邦国在广东省视察期间，到珠海考察企业。左四为中共中央政治局委员、中共广东省委书记张德江。

十五大后，把依法治国的方略写进了宪法，明确提出到二〇一〇年形成有中国特色社会主义法律体系。这个时期，人民代表大会制度进入了新的发展阶段，民主法制建设取得了重大成就，有力地推动和保障了改革开放和社会主义现代化建设顺利进行。

实践证明，第一，我们的政治制度是一个很好的制度，应该坚持下去。第二，我们的人民代表大会制度随着国家经济的发展和政治体制的改革，将会发挥出越来越大的作用。

二、坚持和完善人民代表大会制度，必须充分 发挥人大代表的作用

人大代表是人民代表大会的组成人员，我们的代表是人民选

举的。国外的一些人对中国的全国人大有近三千名代表，觉得不可理解。中国有十三亿人口，在农村九十六万选民才选出一个全国人大代表，在城市二十四万选民才选出一个全国人大代表。这是中国的特色，也说明当一个人大代表很不简单。我们整个人民代表大会制度中，人大代表代表选民，代表各个阶层的利益，要反映人民的意愿。怎样依法发挥人大代表的作用，履行好代表的职责，是完善人民代表大会制度很重要的一个方面。我们要认真研究人大代表如何依法履行职责，包括会议期间如何审议工作报告，议案及批评、建议、意见怎样提怎样办理，闭会期间代表活动的时间、方式及其保障等。

第一，如何提高审议质量。会议审议，有些问题平时接触很少，一下子提出来，这么大的事情，你说怎么审，的确是个问题。如果连党政负责人都看不懂，专家也看不懂，代表怎么审呀？今天大家提了很多很好的建议，比如说加强培训。这是一个很重要的环节，要通过培训，提高代表执行职务的能力。还有一个重要环节，就是使代表知情知政。人代会审议的，有政府工作报告、财政工作报告、计划工作报告，还有人大工作报告、法院工作报告、检察院工作报告。这么多报告，让代表看，让代表审议，确实不容易。这就需要解决好代表知情权的问题，需要抓好代表培训工作，代表才能真正履行审议职责，才能提高会议审议质量。

第二，如何做好代表议案及建议、批评和意见的提出和办理工作。提出议案是代表履行职责的重要形式。处理议案是一件很严肃的事。现在代表提出议案的积极性很高，但在议案的提出和处理上，有些地方做得不是很规范：第一是议案内容的把握问题。议案的内容应该是属于本级人大职权范围内的事项，全国人大只决定全国性的问题。现在代表提出的议案，有的不属于本级人大职权范围内的事项，只能转作建议处理。议案关键在质量。衡量议案的质量，关键要看是否对全局工作有积极的推动作用。第二是议案的提出问题。现在会议期间代表联名提出议案的时间只有三几天，除了领衔代表外，参加联名的代表，多数对议案的内容没有深入研究就签名附议了。这就可能把一件很严肃的事情搞得不太严肃。第三是会后对议案的处理问题。有的办理单位往往是先肯定重要性，然后讲点解释性的话，就对付过去了。因此要进一步规范，提高议案和办理工作的质量。在议案、建议的提出和办理方面，还有很多值得研究的问题，比如，议案、建议的目的性是什么，议案、建议是否真正体现了代表的作用，议案、建议如何办理？等等。

第三，人大闭会期间如何发挥代表的作用。代表法规定，在闭会期间由常委会组织代表进行视察。被视察的单位要接待，要认真解答代表提出的问题，听取代表的建议、批评和意见。这是一种常见的方式。另一种是，代表通过常委会联系安排，个人持证进行视察。视察工作做得好不好，能否增强实效，关键在于题目选得好不好，是不是涉及到全局、关系老百姓利益、关系国家大事，不能流于形式。接待单位要为代表视察提供保障。接待单位怕你提出很多意见，给你好吃好喝，把你对付过去就完了，这样不行。闭会期间代表活动，比如代表与选民如何联系，通过什么渠道联系，用多少时间联系？代表如何接受选民的监督、接受人民的监督？这些问题，都有待探讨和规范。代表列席常委会会议，参与执法检查、专题研究也是闭会期间履行代表职责的主要内容，人大常委会要做好组织工作。

第四，要积极创造条件，为代表依法履行职责提供保障。代表所在部门和单位要保障代表依法履职的时间。要保证代表活动的经费，加强代表培训工作，提高代表的履职能力。要加强代表议案以及建议、批评和意见的办理，切实促进有关方面改进工作。代表也要模范遵守宪法和法律，做好本职工作，依法履行代表职责。代表执行职务和代表的利益要分开，绝对不能利用代表的身份去谋求代表个人的或者集团的利益，这样才是代表人民，而不是代表自己；才是代表全体的利益，而不是代表局部的利益。人大代表在有些问题上，该回避的还是要回避的。比如说有些案件你牵扯其中的，就应该回避。

三、人大工作的若干具体问题

1. 关于依法集体行使职权。人大行使职权，之所以有权威，关键是依法行使权力。人大跟政府不同，跟企业也不同，是集体行使权力，一人一票。所以，人大要特别重视会议的方式和程序。一开始，我也不习惯。审议事项，先要开党组会议，向党中央报告后开委员长会议，然后再开人大常委会，同样的议程要开三次会。但恰恰就是这样的方式和程序，才保证了人大的权威性。什么是民主？并非不是直选就不是民主。民主是按一定的程序、一定的法律，集中了多数人的意志的一种机制。正是这种机制才保证了它的权威性。人大及其常委会要始终坚持集体行使职权，人大代表行使职权，也不能离开集体，不能离开法律，就是说，要依法、集体行使权力。

2.关于财政监督问题。全国人大对财政的审查、监督，第一个是对财政赤字的审查。第二个是国债的发行情况及国债的使用方向。第三个是超预算收支的部分有没有纳入预算的变更。我估计今年全国财政收入，比去年同期增加五千个亿，增加的部分怎么用？去年我们就过问了一下，超收支部分主要用在哪里。我们人大到底监督什么，主要是监督本级财政。这种监督主要是事后监督，听取报告，审议报告，都是报告出来后进行的。我个人看法，本区域的部门预算是本级财政部门的事。人大管什么呢，人大要管部门预算的制度建设，你要把制度搞好，你不搞好，我就不信任你。财政预算的监督非常重要，广东做了不少有益的尝试，希望广东继续探索。

3.关于基层人大机构设置。坦率地说，有些东西现在还把握不准，需要今后进一步的研究。你们刚才讲到的街道设人大机构的问题，北京现在也在搞，可是各地的情况不一样。你们是有些地方撤县设区，撤乡镇设立街道办事处，基层人大机构怎么设置的问题；还有一些地方，是设立开发区，开发区里的选民登记、选举等工作由谁来做，由谁来管的问题。现行法律没有规定区人大常委会可以在街道设立办事机构。这些，需要进一步摸索。

做好新形势下的人大工作，是坚持和完善人民代表大会制度的需要，是提高党的执政能力的需要。我在福建视察时说过两点：一是随着民主政治的发展，人大工作是大有作为的；二是人大工作也不容易做好，因为政治性、法律性很强，涉及面很广，要求你什么都要会一点，什么都要懂一点。希望大家共同努力，在实践中不断探索、完善前进，把我国的民主法制建设搞好，把人民代表大会制度坚持好、完善好。

加强基层法官队伍建设是
司法体制改革的重要内容和基础 *

（二〇〇四年十二月十五日、二〇〇五年七月九日）

一

宋鱼水同志身为一名基层法官，以自己高效文明审判工作和清正廉洁的形象，赢得群众的信任和爱戴，应予肯定、表彰。现百分之八十五左右案件都是基层法官受理，加强基层法官队伍建设是提高办案质量、实现司法公正、社会正义的治本之策。希望通过向宋鱼水同志学习活动，出现更多的像宋鱼水同志一样的基层法官。

（二〇〇四年十二月十五日在最高人民法院报送的《关于
开展向模范法官宋鱼水同志学习活动的请示》上的批示）

二

金桂兰同志是一名基层法官。十三年来，她以对人民满腔热

---

* 这是吴邦国同志关于基层法官队伍建设的两则批示。

情、带病办案、公正司法，赢得人民群众的信任，难能可贵。加强基层法官队伍建设关系司法公正、社会正义，也是我司法体制改革的重要内容和基础，希望法院系统先进性教育活动中涌现更多金桂兰式的好法官。向金桂兰同志学习。

（二〇〇五年七月九日在最高人民法院报送的《关于学习宣传黑龙江省宁安市人民法院东京城人民法庭审判员金桂兰同志先进事迹的报告》上的批示）

关于对台特别立法[*]

（二〇〇四年十二月二十四日）

一、中央对台工作的大政方针

为解决台湾问题，完成祖国统一大业，我们党和国家进行了不懈努力。中央三代领导集体根据国际国内形势、两岸关系和台湾局势的发展，制定和实施了一整套对台方针政策，先是提出武力解放台湾的方针，然后又提出和平解放台湾的方针，最后发展为"和平统一、一国两制"的基本方针。其间既保持了很强的连续性，又有很多创造性发展，形成了一个完整的体系。

建国初期，中央实施武力解放台湾的方针，并进行了相应的军事部署。朝鲜战争爆发后，我军的战略重点由东南转向东北。一九五三年七月朝鲜停战后，中央再次提出解放台湾的任务。一九五五年一至二月间，我军陆续解放浙江、福建、广东沿海诸岛，把蒋介石集团控制的区域压缩在台、澎、金、马一带，粉碎了蒋介石"反攻大陆"的梦想。

＊　这是吴邦国同志在全国人大常委会中共党员委员会议上讲话的主要部分。

　　五十年代中期以后，鉴于当时国际国内形势的变化，中央开始设想以和平方式解决台湾问题，提出和实施了一系列和平解放的措施，包括向台湾当局提出有关谈判的倡议。毛泽东同志在一九五八年炮击金门期间，针对美国提出的"划峡而治"、制造"两个中国"的图谋，决定让蒋军留在金门、马祖，并提出了一系列和平解决台湾问题的重要原则和政策主张。一九六三年，周恩来同志将我党对台方针政策归纳为"一纲四目"。"一纲"，即台湾必须统一于中国。"四目"为：（一）台湾统一于祖国后，除外交必须统一于中央外，台湾之军政大权、人事安排等悉委于蒋介石，陈诚[1]、蒋经国[2]亦悉由蒋意重用；（二）台湾所有军政及经济建设一切费用不足之数，悉由中央政府拨付；（三）台湾的社会改革可以从缓，必俟条件成熟并征得蒋之同意后进行；（四）双方互不派特务，不做破坏对方团结之举。毛泽东同志一再表示，并通过有关人士转告蒋介石，台湾当局只要一天守住台湾，不使台湾从中国分裂出去，大陆就不改变目前的对台关系。从五十年代到七十年代，第一代中央领导集体坚定地坚持一个中国的立场，挫败了美国逼迫蒋介石"划峡而治"、制造"两个中国"的图谋。经过艰苦斗争和多方面努力，恢复了中华人民共和国在联合国的合法席位，推动国际社会承认一个中国的局面初步形成。

　　一九七八年十二月，党的十一届三中全会作出了把党和国家工作中心转移到经济建设上来的重大战略决策。一九七九年一月一日，中美正式建立外交关系。同日，全国人大常委会发表了小平同志主持起草的《告台湾同胞书》，宣布了关于台湾回归祖国、实现国家统一的方针和政策。一九八二年一月，小平同志第一次使用了"一个国家，两种制度"的概念。一九八三年六月，小平同志在会见美国西东大学教授杨力宇时，系统地阐述了实现台湾与祖国大陆和平统一的构想（后来被称为"邓六条"）。一九九〇年十二月，中央对台工作会议将小平同志关于解决台湾问题的思想，概括为"和平统一、一国两制"的基本方针。主要内容是：（一）争取和平统一，但不承诺放弃使用武力。（二）坚持一个中国原则，坚决反对制造"两个中国"、"一中一台"、"台湾独立"等分裂活动。（三）实现统一后，中国的主体实行社会主义制度，台湾保持资本主义制度长期不变。台湾作为特别行政区，实行高度自治。（四）寄希望于台湾人民。（五）争取通过谈判实现和平统一。（六）积极推动两岸人员往来和经济、文化等交流，实现两岸直接"三通"。（七）解决台湾问题是中国的内政，坚决反对外国势力干涉台湾问题。

我们党实行"和平统一、一国两制"基本方针后，经过多年的努力，于一九八七年底打破了两岸同胞长达三十八年之久的隔绝状态，促进了两岸人员往来和经济、文化交流。自一九九二年起，海协会与台湾海基会开始事务性商谈，一九九三年四月举行了著名的"汪辜会谈"[3]。同期，国际局势和台湾局势也发生了重大变化。东欧、苏联解体后，美国成为世界唯一超级大国，并进一步利用台湾问题对我进行牵制。李登辉[4]背弃一个中国原则，推行制造"两个中国"的分裂政策，支持、纵容"台独"分裂势力的发展。我们与台湾当局之间围绕坚持还是背弃一个中国原则、统一还是分裂的斗争突出出来。

在新的形势下，江泽民同志继承、丰富和发展了毛泽东同志和邓小平同志关于解决台湾问题的思想，创造性地提出一系列具有鲜明时代特色的重要论断和主张。一九九五年一月三十日，江泽民同志发表重要讲话，提出现阶段发展两岸关系、推进祖国和平统一进程的八项主张。

八项主张的要点是：（一）第一次提出坚持一个中国的原则，是实现和平统一的基础和前提。（二）对于台湾同外国发展民间性经济文化交流不持异议，反对台湾以搞"两个中国"、"一中一台"为目的的所谓"扩大国际生存空间"的活动。（三）提出进行海峡两岸和平统一谈判。重申在一个中国原则下，什么问题都可以谈。郑重建议就"正式结束两岸敌对状态、逐步实现和平统一"进行谈判，创造性地提出第一步可先谈"在一个中国的原则下，正式结束两岸敌对状态"的问题。（四）提出努力实现和平统一，中国人不打中国人。明确指出了不承诺放弃使用武力，决不是针对台湾同胞，而是针对外国势力干涉中国统一和搞"台湾独立"的图谋的。（五）提出面向二十一世纪世界经济的发展，要大力发展两岸经济交流与合作，以利于两岸经济共同繁荣，造福整个中华民族。（六）强调中华文化是实现和平统一的一个重要基础，两岸同胞要共同继承和发扬中华文化的优秀传统。（七）提出要充分尊重台湾同胞的生活方式和当家作主的愿望，保护台湾同胞一切正当权益。（八）欢迎台湾当局的领导人以适当身份前来访问；我们也愿意接受台湾方面的邀请，前往台湾。

九十年代中期以后，李登辉当局的分裂活动愈演愈烈。一九九九年七月，李登辉抛出"两国论"的分裂主张。针对台湾局势的变化，同年十二月，江泽民同志提出了要文武兼备、文攻武卫，不久概括为"文攻武备"的总方略。二〇〇〇年三月，陈水扁[5]当选后，台湾局势发生重大变化，两岸关系的复杂性增加，和平统一的难度增大。江泽民同志强调要继续贯彻"和平统一、一国两制"的基本方针，以最大诚意、尽最大努力争取和平统一，同时作最坏打算；一手抓文攻、一手抓武备，文攻武备，两手都要硬；要从政治、经济、军事、外交等各方面采取措施，迫使台湾当局不能宣布"台独"、举行"公投台独"；要在集中力量进行现代化建设的基础上，做好解决台湾问题的充分准备，尤其是军事斗争准备。他强调，这样做，无论是和平解决，还是非和平解决，我们都主动。

在以江泽民同志为核心的党的第三代中央领导集体的正确领导下，十三年来对台工作取得了重大进展。我们打击了"台独"各种分裂活动，维护了国家主权和领土完整，促进了两岸人员往来和经济文化交流，推动了在一个中国原则基础上两岸协商对话，打破了台湾当局"不接触、不谈判、不妥协"的"三不"政策，维护了国际社会普遍承认一个中国的格局。

十六大以来，以胡锦涛同志为总书记的党中央，针对台湾局势和两岸关系发展的新情况、新特点，作出了一系列新的决策和部署。

去年三月，胡锦涛总书记就做好新形势下的对台工作谈了四点意见：一是要始终坚持一个中国原则；二是要大力促进两岸的经济文化交流；三是要深入贯彻寄希望于台湾人民的方针；四是要团结两岸同胞共同推进中华民族的伟大复兴。

今年三月台湾地区领导人选举以后，中央多次研究新形势下的对台工作。今年七月，胡锦涛总书记在中央对台工作会议上发表了重要讲话，全面分析现阶段台湾问题的总体形势，深刻阐述了中央对台工作的大政方针，明确提出了新形势下对台工作的基本思路和主要任务。胡锦涛总书记明确提出，要把反对和遏制"台独"作为目前对台工作的首要任务，并提出了做好新形势下对台工作必须把握的五条指导原则。

一是坚持一个中国原则，捍卫主权和领土完整。坚持世界上只有一个中国、大陆和台湾同属一个中国、中国主权和领土完整不容分割的立场。坚决打击和遏制"台独"分裂势力，捍卫台湾是中国一部分的地位，维护发展两岸关系、实现祖国完全统一的基础。

二是尽力争取和平统一，绝不放弃使用武力。以和平方式解决台湾问题最符合国家和民族的利益，要以最大诚意、尽最大努力争取和平统一的前景。同时，针对"台独"分裂势力搞"台独"、外国势力干涉中国统一、台湾当局无限期拒绝通过谈判和平解决两岸统一问题等情况，绝不承诺放弃使用武力，切实加强军事斗争准备。

三是立足争取台湾民心，壮大反"独"促统力量。以争取台湾民心为着力点，积极做台湾人民工作，增进台湾同胞对祖国大陆的认同和对我们方针政策的理解、支持，促使台湾民心朝着有利于和平统一的方向转变。团结一切可以团结的力量，广泛发展反"独"促统的联合阵线。

四是营造有利国际环境，反对外国势力干涉。台湾问题是中国内政，应该由两岸中国人自己解决。巩固和发展国际社会承认一个中国的格局，坚决反对任何外国势力干涉中国统一，努力化解解决台湾问题的外部阻力，积极营造有利于解决台湾问题的国际环境。

五是紧紧抓住发展机遇，不断增强综合国力。解决台湾问题，从根本上说要靠我们不断增强政治、经济、文化、军事、外交等方面的综合实力。要紧紧抓住并切实用好本世纪头二十年的重要战略机遇期，推动国民经济持续快速协调健康发展和社会全面进步，实现全面建设小康社会的宏伟目标，为解决台湾问题奠定坚实基础。

以上简要地谈了中央对台工作的大政方针，这是我们这次对台立法的指导思想和政策依据。我们人大常委会的工作就是把我解决台湾问题、实现国家统一的大政方针法律化。

二、《反分裂国家法（草案）》需要说明的几个问题

（一）关于草案的形成过程。

中央对台工作会议明确提出，要视情启动对台特别法的立法程序。关于对台立法工作，早在去年年底就开始准备。根据锦涛同志去年十二月上旬关于对台特别立法的指示精神，成立了对台特别立法工作小组。工作小组以党和国家解决台湾问题、实现国家统一的大政方针为依据，研究了近年来全国人大代表、全国政协委员以及有关方面关于涉台立法的意见和建议，草拟了《反分裂国家法（草案）》（试拟稿），随后召开了台办负责同志和部分法学专家、对台事务专家参加的三个座谈会，对草案试拟稿进行深入讨论和修改。

中央对台工作会议后，遵照锦涛同志指示，我和兆国[6]、华仁[7]同志同工作小组同志一起，又对草案稿作了适当修改，形成了《反分裂国家法（草案）》（初稿），经中央对台工作领导

小组修改后，报中央政治局常委会会议讨论并获原则同意。此后，我和兆国、华仁同志于十一月十六日、十九日、二十三日和十二月十三日在厦门、广州、北京主持召开四个座谈会，分别听取了对台工作任务较重的八个省（市）有关领导同志、部分法学专家和对台事务专家、部分中央国家机关和军委有关部门负责同志、部分台港澳同胞和海外侨胞对涉台特别立法问题的意见。在充分听取各方面意见的基础上，再次对草案初稿作了较大修改，形成了《反分裂国家法（草案）》（送审稿），经中央政治局常委会会议、中央政治局会议审议并获原则同意。之后，锦涛同志主持党外人士座谈会，我主持专家座谈会，再次听取对草案的意见。

以上是草案的形成过程。从以上过程可看出，对台立法工作始终是在锦涛同志领导下进行的，是在中央政治局常委会领导下进行的，是在认真听取各方面意见的基础上形成的。

（二）对台立法的必要性。

近几年来，广大干部群众、社会各界和海外侨胞要求以法律手段反对和遏制"台独"分裂势力分裂国家、实现祖国和平统一的呼声越来越高。每年"两会"期间，全国人大代表、全国政协委员提出了不少关于对台立法的议案、建议或提案。在前面提到的座谈会上，大家一致认为，启动对台立法是必要的，理由很简单，就是面对严峻的台海形势，为推进祖国和平统一进程，反对和遏制"台独"，迫切需要加快对台立法进程。

近几年来，"渐进式台独"活动日益猖獗，而陈水扁搞"台独"的重要手段之一，就是试图通过"公投"、"宪改"为"台独"提供法律支撑，实现"法理台独"。美国也一直在用《与台湾关系法》，干涉中国内政，阻碍两岸统一。今年八月二十三日，台"立法院"临时会议通过了新的"宪法修正案"，主要内容是废除"任务型国大"，由"公投"复决"领土变更案"和"修宪案"，这实际上是为"公投入宪"创造条件，是在法理上规定台湾民众有权决定台湾的地位和前途。近来，陈水扁不顾岛内外的反对，加快推进"台独"，确定新的"宪改"时间表。"宪改"过程中不排除发生重大"台独"事变的可能。面对严峻的台湾形势，为打击"台独"分裂势力及其分裂活动，形成对陈水扁当局的高压势态，迫切需要尽快把对台特别立法提上议程，加快立法进程。这也是为什么要提请在明年三月召开的十届全国人大三次会议审议通过的原因。在这一点上，大家看法是完全一致的。

长期以来，我对台工作，包括反对"台独"主要是靠方针和政策，现行的涉台法律也主要是调整两岸民事关系。解决台湾问题、实现国家统一，至今还没有专门的立法，一旦发生"台独"分裂势力分裂国家的突发事变，难以运用法律手段及时有效应对。从依法治国、从对台工作全局考虑，加快对台立法，使党的方针政策通过法定程序成为国家意志，都是必要的。

（三）关于立法宗旨和调整范围。

在座谈会上，关于法的名称、立什么法，大致有两种意见。一些人主张制定"统一法"、"统一促进法"、"两岸关系法"、"台湾基本法"、"领土法"等，再一些人主张制定"反分裂国家法"。这涉及该法的立法宗旨和调整范围。中央经过反复研究，决定制定"反分裂国家法"，理由有三条。

一是中央对台工作会议已经明确，目前的首要任务是反对和遏制"台独"。而两岸关系是需双方在坚持一个中国原则的基础上，坐下来谈判的问题，不是靠单方面立法能解决的问题。"基本法"是和平统一后在台湾实行什么制度的问题，现在条件不成熟。

二是制定"反分裂国家法"，有利于最大限度地争取台湾民众，有利于打击和孤立"台独"分裂势力。台湾民众担心"台独"分裂势力挑起事端酿成灾难性的后果。高举反分裂旗帜，有利于争取台湾民心，也可使台湾民众进一步认识到"台独"是破坏台海局势的最大危险，陈水扁是台海局势的麻烦制造者，从而增进台湾同胞对祖国大陆的认同和对我方针政策的理解、支持，促使台湾民心朝着有利于和平统一的方向转变，团结台湾同胞与大陆同胞一起反对和遏制"台独"分裂活动。

三是立法反对分裂国家、维护国家统一，是国际惯例，也有利于国际社会的认同。就是美国也表示坚持一个中国的政策，反对或说不支持"台独"。我按国际惯例，立法维护国家统一，任何国家就是想反对也是违背公认的国际关系准则的。台湾问题是中国的内政，应该由两岸中国人自己解决，任何外部势力无权干涉。高举反分裂、维护国家统一的旗帜，有利于争取国际社会认同，化解解决台湾问题的外部阻力，巩固发展国际社会普遍承认一个中国的格局，有利于我涉台外交斗争。

这次提请常委会审议的《反分裂国家法（草案）》开宗明义规定反对和遏制"台独"分裂势力分裂国家，也就是说，该法不涉及所谓"藏独"、"东突"问题。之所以这样考虑，因为西藏、新疆情况与台湾情况不同，最大的不同在于，西藏、新疆的管治权在我们手中。关于打击西藏、新疆分裂势力的问题，国内已有足够的法律予以应对。

还有的同志提出索性制定"反'台独'法"。我们之所以制定"反分裂法"，主要考虑是：（1）"反'台独'法"涉及面比较广，而"反分裂法"着重解决的是分裂国家的事实，这有助于反对和遏制陈水扁的"台独"分裂活动。（2）名为"反分裂国家法"，而调整的范围又仅限于反"台独"，这也符合法律体例。我制定的野生动物保护法也只是保护珍稀动物，不是所有的野生动物都在保护之列，更没人会理解为连苍蝇、蚊子也要保护。

（四）关于和平统一与武力解决的关系问题。

对台特别立法是解决台湾问题、完成祖国统一大业的重大战略举措，政治性、政策性都很强，事关全局，又很敏感。为此，我们提出起草和制定本法要处理好四个关系：一是解决台湾问题与抓住机遇、加快发展的关系；二是和平统一与武力解决的关系；三是反对和遏制"台独"分裂势力与争取台湾民心、争取国际社会理解和同情的关系；四是坚持原则与策略灵活的关系。这四个关系中，最难把握的是和平统一与武力解决的关系。要解决这个问题，最关键的是要全面准确贯彻党解决台湾问题的基本方针，不能偏，不能给人以"反分裂国家法"一经实施就要打仗的印象。

"和平统一、一国两制"是我解决台湾问题的基本方针。以和平方式解决台湾问题最符合国家和民族的利益，突出我对和平统一的主张，表明和平统一即使只有一线希望，我们也要努力争取，而绝不会放弃，体现我和平解决台湾问题的最大诚意和最大努力，也使本法公布实施后，陈水扁当局歪曲本法的立法宗旨，在台湾民众中进行我"用武力打压台湾"的煽动不能得逞。因此，草案就"和平统一、一国两制"的基本方针，维护台湾海峡地区和平稳定、发展两岸关系的政策，在一个中国的前提下推动台湾海峡两岸协商谈判以及保护台湾民众的合法权益等，都有明确的表述。这既考虑到台湾的政治现实，又顾及台湾当局关于谈判地位的要求，为谈判留下较大空间，以充分体现我最大诚意和最大努力。

以非和平方式解决台湾问题，包括武力解决，又不限于武力解决，是在和平统一努力无效的情况下不得已而作出的最后选择。我尽力争取和平统一，但绝不放弃使用武力。对以非和平方式解决台湾问题作出规定，一方面可起震慑"台独"分裂势力的作用，另一方面又为武力解决提供法律依据。这是完全必要的，也更加完整体现党对台工作的大政方针。

草案将采取非和平方式的客观情势归为三类：一是造成台湾从中国分裂出去的事实；二是发生将会导致台湾从中国分裂出去的重大事变；三是和平统一的条件完全丧失。这体现了我绝不允许任何人以任何方式把台湾从中国分裂出去的坚强决心，也体现是在和平努力无效情况下不得已而作出的选择。为便于我审时度势，及时应对台湾可能出现的重大事变，草案规定，采取非和平方式授权国务院、中央军委决定并组织实施，实施后应及时向全国人大常委会报告。至于外部介入、入侵情势下的动武，由于它属于对外战争，可依照宪法和国防法加以应对。

注　释

[1] 陈诚，当时任台湾地区副领导人，台湾地区行政管理机构负责人。

[2] 蒋经国，当时任中国国民党中央常务委员。

[3] 这里指海峡两岸关系协会会长汪道涵与台湾海峡交流基金会董事长辜振甫一九九三年四月二十七日至二十九日在新加坡举行的会谈。这是海峡两岸授权的民间机构最高负责人的首次会晤，也是四十余年来两岸高层人士的首次公开接触商谈，标志着海峡两岸关系发展迈出了历史性的重要一步。双方就两岸经济、科技、文化交流合作和两会会务等问题交换了意见，正式签署了《汪辜会谈共同协议》等四项协议，为两岸人员往来和经济、科技、文化等领域的交流创造了积极气氛，推进了两岸谈判进程。

[4] 李登辉，当时任中国国民党主席，台湾地区领导人。二〇〇一年，被中国国民党开除党籍。

[5] 陈水扁，时任台湾地区领导人。

[6] 兆国，即王兆国，时任中共中央政治局委员，全国人大常委会副委员长、党组副书记。

[7] 华仁，即盛华仁，时任全国人大常委会副委员长兼秘书长。

做好人大工作需要注意的几个问题 *

（二〇〇五年四月二十九日）

最近，我一直在思考人大工作到底怎么开展。到全国人大工作一段时间以后，我深深感到人大工作政治性特别强。在人大工作这两年，我感到有几个方面一定要把握好。

第一，就是人大工作要坚持正确的政治方向。人大工作不单纯是业务工作，有很强的政治性。这个问题在平时还看不大出来，一旦到了特殊时期，比如国家不太平的时候，就特别明显。现在我们搞先进性教育活动，锦涛同志讲话首先强调的是理想信念教育。什么是理想信念教育，就是要坚定共产主义理想，坚定走中国特色社会主义道路的信念。改革开放初期我在上海工作，那时候接触外国人不少，他们为我国改革开放开出的处方无非是三条：第一是搞多党制；第二是搞三权分立，说没有制约就会产生腐败，不分权就制约不了；第三就是搞私有化。若再加一条，就是军队国家化。面对当时情况，小平同志明确提出：中国要走自己的路。这个路怎么走？就是走中国特色社会主义道路。具体讲，就是我们不搞多党制，只能搞中国共产党领导的

＊　这是吴邦国同志在江苏省考察工作时讲话的一部分。

多党合作和政治协商制度；不搞三权分立，只能搞人民代表大会制度；不搞私有化，只能搞以公有制为主体、多种所有制经济共同发展的基本经济制度。我们二十多年发展得这么快，其中很重要的一点就是我们找到了一条适合中国国情、顺应时代潮流、体现人民意愿、有利于中华民族振兴的政治发展道路和经济发展道路。这是一笔巨大的财富。政治制度、民主制度，只能从本国实际出发，植根于自己国家的历史、文化、传统，要与经济基础相适应。我们经过这些年的摸索，包括小平同志、泽民同志和现在锦涛同志为总书记的党中央的贡献，我们要特别地珍惜。实践证明这是一条强国富民的道路。一是我们讲生产力的标准，就是这条道路实现了二十多年的高速增长。这么大一个国家，国内生产总值二十六年保持年均百分之九点四的增长速度，这在世界经济史上是个奇迹。二是十三亿人口这么一个大国，安定团结，国家统一，民族和谐。外国人经常问我，你们怎么管理这个国家？十三亿人各有各的利益，怎么管理？就靠我们自己选择的制度、自己选择的发展道路。三是我们这几年国际地位提高了，现在人家不敢小看我们了，考虑重大的国际问题，没有中国的参与是做不到的。这就说明这条道路是符合中国国情的，有利于实现中华民族的伟大复兴。同时，我们也要清醒地看到，西方敌对势力西化分化中国的图谋一直没有停止。布什[1]的就职演说，核心就是推行西方的民主价值观。他的最终的目的，就是消灭所谓"专制"国家。坦率地讲，现在有些人在这些大是大非的原则性问题上还比较清楚，一碰到具体问题就糊涂。所以我们在人大工作的同志，还有党委的、政府的，都要有特别坚定的理想信念。西方的制度不符合中国的实情，在中国是行不通的。西方的民主制度

2005 年 4 月 28 日，吴邦国在江苏考察工作时与南京师范大学学生交谈。

在中国不是没尝试过，戊戌变法没搞成，戊戌变法的核心问题就是君主立宪。辛亥革命推翻两千多年封建制度，实行共和制，孙中山做了临时大总统，他的共和制根本没有站住。以后有北洋军阀的伪宪制，结果是军阀混战，一天一个总统，是中国历史上黑暗的时期。国民党统治时期搞了国民政府，国民大会制度实质上是反动专制的伪装，也是最黑暗的时期，说明这种制度是站不住的。历史证明，只有我们选择的政治发展道路，是符合中国实际的唯一正确道路。所以在人大工作的同志，这个概念要特别清楚。这里的核心是什么问题？核心是党的领导。小平同志讲过，削弱甚至取消中国共产党的领导，事实上就会导致无政府主义，就会瓦解甚至葬送中国的社会主义事业。我们讲党的领导、人民当家作主、依法治国的有机统一，锦涛同志说坚持三者有机统一，其中最重要、最关键的就是坚持党的领导。所以我们人大对这一点要特别注意。具体讲，一要自觉接受党的领导。我们重大问题都请示中央，把中央的意图、党的意图通过人大变成法律，也就是变成国家意志；把党推荐的干部选上去，确保党的意图在人大的贯彻。全国人大在这一方面有了一些经验，就是在人大常委会成立临时党组织，重大问题召开党员常委委员会议，先在党内统一思想，再通过党员去做工作。二要紧紧围绕党和国家的中心工作。人大工作的生命力在哪里？就是围绕党和国家的中心任务来开展工作。三要处理好人大与"一府两院"的关系。人大与"一府两院"有监督关系，还有支持的关系。大家的目标相同，都是在党的领导下发挥各自的职能作用。小平讲过，我们这个制度最大的优越性，就是干什么事情一下决心、一做决定，就立即执行、不受牵制。社会主义制度的优越性就是能够集中力量办大事，就是出了问题，一声令下，改正得也特别快。所以人大要处理好人大与"一府两院"的关系。

第二，就是人大工作有其自身的工作特点。它跟党委工作不同，跟政府工作也不同，人大是严格依法按程序集体决定问题。在人大工作，个人无权，集体有权。委员长也是一票，跟普通代表的权力相同，没有加权系数。过去在国务院的时候，许多全国性会议的讲话，没稿子，列个提纲就讲了，现在到人大开会，要一个字一个字地念稿子。同样一件事，在党委或者政府，一次会议就解决问题了，在人大同一个内容要开好几个会议，党组要开一次会，然后委员长要开一次会，常委会要开一次会，常委会开过以后要不要表决还要委员长会议来作决定。依法办事，依照程序办事，集体解决问题，通过表决决定问题，这就是人大工作的特点。人大是最高的国家权力机关，为什么它有这种权威？我看正是这种机制确保它的权威，避免个人利益、个人判断而引起的一些错误。

第三，就是人大工作一定要情系百姓。人大的权力属于人民，这正体现了我们国家的性质。人大代表人民，要为人民办事，这与党的目标和政府目标是一致的。刚才讲的执政为民也好、以人为本也好，在人大都应该很好地体现出来。有些问题不要回避，有些问题要帮老百姓讲点话，要通过人大这个权力机关为老百姓办点事，这样做才能得到人民的拥护。人大工作一定要为老百姓办事，要反映老百姓的呼声，要行使人民当家作主的权力。

注　释

[1] 布什，即乔治·沃克·布什，时任美国总统。

在相互尊重、平等互利基础上
推动中新关系健康稳定发展 *

（二〇〇五年五月十八日）

中新建交十五年来，在两国人民的共同努力和两国领导人的共同推动下，双边关系发展迅速。两国高层互访频繁，相互了解和信任不断增强，经贸、科技、教育、人才等领域的合作成效显著，在国际和地区问题上保持着密切磋商与配合。五年前，中新两国发表了面向二十一世纪的双边合作联合声明，将中新关系带入了一个新的发展阶段。胡锦涛主席二〇〇二年访问新加坡，双方领导人就加强两国在高科技、中国西部开发、中国企业"走出去"和人才交流等四个重点领域的合作达成重要共识。此后，双方又决定将新加坡参与中国振兴东北等老工业基地列为新的合作重点。两国还建立了副总理级双边合作联合委员会，为中新合作提供了一个更高层次的平台。我们还高兴地看到，中新经贸合作长足发展，合作的领域日益广泛，合作的机制逐步健全，合作的层次不断提高，合作的内容与各自国家发展战略的结合日趋紧密。二〇〇四年双边贸易额达到二百六十六亿八千万美元，新加

坡对华投资累计达二百五十五亿四千万美元。中国成为新加坡第四大贸易伙伴，新加坡成为中国第七大贸易伙伴、第八大外资来源地，位居东盟各国之首。

中新互利合作给两国人民带来了实实在在的利益，也为地区和平与繁荣作出了积极贡献。中新建交十五年的实践告诉我们，政治互信是两国关系发展的重要基础，互利合作是两国关系发展的强大动力。我们愿与新方一道，站在战略的高度，牢牢把握两国关系发展的大方向，在相互尊重、平等互利的基础上，共同推动两国关系健康稳定向前发展。

加强和扩大中新经贸互利合作具有得天独厚的条件。两国政治稳定，社会和谐，经济快速增长，经济结构具有很强的互补性。中国具有广阔的市场、丰富的劳动力资源和良好的工业基础，新加坡具有资金、信息、技术和管理人才、区位和市场渠道等方面的优势。中新两国距离相近，文化相似，言语相通，传统友好。更为重要的是，双方都有加强互利合作、提升合作质量和水平的强烈愿望。出席这次论坛的，既有两国工商界的代表，还有两国立法机构和政府的官员，就充分说明了这一点。我认为，双方应抓住机遇，本着平等互利、优势互补、形式多样、共同发展的精神，进一步扩大合作领域，拓宽合作方式，充实合作内容，提升合作水平，推动两国经贸合作再上一个新的台阶，到二○一○年使双边贸易额突破五百亿美元。为实现这个目标，我提出以下几点建议。

第一，进一步夯实经贸合作的基础。中新经贸合作已经有了一些成熟的领域和成功的项目，这是双方经贸关系的重要基础和框架。夯实这些基础，完善这些框架，进一步挖掘它们的潜力，发挥它们的作用，是深化中新经贸合作的重要内容。双方应不断优化和改善贸易商品结构，提高商品的技术含量和附加值，增加高新技术产品和机电产品在贸易中的比重，提升商品贸易的整体质量和水平。继续办好苏州工业园区等已有的大型合作项目，发挥示范和带动作用。继续加强劳务培训力度，开辟劳务合作的新领域，完善劳务合作环境，规范劳务合作机制。我们欢迎新加坡各类人才到中国发展，希望两国有关机构加强人力资源开发特别是经营管理人员的培训力度。充分利用双边合作联委会等合作机制，加强沟通和协调，妥善处理经贸关系中遇到的各种问题，促进两国经贸合作健康向前发展。

第二，充分发挥企业在经贸合作中的重要作用。企业是市场的主体，也是双边经贸合作的主体。只有企业的参与，双边的经贸合作才能做实做大，才能具有强大的生命力。目前，中新企业合作的规模还不大，怎样把两国企业加强合作的强烈愿望转化为现实，是我们当前面临的一个重大课题。双方应抓住两国经济快速发展的良好机遇，为两国企业的互利合作创造条件、提供便利。两国税务部门已就修订避免双重征税协定达成一致，就是一个很好的例子。我们欢迎新加坡企业积极参与中国西部大开发和东北等老工业基地振兴，也鼓励和支持有实力、信誉好的中国企业到新加坡开展各种形式的投资和贸易合作，为中新经贸合作注入新的生机和活力。

第三，积极开辟经贸合作新的增长点。新加坡融贯东西，汇接两洋，是重要的金融、航运和贸易中心，与东盟、东亚、南亚以及欧美各国经济联系密切。中国实行"走出去"战略，将在更大范围、更广领域、更高层次上参与国际经济技术合作和竞争。

中新双方应从各自的特点和优势出发，积极拓展新的合作领域，开辟新的合作渠道，培育经贸合作新的增长点。尤其应加强在高科技、金融、资本市场和服务贸易领域的合作。中方愿与新方一道，联手开拓第三国市场。这不仅是中国企业走出去的重要途径，也是新加坡企业再造辉煌的重要渠道，双方应积极探索和实践，不断积累经验，共同创造财富。

第四，继续加强在多边经贸合作中的协调与配合。随着经济全球化趋势深入发展，科技进步突飞猛进，生产要素流动和产业转移加快，各国经济相互依存日益加深，和平合作发展已成为时代的潮流。积极开展多边合作是各国加强经贸合作，增强利益纽带，实现共同发展的重要途径。中新在推进世界贸易组织、亚太经合组织和十加三等多边机制中已经有了很好的合作基础。尤其是中国与东盟自由贸易区的建设，为中国与新加坡等东盟国家的合作，开辟了新的渠道，拓展了新的空间。双方应继续加强在多边经贸合作中的协调与配合，维护参与各方的平等权利和共同利益，共同推动多边合作机制向新的深度和广度发展，为建立公正合理的国际经济新秩序作出不懈努力。

进一步深化中澳经贸合作 *

（二〇〇五年五月二十三日）

　　中国和澳大利亚同为亚太地区重要国家。虽然两国社会制度不同，历史、文化背景各异，但中澳之间并不存在历史积怨，也没有根本利害冲突，相反我们有着广泛的共同利益。深化中澳全面合作关系，不仅符合两国人民的根本利益，也有利于亚太地区乃至世界的和平与发展。今天，我想利用中澳经贸合作论坛的讲台，再谈谈进一步深化中澳经贸合作的问题。

　　中澳经济互补性很强，合作潜力巨大。中国稳定的社会环境，持续强劲的发展势头，广阔而潜力巨大的市场，丰富而优秀的劳动力资源，正在为包括澳大利亚在内的各国经济的发展提供越来越多的商机和动力。澳大利亚资源丰富，科技发达，经济繁荣并连续十四年保持快速增长。更为可喜的是，双方相互需求日益上升，共同利益不断增多，加强互利合作、提升合作质量和水平的热情空前高涨。两国经贸合作展示出前所未有的发展前景。我们双方应从战略高度看待和发展两国经贸合作，本着互利共赢

　　*　这是吴邦国同志访问澳大利亚期间在悉尼举行的中澳经贸合作论坛上的演讲《共同开创中澳经贸合作新局面》的一部分。

的原则，发挥各自优势，扩大合作领域，拓展合作方式，充实合作内容，使两国经贸互利合作跃上新的台阶。为此，我提出以下建议。

第一，深化能矿资源合作，实现互利双赢。能矿资源合作是中澳经贸合作的重点领域。现在已经有了良好的基础，呈现出巨大的发展潜力。中国作为发展中国家，人均能矿资源消费量还比较低，随着中国经济的快速发展，对能矿资源的需求总量会不断增加，需要开拓和利用国外的资源。澳大利亚能矿资源丰富，资源产业发达，技术领先，是能矿资源重要生产国和出口国，需要一个像中国这样稳定的、巨大的、发展的市场。加强两国能矿资源领域的互利合作，符合双方的共同利益。双方应开展能矿资源的战略合作，构建长期稳定的合作伙伴关系，实现互利双赢。应积极探索能矿资源合作的新途径、新方式，开发投资合作的新领域、新项目。应加强政策对话，完善协调机制，围绕能矿资源政策、供应安全、行业管理等问题进行交流与对话，规范企业行为，推动能矿资源合作健康快速发展。

第二，扩大相互投资，加强企业合作。近年来，中澳双向投资合作取得一定进展，对拉动两国经济增长起到积极作用。但也要看到，投资的规模、领域和方式与两国的经济实力和合作潜力还不相称。双方应紧紧抓住中澳经济快速增长带来的新机遇，结合各自的特点和优势，进一步扩大直接双向投资，扩展投资领域，创新投资方式，推动两国经贸合作不断向前发展。中国发展市场经济，企业已成为市场投资的主体，并实施"走出去"战略。澳大利亚承认中国完全市场经济地位，给予中国企业公正平等的待遇。这些都为加强两国企业合作创造了有利条件。双方应

2005 年 5 月 24 日，吴邦国在澳大利亚堪培拉总督府会晤澳大利亚总督杰弗里。

把加强企业合作作为深化中澳经贸合作的优先方向，积极推动有实力、有竞争力的企业，开展多种形式的投资和经济技术合作。中国引导和鼓励中方企业到澳投资，欢迎澳企业积极参与中国的西部开发、振兴东北老工业基地建设，增强中澳经贸合作的生机与活力。

第三，改善合作环境，发挥机制作用。中国兑现入世承诺，已清理和修订了约三千部法律、法规及部门规章。金融、电信、教育、医疗等服务领域进一步开放，知识产权保护进一步加强。双方在改善合作环境方面已做了大量工作，还应继续努力，为对方商品、投资和服务进入本国市场提供更好的条件和服务。应充分发挥两国已建立的部长级经济联委会、贸易和投资委员会等双边机制的作用，慎重处理对方关切，在采取涉及对方利益的重大措施前，加强预报和沟通，切实维护双方的共同利益和当事方的合法权益。

在这里我要向大家宣布一个好消息：今天下午中澳双方将举行中澳自贸协定谈判第一轮会谈。中澳建立自贸区是中澳关系中的一件大事，有助于进一步扩大和深化两国在贸易、投资和服务领域的合作，将为两国经贸合作提供更加广阔的空间。让我们以这次论坛为契机，全面推动在中澳贸易与经济框架下的各领域的互利合作，共同开创中澳经贸合作的新局面。

为实现亚洲伟大复兴共同努力[*]

（二〇〇五年五月三十日）

亚洲是我们共同生活的家园，历史悠久，文化灿烂，不仅是世界三大文明古国——中国、印度和巴比伦的所在地，也是世界三大宗教——伊斯兰教、佛教和基督教的发源地。在人类文明发展史上，亚洲人民作出了伟大贡献。

近代以来，亚洲受到殖民主义和帝国主义的侵略与蹂躏，饱经沧桑，屡遭磨难。亚洲国家人民为争取解放、谋求和平、促进发展，进行了长期艰苦卓绝的奋斗。二十世纪中叶以后，亚洲绝大多数国家赢得了和平与安宁，不少国家实现了经济的跨越式发展，新兴工业化国家和地区相继崛起，越来越多的亚洲人民开始过上好日子。

近年来，亚洲国家克服了金融危机的影响，战胜了非典和禽流感疫情的冲击，摆脱了印度洋地震海啸的阴影，抗御风险能力不断增强，经济结构调整取得成效，产业升级步伐加快，经济持续较快增长。二〇〇四年，亚洲发展中国家经济增长率超过了百

---

　　* 这是吴邦国同志访问马来西亚期间在吉隆坡出席马来西亚外交学院举办的演讲会时的演讲《深化睦邻友好，共创亚洲繁荣》的一部分。

2005 年 5 月 30 日，吴邦国在吉隆坡会见马来西亚总理巴达维。

分之七，并有望在二〇〇五至二〇〇七年维持百分之六以上的增长水平。现在，亚洲的经济总量已占全球的四分之一，贸易总额占三分之一，外汇储备占三分之二。亚洲已成为世界上富有强大发展活力和潜力的地区，在实现人类和平与发展的崇高事业中发挥着越来越重要的作用。

中国是亚洲大家庭中的一员，也是亚洲和平合作发展的参与者和建设者，深知自己对亚洲和平发展肩负的重要责任。中国的发展离不开亚洲，亚洲的发展需要中国。中国有句老话："远亲不如近邻。"我们始终奉行"与邻为善、以邻为伴"的周边外交方针和"睦邻、安邻、富邻"的周边外交政策。无论过去现在还是将来，我们都致力于发展同亚洲国家的友好合作关系，共同营造和平安宁的地区环境，促进亚洲国家的共同发展。

为深化中国同亚洲国家友好合作，我们一贯的立场是：

——加强政治对话，增进相互信任。政治互信是维护和平、促进发展的政治基础。中国与亚洲各国坦诚相见、平等相待，求同存异、和睦相处，不断推动双边友好关系深入发展。中国同亚洲国家保持着高层互访和在多边场合开展对话的良好势头。二〇〇三年以来，新一届中国领导人访问的国家中，亚洲国家占了三分之一。亚洲许多国家的领导人也纷纷访华，有力地推动了中国同亚洲各国关系的发展。通过平等协商、互谅互让，中国与绝大多数周边国家妥善解决了历史遗留的陆地边界问题。最近，中印就解决边界问题的政治指导原则达成共识。中越北部湾划界协定正式生效，划定了中国与周边邻国的第一条海上边界线。本着搁置争议、共同开发的原则，中国同一些国家就南海共同开发问题达成共识，与东盟举行了落实南海各方行为宣言后续行动高官会，南海合作取得积极进展。

——扩大经贸合作，促进共同繁荣。经贸合作是实现共同发展的物质基础。中国不断加强与亚洲国家的互利合作，为国家关系的发展注入生机与活力。一是贸易总额逐年增长。二〇〇四年，中国对亚洲的进出口总额达到六千六百五十亿美元，是一九九四年的四点七倍，去年进口额达三千六百九十五亿美元，比上年增长百分之三十五，已成为亚洲最大的出口市场，对拉动亚洲经济增长起到了重要作用。二是相互投资规模日益扩大。亚洲已成为中国利用外资的主要来源地和中国企业"走出去"的主要地区。截至二〇〇三年底，中国对亚洲累计直接投资净额达二百六十五亿六千万美元，占中国累计对外直接投资净额的百分之八十。到二〇〇四年末，中国在亚洲对外承包劳务人数超过三十七万人，占中国在外承包劳务总人数的百分之七十点四。三是人员往来更加频繁。二〇〇四年中国内地居民出境人数达二千八百八十五万人次，比上年增长百分之四十二，在中国公民首站出境列前十位的国家和地区中亚洲就占了七个。中国已成为亚洲地区快速增长的新兴客源输出国。为了更好地协调国内发展与国际合作，我们将中国东部加快发展、西部大开发、振兴东北老工业基地等国内发展战略，同加强与周边国家的经贸合作结合起来，统筹规划，努力为亚洲经济发展提供机遇、作出贡献。我们高兴地看到，中国与亚洲国家之间，已经形成一种互补、互利、互助、互促的新型合作关系。

——参与多边进程，推进区域合作。区域合作是加强团结协作的重要途径。中国积极参与亚洲区域合作，本着互惠互利、循序渐进的原则，注重同各方的协调配合，共同推进区域经济一体化进程。中国与东盟的关系近年连续上了几个大台阶，发展势头喜人。双方建立了面向和平与繁荣的战略伙伴关系，并制定了行动计划，全面启动了中国东盟自由贸易区进程，已签署货物贸易协定和争端解决机制协定，使中国与东盟关系的发展进入了新的阶段。在东亚合作进程中，支持东盟继续发挥主导作用，愿与东盟国家共同推动首届东亚峰会取得成功。继续积极参与十加一和十加三的合作，不断推进这一地区贸易自由化进程，为实现整个东亚地区经济的共同发展作出不懈努力。积极推动上海合作组织框架下的经贸合作，与其他成员国一道制定了长期多边经贸合作纲要，启动了贸易投资便利化进程，开展经济技术合作，优化贸易和投资环境，降低商品、资本和服务流动成本。中国还积极参与亚洲合作对话，担任了农业、能源安全领域合作牵头国。我们主张地区间平等对话、开放包容，与域外国家和其他地区组织保持协调，相互借鉴，共同发展。

——加强安全合作，维护地区稳定。和平稳定是发展的前提和保障。中国主张树立互信、互利、平等、协作的新安全观，坚持通过对话解决分歧，通过合作促进共同安全。积极推动和平解决地区热点问题，加强与本地区国家在反恐、打击跨国犯罪、海上安全、卫生防疫、防灾减灾等非传统安全领域的合作。积极参与并推动东盟与中日韩、东盟地区论坛开展非传统安全合作，倡议召开了"十加三打击跨国犯罪部长级会议"，成功举办了东盟地区论坛安全政策会议。还举办了中国东盟关于禽流感防治特别会议，推动本地区公共卫生领域的合作。面对印度洋地震海啸灾难，中国政府和人民同受灾国政府和人民心心相息、患难与共，开展了中国政府迄今为止最大规模的对外救援行动，并积极推动建立环印度洋海啸预警机制。

经济全球化趋势正在深入发展。亚洲国家既面临难得的发展机遇，也面临严峻的挑战。科技进步突飞猛进，生产要素优化重组，产业转移加快进行，为亚洲国家发挥各自优势，积极参与国际分工与合作，充分利用国际资本、技术和市场，促进本国经济发展创造了有利条件。同时，经济全球化加剧了世界范围的经济、科技竞争，新的贸易壁垒不断发生，南北差距进一步拉大，一些亚洲国家处境艰难。

面对机遇和挑战，亚洲国家应抓住机遇，迎接挑战，加强合作，共谋发展。我们应牢牢把握发展这条主线，着力把本国的事情办好，在实现自身发展的同时，促进亚洲的共同繁荣。我们应全面推进双边和多边的平等互利合作，努力形成优势互补、携手并进的发展格局，推动经济全球化朝着均衡、普惠、共赢的方向发展。我们应牢固树立亚洲大家庭观念，相互尊重，友好协商，妥善处理各种分歧和矛盾，共同维护和促进亚洲的和平与稳定。

世界正将目光越来越多地投向亚洲，亚洲也正面临加快发展的历史性机遇。中国愿与包括马来西亚在内的亚洲各国携手合作，深化睦邻友好，为促进亚洲的和谐繁荣，为实现亚洲的伟大复兴共同努力。二十一世纪的亚洲，必将为人类文明的发展和进步作出新的更大的贡献。

依法加强水污染防治工作*

（二〇〇五年七月一日）

　　对水污染防治法和水法进行执法检查，是今年全国人大常委会监督工作的又一重点。许嘉璐、蒋正华和盛华仁等三位副委员长分别带队，到六个省区进行执法检查，同时还委托十三个省级人大常委会对本地执法情况进行检查。通过这次执法检查进一步弄清了我国水污染防治工作的现状，查找了存在的主要问题，分析了产生这些问题的原因，推动了水污染防治法的贯彻实施，提出了进一步加强水污染防治工作的意见和建议。常委会组成人员认真审议了这个报告，充分肯定执法检查组的工作，普遍赞成报告内容，并建议请国务院在明年适当时候，就执法检查提出的问题和建议的整改落实情况向全国人大常委会作出专题报告。

　　在充分肯定水污染防治工作取得成效的同时，必须认清我国水污染面临的严峻形势。我国水资源本来就总量不足、时空分布不均，严重的水污染加剧了水资源的紧张、影响了人民群众生活、制约了经济社会发展。加强水污染防治工作刻不容缓。据调

---

　　* 这是吴邦国同志在十届全国人大常委会第十六次会议上讲话的一部分。

查统计，我国人均水资源量只有世界平均水平的四分之一，目前农村仍有三千万人饮水困难，六百六十多个设市城市中有四百多个缺水，三十二个百万人口以上的城市中有三十个缺水。水环境恶化的趋势还未从根本上得到遏制，每年有三分之一的工业废水、三分之二的生活污水未经任何处理直接排放，全国七大江河水系监测断面中水质为劣 V 类的河段有将近百分之三十，百分之七十五的湖泊出现不同程度的富营养化。这里，我想强调三点：一是要设身处地为老百姓着想，充分认识水污染防治工作的重要性和紧迫性，增强使命感和责任感，着力解决水污染防治中存在的突出问题，坚决遏制水环境恶化的趋势。二是全面落实科学发展观，切实转变经济增长方式，努力提高经济增长的结构、质量和效益，下大决心关闭和淘汰落后的生产能力。三是坚持依法治水、依法治污，增强法律的权威。目前，我国环境保护方面的法律是比较健全的，水污染防治工作是有法可依的。现在的主要问题是，有法不依、执法不严、违法不究的现象仍相当严重。因此，必须切实加大水污染防治法执法力度，真正把水污染防治法的规定贯彻落实到位。

构建社会主义和谐社会与
人大工作密切相关[*]

（二〇〇五年七月一日）

构建社会主义和谐社会，是我们党从全面建设小康社会、开创中国特色社会主义事业新局面的全局出发提出的一项重大任务，适应了我国改革发展进入关键时期的客观要求，体现了广大人民群众的根本利益和共同愿望。这既是对我国改革开放和现代化建设经验的总结，也是在新的国内外形势下提高党的执政能力、贯彻落实科学发展观、更好地推进我国经济社会发展的战略举措。它反映了我们党对执政规律、执政能力、执政方略、执政方式的新认识，为我们紧紧抓住和用好重要战略机遇期、实现全面建设小康社会的宏伟目标提供了重要的思想指导。

今年二月，胡锦涛总书记在省部级主要领导干部专题研讨班上发表了重要讲话，全面、深刻论述了构建社会主义和谐社会的一系列重大理论与实践问题，明确提出了促进社会主义和谐社会建设的十个方面的重点工作。这些重点工作都与我们人大工作密切相关。我们要深入学习、全面领会胡锦涛总书记的重要讲话精神，结合人大工作实际，认真贯彻落实。这里，我着重强调

---

　　*　这是吴邦国同志在十届全国人大常委会第十五次法制讲座时的讲话。

三点。

一是把人民代表大会制度坚持好完善好。坚持和完善人民代表大会制度，是我们积极稳妥地推进政治体制改革的要求，也是构建社会主义和谐社会的重要内容。人民代表大会制度是我国的根本政治制度，是党领导的人民民主制度，是实现人民当家作主的根本途径和最好形式。人民代表大会制度一方面能够充分反映人民的要求、集中人民的意志、维护人民的利益、调动人民群众的积极性，可以集中力量办大事，提高工作效率，使我们国家的社会政治生活充满活力，促进经济发展和社会全面进步；另一方面又保证国家统一、民族团结和社会稳定。我们把人民代表大会制度坚持得越好、发展得越好，就越有利于巩固我们党的执政地位和我国的社会主义制度，就越有利于凝聚全国各族人民的智慧和力量共同建设中国特色社会主义，就越有利于构建社会主义和谐社会。

二是把最广大人民根本利益维护好实现好。维护、实现和发展最广大人民的根本利益，是人大及其常委会一切工作的出发点和归宿，也是构建社会主义和谐社会的本质要求。只有保持同人民群众的密切联系，更好地代表人民，自觉地接受人民监督，才能保持人大工作旺盛的生命力。我们要充分发扬人民民主，坚持走群众路线，更好地发挥人大在体察民情、反映民意、集中民智、珍惜民力方面的优势和作用。要正确反映和统筹兼顾不同方面群众的利益，认真督促有关方面及时解决事关群众切身利益的突出矛盾和问题，充分调动人民群众积极性、主动性和创造性。要把权为民所用、情为民所系、利为民所谋作为人大工作的准则，倾听人民呼声，代表人民意愿，维护人民利益，使人大各项工作顺应民心、反映民意、贴近民生。

三是把依法治国基本方略贯彻好实施好。社会主义和谐社会是法治社会。构建社会主义和谐社会，必须实行和坚持依法治国基本方略，建设社会主义法治国家，充分发挥法治在促进、实现和保障社会和谐方面的重要作用。要进一步加强和改进立法工作，从法律上充分体现科学发展观的要求。要更加注重社会立法，更加注重"五个统筹"，更加注重经济社会的协调可持续发展，更加注重规范公权和保护私权，使人大通过的法律和作出的决定更加适应社会主义初级阶段的基本国情和现实需要，切实体现党的主张，真正符合最广大人民的根本利益。要紧紧围绕党和国家工作的大局、改革发展稳定中的重大问题、关系人民群众切身利益的热点难点问题，综合运用各种监督方式，不断加强监督工作，努力增强监督实效，促进依法行政和公正司法，促进全社会实现公平与正义。要通过加强人大立法监督工作，进一步增强全社会的法律意识和法制观念，推动形成法律面前人人平等的社会氛围。

加强多边合作，促进共同发展 *

（二〇〇五年九月七日）

主席先生、各位同事：

在纪念联合国成立六十周年和世界反法西斯战争胜利六十周年之际，各国议长再次相聚联合国总部，回顾二〇〇〇年首届议长大会以来采取的行动，探讨新形势下加强多边合作、应对人类社会面临的新挑战等重大问题，对维护世界和平、促进共同发展具有重要意义。

主席先生、各位同事！

上个世纪，人类经历了两次世界大战，给各国人民造成的灾难与痛苦至今难以忘却，启示我们更加懂得和平的珍贵、发展的重要。过去的六十年，虽然有过近半个世纪的冷战，但从总体上看，人类社会进行的伟大创造、取得的巨大成就，是历史上任何一个时期都无法比拟的。世界上大多数国家赢得了独立和安宁，许多国家实现了经济跨越式发展，新兴工业化国家相继崛起，越来越多国家的人民开始过上好日子。

当前，国际局势总体趋向缓和，世界多极化和经济全球化的趋势深入发展，科学技术突飞猛进，经济联系日益密切，相互依存和相互影响不断加深，要和平、谋合作、促发展的时代潮流势不可挡。同时也要看到，我们生活的这个世界并不太平。影响世

2005年9月7日，第二次世界议长大会在美国纽约联合国总部隆重开幕。吴邦国出席开幕式，并作了题为《加强多边合作，促进共同发展》的发言。

界和平与发展的不稳定、不确定因素增多，传统安全威胁和非传统安全威胁的因素相互交织，霸权主义和强权政治有新的表现，恐怖主义危害上升，局部冲突此起彼伏，南北差距仍在扩大，环境、毒品、难民和传染性疾病等全球性问题日益突出。消除威胁、应对挑战，实现人类社会的持久和平与持续发展，迫切需要国际社会的通力合作，需要世界各国坚持不懈的共同行动。

这里，我想就加强多边合作问题讲几点意见，与各位共同探讨。

一是，相互尊重。相互尊重是多边合作的前提。世界是丰富多彩的。各国人民在漫长历史进程中创造了独特的文化，为人类社会的文明进步作出了贡献。应当尊重世界文明的多样性，在坚持相互尊重、平等相待的基础上，促进国际关系民主化。国家不分大小、强弱、贫富，都是国际社会的平等一员，都应受到国际社会的尊重。大国应该尊重小国，强国应该扶持弱国，富国应该帮助穷国。应当相互尊重独立、主权和领土完整，我们反对以大欺小、以强凌弱、以富压贫。各国人民都有根据本国国情自主选择社会制度和发展道路的权利，任何国家无权干涉。各国的事情应当由各国人民自己决定，世界上的事情应当由各国平等协商。

二是，建立互信。建立互信是多边合作的保障。各国国情不同，在处理国际事务中维护本国利益是无可厚非的，但这不应该影响建立互信。事实证明，成熟的国家关系、成功的多边合作都是建立在互信基础上的。多边合作应当维护和发展共同利益，坚持平等协商，互谅互让，妥善处理彼此关切。应当加强对话，加深了解、增进互信。应对传统安全威胁和非传统安全威胁，应当树立互信、互利、平等、协作的新安全观。坚持通过对话与合作解决争端，反对动辄诉诸武力或以武力相威胁。应当摒弃冷战思维，超越社会制度和意识形态的差异，不断扩大利益交汇点。

三是，共同发展。共同发展是多边合作的目的。现代科学技术和经济全球化的发展，并没有使世界各国普遍受益，南北差距和贫富悬殊更趋严重，全世界仍有近五分之一的人民生活在绝对贫困线以下。不从根本上改变这种状况，难以避免国际社会的动荡，难以实现世界的普遍繁荣。加强多边合作，应当以促进共同发展为目的，特别重要的是要促进发展中国家的发展，这也是联合国千年发展目标[1]的重要内容。事实上，没有发展中国家的发展，发达国家的繁荣也难以持久。发达国家应更加重视发展中国家，兑现承诺，切实减免债务，增加没有任何附加条件的援助，帮助发展中国家提高自我发展的能力。应切实加强南南合作，在平等互利的基础上推进南北合作。国际社会应更多地倾听发展中国家的呼声，维护发展中国家的正当权益，推动世界经济朝着均衡、稳定、普惠、共赢的方向发展。发展中国家的发展最终要靠自己。发展中国家应把加快发展、不断提高人民生活水平作为最重要的任务，结合本国实际，吸收世界文明成果，不断提高自我发展能力。

主席先生、各位同事！

充分发挥联合国的积极作用，对开展多边合作至关重要。联合国作为最具普遍性、代表性和权威性的主权国家间的国际组织，在国际事务中发挥着不可替代的作用，是实践多边主义的最佳场所，是集体应对威胁和挑战的有效平台。在世界多极化和经济全球化的趋势不断发展的新形势下，国际社会应当共同恪守《联合国宪章》的宗旨和原则，继续发挥联合国的积极作用，切实维护联合国及其安理会的权威，不断提高联合国的效率。

议员代表人民，议会反映民意。议会交往是国家关系的重要组成部分，议会多边合作在国际合作中发挥着独特作用。各国议会联盟是当今世界规模最大、最具影响力的国际议会组织，是各国议会开展多边合作的重要舞台。各国议会联盟应进一步加强与联合国的实质性互动与协调，建立更加紧密的工作联系，开辟更加广阔的合作领域；应进一步加强与各区域性议会组织的联系，共同提高议会多边合作的效能和水平；应进一步加强与各国议会的联系，为促进各国议会间的交流与合作创造条件，提供支持和服务。

主席先生、各位同事！

中华民族是爱好和平的民族。中国是国际大家庭中负责任的一员。我们坚持以经济建设为中心，坚持改革开放，不断提高人民生活水平，努力构建社会主义和谐社会。我们始终不渝地奉行独立自主的和平外交政策。维护世界和平、促进共同发展是我们外交政策的宗旨。中国走的是一条和平发展的道路，并将坚定不移地沿着这条道路走下去。中国过去是、现在是、将来永远是维护世界和平、促进共同发展的积极因素和坚定力量。

中国全国人大愿与世界各国议会一道，充分利用各国议会联盟这个重要舞台，开展各种形式的多边合作，为建设和平、繁荣、和谐的新世界而不懈努力。

谢谢主席！

注　释

[1] 二〇〇〇年九月，联合国千年首脑会议在美国纽约联合国总部举行。会议通过的《联合国千年宣言》，为人类发展制定了消除极端贫穷和饥饿、普及初等教育、促进两性平等并赋予妇女权利等一系列具体指标，统称"千年发展目标"，涉及经济、社会、环境等八个领域，每个领域又包括若干具体指标，多数指标以一九九〇年为基准年、二〇一五年为完成时限。

调查研究刑事诉讼中的共性问题 *

（二〇〇五年九月十四日）

关于司法不公问题的群众来信、上访呈上升趋势，也是社会、舆论关注的问题。这涉及执法问题也涉及法律本身的问题，建议内司委会同有关部门一起就诉讼程序建设及制度缺陷造成的刑事诉讼中的问题做次调研。个案监督可以不搞，但对共性问题不能不问。

---

* 这是吴邦国同志在有关刑事诉讼的情况反映上的批示。

真心实意为人民办事
就会得到群众拥护[*]

（二〇〇五年九月三十日）

　　开门接访活动，收效明显，应予充分肯定。上访群众中无理取闹的毕竟是少数，只要我们设身处地地为上访群众着想，真心实意地为人民办事就会得到群众的拥护，即使是多年沉积的老大难问题也会逐步化解。通过这一活动，不仅促进社会和谐，而且使干警受到教育，密切干群关系，提高执法水平。感谢公安机关、干警所做的工作。

---

　　* 这是吴邦国同志在公安部《关于组织全国公安机关开门接访集中处理群众信访问题情况的报告》上的批示。

审议修改物权法草案
要注意把握的原则和问题 *

（二〇〇五年十月二十七日）

这次常委会会议对物权法草案进行了第四次审议。物权法是重要的基本法律，关系人民群众切身利益和我国基本经济制度。社会各方面对制定物权法很关注。下面，我着重讲一讲物权法草案的有关问题。

第一点，全国人大常委会高度重视物权法的立法工作。物权法的起草是在九届人大时完成的，并进行了初次审议，本届全国人大常委会加上本次会议已经审议了三次，每次审议后，根据常委会组成人员的意见和其他各方面的意见，都对草案作了认真修改。物权法草案从研究起草到现在已历时十几年，期间除审议外，召开各种规模的座谈会就有上百次。为了广泛听取各方面意见，今年七月还将草案全文向社会公布。九月二十六日，我和王兆国、蒋正华、盛华仁副委员长等同志，召开专题座谈会，就各方面提出的比较集中的十个方面的问题，专门听取了全国人大代表、部分省级人大常委会负责人、法学专家和中央国家机关有关

---

　　* 这是吴邦国同志在十届全国人大常委会第十八次会议上讲话的一部分。

部门负责人的意见。

第二点，本届全国人大常委会在审议和修改物权法草案过程中始终注意把握三条原则：一是坚持正确的政治方向，体现公有制为主体、多种所有制经济共同发展的基本经济制度，体现对国家、集体和私有财产平等保护的原则。针对当前存在的问题，尤其要切实防止国有资产流失。二是坚持从中国国情出发，立足于中国实际，总结我国改革开放和现代化建设的实践经验，确立符合我国经济社会发展实际的物权法律制度。我们借鉴国外物权法律制度中对我有益的东西，但绝不能照抄照搬。三是坚持实事求是，重点解决现实生活中迫切需要规范的问题。实践是法律的母亲，法律是实践经验的总结。既要肯定实践的成果，又要为进一步深化改革留下空间，妥善处理稳定性与变动性、前瞻性与可操作性的关系，妥善处理物权法草案与其他法律的关系。

第三点，从几次审议、征求意见和各方面反映的情况来看，大部分意见对目前的物权法草案总体上是肯定的，同时也有不少不同意见，在有的问题上意见分歧还很大，这是正常的。因为物权法草案正在审议过程中，审议的过程就是充分听取各方面意见、不断修改完善的过程。归纳审议和社会反映的意见，在有些问题上还要深入研究。一是物权法如何准确反映我国社会主义基本经济制度，体现宪法规定的"国家保障国有经济的巩固和发展"，"国家保护城乡集体经济组织的合法的权利和利益，鼓励、指导和帮助集体经济的发展"，"国家保护个体经济、私营经济等非公有制经济的合法的权利和利益。国家鼓励、支持和引导非公有制经济的发展，并对非公有制经济依法实行监督和管理"。二是如何加大对国有资产的保护力度，切实防止国有资产的流失。三是如何全面准确地反映党的农村基本政策，维护农民的根本利益。正因为物权法是一部重要法律，更应该重视立法质量，工作要深入进行，但不赶进度。下一步，请法律委会同法工委对各方面意见认真梳理，逐条研究，进一步修改完善，待条件成熟时再提请常委会会议审议。

关于修改监督法草案的指导思想[*]

（二〇〇五年十月二十九日）

这次修改监督法草案总的原则是，以邓小平理论和"三个代表"重要思想为指导，以宪法为依据，贯彻党的十六大、十六届四中全会精神和胡锦涛总书记在纪念全国人大成立五十周年大会上的重要讲话精神，把坚持党的领导、人民当家作主和依法治国有机统一起来。对实践经验比较成熟、意见比较一致的，加以总结，作出具体规定；对实践经验尚不成熟但现实中又需要规范的，作一些原则规定；对缺乏实践经验或各方面意见分歧很大的，不作规定，以后再说。

根据这样的原则，这次对监督法草案的修改重点在两个问题上。

一是缩小了监督法的调整范围，只规范各级人大常委会的监督工作。也就是将人民代表大会监督法调整为人大常委会监督法。为什么作出这样的调整，主要有两点考虑：（一）各级人大和县级以上人大常委会都有对本级"一府两院"的监督权，但代

---

* 这是吴邦国同志在湖南长沙主持召开部分省人大常委会负责同志座谈会时讲话的一部分。

表大会与常委会的具体监督职权有所不同，而且代表大会通常一年只开一次会，不可能实施经常性的监督。按照宪法规定，对"一府两院"工作经常性的监督职权是人大常委会行使的。（二）这些年来，各地为加强人大监督工作进行的探索和需要规范的，也集中在如何加强和完善常委会的监督问题上。把监督法的调整范围缩小到只规范各级人大常委会的监督工作，重点是规范监督程序和形式，不增加常委会的监督权，这样草案由全国人大常委会审议通过即可。

二是关于干部述职评议和个案监督如何规范的问题。这是大家最关心的问题。现在各地普遍开展干部述职评议的试点工作，在各地精心组织下取得了一定成绩，但也引起我们更深入的思考。关键是如何坚持党管干部的原则。试点工作范围小，主要限制在省一级，问题不大，对可能产生的问题事先又做了大量工作。但一旦成为法律，将干部述职评议扩大到市、县所有由人大及其常委会选举、任免的干部，就有可能冲击现行的干部管理体制。我们强调在人大工作要有党的观念、政治观念、大局观念，这是我们不得不考虑的问题。今年四月，我和华仁[1]同志在江苏调研，江苏省人大常委会的负责同志汇报了该省人大常委会对教育工作进行评议的情况。他们介绍，由于常委会组成人员对教育工作都比较熟悉，大家都有发言权，评议有深度，提出不少有针对性的意见。常委会组成人员对教育工作的认可程度，一定程度上也反映对教育厅长的认可程度。对政府专项工作的评议比对干部个人述职评议的效果也更明显。他们还针对群众关心的问题，就安全生产、征地拆迁等政府专项工作进行评议，收到很好效果。

关于个案监督，实施起来难度很大，要查案卷、传证人、找证据，等等。我国司法制度明确实行两审终审制。终审后，如检察院抗诉，法院应当再审；当事人也可以申请再审。但必须提供新的证据，证明原判决认定的事实有错误、证据不充分、适用法律有错误、司法人员有腐败行为等。中央转发的《中共全国人大常委会党组关于进一步发挥全国人大代表作用，加强全国人大常委会制度建设的若干意见》明确规定，最高人民检察院向最高人民法院提出抗诉的案件，法院再审后检察院仍有不同意见的，最高人民检察院可以提请全国人大常委会要求最高人民法院重新审判，并将重新审判的结果报告全国人大常委会。但这仅是工作程序。人大是国家权力机关，不是审判机关和检察机关。人大常委会难以实施个案监督。当然对个案监督要有个界定，不能把转封人民来信叫做"个案监督"。法院、检察院依法独立行使审判权、检察权是宪法规定的。因此，监督法草案明确各级人大常委会不搞个案监督，把对"两院"工作监督的重点引导到监督群众反映强烈、在本地带有共性的问题上，如告状难、执行难、赔偿难、刑讯逼供、错案不纠、超期羁押等等。希望通过对一些共性问题的监督，从制度上、机制上解决司法不公的问题。这样做，既发挥了人大常委会依法监督"两院"工作的职能，增强了监督实效，又能保障法院、检察院依法独立行使审判权、检察权。这里还要强调的是，这样调整，人大常委会的工作量不是减少了，而是增加了；对人大常委会的工作要求不是低了，而是高了。要求人大常委会更加关注人民群众关心的问题，要求人大工作要更有深度，也就是说可以更好行使监督权。

我到人大工作，深深体会到人大工作无论是立法工作还是监督工作都不是单纯的业务工作，而是政治性极强的工作。不能只就监督法谈监督法，也不能只就人大工作谈人大工作，而是要站在全局的高度，从讲政治、讲大局的高度看问题。统一思想首先必须在党的观念、政治观念、大局观念上统一思想。过去讲大道理管小道理，这里我想强调三点。

一是必须坚持党的领导。人大的各项工作都要有利于加强和改善党的领导，有利于巩固党的执政地位。江泽民、胡锦涛同志多次强调，把坚持党的领导、人民当家作主和依法治国有机统一起来，其中最重要、最根本、最关键的是坚持党的领导。这一点在任何时候都必须毫不动摇地坚持。中国共产党是中国特色社会主义事业的领导核心，是执政党。中国政治体制不是多党轮流执政，而是人民代表大会制度和中国共产党领导的多党合作和政治协商制度，这是宪法规定的。这与西方资本主义国家的政治制度有着本质的区别。党的领导既有方针政策的领导，也有具体的领导。比如军队就必须在党的绝对领导下，绝不能搞军队国家化。又比如，外交是中央直接管的，中央有外事领导小组，胡锦涛总书记是组长。中央不仅制定外事工作的大政方针，还对重要的、敏感的外事活动作出具体的部署。再比如，党管干部既包括方针政策，也包括一整套行之有效的干部管理制度，如干部考察、任免、培训、监督等等，是十分具体的。正是这些措施，从政治上、组织上确保了党的执政地位。党的领导只能加强不能削弱。对这一点，小平同志讲得很深刻。他说，削弱甚至取消党的领导，只能导致无政府主义，导致社会主义的瓦解和变质。苏联及其加盟共和国的实例已经充分证明了这一点。各级人大常委会的党员同志必须明确人大工作要自觉坚持党的领导，自觉坚持党管干部的原则。通过党员常委的工作，使党的主张经过法定程序成为国家意志，使党组织推荐的人选经过法定程序成为国家政权机关的领导人员，罢免经过党组织考察不合格的干部，这就是人大的工作。人大工作不能缺位也不能越位。越位就会与现有的行之有效的干部管理体制产生矛盾，不利于党管干部原则的落实。所以我们一再强调在人大工作的共产党员，必须牢固树立党的观念，模范地贯彻党的路线方针政策，在思想上政治上行动上与党中央保持高度一致。为什么我们各级人大常委会组成人员中百分之六七十都是中共党员，就是为了能够保证党的意图在人大的贯彻落实。

二是正确把握人大与"一府两院"的关系。我们的政体不是"三权分立"，我国实行的是人民代表大会制度，在人民代表大会统一行使国家权力的前提下，明确了国家权力机关、行政机关、审判机关、检察机关的职责。虽然职责分工不同，但目标是完全一致的。实践证明，中国特色社会主义政治发展道路符合中国国情，具有极大的优越性和强大的生命力。小平同志讲得很深刻，他说，我们这个制度最大的优越性，就是干什么事情一下决心，一做决定，就立即执行，不受任何牵制。在我国，人大与政府、法院和检察院的关系，既有监督又有支持。在中央统一领导下，大家协调地开展工作，中央决定的事情，各方贯彻落实。因此考虑人大与"一府两院"的关系，考虑监督法，决不能从"三权分立"的政体出发，而应从我国政治体制出发，自觉地坚持符合中国国情的、中国人民自己选择的、实践证明是正确的政治发展道路，划清与"三权分立"的界限。

三是我国的民主政治建设最根本的就是要把坚持党的领导、

人民当家作主和依法治国有机统一起来，其核心是坚持党的领导。政治体制改革，必须在坚持四项基本原则的前提下，积极稳妥地推进。这里要强调的是：第一，我国的政治体制作为上层建筑总体上是适应经济基础的、是解放和发展生产力的、是给人民带来实惠的。不然，改革开放二十七年怎能保持年均百分之九点四的增长速度，综合国力怎能这么明显地提高，人民生活怎能得到这么大的改善。当然，随形势发展我国的政治体制需要不断完善，但完善需要一个过程。江泽民同志曾多次讲，不要把群众胃口吊得太高，经济上胃口不能吊得太高，政治上胃口也不能吊得太高。这是国家利益所在、民族利益所在、人民利益所在。对这一点，我们必须时刻保持清醒头脑。第二，政治体制改革是社会主义政治制度的自我完善和发展，必须在党中央的统一领导下积极稳妥地推进，人大和地方都不能自行其是，要由党中央统一来把握。加强和改进人大工作也要在党中央领导下进行。

注　释

[1] 华仁，即盛华仁，时任全国人大常委会副委员长兼秘书长。

在亚欧会议总检察长会议
开幕式上的讲话

（二○○五年十二月九日）

各位来宾、各位朋友，

女士们、先生们：

很高兴有机会出席亚欧会议总检察长会议。首先，我谨代表中国政府和人民，并以我个人的名义，对会议的召开表示热烈的祝贺！向出席会议的各位来宾和朋友表示诚挚的欢迎！

今天，来自亚欧各国的总检察长、司法部长和有关国际组织负责人汇聚在中国经济特区——深圳，以"合作打击跨国有组织犯罪，建设和谐稳定繁荣社会"为主题，分析形势，交流经验，探讨加强合作的途径和方式，对于增进相互了解，落实《联合国打击跨国有组织犯罪公约》，共同打击跨国有组织犯罪，促进亚欧地区乃至世界的和谐繁荣具有十分重要的意义。

亚洲和欧洲山水相连，历史悠久，文化灿烂，为人类社会的文明进步作出过伟大贡献。今天，亚欧两大洲在世界和平、发展、合作的崇高事业中发挥着越来越重要的作用。亚洲人口众多、资源丰富、市场广阔，是世界上最具经济活力的地区。欧洲资本充裕、科技先进、一体化程度高，是世界上最大的发达地区。两地区政治上共识多，经济上互补性强，文化上各具特色，

2005 年 12 月 9 日，亚欧会议总检察长会议在深圳举行。吴邦国出席会议开幕式并发表讲话。图为吴邦国会见出席会议的各国、地区和国际组织的代表。

加强对话与合作符合双方的共同利益，有利于世界的和平与发展。令人高兴的是，亚欧会议的成立与发展，为亚欧合作构筑了新机制，双方合作领域持续拓展，合作内容不断充实，合作成果日益增多，有力地推动了亚欧新型伙伴关系的深入发展。

当今世界正经历复杂而深刻的变化。和平、发展、合作仍是时代的主流。但是，世界并不太平，亚欧地区也不太平。地区安全与稳定面临严峻威胁与挑战，局部冲突还在继续，传统与非传统安全威胁相互交织，安全形势错综复杂。一些新型犯罪不断滋长，特别是恐怖犯罪、腐败犯罪、洗钱犯罪、毒品犯罪等跨国有组织犯罪已成为国际社会的公害。虽然亚欧国家间经济发展不平衡的问题还相当突出，亚洲国家和欧洲国家在历史进程、社会制度、经济水平、文化传统和司法制度等方面存在差异，但亚欧各国人民都有追求美好生活、构建和谐繁荣社会的共同愿望。加强国际合作，共同打击跨国有组织犯罪，是亚欧各国人民的共同心声，也是亚欧各国检察机关义不容辞的责任。

中国一直重视解决犯罪问题，通过制定和严格执行刑事法律和其他相关法律，加大预防和惩治犯罪的力度，维护国家安全和社会稳定，尊重和保障人权。中国是《联合国打击跨国有组织犯罪公约》、《联合国反腐败公约》等多个国际公约的成员国。中国一贯重视国际司法合作，已与包括亚欧会议成员国在内的四十八个国家签订了七十二项司法协助条约和合作协定，与二十四个国家签订了引渡条约，还参加了二十五项含有国际司法合作内容的多边国际公约。中国作为国际社会负责任的国家，将继续承担和履行在打击跨国有组织犯罪中的责任和义务。我们愿在相互尊重、平等相待的基础上加强与亚欧各国的司法合作，加强信息交流、建立合作机制、拓宽合作渠道、充实合作内容、提高合作效率，共同打击跨国有组织犯罪。

女士们、先生们！

在座的各位外国朋友，有的已多次到过中国，有的是第一次来中国，对中国的发展都很关心。借此机会，我愿向各位简要介绍一下中国的经济社会发展情况。实行邓小平先生倡导的改革开放政策二十七年以来，中国的面貌发生了巨大而深刻的变化。国民经济持续快速发展，二十七年的年均增长速度达百分之九点四，预计到今年年底国内生产总值将超过一万八千亿美元，进出口总额将超过一万四千亿美元，累计实际利用外资将超过六千亿美元，批准外商投资企业五十多万家，并形成年进口六千五百亿美元的巨大市场。经济体制改革不断深化，社会主义市场经济体制初步建立，全方位对外开放格局基本形成，科技教育文化卫生事业全面发展，人民生活总体上实现了由温饱到小康的历史性跨越。政治体制改革逐步深化，民主法制建设不断加强。以宪法为核心的中国特色社会主义法律体系初步形成，除现行宪法和四个宪法修正案外，中国全国人大及其常委会制定了二百二十多件现行有效的法律，国务院制定了六百七十多件现行有效的行政法规，地方人大及其常委会制定了近八千件现行有效的地方性法规，民族自治地方制定了六百多件自治条例和单行条例。国家政治、经济和社会生活的主要方面基本做到有法可依，中国公民的自由和权利依法得到维护和保障。

我们已经明确本世纪头二十年的奋斗目标，准备再用十五年时间，把国内生产总值提高到四万亿美元，人均达到三千美元。今后五年，也就是我们的国民经济和社会发展第十一个五年规划期间的主要目标是：在优化结构、提高效益和降低消耗的基础上，实现二〇一〇年人均国内生产总值比二〇〇〇年翻一番；单位国内生产总值能源消耗比现在降低百分之二十左右。为实现这一目标，我们将坚持以科学发展观统领经济社会发展全局，坚持扩大内需的方针，坚持走新型工业化道路，加快结构调整，转变经济增长方式，提高自主创新能力，继续深化改革，不断扩大开放，促进区域协调发展，加强和谐社会建设，切实把经济社会发展转入科学发展的轨道。

中国的发展离不开世界，更离不开亚欧地区。同样，世界的发展、亚欧地区的发展也离不开中国。中国的发展给世界各国尤其是亚欧各国带来重要机遇。中国稳定和谐的政治社会环境、丰富优秀的劳动力资源和潜力巨大的市场，为与世界尤其是亚欧各国开展互利互惠的经济合作提供了理想的场所。中国将坚定不移地走和平发展道路，始终不渝地奉行独立自主的和平外交政策。将继续坚持与邻为善、以邻为伴的周边外交方针和睦邻、安邻、富邻的周边外交政策，把同周边国家的交流与合作推向新的水平。将继续发展同发达国家的关系，在和平共处五项原则的基础上，扩大共同利益的汇合点。将继续增强同发展中国家的团结，扩大互利合作，共同维护发展中国家的权益。中国过去是、现在是、将来永远是维护世界和平、促进共同发展的坚定力量。

女士们、先生们！

让我们以这次会议为新的起点，携起手来，加强合作，共同打击跨国有组织犯罪，为促进社会的安宁与祥和，维护地区的和平与稳定，建设和谐世界而努力奋斗！

最后，预祝亚欧会议总检察长会议圆满成功！

谢谢各位。

从机制上制度上
解决拖欠农民工工资问题*

（二〇〇六年三月六日）

请将拖欠农民工工资的群众来信转相关省市领导同志，希望举一反三，从机制上、制度上解决拖欠农民工工资问题，以落实以人为本的要求。

---

* 这是吴邦国同志在群众来信上的批示。

中国民主制度只能植根于
中国的文化和传统[*]

（二○○六年四月二十一日）

　　我在上海时做的是党的工作，到北京后在国务院工作了八年，到人大工作只有三年多，时间也不长。我觉得做好人大工作要把握好几个原则。

　　一是要坚持中国人民自己选择的政治经济发展道路。这次我向全国人大四次会议报告工作时强调，要进一步增强坚持和完善人民代表大会制度的坚定性和自觉性，进一步增强走中国特色社会主义政治发展道路的坚定性和自觉性。在报告中，我引用了小平同志的重要讲话。他指出，评价一个国家的政治体制是否正确，关键看三条：一是看国家的政局是否稳定；二是看能否增进人民的团结，改善人民的生活；三是看生产力能否得到持续发展。从这三条来看，我们自己选择的政治经济发展道路是完全正确的。我们取得的成绩，在国际社会上引起的震动是巨大的，影响必将是深远的。因此，我们一定要坚持这条道路不动摇，尤其要抵制多党制、"三权鼎立"和议会民主。中国民主制度只能植根于中国的文化和传统。西方一些人想用他们的制度来改造我

　　＊　这是吴邦国同志在上海市考察工作时讲话的一部分。

290

们。我们要坚持自己选择的政治道路，这里的核心是：第一，要坚持党的领导。大家知道，革命取得胜利后，我们党召开了政治协商会议，把很多民主党派人士从香港、海外请进来，通过民主协商形成了共同纲领，后来通过选举产生了第一届中央人民政府。一九五四年制定宪法，把党的领导写入宪法，召开了第一届全国人大，这就回答了共产党执政的合法性。实践证明，中国没有共产党的领导是不堪设想的。小平同志说过，如果削弱了中国共产党的领导，中国就会是无政府主义，一盘散沙，那就断送了中国的前途。第二，要坚持人民代表大会制度。中国不是"三权鼎立"。去年我在纽约开世界议长大会，美国的临时参议长[1]专程从华盛顿赶来看我。当时美国正遭受了飓风[2]，他刚刚从飓风灾区过来，说受灾情况严重得很，受灾面积是德国和法国面积的总和。我对他说，你们的技术比我们先进，天气预报比我们

2006 年 4 月 19 日，吴邦国在上海东海大桥考察。

准得多，但是你们的制度没有我们的好。前段时间我们东南沿海同样是遭受台风，我们在四十八小时内转移了三百万群众，这是你们做不到的。到了关键时刻，你们连警察都逃走了，而我们当年长江发大水时，连江泽民主席都在大堤上指挥抗洪，这就是我们社会主义制度的优越性。他无话可说。能够做到这一点，就是因为我们有中国共产党的正确领导。在党的领导下，人大与"一府两院"为着一个目标努力，协调一致地开展工作。这个体制最大的优势是既使国家政治生活充满生机活力，又能够集中力量办大事。

二是紧紧围绕党和国家工作的大局来开展工作。人大工作要有生命力，一定要围绕党和国家工作的大局开展工作。比如，现在党中央强调要贯彻落实科学发展观、建设社会主义新农村、构建和谐社会等，这就是党和国家工作的大局。人大就一定要围绕这个大局依法履行职责，开展工作。过去，我在上海做党的工作，我特别警惕的就是党的工作不要党务化，强调党的工作要紧紧围绕经济建设这个中心去开展，绝不能离开这个中心去搞。同样，人大工作也要围绕党和国家工作的大局，这样工作才有生命力，才有活力。如果脱离了这一条，实际上就脱离了民意，也就偏离了正确的发展方向，偏离了正确的前进轨道。人大有四大职能，一是立法，二是重大问题的决定，三是任免，四是监督，都要从党和国家的重大利益出发。我自己的看法，立法特别重要，立法涉及国家权力的分配，涉及利益的协调分配，一定要符合党和国家的整体利益。

三是要为老百姓办事。人大代表是人民选出来的。全国人大代表，城市是二十四万选民选出一个代表，农村是九十六万选民选出一个代表。人民选代表是希望代表能够代表人民、为人民说话。人大是反映民意的地方，所以一定要为老百姓办实事。老百姓关心的问题，我们人大就要关心。前些年我们对超期羁押问题开展了检查，发现这个问题很严重。虽然这个问题解决起来很难，但只要下决心还是可以解决的。当然我们也得到了"两高"的积极配合。现在历史上积压的超期羁押问题已全部解决，还形成了一套防止产生新的超期羁押的制度措施。还有农民工工资拖欠问题。大家可以想象一下，农民工打工一年，春节回家，家里就等着这个工资回去过年，结果拿不到工资，怎么向家里交待？所以我们与建设部一起推动解决这个问题，取得了很好的效果。

四是一定要依法办事，按照法定的程序办事。人大要充分发扬民主，严格依法办事，按程序办事。人大的决定之所以具有权威性，正是人大民主的程序、一人一票、会议决定问题、集体决定问题、按程序办事，保证你的决策能够维护群众的根本利益。因为看问题有时角度会不同，有一点不同意见也没有什么不好，不一定追求百分之百的得票率。民主的体现就是有人同意，有人不同意。关键是我们要严格按程序办，通过会议决定问题，要根据多数人的意见决定问题。我们的委员长会议刚刚开完，我在会上说，现在理论界认为民主有三种形式：一是选举民主，二是协商民主，三是谈判民主。我们国家的民主更多的是选举民主与协商民主的结合。江主席就说过，我们国家的民主，一是选举，二是选举前的协商。我们现在的决策应该说是很民主的。比如"十一五"规划，研究起草了二年多，广泛听取各方面的意见，最后集中了全国的智慧，形成了这个规划，由全国人大审议通过。什么是民主？民主就是按照一定的法律程序，按多数人的意志决定问题。当然，我们的民主还需要在实践中逐步加以完善。

注　释

[1] 指当时美国的临时参议长特德·史蒂文斯。

[2] 这里指二〇〇五年八月袭击美国等地的代号为"卡特里娜"的五级飓风，这次飓风给美国新奥尔良等地造成了严重破坏。

社会实践是最好的普法学校 [*]

（二〇〇六年四月二十九日）

全国人大常委会历来高度重视普法工作。为贯彻落实中央批转的"五五"普法规划，这次会议在听取国务院关于"四五"普法情况报告的基础上，作出了关于加强法制宣传教育的决议。审议中，常委会组成人员充分肯定了"四五"普法工作取得的成绩，指出了法制宣传教育存在的突出问题，对做好"五五"普法工作提出了三点意见。

一要提高认识。法制宣传教育是实施依法治国基本方略、加强社会主义民主法制建设、建设社会主义法治国家的基础性工作，对于落实科学发展观，构建社会主义和谐社会具有重要意义。各地区、各有关部门要充分认识加强法制宣传教育的重要性，克服松懈思想和厌战情绪，加强领导、精心组织，结合实际、统筹部署，把"五五"普法规划贯彻好、实施好。

二要突出重点。从普法的对象来说，司法和行政执法人员特别是领导干部是"五五"普法的重中之重。政府机关依法行政、

---

[*] 这是吴邦国同志在十届全国人大常委会第二十一次会议上讲话的一部分。

295

司法机关公正司法是最好的普法教材。只有司法和行政执法人员特别是领导干部知法、懂法，严格依法办事，才能更好地带动广大人民群众学法、守法，切实维护法律的权威。从普法的内容来看，要把事关群众切身利益的法律作为重中之重。维护最广大人民的根本利益，是落实科学发展观的本质要求，也是社会主义法治的本质要求。法制宣传教育工作必须把维护人民群众的切身利益作为出发点和落脚点，要让人民群众了解和熟悉与他们切身利益密切相关的法律法规，懂得依法按程序调解矛盾和纠纷，用法律武器维护自身的合法权益，提高全社会的法律意识和法制观念。

三要增强实效。二十年的普法实践告诉我们，社会实践是最好的普法学校。要增强法制宣传教育的实效，很重要的一条是要将法律运用到解决现实生活中遇到的实际问题中去，把解决问题的过程，作为普及法律知识、增强法律意识和法制观念的过程，使法制宣传教育植于实践的沃土中，生根发芽结果。要力戒形式主义，不断改进普法方式，着力解决与法治实践结合不紧的问题，使法制宣传教育深入人心、深得民意。

人大及其常委会要把立法和监督工作与法制宣传教育工作紧密结合起来，进一步扩大公民对立法工作的有序参与，提高执法检查工作的透明度，使立法和执法检查的过程成为宣传和普及法律知识的过程，推动法制宣传教育深入发展。

不断充实和发展中欧
全面战略伙伴关系 *

（二〇〇六年五月十八日）

罗马尼亚是我此次欧洲之行的第一站。欧盟是世界上最大的发达国家集团，中国是世界上最大的发展中国家。中欧之间不存在根本利害冲突，也不存在历史遗留问题。双方在人类和平与发展的一些重大问题上有着广泛的共同利益。欧盟国家有较强的经济科技实力，中国有丰富的人力资源和广阔市场，中欧经济互补性强，合作潜力巨大。发展和深化中欧关系，不仅符合双方的根本利益，也有利于世界的和平、发展与稳定。我们高兴地看到，中欧建交三十多年来，在双方共同努力下，中欧关系经受住了时间和国际风云变幻的考验，特别是上世纪九十年代中期以来，中欧关系持续稳定发展。可以说，现在是中欧关系发展的最好时期。

——加强政治对话，深化相互信任。互信是中欧关系的政治基础。中欧一直保持着密切的高层往来。去年是中欧建交三十周年，双方举行了一系列庆祝活动。仅去年一年，就有九位中

---

　　* 这是吴邦国同志访问罗马尼亚期间在罗马尼亚议会的演讲《深化传统友好，促进共同发展》的一部分。

　　2006 年 5 月 18 日，吴邦国在罗马尼亚议会宫发表题为《深化传统友好，促进共同发展》的演讲。

国领导人访问了包括新成员国在内的十四个欧盟国家和欧盟总部，十八个欧盟国家和欧盟机构的领导人也相继访华，双方领导人在多边场合也保持了频繁接触。双方在重大国际和地区问题上有着相同或相似的看法，都主张推动世界多极化和国际关系民主化，都主张尊重联合国的权威和主导作用，都主张用和平手段解决国际争端。双方在对方关切的重大问题上相互理解和支持。欧盟多次重申坚持一个中国政策，支持中国在国际和地区问题上发挥建设性作用。中方支持欧盟一体化进程，乐见欧盟在地区和国际事务中发挥更大作用。中欧各级别政治对话与磋商机制不断完善。自一九九八年中欧建立领导人定期会晤机制以来，迄今已成功举行八次会晤。二〇〇二年，中欧签署加强政治对话的协议，双方每年定期举行不同层次和类别的政治磋商，及时就重大国际和地区问题进行沟通。在双方共同努力下，中欧关系不断提升。二〇〇三年，中欧领导人第六次会晤时，双方决定建立全面战略伙伴关系。

——扩大经贸合作，实现互利双赢。经贸合作是中欧关系的经济基础。近年来，随着中欧政治关系的日益深化，中欧经贸关系迅速发展。一是双边贸易额快速增长。二〇〇五年，达到二千一百七十三亿美元，同比增长百分之二十二点六。欧盟已连续两年成为中国第一大贸易伙伴，中国已成为欧盟第二大贸易伙伴。二是投资和技术合作不断扩大。到二〇〇五年底，欧盟在华投资设立企业二万二千六百多家，累计合同外资金额八百七十多亿美元，实际投入四百七十多亿美元，欧盟已成为在华第四大实际投资方。空中客车、诺基亚、大众等许多著名欧洲企业，在中国的市场份额越来越大。与此同时，中国的海尔、华为、中兴、TCL 等一大批企业，走出国门，在欧盟投资创业。三是经贸磋商机制不断完善。一九八五年，中欧签署贸易与经济合作协定，决定定期举行部长级经贸混委会，迄今已召开二十次会议，并相继设立了经贸、环保、能源和信息社会等四个工作组及科技指导委员会，并将启动贸易政策、竞争政策、知识产权和纺织品等十多个对话机制。

——促进人文交流，增强发展活力。人文交流是中欧关系的社会基础。双方在科技、教育、文化、旅游等领域的交流与合作空前活跃，为中欧关系发展注入生机与活力。科技合作相互开放，中方参与了大约百分之四的欧盟科技项目，成为实施伽利略计划的第一个非欧盟国家，在信息技术、生命科学、能源和材料领域的合作尤为成功。欧方也与中方就中国"八六三"计划和"九七三"规划等进行合作。教育合作方兴未艾，双方启动了教育合作高层对话，相互承认学位工作取得重要进展。欧方投入九百万欧元，设立"中国窗口计划"，鼓励中国学者和学生赴欧进修学习。目前，中国在欧留学生有十六万人，在华学习的欧盟国家学生也越来越多。中国已同欧盟所有成员国签署了旅游目的地国协议，有力地促进了中欧人民的直接往来。二〇〇四年九月一日，中国公民赴欧旅游首发团到达欧洲，一年多来欧盟国家共接待了一百多万中国游客。二〇〇五年，有四百七十多万欧洲公民来华旅游观光或开展商务活动。

中欧关系发展的事实表明，只要坚持和平共处五项原则，不断扩大共同利益的汇合点，妥善解决分歧，不同社会制度的国家是完全可以加强合作、发展关系的。

中国始终支持欧盟的一体化建设，将中欧关系置于中国外交的重要位置。不断充实和发展中欧全面战略伙伴关系，符合中欧双方的根本利益，也有利于国际关系的良性互动，有利于世界的和平、稳定与发展。

让两个文明古国联袂牵手再创辉煌 *

（二〇〇六年五月二十三日）

　　中国和希腊虽然远隔千山万水，但两国人民的友谊源远流长。一九七二年中希建交，掀开两国友好的新篇章。三十四年来，在相互尊重、平等互利的基础上，两国政治关系不断加强，经贸合作持续发展，人文交流日益活跃，中希关系迎来了历史上最好的时期。二〇〇〇年，江泽民主席对贵国进行了国事访问，这是中国国家主席首次访希，双方表示将致力于在新千年把中希互利友好合作提高到新水平。同年，两国签署政治磋商协议，政治互信进一步增强。今年一月，卡拉曼利斯总理成功访华，与胡锦涛主席等中国国家领导人进行了坦诚友好的会晤，双方宣布建立全面战略伙伴关系。中希双方在许多重大国际问题上有着相同或相似的看法，在联合国等国际组织中相互协调与配合。我们感谢希腊在台湾、人权等问题上对中国的理解和支持，赞赏希腊为推动中欧关系发展所做的不懈努力。

　　双边经贸关系一直保持良好发展势头，特别是近五年来进

---

　　* 这是吴邦国同志访问希腊期间在雅典举行的中希经贸合作论坛上的演讲《中希携手，再创辉煌》的一部分。

2006年5月23日，吴邦国在希腊雅典出席中希经贸合作论坛开幕式，并发表题为《中希携手，再创辉煌》的演讲。

入了高速发展阶段。二〇〇〇年贸易额突破了五亿美元，到二〇〇五年贸易额达到了二十亿二千万美元，五年增长三倍多。目前希腊在华直接投资项目累计五十八个，协议金额一亿多美元。中希签订的工程承包合同累计金额二亿九千万美元，完成营业额二亿四千万美元。双方贸易结构不断改善，中方出口产品中机电和高新技术产品比重逐年加大，希方在电信等领域与中方进行了很好的合作。今年以来，双方有关部门围绕双边贸易已举办了三次经贸论坛，表达了两国扩大双边贸易合作的愿望和决心。

中国和希腊同为文明古国，历史文化积淀深厚，经济发展底蕴坚实，虽然两国社会制度不同，文化传统各异，但中希之间不存在历史积怨，也没有根本利害冲突，相反我们有着广泛的共同利益。深化中希经贸合作不仅符合两国人民的根本利益，也是发展中希全面战略伙伴关系的重要内容。我们高兴地看到，中希双方对加强互利合作、提升合作质量和水平的热情空前高涨。今天，我想利用中希经贸合作论坛的讲台，谈一谈进一步深化中希经贸合作的问题。

一是深化航运、造船等传统领域的合作。双方在这一领域合作基础良好，互补性很强。中国进口的原油和其他大宗进出口商品，有百分之五十以上是由希腊船队承运的。希腊是世界上第一大航运国，拥有全球最大的商船队和世界级的航运枢纽。中国是世界第三大贸易国和第三大造船国，还拥有丰富的海员人力资源。双方应开展航运、造船、港口建设和海员劳务等方面的战略合作，构建长期稳定的伙伴关系，实现互利双赢。中方欢迎有实力的希腊企业到中国投资造船、修船项目，支持有实力的中国企业来希腊投资港口、码头等设施建设，并愿与希方共同扩大两国间的直达海运及经对方港口到邻近国家或地区的海上中转运输。

二是拓展旅游、奥运等新领域的合作。中希两国历史悠久、文化灿烂，旅游资源十分丰富。旅游业是希腊的传统产业，在希腊国民经济中占有举足轻重的地位，发展旅游业具有丰富的经验。旅游业在中国是新兴产业。中国既是世界上最大的旅游客源国，也是潜在的最大旅游市场。二〇〇八年中国北京将举办第二十九届奥运会。希腊既是奥运的发祥地，又是上一届奥运会的举办地，在举办奥运会和发展奥运经济方面有很多独到之处。双方在旅游和奥运领域的合作，互补性也很强，商机无限，潜力巨大。希望双方有关部门和企业抓住机遇，广开思路，积极拓展旅游、奥运的合作方式，不断提升旅游、奥运的合作水平。

　　三是发挥企业在经贸合作中的重要作用。企业是市场活动的主体，也是双边经贸合作的主体。只有企业的参与，双方的经贸合作才能做实做大，才能具有强大的生命力。目前中希企业合作的规模还不大，怎样把两国企业加强合作的强烈愿望转化为现实，是我们当前面临的一个重大课题。双方应把加强企业合作，作为深化中希经贸合作的优先方向，积极推动有实力、有竞争力的企业，开展多种形式的投资和经济技术合作。两国政府应共同努力，继续推动贸易和投资便利化，为两国企业的互利合作创造更好的条件，提供更多的支持。应充分利用现有双边经贸混委会、经贸论坛等机制，加强对话与协商，妥善解决经贸合作中出现的问题。

　　在人类发展历程中，以古代中国和古代希腊为代表的东西方文明曾经彼此交融，相映生辉。如今，历史再次让两个文明古国联袂牵手，再创辉煌。再过两年，不灭的奥林匹克圣火将传递到万里长城，"希腊文化年"也将在中国拉开帷幕。让我们携起手来，抓住千载难逢的历史机遇，开拓中希经贸合作的崭新天地，为两国的经济发展和人民福祉，为世界的繁荣与和谐作出新的贡献。

在中国全国人大与俄罗斯国家杜马合作委员会第一次会议上的致辞[*]

（二〇〇六年五月二十九日）

尊敬的格雷兹洛夫^[1]主席，

各位议员朋友：

今天，中国全国人大同俄罗斯国家杜马合作委员会举行第一次会议，标志着双方的交流实现机制化。这对加强两国议会合作，增进两国人民相互了解，推动中俄战略协作伙伴关系稳定健康发展具有重要意义。在这里，我代表中国全国人大对会议的召开表示热烈祝贺，对各位同事为此所做的大量工作表示衷心感谢。

今年是中俄两国确立战略协作伙伴关系十周年，也是《中俄睦邻友好合作条约》签署五周年。在这样一个具有特殊意义的时候，回顾两国关系的发展历程，展望中俄关系的美好未来，意义非同一般。我们高兴地看到，近些年来，在双方共同努力下，两国高层交往频繁，政治互信不断加强，经贸合作蓬勃发展，战略协作日益密切，两国关系达到前所未有的高水平，为维护世界和

---

* 这次会议在俄罗斯莫斯科举行。致辞原题为《新形势下的中俄议会合作》。

305

平、促进共同发展作出了重要贡献。中俄互为最大邻国，又是战略协作伙伴。无论国际风云如何变幻，中俄两国深化睦邻友好、加强互利合作、发展战略协作伙伴关系，始终是两国外交政策的战略优先方向。我们愿与俄方一道，立足长远，放眼世界，积极推动两国在政治、经济、科技、文化和国际事务等领域的全面战略协作，不断开创中俄关系发展的新局面。

议会合作是中俄战略协作伙伴关系的重要组成部分，对两国关系的发展发挥着越来越重要的作用。去年六月格雷兹洛夫主席访华时，我们共同签署了《中国全国人大与俄罗斯国家杜马合作委员会章程》，确立了双方进行定期交流的宗旨、任务和形式。希望双方充分利用合作委员会这一平台，发挥各位议员的聪明才智，为议会合作建言献策，为推动两国关系添砖加瓦。

下面，我就新形势下加强中俄议会合作提几点建议，供大家参考。

第一，加强立法经验的交流。中俄两国经济都处在转轨时期，都面临加快经济发展、深化改革开放的重任。一些原有的法律已不能完全适应经济社会发展的客观需要，面对新情况、新问题亟须制定一些新的法律。两国立法机构的立法任务相当繁重。虽然我们两国国情不同，但在发展中会遇到相似的问题，加强立法经验的交流，可以相互借鉴，有助于提高立法质量，更好地保障经济社会持续健康稳定协调发展。中国全国人大的立法部门要多向俄罗斯国家杜马的立法部门学习。

第二，加强双边法律性文件的沟通与协调。目前中俄国家间和地区间已签署协议条约等法律性文件有二百多个，今后随着两国各领域合作深入发展还会签署一些新的条约、协定。其中一些重要的法律性文件的签署和修订大多需要两国立法机构的审议批准。事先在两国立法机构间加强沟通与协调，对于顺利批准这些法律性文件至关重要。另外，我们都有监督的职能，双方还可以就监督双边法律性文件落实工作开展交流，督促将这些文件的要求落到实处。

2006 年 5 月 28 日，吴邦国在俄罗斯访问期间视察中建总公司承建的俄罗斯联邦大厦项目工地，亲切看望在那里施工作业的中国建筑工人。

第三，推动经贸等领域的务实合作。中俄关系发展到今天，加强经贸合作已成为重中之重。议员来自各个选区、代表方方面面，与企业、与地方有着广泛联系，许多议员原来就是从事经济工作的，选民最关心的也是地区经济发展和民生改善。因此，我们双方可以通过合作委员会这个平台，发挥议会交往和议员的优势，为经贸和企业合作牵线搭桥、提供服务，同时促进人文、科技等领域的交流，为两国关系的发展增添活力。

第四，交换对国际和地区问题的看法。中俄都是世界上具有重要影响力的大国，在国际舞台上发挥着越来越重要的作用，有着广泛的共同利益。两国议会间及时就重大国际和地区问题交换意见，加强在国际和地区议会组织中的协调与配合，有助于维护两国的共同利益，促进国际关系民主化，维护地区乃至世界的和平与发展。

最后，祝中国全国人大与俄罗斯国家杜马合作委员会第一次会议取得圆满成功！

谢谢大家。

注　释

[1] 格雷兹洛夫，时任俄罗斯国家杜马主席。

在上海合作组织成员国
议长会晤时的讲话 *

（二〇〇六年五月三十日）

尊敬的米罗诺夫 [1] 主席，

格雷兹洛夫 [2] 主席，

各位同事：

在上海合作组织成立五周年之际，我很高兴与各位同事相聚在美丽的莫斯科，一起讨论共同关心的问题。在此，我谨对米罗诺夫主席和格雷兹洛夫主席为本次会晤所做的精心准备和周到安排表示衷心的感谢。相信在大家的共同努力下，这次会晤一定能够达到预期目的，使上海合作组织成员国议会合作有一个良好的开端。

为了顺应和平、发展、合作的时代潮流，共同应对传统与非传统安全威胁，携手迎接经济全球化发展带来的机遇和挑战，维护和促进地区和平与发展，五年前，在江泽民主席的倡导下，中、俄、哈、吉、塔、乌等六国元首齐聚中国上海，共同发表了《上海合作组织成立宣言》，宣布在"上海五国机制"基础上成立上海合作组织。五年来，上海合作组织秉承互信、互利、平等、协商、尊重多样文明、谋求共同发展的"上海精神"，积极

---

　　* 这次会晤在俄罗斯莫斯科举行。

推进各领域的务实合作，成员国的政治互信全面深化，安全合作卓有成效，经贸关系日益密切，人文交流方兴未艾，为本地区各国人民带来了实实在在的利益，为促进地区乃至世界的安全、稳定与繁荣作出了重要贡献。上海合作组织五年来的发展，向世界展示了和平、合作、开放和负责任的国际形象，树立了不同社会制度、意识形态、发展模式和文明背景的国家超越差异、全面合作的典范，成长为国际和地区事务中一支重要的建设性力量，显示出越来越强的生命力。

这里值得一提的是，上海合作组织一直高度重视机制建设，已形成以元首峰会为核心，包括总理定期会晤、部门会议等不同层次，涵盖安全、经济、外交、国防、文化、教育、交通、救灾等众多领域的交流与合作机制，为实现上海合作组织的宗旨、发挥上海合作组织的作用提供了机制保障。同时，各成员国越来越认识到，上海合作组织工作的开展客观上需要各成员国议会的广泛支持和充分参与，加强各成员国议会合作势在必行。议会合作将成为完善上海合作组织机制建设的重要内容。议员代表人民，议会反映民意、体现国家意志。议会不仅在各自国家的政治、经济、社会生活中发挥着越来越重要的作用，也日益成为推动国际和区域合作不可或缺的建设性力量。我们要感谢米罗诺夫主席提出建立上海合作组织成员国议会会晤机制的建议。我们相信，建立议会交流与合作机制，有利于增进各成员国人民的相互了解，深化各成员国的政治互信，加强安全、经贸等领域的务实合作，扩大人文等方面的广泛交流，为上海合作组织的发展增添新的内容、注入新的活力。

下面，我愿就开展上海合作组织成员国议会合作问题提几点建议，与各位同事共同探讨。

第一点，坚持在上海合作组织的框架下开展工作。上海合作组织的宗旨是：加强各成员国的相互信任与睦邻友好；鼓励各成员国在政治、经贸、科技、文化、教育、能源、交通、环保及其他领域的有效合作；共同致力于维护和保障地区的和平、安全与稳定；建立民主、公正、合理的国际政治经济新秩序。议会合作作为上海合作组织的重要组成部分，应当遵循该组织的宗旨和原则，以该组织的根本目标和主要任务作为工作方向，在上海合作组织框架下开展工作。应当充分发挥各国议会的职能作用，及时批准并督促各成员国政府认真落实达成的有关协议，为上海合作组织的交流与合作提供有力的法律保障。要看到，议会合作对上海合作组织而言还是新生事物，缺乏经验，应当向其他比较成熟的合作机制学习，加强与其他合作机制的配合与协调，共同推动上海合作组织的发展。

第二点，促进各成员国的务实合作。上海合作组织的合作领域众多，各国议会议员关注的问题也很广泛。但是，议会合作不可能面面俱到，必须突出重点。只有抓住各成员国普遍关注的区域安全和经济合作问题，扎扎实实地加以推进，议会合作才能取得实效。各成员国议会应当根据上海合作组织的需要，及时修改国内相应的法律和有关规定，为安全和经贸等领域的合作创造良好的法治环境。应加强对政府工作的监督，督促有关部门改进工作，提高工作效率，改善服务质量。要发挥议会联系广泛、人才荟萃、信息密集的优势，为区域经贸合作献计献策，为国家、地方和企业间的合作牵线搭桥、提供服务。

第三点，实行灵活多样的合作方式。议会合作具有内容丰富、对象广泛、层次众多、方式灵活等特点。要从上海合作组织各领域合作的实际需要出发，结合议会合作的特点，创造性地开展工作。我们赞成和支持举行议长会晤，就议会合作中的重大问题进行沟通与协商。鼓励各成员国议会专门委员会、友好小组和办事机构的工作交流，加强各成员国议会年轻议员的友好交往，推动立法监督等领域的有效合作。针对上海合作组织进程中出现的新情况和新问题，还应探索议会合作的新途径和新方式，不断充实议会合作的内容，完善议会合作的机制。

各位同事！

　　2006 年 5 月 30 日，上海合作组织成员国首次议长会晤在俄罗斯莫斯科举行。会晤结束后，吴邦国与上海合作组织其他成员国议长合影留念。

中国是上海合作组织的重要一员，大家对中国的发展都很关心，我愿借此机会简要介绍一下中国经济社会发展情况。

一九七八年，中国开始实行邓小平先生倡导的改革开放的新政策，走上了一条符合中国国情、顺应时代潮流、体现人民意愿的发展道路。经济上，我们没有搞私有化，始终坚持公有制为主体、多种所有制经济共同发展的基本经济制度，坚定不移地发展社会主义市场经济。政治上，我们没有搞多党制、三权鼎立，始终坚持中国共产党的领导，坚持人民代表大会制度，坚持中国共产党领导的多党合作和政治协商制度，坚持民族区域自治制度，坚定不移地发展社会主义民主。所有这些，使我们不断消除生产力发展的体制性障碍，极大地激发了全体人民的积极性、主动性、创造性，大大加快了中国的发展步伐。

改革开放二十八年来，中国的面貌发生了巨大而深刻的变化，经济持续快速发展，人民生活不断改善，政治安定，民族团结，社会和谐。从一九七八年到二〇〇五年，中国国内生产总值年均增长百分之九点六，由二千一百六十五亿美元提升到二万二千三百亿美元，增长了十倍多。人均国内生产总值由二百二十六美元提升到一千七百零七美元，增长了近七倍。进出口贸易总额从二百零六亿美元提升到一万四千二百亿美元，增长了六十七倍，成为世界第三大贸易国。今年三月，中国十届全国人大四次会议审议批准的《国民经济和社会发展第十一个五年规划纲要》，确定了今后五年发展目标，就是在优化结构、提高效益和降低消耗的基础上，保持国内生产总值年均增长百分之七点五，到二〇一〇年人均国内生产总值比二〇〇〇年翻一番，单位国内生产总值能源消耗比二〇〇五年末降低百分之二十左右。尽管在我们的前进道路上还会遇到重重困难，还要面临种种挑战，但只要坚定不移沿着中国人民自己选择的这条道路走下去，就一定能够实现全面建设小康社会的宏伟目标，为世界的和平与发展作出更大的贡献。

各位同事！

上海合作组织成员国地处欧亚大陆腹地，地域辽阔、人口众多、历史悠久、文化灿烂，为人类社会的文明进步作出过伟大贡献。今天，这一地区以其丰富的自然资源、潜力巨大的市场和丰富多彩的文明，在世界和平与发展的崇高事业中发挥着越来越重要的作用。与此同时，我们也应该看到，这一地区的安全稳定仍面临不少威胁和挑战，地区经济发展不平衡，发展总体滞后的问题尚未解决，相对落后的局面仍未改变。实现上海合作组织的发展目标，任重道远。

再过半个月，上海合作组织就要迎来成立五周年的纪念日。六国元首将再次齐聚该组织的发源地——中国上海，举行隆重的庆祝活动，全面总结上海合作组织发展的成就和经验，深刻分析上海合作组织面临的形势和任务，统筹规划上海合作组织的发展战略和实施步骤，为上海合作组织的进一步发展指明方向。中国全国人大愿与上海合作组织其他成员国议会一道，为维护地区和平与稳定、促进地区繁荣与发展，共同谱写上海合作组织合作与发展的新篇章，作出新的更大的贡献。

谢谢大家。

注　释

[1] 米罗诺夫，时任俄罗斯联邦委员会主席。

[2] 格雷兹洛夫，时任俄罗斯国家杜马主席。

以执法检查推动法院检察院队伍建设 *

（二〇〇六年六月五日）

对法官法和检察官法的执法检查是今年人大常委会工作的一个重点，要精心组织、突出重点、务求实效。法官和检察官的素质，直接关系办案质量的高低，是人大代表和人民群众关注问题之一，事关社会稳定和谐。希通过执法检查，推动法院、检察院队伍建设，提高法官、检察官政治、业务、职业道德素质，以维护社会公平正义。同时要督促有关方面帮助基层法院、检察院解决工作生活中实际困难，确保工作正常开展。

---

  * 这是吴邦国同志对全国人大常委会法官法和检察官法执法检查工作的批示。

建议国务院加大对
非法采矿的督察力度 *

（二〇〇六年六月十三日、十二月三十日）

一

七封联名的群众来信（最多联名达三百七十人）比较集中反映非法开采，造成地表塌陷、山体滑坡，影响群众的生产生活，以及已公告关闭的小煤矿继续开采，以探代采等问题。对整治非法小煤矿，治理塌陷区，国务院及发改委、安全生产局[1]都很重视，但个别地方就是我行我素，造成干群关系紧张，影响社会和谐。建议批示有关地方查处。

（二〇〇六年六月十三日在转送国务院总理
温家宝的群众来信上的批语）

---

　*　这是吴邦国同志在关于非法采矿问题群众来信及其处理情况上的批语、批示。

二

从各地核查情况看，群众来信反映的问题基本属实。非法采矿，造成地表塌陷，耕地下沉，民宅受损。一些问题，群众虽多次上访，但久拖不决。对这些直接侵犯群众利益的事，建议对非法矿坚决予以关闭，并追究有关人员责任，对给农民造成损失尽快予以合理补偿。建议国务院加大督察力度，使来信反映问题得到彻底解决。

（二〇〇六年十二月三十日在吴邦国委员长六月十三日转送温家宝总理的群众来信处理情况上的批示）

注　释

[1] 安全生产局，即国家安全生产监督管理总局。

通过执法检查促进民族大团结 *

（二〇〇六年六月十五日）

民族区域自治法涉及面广，执法检查要突出重点、注重实效，要督促各地、有关部门切实解决实施中的突出问题，促进民族区域自治地区的经济社会发展。锦涛同志关心人数较少民族的生产生活情况，要帮助他们解决实际困难，通过执法检查促进民族大团结，实现共同发展。

---

* 这是吴邦国同志对全国人大常委会民族区域自治法执法检查工作的批示。

贯彻实施好监督法[*]

（二〇〇六年八月二十七日）

刚才，会议表决通过的监督法，是在认真总结实践经验、广泛听取各方面意见的基础上，经过反复修改、多次审议后形成的，凝聚了全国人大代表、常委会组成人员、地方各级人大的同志和专家学者的集体智慧。监督法的颁布实施，对于各级人大常委会依法行使监督职权，健全监督机制，加强和改进监督工作，增强监督实效，促进依法行政和公正司法，更好地发挥人民代表大会制度的特点和优势，推进社会主义民主法治建设都具有重大的现实意义和深远的历史意义。下面，我就贯彻实施监督法讲三点意见。

第一点，要认真学习胡锦涛总书记在党外人士座谈会上关于监督工作的重要讲话 [1] 精神，从坚持走中国特色社会主义政治发展道路的高度，深入领会监督法的精神实质。人民代表大会制度是国家的根本政治制度。人民代表大会统一行使国家权力，国家行政机关、审判机关、检察机关都由人大产生，对人大负责，

* 这是吴邦国同志在十届全国人大常委会第二十三次会议上讲话的一部分。

受人大监督。人大和政府、法院、检察院虽然职责分工不同，但目标是完全一致的，都是在党的领导下依法独立负责地履行职责、协调一致地开展工作。这与西方资本主义国家"三权鼎立"的政体有着本质区别。这个体制既能够充分发扬民主，使国家政治生活充满活力，又可以集中力量办大事，提高工作效率。人大对政府、法院、检察院进行监督，包括工作监督和法律监督，是宪法赋予人大的一项重要职权，是党和国家监督体系的重要组成部分。人大作为国家权力机关的监督，是代表国家和人民进行的具有法律效力的监督。人大监督的目的，在于确保宪法和法律得到正确实施，确保行政权、审判权、检察权得到正确行使，确保公民、法人和其他组织的合法权益得到尊重和维护。人大监督工作涉及我国政治制度和国家体制，政治性很强。监督法坚持以邓小平理论和"三个代表"重要思想为指导，以宪法为依据，充分体现了坚持党的领导、人民当家作主和依法治国的有机统一，正确处理了加强人大监督工作和坚持党的领导的关系，正确处理了加强人大监督工作和支持"一府两院"依法开展工作的关系，充分体现了民主集中制、集体监督、有序监督的原则，是一部符合我国国情和人大工作实际的重要法律。各级人大及其常委会的组成人员和工作人员，都要结合工作实际，认真学习监督法，深入领会监督法的精神实质，把思想统一到监督法上来，进一步加深对我国政治制度和国家体制的特点和优越性的认识，切实增强坚持和完善人民代表大会制度的坚定性和自觉性，切实增强坚持走中国特色社会主义政治发展道路的坚定性和自觉性，为监督法的实施打下坚实的思想基础。

第二点，要搞好规范和过渡工作，确保监督法的全面正确实施。监督法明确了各级人大常委会监督工作的重点、应当遵循的基本原则，以及监督工作的形式和程序等等，规范了地方各级人大常委会最为关注、最希望规范的问题，具有很强的针对性和可操作性。多年来，各地为加强和改进人大监督工作进行了积极探索，有的地方还制定了人大监督方面的地方性法规，正是由于大家的积极探索，为修改和完善监督法草案提供了实践经验，应当予以充分肯定。现在监督法已经制定出来，过去各地的一些做法与监督法规定不一致的地方，需要按照监督法的规定进行调整和规范。监督法将于明年一月一日正式实施，请各地利用实施前的这段时间，在认真学习监督法的基础上，对原来的工作、有关地方性法规和工作文件等进行全面梳理，对符合监督法规定的要加以深化和细化，对与监督法规定和精神不一致的要及时做出调整，认真加以规范，实现平稳过渡，为实施监督法做好充分的准备，确保监督法得到全面正确实施。

第三点，要以贯彻实施监督法为契机，进一步加强和改进人大监督工作。长期以来，全国人大常委会和地方各级人大常委会在行使监督职权方面做了大量工作，有力地保障了宪法和法律的正确实施，促进了依法行政和公正司法，维护了公民、法人和其他组织的合法权益。本届全国人大常委会高度重视监督工作，从一开始就确定了围绕中心、突出重点、增强实效的工作思路，综合运用听取和审议专项工作报告、开展执法检查等形式，不断加强监督工作，取得了明显成效。对此，在座的同志都是深有体会的，也为此付出了辛勤劳动，使一些事关全局而又长期得不到解决的问题，通过人大的监督工作得以解决。这里，我举几个例子。

一是，解决出口退税问题。由于种种原因，出口退税拖欠的问题长期没能解决，企业对此反映相当强烈。针对这一情况，二〇〇三年全国人大常委会在调查研究的基础上，向国务院提出三条建议：一是把当年中央财政超收收入重点用于增加出口退税；二是对解决历年拖欠做出安排；三是从实际出发，改革出口退税机制，防止新的拖欠。根据全国人大常委会的建议，国务院在二〇〇三年的超收收入中安排了八百三十八亿元用于增加当年出口退税，为不增加企业负担，安排九十亿元用于出口退税欠账贴息，并及时作出了关于改革出口退税机制的决定。二〇〇四年又从超收收入中安排一千二百七十五亿元，用于解决出口退税历史陈欠。经过这两年的持续努力，这个老大难问题基本得到了解决，调动了企业扩大出口的积极性，促进了对外贸易的发展。

二是，清欠农民工工资问题。这是前几年群众来信来访反映强烈的问题。二〇〇三年，全国人大常委会在建筑法执法检查中发现拖欠农民工工资问题相当严重，而拖欠农民工工资背后是拖欠工程款，要求各级政府及有关部门采取切实措施加以解决，并连续几年对拖欠工程款和农民工工资问题实施跟踪监督，还与国务院有关部门组成联合督查组到地方进行跟踪督办。经过各方面的共同努力，到二〇〇六年六月，各地政府和企业累计偿还拖欠工程款一千七百五十三亿元，占已清理出的二〇〇三年以前竣工工程拖欠总额的百分之九十四以上；累计偿还二〇〇三年以前拖欠的农民工工资三百三十六亿元，占拖欠农民工工资总额的百分之九十九以上，维护了农民工的合法权益。

三是，解决超期羁押问题。大家知道，超期羁押是长期存在的问题，人民群众对此反映强烈，人大代表也十分关注。二〇〇三年，本届全国人大常委会把解决这一问题作为监督重点，有关专门委员会听取了高法、高检及公安部的专题汇报，共同研究解决办法。同时，全国人大常委会督促和支持高法、高检及公安部，集中开展了全面清理超期羁押专项工作，并制定了预防和纠正超期羁押问题的具体规定，实行羁押期限告知、期限届满提示、超期投诉和责任追究等制度。经过各方面的共同努力，历史遗留的超期羁押案件基本得到纠正，超期羁押案件明显减少，二〇〇三年为二万四千九百二十一人次，二〇〇四年为四千九百四十七人次，二〇〇五年为二百七十一人次。

四是，实行国债余额管理问题。全国人大及其常委会对国债的监督是对财政预算监督的一项重要内容，过去一直是采取审批当年发债规模的办法。仅审批当年发债规模，而对整个国债的底数不清楚，很难对当年发债规模的合理性做出评价，也很难对国债规模的安全性做出判断，难以对国债实施有效监督。据此，许多人大代表和常委会委员建议，应当实行国债余额管理。国务院根据全国人大代表和常委会组成人员的建议，提出了从二〇〇六年开始实行国债余额管理的报告，委员长会议同意了这个报告。从审批当年发债规模到实行国债余额管理，是财政预算监督工作的一大进步，对科学控制国债规模、优化国债期限、降低国债筹资成本、提高财政管理透明度、防范财政风险具有重要意义。

还可以举出很多例子，如连续几年对"三农"问题、安全生产问题、环境保护问题的执法检查等等。也就是说，这些年全国人大常委会的监督工作是大大加强了。

人大监督工作的实践充分说明，贯彻实施好监督法，关键的一条，是要把监督工作的重点放在关系改革发展稳定大局和群众切身利益、社会普遍关注的问题上，只有这样才能更好地行使监督权，才能使监督工作更有深度、更具实效。这么做，各级人大常委会的工作量不是减少了，而是增加了；对各级人大常委会工作的要求不是降低了，而是提高了。各级人大常委会要以贯彻实施监督法为契机，结合本地实际，切实加强对带有普遍性、倾向性的问题的监督，努力增强监督工作的针对性和实效性。

注　释

[1] 这里指胡锦涛同志二〇〇六年六月六日在中南海主持召开党外人士座谈会，就各级人大常委会监督法草案征求各民主党派中央、全国工商联领导人和无党派人士的意见和建议时发表的重要讲话。

把中拉关系提升到一个新水平 *

（二〇〇六年八月三十一日）

巴西是我此次拉美之行的第一站。拉美与中国相距遥远，但早在十六世纪，中拉贸易的使者就横渡万顷碧波，开辟了通往拉美的"海上丝绸之路"。十九世纪初，几十万华工来到拉美的土地上，同拉美人民一道，修铁路、挖运河、开矿山、种蔗田，用辛勤的汗水浇灌着这片神奇的土地。近代以来，中国和拉美国家都遭遇过外来侵略，都为实现民族独立、人民解放和民主自由进行了艰苦卓绝的斗争，今天又都面临着发展经济、改善民生的繁重任务。相同的历史遭遇和发展任务，把中国人民和拉美人民紧密地联系在一起。我们高兴地看到，在双方的共同努力下，中拉友好合作的种子已经结出累累硕果。

中国同拉美和加勒比地区二十一个国家建立了外交关系。近十年来，拉美地区先后有七十四位国家元首、议长和政府首脑访问了中国，中国国家领导人也访问了十九个拉美国家。一九九〇年以来，中国同里约集团举行了十五次外长级对话。一九九七年

---

　　* 这是吴邦国同志访问巴西期间在巴西国会的演讲《加强友好合作，实现共同发展》的一部分。

以来，与南方共同市场举行了五次对话。中国还分别与安第斯共同体、加勒比十个建交国进行了多次对话磋商。中国已正式加入加勒比开发银行，还是联合国拉美经委会、拉美一体化协会、美洲开发银行、美洲国家组织和拉美议会的观察员。中国已成为拉美第三大贸易伙伴。二〇〇〇年以来，中拉贸易总额增长了三倍多，二〇〇五年达五百零四亿五千万美元。中国在拉美和加勒比累计投资八十九亿三千万美元，拉美十三个国家已承认中国完全市场经济地位，十七个国家成为中国公民旅游目的地国。

加强同包括拉美国家在内的广大发展中国家的团结合作，始终是中国独立自主的和平外交政策的基础。在世界多极化和经济全球化趋势不断发展的新形势下，进一步加强中拉友好合作，符合双方的根本利益，有利于中拉的共同发展，有利于加强南南合作，有利于促进世界的和平与发展。我们将与拉美国家一道，共同落实胡锦涛主席二〇〇四年十一月访问拉美时与拉美国家领导人达成的共识，把中拉关系提升到一个新的水平。为此，我提出五点建议。

一是深化政治互信，夯实中拉合作的政治基础。近年来，中国领导人多次访问拉美。许多拉美国家领导人也相继访问了中国，有力地促进了国家关系全面发展。我们应保持这种高层互访势头，深化领导人之间的信任与合作关系，积极促进双方政府、政党、议会间多层次的深入交流，不断扩大共识。中方愿继续加强与里约集团、南方共同市场、安第斯共同体等主要地区组织的对话与合作，愿在和平共处五项原则的基础上，同所有的拉美和加勒比国家建立和发展正常友好的国家关系。

二是推动互利合作，巩固中拉友好的经济基础。中国和拉美都是当今世界经济中最富有活力的地区，经济互补性又很强。随着中国经济和拉美经济的快速发展，双方合作的前景越来越广阔。双方应本着平等互利的原则，发挥各自优势，进一步优化贸易结构，着力加强企业合作，逐步扩大相互投资，不断创新合作方式，努力提升经贸合作的质量和水平。双方应以积极的态度、用发展的眼光，妥善处理经贸合作出现的新情况、新问题，实现互利共赢。

三是丰富人文交流，筑牢中拉友好的社会基础。中华文化历史悠久，拉美文化独具特色，同为世界文化瑰宝。加强人文交流，不仅有利于增进相互了解，也有利于促进人类文明进步。近年来，中拉在对方举办的文化展览深受欢迎，要求到对方国家或地区留学的青年学生人数急增，中拉青年联欢节取得空前成功，这都反映了双方加强相互了解和交往的迫切愿望。今后可以通过互设文化及语言传播中心，促进教育和旅游合作，加强大众传媒交流，鼓励中拉年轻一代加强交往等措施，把中拉人文领域的交流与合作向深度和广度拓展，使中拉友好代代相传。

四是加强议会交往，为中拉关系发展注入新的活力。议会交往作为国家关系的重要组成部分，在增进政治互信，加深各国人民相互了解和友谊，促进各领域务实合作，推动国家关系全面发展等方面发挥着不可替代的作用。中国全国人大与拉美国家议会保持着良好交往，是拉美议会的观察员，还分别同巴西、智利议会建立了定期交流机制。在新的形势下，双方应紧紧围绕中拉关系发展的大局，充分发挥议会的职能作用和自身优势，丰富合作形式，充实合作内容，着力推动务实合作，增强议会交往的实效，为中拉关系的全面发展增添新的内容、注入新的活力。

五是密切在国际事务中的磋商与配合，共同维护发展中国家的权益。中拉之间不存在历史积怨，也没有根本利害冲突。相反，在国际事务中，中拉有着广泛的共同利益和良好的合作基础。中方愿就重大国际和地区问题与拉美国家协调立场，密切配合，共同维护发展中国家的整体利益，促进国际关系民主化，推动建立公正合理的国际政治经济新秩序。作为联合国安理会常任理事国，中国将一如既往地支持包括拉美国家在内的广大发展中国家的合理主张和要求，促进发展中国家的团结合作。

吴邦国论人大工作

（下）

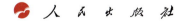

人民出版社

目　录

（下）

充分发挥企业在中巴经贸
合作中的主体作用 *

（二〇〇六年八月三十一日）

中巴企业家委员会是中国与南美之间的第一个由企业自发组成的合作组织，集中了中巴两国众多知名企业及企业家。委员会成立两年多来，为增进两国企业间了解，推动双边经贸关系发展作出了积极贡献。

经贸合作是中巴战略伙伴关系的物质基础，也是两国关系持续充满活力的重要保障。近年来，中巴经贸关系发展迅速。二〇〇五年，双边贸易额达到一百四十八亿一千七百万美元，比二〇〇一年翻了两番。中国在巴西设立企业八十九家，实际投资一亿五千一百万美元。巴西在华实际投资一亿四千四百万美元，涉及三百八十四个项目。巴西是中国在拉美地区的最大贸易伙伴，中国同样是巴西在亚洲的最大贸易伙伴。双边经贸关系的迅速发展，不仅给两国和两国人民带来了实实在在的利益，为中巴关系发展注入了强劲的动力，也为中巴两国企业合作提供了广阔的舞台。

---

* 这是吴邦国同志访问巴西期间在巴西利亚举行的中巴企业家委员会年会上的讲话《充分发挥企业在经贸合作中的主体作用》的主要部分。

中巴经济互补性很强，中巴都是正在发展的新兴市场，随着本国经济的不断增长和经济全球化趋势的深入发展，中巴经贸合作迎来了难得的发展机遇、展现出巨大的发展空间。

——在能矿资源领域。中国是世界上第二大能源生产国和能源消费国。上世纪九十年代以来，中国能源总自给率始终保持在百分之九十以上，但也需进口石油和天然气。二〇〇五年中国钢产量达三亿五千万多吨，电解铝产量达七百七十八万七千吨，矿产资源除国内供给外，也需大量进口。目前中国的主要能矿资源人均消费量只有世界平均水平的三分之二。随着中国经济的持续发展，对能矿资源的需求总量会有所增加。我们的能源战略是，在坚持节约优先、立足国内的前提下，适度利用国际能矿资源市场。中国已经与一些国家在能矿资源方面开展互惠互利的合作。巴西能矿资源丰富，资源产业发达，而且在燃料酒精、生物柴油等新能源开发方面很有特色，是能矿资源重要生产国和出口国。加强中巴能矿资源领域的互利合作，有利于两国的优势互补，符合双方的共同利益。我们愿在平等互利的基础上，加强同巴西的合作。更何况双方在这一领域已有很好的合作基础。在今年三月召开的中巴高委会第一次会议上，又成立了能源矿产分委会。双方企业家应从战略的高度，在现有合作基础上构建更为稳定的合作伙伴关系，实现互利双赢。

——在基础设施建设领域。中巴两国都是地域辽阔的发展中国家，基础设施建设方兴未艾。经过多年的发展，中国在铁路、交通、港口、机场、油气管线等基础设施建设中，积累了丰富经验，拥有雄厚实力。二〇〇五年，中国新建铁路一千二百多公里，增建铁路复线四百八十多公里，建成电气化铁路八百六十多公里，铁路总营业里程达七万五千公里，已建成四十三条电气化铁路，是继俄罗斯、德国之后世界上第三大电气化铁路国家。前不久全线通车的长达一千一百多公里的青藏铁路新建段，克服了多年冻土、高寒缺氧、生态环境脆弱三大难题，创下了铁路建设历史上的多项世界之最。去年，中国新建公路十二万九千公里，其中新建高速公路六千四百多公里，高速公路通车总里程达四万一千公里，跃居世界第二位。中国港口拥有万吨级以上生产泊位一千零三十个，货物吞吐量达四十九亿吨、国际集装箱吞吐量达七千五百八十万标准箱，都居世界首位。中国油气管线的总里程，从一九九七年的二万零四百公里提高到二〇〇五年四万四千公里，增加一倍多。两国企业虽然参与过对方个别基础

2006 年 9 月 3 日，吴邦国考察巴西马瑙斯自由贸易区工业区中资企业，亲切看望在那里工作和生活的员工。

设施项目的建设，但就总体而言相互了解不深，这一领域的合作潜力还远远没有挖掘出来。加强两国基础设施建设领域的合作，是深化两国经贸关系的重要方面，必将大有作为。

——在高新技术领域。早在一九八二年中巴两国就签署了科技合作协定。近年来，双方科技合作领域不断扩大，内容更加充实，成效日益显现。中巴联合研制并发射的两颗地球资源卫星，堪称南南合作的典范。中巴合作生产支线飞机，二〇〇二年成立合资公司，二〇〇三年就交付了第一架，经两国适航当局的检查，技术及质量完全符合标准并达到美国 FAA 的要求。二〇〇四年交付六架飞机，二〇〇五年又签署了十架飞机的购买协议。我高兴地告诉大家，昨天，我与卢拉总统共同见证了签署购买一百架飞机的合同，其中包括在巴西生产的五十架一百座飞机。同时，还见证了签署中兴通讯和巴西电信战略合作伙伴关系备忘录，掀开了中巴高新技术领域全面合作的新篇章。当今世界综合国力的竞争，说到底就是科技实力的竞争。中巴两国都高度重视科技进步，着力发展高新技术，并形成各自的优势。面对科技进步日新月异带来的机遇和挑战，中巴两国应在现有合作的基础上，不断扩大和深化高新技术领域的战略合作，共同分享科技进步带来的巨大成果，增强自主创新能力，造福于两国人民。

——在农业、纺织、机电和轻工产品等传统贸易领域。两国各有优势，互有需求。已经开展的商品贸易往来，丰富了两国国内市场，给两国人民带来了实实在在的利益。巴西农牧业发达，农产品丰富，去年有近八百万吨的大豆销往中国，约占中国当年大豆进口的百分之三十左右，同时，两国在大豆种植和开发方面还有广泛的合作空间。中国的一些家电、通信和轻工产品在巴西市场具有较高的信誉，格力和上海广电等中国企业的产品受到欢迎，并且已经在巴西投资建厂，为巴西的经济发展和扩大就业作出了积极贡献。二〇〇五年中巴双边贸易额增长百分之二十，今年一至六月增长百分之五十一点二。这一领域快速增长的势头，展示出巨大的发展空间，将成为深化双边经贸关系的重要领域。

更为可喜的是，双方对扩大经贸合作规模、提升合作质量和水平的热情空前高涨。而把强烈的合作愿望和巨大的合作潜力转化为现实，最为重要的是要充分发挥企业在经贸合作中的主体作用，推动一些带动全局的大项目合作。中巴实行的都是市场经济，企业是市场主体和投资主体，也是经贸合作的主体。希望双方企业发挥各自优势，积极探索企业合作的新途径、新方式，共同开拓投资合作的新领域，进一步扩大双向直接投资，使两国经贸合作从商品贸易向投资合作、产业合作和经济技术合作延伸，实现中巴经贸关系质的飞跃。中国政府将继续鼓励有实力、信誉好的大企业到巴西投资兴业，也欢迎巴西企业到中国创业发展。

这里，我还要强调的是，两国政府及有关方面应把加强企业合作作为深化中巴经贸合作的优先方向，积极为企业合作牵线搭桥，继续推动双边贸易和投资便利化，不断改善投资环境。应进一步发挥中巴高委会等双边机制的作用，及时协调解决两国经贸合作特别是企业合作中出现的问题，为两国企业合作及大项目合作创造良好的条件、提供更多的便利。我相信，在中巴两国企业家的共同努力下，中巴经贸合作必将迎来更加美好的明天。

加强制度建设，保障社会公平正义 *

（二〇〇六年十月十三日）

社会公平正义是社会和谐的基本条件。从我国社会主义初级阶段的基本国情出发，当前既要着力解决影响社会公平正义的突出矛盾和问题，更要注重从制度建设入手，切实保障人民在政治、经济、文化、社会等方面的权利和利益，引导公民依法行使权利、履行义务。为此，党的十六届六中全会通过的《中共中央关于构建社会主义和谐社会若干重大问题的决定》提出要完善六个方面的制度。

一是民主权利保障制度。最广大人民享有广泛而充分的民主权利，是政治上实现社会公平正义的重要内容和标志。全会决定强调，要坚持党的领导、人民当家作主和依法治国的有机统一，依法实行民主选举、民主决策、民主管理、民主监督，积极稳妥地推进政治体制改革，健全民主制度，丰富民主形式，实现社会主义民主政治制度化、规范化、程序化，保障人民享有广泛的民主权利。全会决定还强调了完善民主权利的三个途径。第一，坚

---

* 这是吴邦国同志在全国政协十届常委会第十五次会议上就学习《中共中央关于构建社会主义和谐社会若干重大问题的决定》所作的报告《构建社会主义和谐社会的纲领性文件》的一部分。吴邦国同志是决定起草组组长。

持和完善人民代表大会制度、中国共产党领导的多党合作和政治协商制度、民族区域自治制度，从各个层次扩大公民有序的政治参与，保障人民依法管理国家事务、管理经济和文化事业、管理社会事务。第二，推进决策科学化、民主化，深化政务公开，依法保障公民的知情权、参与权、表达权、监督权。第三，扩大基层民主，完善厂务公开、村务公开等办事公开制度，完善基层民主管理制度，发挥社会自治功能，保证人民依法直接行使民主权利。

二是法律制度。以制度建设来保障社会公平正义，最重要的是推进国家经济、政治、文化、社会生活法制化、规范化，以法治理念、法治体制、法治程序维护和促进社会公平正义。全会决定强调，要维护社会主义法制的统一和尊严，树立社会主义法制权威，坚持公民在法律面前一律平等，尊重和保障人权，依法保证公民权利和自由。要坚持科学立法、民主立法，完善发展民主政治、保障公民权利、推进社会事业、加强社会管理等方面的法律法规，加快建设法治政府，加强对权力运行的制约和监督，形成全体公民自觉学法守法用法的氛围。

三是司法体制机制。维护公平、伸张正义是社会主义司法的神圣职责。全会决定强调，要坚持司法为民、公正司法，推进司法体制和工作机制改革，目的是建设公正、高效、权威的社会主义司法制度。要通过完善诉讼等一系列制度、加强司法救助、对贫困群众减免诉讼费、健全巡回审判等多种措施，方便群众诉讼，切实解决打官司难的问题。全会决定还提出了加强司法民主建设、加强人权司法保护、加强和改进执行工作等方面的要求，强调要维护司法廉洁，严肃追究徇私枉法、失职渎职等行为的法律责任。

四是公共财政制度。完善公共财政制度，逐步实现基本公共服务均等化，是政府运用再分配手段保障社会公平正义、促进社会和谐的内在要求。"十一五"规划纲要已经确定，要逐步推进基本公共服务均等化。从我国国情看，公共财政要承担的基本任务是保障政权运转、支持经济建设、提供公共服务和公共产品。为此，全会决定强调，要健全公共财政体制，调整财政收支结构，把更多财政资金投向公共服务领域，加大财政在教育、卫生、文化、就业再就业服务、社会保障、生态环境、公共基础设施、社会治安等方面的投入，加大财政转移支付力度，着力解决县乡财政困难，增强基层政府提供公共服务能力，不断增强公共产品和公共服务供给能力。

五是收入分配制度。收入分配问题关系人民群众切身利益。目前，收入分配秩序问题较多，社会分配不公和收入差距过大现象突出，人民群众对此反映强烈。全会决定针对收入分配领域的突出问题，强调了改革收入分配制度的政策取向，这就是：坚持按劳分配为主体、多种分配方式并存的分配制度，加强收入分配宏观调节，在经济发展的基础上，更加注重社会公平，着力提高低收入者收入水平，逐步扩大中等收入者比重，有效调节过高收入，坚决取缔非法收入，促进共同富裕。全会决定强调，要健全国家统一的职务与级别相结合的公务员工资制度，实行符合事业单位特点的收入分配制度，加强企业工资分配调控和指导，规范国有企业经营管理者收入，实行综合与分类相结合的个人所得税制度。

六是社会保障制度。通过近些年的努力，我国初步形成了与社会主义市场经济体制相适应的社会保障制度框架。虽然我国社会保障发展较快，但仍然存在着覆盖范围小、制度不健全、保障水平低等问题。全会决定根据我国人口老龄化、城镇化、就业方式多样化的趋势，明确提出要逐步建立社会保险、社会救助、社会福利、慈善事业相衔接的覆盖城乡居民的社会保障体系，第一次提出了覆盖城乡居民的社会保障体系的发展目标。在社会保险方面，要完善企业职工基本养老保险制度，加快机关事业单位养老保险制度改革，有条件的地方探索建立多种形式的农村养老保险制度，完善城镇职工基本医疗保险，推进失业、工伤、生育保险制度建设，加快建立适应农民工特点的社会保障制度。在社会救助方面，要完善城市低保、农村五保户供养、特困户救助、灾民救助、城市生活无着的流浪乞讨人员救助等制度。在社会福利方面，要发展以扶老、助残、救孤、济困为重点的社会福利。在慈善事业方面，要完善社会捐赠免税减税政策，增强全社会慈善意识。

坚定不移走中国特色
社会主义政治发展道路 *

（二〇〇六年十一月十八日）

我在全国人大工作这几年有一个很深的感受，就是人大工作的政治性很强，必须加深对我国政治制度、国家体制特点和优越性的认识，坚定不移地走中国特色社会主义政治发展道路。具体来讲，在政党制度上，我们实行的是中国共产党领导的多党合作和政治协商制度。绝不能搞多党轮流执政。在政权制度上，我们实行的是人民代表大会制度，绝不能搞"三权鼎立"。在民族制度上，我们实行的是民族区域自治制度，把民族问题和区域问题结合起来。这次召开中非合作论坛，和我们建交的四十八个非洲国家中，来了四十多个国家元首和政府首脑。为什么？一个重要原因，就是中国的发展模式有吸引力，中国选择的政治发展道路有吸引力。我在去年召开的十届全国人大四次会议上的报告中，专门引用了小平同志的一段重要论述："我们评价一个国家的政治体制、政治结构和政策是否正确，关键看三条：第一是看国家的政局是否稳定；第二是看能否增进人民的团结，改善人民的生活；第三是看生产力能否得到持续发展。"[1]中国发展的事

    ＊　这是吴邦国同志在河南省专题调研时讲话的一部分。

实充分证明，我们选择的政治发展道路是符合中国国情、顺应时代潮流、体现人民意志、强国富民的道路。中国改革开放以来取得的巨大成就有目共睹，但一些西方人还在攻击我们不民主。今年五月，我在希腊议会的演讲中理直气壮地说：中国是一个民主法治的国家。我列举了很多事实，他们听了以后也没话可说。我们讲民主，有民主选举、民主决策、民主管理和民主监督。单就民主选举来说，我们的选举之所以高票通过，是因为在选举前都经过了充分协商。至于决策民主，坦率地讲，我们的决策比美国等一些国家和俄罗斯要民主得多，他们的决策圈子很小。我们每作出一个重大决策，都要反复研究论证、广泛征求意见、逐步统一思想、凝聚各方智慧。比如，党的十六届六中全会《中共中央关于构建社会主义和谐社会若干重大问题的决定》从起草到通过历时七个多月。我们在一开始并没有框框，而是先发文听取各地方、各部门的意见，你们认为应解决什么问题。发文后共收到了各省（区、市）和中央各部门的建议材料一百二十四份。在认真研究各方面意见的基础上研究确定决定的框架，经过认真讨论取得基本共识后才开始起草讨论稿。然后又几下几上多次征求意见，逐段逐句推敲，反复研究修改。最后在六中全会上还根据委员们的意见作了三十多处修改。所以说，我们的决策是最民主的。关于民主管理、民主监督，我这里就不再多说了。总之，要理直气壮地告诉这些人，我们国家是民主法治的国家，我们对走自己选择的政治经济发展道路坚定不移。

做好人大工作，我体会还要牢固树立以下五个观念。一要树立党的观念。从事人大工作的同志一定要自觉坚持党的领导，维护中央权威。要通过人大工作巩固党的执政地位，绝不能削弱党的执政地位，这是一个根本原则。二要树立大局观念。尤其要处理好与"一府两院"的关系。这次中非论坛上，我见了南非总统姆贝基，向他详细介绍了我们的政治体制，说明我们与"一府两院"的目标是一致的，都是在党的领导下依法独立负责地履行职责、协调一致地开展工作，人大对"一府两院"是既监督也支持，监督也是为了促进工作。姆贝基称赞这个制度好。三要树立群众观念。人大是代表人民的，要坚持以人为本，反映民意，为老百姓讲话，帮老百姓做事，通过加强立法、开展监督，帮助解决老百姓最关心、最直接、最现实的利益问题。四要树立法制观

　　2006年11月14日至18日，吴邦国先后到河南郑州、洛阳、新乡、鹤壁等地就贯彻落实党的十六届六中全会精神进行专题调研。图为吴邦国在新乡七里营镇刘庄村看望村民。

念。坚持依法办事、按程序办事。在香港政治体制的问题上，有人要搞双普选[2]，闹得很厉害。全国人大搞了个司法解释，严格按法律程序办，无懈可击。我们是单一制国家，香港特区的权力是全国人大赋予的，政治体制改革的权力在全国人大而不在香港。香港有立法会，但立法会没有政治体制的提案权和修正案权，这项权力在特区政府，只能由其报请全国人大常委会批准。我讲这件事，就是要强调牢固树立法制观念，严格依法办事、按程序办事。五要树立民主观念。人大是体现民主的地方，是让大家讲话的地方。人大制定的法律和作出的决定之所以有权威，很大程度上是因为依法按程序集体行使职权，集体决定问题，一人一票。也就是说，人大的工作有宪法、法律和程序作保证，具有法律效力。

注　释

[1] 见邓小平《怎样评价一个国家的政治体制》(《邓小平文选》第 3 卷，人民出版社 1993 年版，第 213 页)。

[2] 指香港特别行政区立法会和行政长官的普选。

祖国好，香港会更好 *

（二〇〇六年十二月二日）

无巧不成书。六年前的今天，我应邀来港出席亚洲电信展。当时，香港还没有摆脱亚洲金融危机造成的困难。六年来，在中央政府和祖国内地的全力支持下，经过香港特别行政区政府和社会各界人士的团结奋斗，香港不仅早已走出困境，而且呈现出良好的发展势头。今天的香港，社会稳定，经济增长，民生改善，充满生机与活力。看到这些喜人的变化，我们感到由衷的欣慰，对保持香港长期繁荣稳定更加充满信心。

我们对香港的前途满怀信心，是有充分的事实依据的。

一、"一国两制"是保持香港长期繁荣稳定最好的制度安排。"一国两制"是邓小平先生提出来的，既坚定地维护了国家的主权和统一，又充分考虑到了香港的历史和现实情况，切实照顾了各方面的利益关切。"一国两制"不仅是解决香港回归问题的基本方针，也是香港回归后保持长期繁荣稳定的基本方针，具有强大的生命力。我们高兴地看到，香港回归九年多来，在"一国两制"方针之下，实行"港人治港"、高度自治，广大香港同胞当

---

* 这是吴邦国同志在香港特别行政区政府欢迎晚宴上讲话的主要部分。

2006 年 12 月 2 日，吴邦国出席香港特别行政区政府举行的欢迎晚宴并讲话。

家作主，焕发出前所未有的热情，支持特别行政区政府依法施政，共同建设香港；香港原有的经济、社会制度没有变，生活方式没有变，法律基本没有变；香港居民依法享有广泛的自由和民主权利，外国投资者在香港的利益得到切实保护。今天的香港，继续保持自由港和国际大都市的特色，继续保持国际金融、贸易和航运中心的地位，国际社会普遍认同香港是全球最自由开放的经济体和最具发展活力的地区之一。

二、香港特别行政区基本法是保持香港长期繁荣稳定根本的法律保障。香港特别行政区基本法二十年前开始起草，历时四年八个月，是在广大港人广泛参与下，在充分听取和吸纳港人意见并在全国范围内两次征询意见的基础上形成的，凝聚了包括香港同胞在内的全体中国人民的集体智慧。邓小平先生曾经称赞香港特别行政区基本法是"一部具有历史意义和国际意义的法律"，是"一个具有创造性的杰作"[1]。现在回过头来看，它确实是一部了不起的好法律。香港特别行政区基本法以宪法为依据，把"一国两制"方针和国家对香港的一系列政策用法律的形式固定下来，为香港特别行政区行政、立法和司法的运作提供了基本法律依据，是香港法治的基石。香港特别行政区基本法实施九年来的实践充分证明，这部法律是符合香港实际的，是保持香港长期繁荣稳定根本的法律保障。我们要认真学习、全面贯彻、严格执行香港特别行政区基本法，切实按照香港特别行政区基本法办事，坚决维护香港特别行政区基本法的权威，使之真正成为香港全社会共同遵循的行为规范和准则。

三、祖国内地是保持香港长期繁荣稳定的坚强后盾。香港的命运与祖国的命运从来都是紧密联系在一起的。新中国成立五十七年来，特别是改革开放二十八年来，我们国家的社会主义现代化建设取得了举世瞩目的伟大成就，综合实力显著增强，社会事业全面进步，人民生活大为改善，民主法制不断加强，国际地位日益提高。目前，内地经济继续平稳快速增长。今年前三季度国内生产总值同比增长百分之十点七，进出口总额同比增长百分之二十四点三，城镇居民人均可支配收入和农民人均现金收入分别增长百分之十和百分之十一点四。全国各族人民紧密团结在以胡锦涛同志为总书记的党中央周围，高举邓小平理论和"三个代表"重要思想的伟大旗帜，贯彻落实科学发展观，满怀信心地为实现"十一五"规划确定的发展目标、为全面建设小康社会而奋斗。国家的强劲发展为香港实现更大发展提供了不竭动力和坚实保障。《内地与香港关于建立更紧密经贸关系的安排》实施以来，内地已对原产于香港的进口货物全面实施零关税。向香港开放了二十七个服务贸易领域。今年一至九月份，香港的转口贸易额达到一万六千八百亿港元，同比增长百分之八点二。所有这些都充分说明，国家好，香港会更好。

保持香港长期繁荣稳定，从根本上讲要靠香港特别行政区政府和社会各界人士的团结奋斗。关键是要牢牢把握发展与和谐这两大主题。要切实把发展作为第一要务，抓住机遇，乘势快上，进一步加强与内地的经济合作，扩大对外联系，巩固原有优势，创造新的优势，不断提高国际竞争力，并通过经济发展促进民生改善和社会全面进步。要从维护香港的整体利益和长远利益出发，讲大局，讲团结，讲包容，妥善处理在一些问题上存在的矛盾和分歧，努力营造社会和谐的良好氛围。中央政府将坚定不移地贯彻"一国两制"、"港人治港"、高度自治的基本方针，严格按照香港特别行政区基本法办事，一如既往地支持香港特别行政区政府依法施政，进一步加强内地与香港在经贸、科教、文化、卫生、体育等领域的交流与合作，与香港各界人士一道，把香港建设得更加美好。

注　释

[1] 见邓小平《香港基本法具有历史意义和国际意义》(《邓小平文选》第3卷，人民出版社1993年版，第352页)。

正确认识物权法制定中的
几个分歧问题 *

（二〇〇六年十二月二十三日）

关于物权法的重要性，大家都很清楚。一是，物权法是规范财产关系的基本法律，在中国特色社会主义法律体系中起支架作用，所以要提请全国人民代表大会审议通过。二是，建立和完善中国特色社会主义物权制度是件大事，对坚持国家基本经济制度，发展社会主义市场经济，维护人民群众切身利益，激发全社会创造活力，实现全面建设小康社会目标，构建社会主义和谐社会都具有重要意义，也倍受社会关注。同时，我们还要看到，物权法是一部政治性、政策性、法律性都很强的法律，立法的难度很大。正因为如此，这部法律从研究起草到现在已经历时十三年。李鹏[1]同志跟我交接工作时曾对我说，给你留下两个难题，一个是监督法，再一个就是物权法。正是考虑到物权法的重要性和工作的难度，本届全国人大常委会高度重视物权法的立法工作，采取了慎之又慎的态度，投入了很大精力，做了大量工作。对此，在座的同志都深有体会。这体现在几个方面。

---

* 这是吴邦国同志在全国人大常委会中共党员委员会议上讲话的主要部分。

一是多次进行审议。物权法草案，九届全国人大常委会进行了初次审议，本届全国人大常委会已经审议了五次。明天召开的常委会第二十五次会议将进行第七次审议，还要提请明年召开的全国人民代表大会审议，加起来要审议八次。审议次数之多，在我国立法史上是空前的。这充分说明本届全国人大常委会对物权法的重视程度。

二是广泛听取意见。这里我想强调的是，我们听取意见不是走形式，是真听不是假听。我们先后召开上百次座谈会，还召开立法论证会，广泛听取各级人大代表、基层实际工作者、中央国家机关和地方负责人、法学和经济学等方面专家学者的意见。去年九月二十六日，我和王兆国[2]、蒋正华[3]、盛华仁[4]同志一起召开座谈会，直接听取大家的意见。去年七月，我们向社会全文公布物权法草案，广泛征求意见，尤其是基层群众的意见，共收到各方面的意见一万多件。可以说，就一部法律草案征求意见范围之广、规模之大、历时之长也是少有的。

三是作了重大修改。根据常委会会议审议意见和有关座谈会、论证会以及其他各方面反映的意见，我们对物权法草案作了较大修改，主要集中在四个方面：（1）强化对社会主义基本经济制度的表述，并贯穿于物权法立法工作的始终。（2）针对当前社会对国有资产流失的关注，强化对国有资产的保护，防止国有资产流失。（3）全面准确地体现现阶段党在农村的基本政策，促进社会主义新农村建设。（4）强调重点规范现实生活中迫切需要规范的、群众最为关注的问题。也就是说，我们在修改完善物权法草案过程中始终强调物权法的政治方向，强调物权法的中国特色，强调一切从实际出发。

这里要特别一提的是，在十月份召开的常委会第二十四次会议前，根据上述原则对物权法草案作了重大修改后，我们又邀请了一批有水平的专家和有实际工作经验的同志，关起门来，对物权法草案进行逐字逐句的仔细推敲。在这个基础上，我们又召开了中央政策研究室、中央财经领导小组办公室、中央农村工作领导小组办公室、国务院研究室、国务院法制办、国资委等九个部门负责同志座谈会，再次听取他们的意见。正因为在以上工作的基础上，十月份召开的常委会第二十四次会议审议物权法草案时，常委会组成人员和列席会议的同志普遍认为，物权法草案坚持了正确的政治方向，体现了我国的基本经济制度，遵循了平等保护的市场法则，加大了对国有资产的保护力度，反映了现阶段党在农村的基本政策，重点规范了现实生活中群众最为关注的问题。大家认为，草案已经基本成熟，建议再次审议后，可提请明年召开的十届全国人大五次会议审议通过。

以上谈的是物权法立法工作的基本情况，说明本届全国人大常委会对物权法立法工作是重视的、是认真负责的。在座的各位同志，为完善物权法草案做了大量工作，现在的草案凝聚了大家的心血和智慧。

刚才讲了，社会上对物权法草案总体上是满意的，反映也是正面的、积极的。在公开征求意见、座谈会、论证会和常委会会议审议中都反映了这一情况。但对物权法草案也存在着不同看法。对物权法草案有不同认识的人数量上并不多，但涉及一些重大原则问题。十月份常委会二十四次会议期间，我参加了分组审议，在会上我将分歧意见归纳为三个认识问题：一是关于平等保护原则，二是谁代表国家行使国有财产所有权，三是对非公有制经济的看法。希望大家在审议物权法草案时进一步统一认识。这里有理论问题，也有实际问题。当时，我没有展开讲。下面，我就这三个问题，谈谈自己的看法。

（一）关于平等保护原则。物权法草案明确规定："国家、集体、私人的物权和其他权利人的物权受法律保护，任何单位和个人不得侵犯。"这是作为制定物权法的基本原则写在草案第一篇第一章的。有些人不同意这一原则，甚至把它提到"违宪"的程度。这里，我想谈三点看法。

一是宪法明确规定"国家实行社会主义市场经济"。而公平竞争、平等保护、优胜劣汰是市场经济的基本法则。在市场经济条件下，各种市场主体都是平等的，享有平等的地位和权利，遵循相同的规则，承担相同的民事责任。正因为如此，党的十六届三中全会再次明确"保障所有市场主体的平等法律地位和发展权利"。这里强调的是所有市场主体，强调的是平等法律地位和发展权利。我国改革开放二十八年来，正是坚持了社会主义市场经济的改革方向，使我国经济社会发展充满了生机和活力。对于这一点，大家已经形成共识。

二是对不进入市场的物权是否要进行保护。对这个问题的回答应该是肯定的，因为这是宪法精神。宪法明确规定："公民的合法的私有财产不受侵犯。""国家依照法律规定保护公民的私有财产权和继承权。"物权法草案向社会全文公布后，为什么会受到社会广泛关注，就是因为它涉及群众的切身利益。因为现在许多群众已经开始有房、有车、有股票、有债券、有存款，甚至还有字画、古董、生产资料。而且随着社会主义市场经济的发展，老百姓的私有财产还会增加。我们共产党执政，就是要使老百姓过上好日子，在发展经济的基础上，不断增加群众收入，改善群众生活。而广大群众都希望他们通过辛勤劳动积累的合法财产受到法律保护。有的同志提出"物权主体"与"市场主体"的概念，意思是进入市场的物权可平等保护，不进入市场的物权就不要平等保护。应该指出的是，公民的财产大部分是不进入市场的，难道他们的私有财产就不应受到法律保护。如果公民的私有财产得不到保护，谁还会通过辛勤劳动去创造和积累财富，又怎么谈得上和谐社会呢。

三是关于社会主义公共财产神圣不可侵犯问题。这是宪法条文。应该指出的是，宪法虽然明确规定公共财产神圣不可侵犯，但实际情况受侵犯最为严重的恰恰是国有财产。而物权法草案正是在坚持平等保护原则基础上，强化了对国有财产的保护。经修改后的物权法草案起码在四个方面作了明确规定：（1）草案从第四十四条至第五十一条，用了八条来明确哪些属于国家所有即全民所有的财产。第五十三条、五十四条又对国家举办的事业单位和国家出资的企业作了规定。这十条都很重要，也就是物权法定。如果物的归属不明确，就会造成侵吞和流失。（2）草案第五十五条明确规定："国家所有的财产受法律保护，禁止任何单位和个人侵占、哄抢、私分、截留、破坏。"（3）草案第三十九条规定："用益物权人、担保物权人行使权利，不得损害所有权人的权益。"针对国有企业存在的问题，草案第五十六条规定："在企业改制、合并分立、关联交易等过程中，低价转让、合谋私分、擅自担保或者以其他方式造成国有资产损失的，应当依法承担法律责任。"（4）针对国有资产管理中存在的问题，草案第五十六条规定"滥用职权，玩忽职守，造成国有资产损失的，应当依法承担法律责任"。从以上规定可以看出，物权法草案不是废弃了"社会主义的公共财产神圣不可侵犯"的宪法精神，而正是根据"社会主义公共财产神圣不可侵犯"的宪法精神，加强了对社会主义公共财产尤其是当前流失最为严重的国有财产的保护。

这里还有一个概念问题，就是对国家、集体、私人的物权的平等保护，不能与不同所有制经济在国民经济中的地位和作用等同。这是既有联系又有区别的两个概念。修改后的物权法草案的一大特点，就是强调物权法要充分体现社会主义基本经济制度。草案明确规定："国家在社会主义初级阶段，坚持公有制为主体、多种所有制经济共同发展的基本经济制度。""国家巩固和发展公有制经济，鼓励、支持和引导非公有制经济的发展。"而且这一精神体现在整部物权法草案中。公有制经济是主体、国有经济是主导力量，非公有制经济是社会主义市场经济的重要组成部分。这就是说，不同所有制经济在国民经济中的地位和作用是不同的。而不同的地位和作用主要体现在国家宏观调控、公共资源配置上，更体现在市场准入上。比如，涉及国家主权和安全的领域只能由国家经营。例如造币厂和军工企业只能是国有的。涉及到关系国计民生的企业，国家要绝对控股，起码要占百分之五十一。例如石油石化、电信、国有商业银行等。就是一般竞争性行业的龙头企业，国家也要相对控股。正是这一系列措施，确保了公有制经济的主体地位和国有经济的主导力量。这与物权法的平等保护原则是不矛盾的。

（二）关于谁代表国家行使国有财产所有权问题。物权法草案第四十四条明确规定："国有财产由国务院代表国家行使所有权。"有的同志提出，这一规定"违宪"。理由是，人大是权力机关，政府是权力机关的执行机关，而国家财产所有权是国家权力的重要组成部分。对这个问题，我想指出三点。一是，党的十六大报告指出，国家要制定法律法规，建立中央政府和地方政府分别代表国家履行出资人职责，享有所有者权益的国有资产管理体制。二是，现行的土地管理法、矿产资源法、草原法、海域使用管理法等法律都明确规定，由国务院代表国家行使国有财产所有权。三是，现行的管理体制就是国务院代表国家行使国有财产所有权。这里还要指出的是，全国人大是最高国家权力机关，而全国人大通过立法授权国务院代表国家行使国有财产所有权，这正体现了人大作为国家权力机关的性质，根本不存在所谓的"违宪"问题。

（三）关于对非公有制经济的看法。对非公有制经济的看法，应该说已经形成了广泛共识。但随着社会主义市场经济的发展，一些非公有制经济的负面问题的出现，尤其是一些私人房地产公司、私人投资公司违法犯罪案件的曝光，出现两种倾向：一种倾向，是对现阶段发展非公有制经济和建立市场经济体制的积极作用和重大意义认识不足，片面强调其负面影响。这种偏差，往往可能导致对市场经济体制改革的怀疑甚至否定。另一种倾向，是对公有制为主体、国有经济为主导的积极作用和重大意义认识不足，对国有经济发展中出现的问题缺乏客观的、历史的分析。这种偏差，往往可能导致否定社会主义方向。而物权法草案在审议和修改过程中，我们自始至终注重对这一问题的把握。应该讲，现在的草案把握是恰当的，是符合宪法精神的。确实，现在揭露出来的经济案件中涉及非公有制经济的不少，我们一定要正视这个问题，完善制度、加强监管。但不能因为出现这些问题，就否定非公有制经济的积极作用。现在非公有制经济已有相当规模。原来讲"三分天下有其一"，其实加上外资企业已超过三分之一。可喜的是，出现了一些民营高科技企业。华为就是其中之一，使我国在第三代移动通信和下一代互联网等方面进入世界先进行列。非公有制经济的健康发展，使市场竞争更加充分，使我国经济更加充满生机和活力。更为重要的是，非公有制经济已成为我国新增就业岗位的主角，百分之七十的新增就业岗位来自非公有制经济。昨天，我看到中央统战部的一份简报，据全国工商联对全国五百强民营企业的统计，二〇〇五年户均销售收入四十一亿六千万元、户均资产三十亿三千一百万元、户均税后利润一亿五千九百万元、户均缴税一亿四千万元，五百家企业就业人数达三百零四万人。这些数据说明，非公有制经济已经是社会主义市场经济的重要组成部分。我们在审议物权法草案时，一定要全面准确地把握中央的方针政策。中央的方针政策是"两个毫不动摇"，即毫不动摇地巩固和发展公有制经济，毫不动摇地鼓励、支持和引导非公有制经济发展。

有的同志提出，你为什么不在私有财产前面都加上"合法"二字，认为这是有意模糊保护私有财产合法与非法的界线，为非法私有财产寻求保护提供便利条件。但只要认真读一读物权法草案，就不难看出这一说法太勉强了。第一，物权法草案第六十三条规定"私人对其合法收入、房屋、生活用品、生产工具、原材料等不动产和动产享有所有权"，第六十五条规定"私人的合法财产受法律保护"，明确私有财产所有权是指合法财产。第二，法律有法律的语言，不一定每一处"私有财产"前都一定要加"合法"二字。关键是看立法原则和具体法律条文。物权法所要保护的私有财产当然是指合法财产。第三，物权法草案还在审议过程中，同志们认为哪些地方还可以加上"合法"二字，可避免歧义，还可以再加。但要指出的是，就是现在的草案也绝不是为非法私有财产寻求保护提供方便条件。

此外，有的同志还提出"第一桶金"的问题，即私有财产的原始积累问题。这个问题很复杂，大体可分三种情况：一是靠诚实劳动、合法经营实现资本原始积累。二是利用当时政策不完善，但是合法地实现资本原始积累。比如，当时有人合法购买了大量原始股，做梦也没想到发了大财。三是靠违法侵吞国有资产，搞资本原始积累。情况相当复杂。但应该讲，大部分还是第一种和第二种情况。总之，要把非公有制经济的发展，放在特定的历史背景下客观看待、正确对待。鉴于"追究时限"是刑法规范的范畴，而刑法第八十七条对追诉时效有明确规定。正是考虑这个问题的复杂性和刑法的规定，物权法草案中没有出现有的同志力主增加的"对非法的私人财产追究不受时间限制"的条款。这正是高度负责和慎重的体现。

以上谈的是我对物权法草案审议中涉及的三个问题的看法。因为物权法草案现在还在审议过程中，我们真心实意地希望听取大家的意见，通过一部经得起历史检验的物权法。以上意见，供同志们审议时参考。

注　释

[1] 李鹏，曾任中共中央政治局常委，国务院总理，九届全国人大常委会委员长。

[2] 王兆国，时任中共中央政治局委员，全国人大常委会副委员长、党组副书记。

[3] 蒋正华，时任全国人大常委会副委员长，农工民主党中央主席。

[4] 盛华仁，时任全国人大常委会副委员长兼秘书长。

开创亚洲和平合作和谐新局面[*]

（二〇〇七年四月二十一日）

尊敬的各位嘉宾,

女士们,先生们,朋友们:

很高兴有机会出席博鳌亚洲论坛二〇〇七年年会,与各位新老朋友见面。首先,我谨代表中国政府对年会的召开表示热烈的祝贺!向与会的各界人士致以诚挚的问候和良好的祝愿!

博鳌亚洲论坛成立六年来,在各方面的积极支持和参与下,取得了长足发展,为推动亚洲区域合作与共同繁荣发挥了积极作用。我们相信,经过有关各方的共同努力,博鳌亚洲论坛一定能够办成以企业为主体、以务实合作为核心、以共同发展为目标的区域合作与对话的重要平台。

这次年会,以"亚洲制胜全球经济——创新和可持续发展"为主题,不仅寓意深刻,而且反映了亚洲发展繁荣的内在需求。刚才,阿罗约[1]总统、阿齐兹[2]总理、比尔·盖茨[3]先生分别作了精彩的演讲。下面,我就这个主题谈点看法,与大家一起

---

　　* 这是吴邦国同志在博鳌亚洲论坛二〇〇七年年会开幕式上的主旨演讲。

2007 年 4 月 21 日，吴邦国在海南博鳌会见前来出席博鳌亚洲论坛 2007 年年会的菲律宾总统阿罗约。

交流。

亚洲地域辽阔、资源丰富，人口众多、人民勤劳，历史悠久、文化灿烂。二十世纪中叶以后，亚洲绝大多数国家赢得了独立、和平与安宁，不少国家和地区实现了经济跨越式发展，新兴工业化国家和地区相继崛起，越来越多的亚洲人民开始过上好日子。二〇〇〇年以来，亚洲国内生产总值年均增长超过百分之六，对世界经济增长的贡献率平均达到百分之二十。目前，亚洲经济总量占全球的四分之一，贸易总额占全球的三分之一，外汇储备占全球的四分之三。我们高兴地看到，在亚洲持续发展的基础上，区域内经济联系日益密切，对话合作方兴未艾，共同利益不断扩大，整体意识加快提升，发展与合作呈现出前所未有的良好态势。亚洲已成为全球经济最具活力和潜力的地区之一，是世界经济发展的重要推动力量，在人类和平与发展的崇高事业中发挥着越来越重要的作用。我们对亚洲的未来充满信心。

亚洲的深刻变化揭示着人类社会进步的重要趋势，展现着亚洲人民建设和平亚洲、合作亚洲、和谐亚洲的美好憧憬，也激发着人们对实现亚洲政治上和谐相处、经济上平等互利、安全上互信协作、文化上交流互鉴的深入思考与探索。亚洲各国各地区在促进和平发展的共同实践中逐步形成一些相同的理念，这是我们的宝贵财富，值得认真总结，并在今后的实践中丰富完善，发扬光大。

一是维护地区和平。和平是亚洲发展的基本前提。长期以来，亚洲人民为维护地区和平与安宁作出了不懈努力，亚洲迎来了有史以来较为稳定的和平发展时期，和平、发展、合作已成为亚洲前进的主流。但坦率地讲，亚洲仍然是矛盾和问题较为集中的地区之一，热点问题时有起伏，传统与非传统安全威胁相互交织。面对威胁和挑战，我们应当坚持和平共处五项原则，树立互信、互利、平等、协作的新安全观，推动建立公正合理的国际政治经济新秩序，通过对话合作增进了解与信任，通过和平谈判解决分歧与争端，照顾彼此利益和关切，妥善处理历史遗留问题和现实冲突，共同维护地区安全与稳定。

　　二是深化区域合作。合作是亚洲发展的重要途径。尽管整个亚洲还处于经济一体化的初始阶段，但重要的是，亚洲各国各地区寻求合作共赢的意愿日益增强，区域和次区域合作蓬勃发展。东盟与中日韩、上海合作组织、亚洲合作对话、南亚区域合作联盟、东亚峰会等合作机制相继建立并取得积极成效，政治、经济、人文等领域的交流与合作相互促进，区域合作的全面性和协调性不断增强。可以预期，伴随世界多极化和经济全球化趋势深入发展，亚洲区域合作将逐步深化，这不仅有利于亚洲的共同发展，也必将惠及世界其他地区。我们应当充分利用现有合作机制，拓展合作领域，完善合作方式，增强合作实效，把亚洲区域合作不断引向深入。

　　三是加快科技创新。创新是亚洲发展的不竭动力。当今时代，人类社会步入了一个科技创新空前活跃的重要时期，国民财富的增长和人类生活的改善越来越有赖于知识的积累和创新。面对世界科技发展的大势，面对日趋激烈的国际竞争，亚洲国家只有把科技创新摆在优先发展的战略地位，才能抓住先机，赢得发展的主动权。同时应把科技合作作为区域合作的重要内容，扩大科技合作的领域，深化科技合作的内涵，提升亚洲科技创新的整体水平和竞争能力。尽管前进道路上还存在许多困难和障碍，广大发展中国家的科技创新仍受到各种不利因素的严重制约，但我们坚信，亚洲国家一定能够克服种种阻力和困难，推进制度创新、科技创新、产业创新，为亚洲经济社会发展注入生机和活力。

　　四是保护资源环境。节约资源、保护环境是亚洲发展的应有之义。亚洲从总体上讲正处在工业化、城镇化加快发展的进程中，解决资源环境与工业化的矛盾，是亚洲乃至国际社会面临的共同课题和挑战。在我们面前有三种选择：一是继续走大量消耗资源能源的传统工业化道路；二是以资源环境制约为由，抑制甚至迫使发展中国家放弃实现工业化和现代化；三是走科技含量高、经济效益好、资源消耗低、环境污染少、人力资源优势得到充分发挥的新型工业化道路。很显然，第一条路是走不通的，第二条路是不公正的，第三条才是我们应当选择的道路。值得赞赏的是，亚洲各国各地区在发展经济的过程中，更加注重节约资源能源和保护生态环境，努力寻求新型发展道路，积极加强资源能源、环境保护、气候变化等领域的国际和地区合作，为世界可持续发展作出了贡献。在此，我们也呼吁发达国家在技术转让、资金投入、人员培训等方面，向发展中国家提供更多的帮助，更加积极主动地承担促进全球可持续发展的责任。

五是促进亚洲和谐。和谐是亚洲发展的本质要求。亚洲有各种民族种族一千多个，讲着两千多种不同的语言，自古以来各种文明在相互影响、相互融合中发展，形成了注重和谐的传统。在新的历史条件下，我们应当继承与弘扬。应尊重文明的多样性，倡导各种文明平等对话，求同存异，取长补短，促进国际关系民主化。应尊重各国独立自主选择发展道路的权利、制定内外政策的权利、平等参与国际事务的权利。大国应该尊重小国，强国应该扶持弱国，富国应该帮助穷国。发展中国家要把发展作为首要任务，同时应更加注重社会建设，更加注重解决民生问题。在维护独立主权的前提下，奉行开放政策，通过多种渠道和方式，加强与其他国家和地区的交流与合作，积极吸收人类优秀文明成果，广泛借鉴世界先进发展经验。

女士们、先生们、朋友们！

中国的发展与全人类的共同利益息息相关。中国人口占世界人口的五分之一。如果中国发展不起来，十三亿中国人民的生活得不到改善，那么，全人类共同利益的实现就会受到严重影响。因此，中国把自己的事情办好，实现全面建设小康社会的宏伟目标，就是对全人类发展和福祉作出的历史性贡献。

改革开放近三十年来，中国经济保持年均百分之九点六的快速增长。二〇〇六年，中国国内生产总值达到约二万六千三百亿美元，居世界第四；进出口总额达到一万七千六百亿美元，居世界第三。中国的发展已经站在一个新的历史起点上。中国的持续快速发展，不仅造福于中国人民，也使亚洲和世界各国人民从中受益。

——自二〇〇一年加入世界贸易组织以来，中国平均每年进口近五千亿美元的商品，为相关国家和地区创造了约一千万个就业机会。二〇〇六年，中国进口继续保持高速增长，总额达到七千九百一十六亿美元，其中从亚洲国家和地区进口五千二百五十五亿美元，占中国进口总额的百分之六十六点四。

——改革开放以来，中国累计实际利用外资超过六千八百五十亿美元，批准外商投资企业六十多万家，《财富》杂志评选出的世界五百强企业中有四百八十多家在华投资。一九九〇年至二〇〇五年，在华外资企业汇出利润达二千八百亿美元。二〇〇二年以来，中国企业非金融类对外直接投资年均增长超过百分之四十三，到二〇〇六年底，已累计达到七百三十三亿美元，其中百分之六十一集中在亚洲地区。

——中国公民出境旅游目的地国家和地区达到一百三十二

个，中国已成为亚洲第一大出境旅游客源输出国。二〇〇六年，中国内地居民出境人数达到三千四百五十二万人次，因私出境二千八百八十万人次，比上年增长百分之十四点六。在中国内地居民首站出境列前十位的国家和地区中，亚洲占了八个。

我们也清醒地认识到，中国人均国内生产总值只有两千美元，仍排在世界一百位之后，人民的生活水平还不高，城乡、区域、经济社会发展很不平衡，人口资源环境压力加大，就业、社会保障、收入分配等民生问题还比较突出。中国仍然是一个发展中国家，实现现代化还有很长的路要走。解决中国的问题，归根结底要靠发展。我们将坚定不移地走符合中国国情、顺应时代潮流、体现人民意愿的中国特色社会主义道路，以科学发展观为指导，坚持科学发展、和谐发展、和平发展，为建设富强民主文明和谐的社会主义现代化国家而不断奋斗。这是我们根据中国国情和时代特征选择的发展道路。

科学发展就是坚持以人为本，全面协调可持续发展。和谐发展就是根据中国特色社会主义事业总体布局，注重统筹协调发展。和平发展就是既通过维护世界和平来发展自己，又通过自身的发展来维护世界和平。

落实科学发展观，关键是坚持以科学发展观统领经济社会发展全局，切实把科学发展观贯穿于经济社会发展的全过程、落实到经济社会发展的各个环节，着力调整经济结构和转变增长方式，着力加强资源节约和环境保护，着力推进改革开放和自主创新，着力促进社会发展和解决民生问题，推动经济社会发展切实转入科学发展的轨道。发展离不开速度，但速度要有新的内涵。我们追求的是一个经济结构比较合理、经济效益比较好、资源消耗比较少、生态环境得到保护的速度，是一个经济素质不断提升、有充足后劲、能够稳定持续发展的速度，是一个重大关系比较协调、人民得到实惠比较多、社会和谐全面进步的速度。

女士们、先生们、朋友们！

中国政府高度重视自主创新，提出到二〇二〇年进入创新型国家行列的目标，并制定了国家中长期科学与技术发展规划纲要。根据规划纲要，到二〇二〇年：（1）科技进步对经济增长的贡献率达到百分之六十以上；（2）对外技术依存度降低到百分之三十以下；（3）研发投入占国内生产总值的比重提高到百分之二点五以上。围绕建设创新型国家的目标，中国把增强自主创新能力作为发展科学技术的战略基点，作为调整经济结构、转变经济增长方式的中心环节，作为国家战略贯穿到现代化建设各个方面。进一步激发全民族创新精神，培养高水平创新人才，形成有利于创新的体制机制，强化企业在创新中的主体地位，加快科技成果向现实生产力转化，完善激励创新的政策措施，建立评价创新的考核体系，加大科技投入，鼓励专利发明，切实提高科技进步对经济增长的贡献率。与此同时，我们坚持对外开放的基本国策，坚持以引进先进技术、先进管理为重点，积极利用海外智力，扩大和深化国际交流与合作。欢迎跨国公司在华设立研发中心，与中国企业协作开展技术和产品研发。中国政府将依法保护所有外国投资者的合法权益，依法保护知识产权和权利人的合法利益。

中国历来重视人与自然和谐相处。中国古代就有"不涸泽而渔，不焚林而猎"[4]的理念。为了实现发展的可持续性，中国将保护环境和节约资源作为基本国策，将可持续发展作为重大战略，将建设资源节约型和环境友好型社会作为奋斗目标。我们制定了《中国二十一世纪议程》和《中国二十一世纪初可持续发展行动纲要》。今年的《政府工作报告》明确将节能降耗、保护环境和节约用地作为转变经济增长方式的突破口，再次明确到二〇一〇年实现单位国内生产总值能源消耗比二〇〇五年末降低百分之二十左右、主要污染物排放总量减少百分之十的目标和措施。中国还积极参与资源环境领域的国际合作，加入了《联合国气候变化框架公约》、《生物多样性公约》、《联合国防治荒漠化公约》等多项国际条约，并以高度负责的精神履行条约义务。

中国过去是、现在是、将来永远是亚洲与世界和平发展的积极参与者和建设者。我们将坚定不移地走和平发展道路，坚定不移地实施互利共赢的开放战略，致力于推动建设持久和平、共同繁荣的和谐世界。我们始终奉行与邻为善、以邻为伴的周边外交方针和睦邻、安邻、富邻的周边外交政策，发展同亚洲各国各地区的友好合作关系，努力营造和平安宁的地区环境，积极推动亚洲区域合作，共同促进亚洲的发展与繁荣。

女士们、先生们、朋友们！

实现亚洲可持续发展，是历史的重任、时代的要求、人民的期盼。让我们携起手来，为创造亚洲和平合作和谐的美好未来而努力奋斗。

最后，预祝本届年会圆满成功！

谢谢大家。

注　释

[1] 阿罗约，时任菲律宾总统。

[2] 阿齐兹，时任巴基斯坦总理。

[3] 比尔·盖茨，时任美国微软公司董事长。

[4] 见《文子·上仁》。原文是："先王之法，不掩群而取麑，不涸泽而渔，不焚林而猎。"

促进中非关系全面深入发展 *

（二〇〇七年五月二十一日）

　　非洲地大物博、历史悠久、文化灿烂、民族自强、人民热情。这是我第四次访问非洲，每次访问都强烈地感受到非洲这片热土迸发出的勃勃生机。时代在发展，非洲在进步。一个团结奋进和蒸蒸日上的非洲正展现在世人面前。

　　中国是世界上最大的发展中国家。非洲是发展中国家最集中的大陆。相似的历史遭遇、相同的发展任务、广泛的共同利益，把中国人民和非洲人民紧紧地连在一起。我们始终相互理解、相互支持，结下了难能可贵的深厚友谊。我们高兴地看到，在双方共同努力下，中非友好经受住了时间岁月的考验，不断注入新的内涵，充满生机与活力。事实表明，中非是真诚相待的好兄弟、是全面合作的好伙伴、是相互帮助的好朋友。

　　中非政治关系日益密切。加强同非洲国家的团结合作，始终是中国独立自主和平外交政策的重要组成部分。在非洲五十三个国家中，有四十八个国家与中国建立了外交关系。我们坚持和平

---

　　* 这是吴邦国同志访问埃及期间在开罗举行的中非企业合作大会上的演讲《共同谱写中非合作的新篇章》的一部分。

367

共处五项原则，尊重文明的多样性，促进国际关系民主化，主张尊重各国独立自主选择的发展道路和制定的内外政策，强调大国应该尊重小国、强国应该扶持弱国、富国应该帮助穷国。双方在国际事务中的磋商与协调日益加强，共同维护发展中国家的权益。中非领导人像走亲戚一样频繁互访，仅二〇〇〇年以来，非洲先后有一百多位国家领导人访问过中国，中国国家领导人也访问了非洲三十五个国家，有力地促进了中非关系的全面发展。

中非经贸合作发展迅速。中非贸易额从一千万美元到一亿美元，用了十年时间；从一亿美元到十亿美元，用了二十年时间；从十亿美元到一百亿美元，又用了二十年时间；而从一百亿美元到五百亿美元，只用了六年时间，年均增幅超过百分之三十。到二〇〇六年，中非贸易额已达五百五十五亿美元，同比增长近百分之四十，居中国与世界各大洲贸易增幅之首。目前，中国已同非洲四十一个国家签署了贸易协定，与三十七个国家建立了双边经贸联（混）委会机制，与二十九个国家签署了双边促进和保护投资协定，与九个国家签署了避免双重征税和防止偷漏税协定。有二十三个非洲国家承认中国完全市场经济地位。

中非人文交流富有成效。中国已与非洲国家签署了六十五个政府间文化交流与合作协定，互访文化团组二百多个，举办各类文化、艺术交流活动数百次。中国在海外共设立了六个中国文化中心，其中三个在非洲。中国为非洲五十个国家的二万名学生赴华留学提供奖学金。有二十六个非洲国家成为中国公民出境旅游目的地国，去年中国因私赴非人员同比增长一倍以上。

中非相互支持始终不渝。中国向非洲国家提供了不附加任何政治条件的力所能及的帮助，非洲国家给予中国诸多的坚强有力的支持。中国在联合国等国际组织中坚定维护发展中国家的利益，推动国际社会更多关注非洲的和平与发展。非洲国家在台湾、西藏、人权等问题上坚定支持中国。五十年来，中国帮助非洲实施了农业、基础设施、学校、医院为主的经济社会发展项目共九百多个，为非洲培训了数以万计的各类人员，向非洲派遣了一万六千人次的医疗队，诊治患者达二亿四千万人次，还减免了非洲三十一个重债穷国和最不发达国上百亿元人民币债务，使非洲国家和人民普遍受益。

这里值得一提的是，二〇〇〇年十月创立的中非合作论坛，成为中非集体对话的有效机制与全面合作的重要平台，开辟了中非合作的新纪元。二〇〇六年十一月，中非领导人首次齐聚北京，共同出席中非合作论坛北京峰会，确立政治上平等互信、经济上合作共赢、文化上交流互鉴的中非新型战略伙伴关系，绘就了中非合作的新蓝图，成为中非关系新的里程碑。胡锦涛主席在峰会上宣布了未来三年内中国政府加强对非务实合作的八项政策举措，得到非洲国家和人民的热烈欢迎和国际社会的普遍赞誉。

我们高兴地看到，这八项政策举措已经开始落实，并取得了积极成效。新年伊始，胡锦涛主席专程访问了非洲八国，亲自推动八项政策举措的全面落实，带去了中国人民对非洲人民的深情厚谊。中国政府将继续与非洲国家共同努力，把八项举措实施好、落实好，推动中非务实合作深入发展。

——落实扩大对非援助规模，中国政府将对非援助规模在三年内增加一倍，主要用于社会、文化和公益项目，以帮助非洲国家发展经济、改善民生。目前，中国已与十七个非洲国家签署了援助协议。

——落实向非洲国家提供的三十亿美元优惠贷款和二十亿美元优惠出口买方信贷。目前，中国已与五个非洲国家签署了优惠贷款框架协议。

——落实设立鼓励和支持中国企业到非洲国家投资的中非发展基金。目前，中方有关部门正在抓紧完成基金设立手续，将于下个月正式启动。基金将由专业公司管理，按照市场规则运作。中国政府欢迎非洲企业通过中方合作伙伴向基金管理公司推荐项目，申请支持。

——落实支持非洲国家联合自强和一体化进程的项目。中方已与非盟方面就项目规模和功能配置等事项基本达成一致，将于近期奠基，争取二〇一〇年竣工。

——落实免除同中国有外交关系的所有非洲重债穷国和最不发达国二〇〇五年底到期政府无息贷款债务。目前，中国已与十四个非洲国家签署了免债议定书，共免除债务七十三笔，免除其他十九个国家八十一笔债务的有关手续将在年内办理完毕。

——落实给予同中国有外交关系的非洲最不发达国家对华出口商品零关税待遇的商品税目由一百九十个扩大到四百四十多个。目前，中方已与二十三个非洲国家办理了换文，与其他七个国家的换文正在抓紧办理，年内开始实施。

——落实在非洲国家建立三到五个中国经济贸易合作区、十个农业技术示范中心。今年二月，胡锦涛主席访非期间，已为赞比亚中国经济贸易合作区、中国援助莫桑比克的农业技术示范中心揭牌，援助马达加斯加的农业技术示范中心也已办理立项换文。目前，其他农业技术示范中心项目正在考察中，年内将陆续启动。

——落实在人力资源开发、农业、医疗、社会发展和教育等领域的合作。今年以来已举办二十六期培训班，培训了六百六十七名非洲国家有关人员，全年计划培训各类人才五千名，三年内将为非洲国家培训各类人才一万五千名；向非洲国家派遣一百名高级农业技术专家的具体事宜正在抓紧协商，年内计划派出四十五名农业专家；援助非洲国家的三十所医院，今年先完成九所新建医院的勘察设计工作；每年在非洲国家设立十个疟疾防治中心，三年共设立三十个，中国援助的利比里亚疟疾防治中心已经成立；已向非洲国家派出了七十五名青年志愿者，三年内将派出汉语教学、体育教学、计算机培训、中医诊治等方面的青年志愿者三百名；到二〇〇九年底，将为非洲国家援建一百所农村学校，中国已与十七个非洲国家就援建农村学校办理了换文，涉及新建农村学校三十四所。

我这次访问埃及、出席中非企业合作大会的目的，就是为了进一步落实胡锦涛主席与非洲国家领导人达成的共识，推动中非合作论坛北京峰会成果的实施，促进中非关系尤其是中非经贸关系全面深入发展。

目前，中非关系正处于历史上最好的时期。良好的政治关系应当促进经贸关系发展，经贸关系发展必将为中非关系发展注入不竭动力。中非经济互补性强，互为广阔的市场，已有很好的合作基础，又有中非合作论坛等合作机制做保障。中非经贸合作前程似锦。

这里我要强调的是，应把加强企业合作作为中非经贸合作的优先方向。企业是市场主体和投资主体，也是经贸合作主体。只有企业的积极参与，中非经贸合作才能做实做大，才能具有强大的生命力。希望中非企业按照平等互利、合作共赢的原则，加强务实合作，全面落实中非合作论坛北京峰会成果，共同谱写中非合作的新篇章。下面，我就加强中非企业合作提三点建议，和大家一起交流。

一是突出合作重点。提升农业水平、改善基础设施、开发能矿资源、加强工业建设、培养各类人才，是广大非洲国家自己选择的发展经济、改善民生之路，也是非洲人民的殷切期盼。中非企业合作应把重点放在上述领域。中非经济具有很强的互补性，非洲幅员辽阔、资源丰富、土地肥沃、光热充足，中国有成熟适用的设备、技术和经验，双方在种植业、养殖业、农副产品加工业、农田水利建设等农业领域，在交通、通信、电力等基础设施建设领域，在能矿资源勘探开发利用、轻工纺织产品生产等工业领域，孕育着巨大合作潜力。中国政府鼓励中国企业与非洲企业

2007 年 5 月 20 日，吴邦国在访问埃及期间视察中埃合作生产 K8E 飞机项目。

加强务实合作，与非洲朋友一起，实现互利双赢、共同发展。

二是创新合作方式。目前，中非企业合作主要还是贸易合作，相互投资不多，大项目也少。探索中非企业合作的新思路、新方式是摆在我们面前的重要课题。应把中非企业合作的方式从以贸易为主转向贸易、投资、服务、技术、项目承包等多种方式并重的方向发展，着力推动一些带动全局的大项目合作，引领中小企业的合作与发展。应通过建立经济贸易合作区、工业园区等方式，集聚企业合作项目，形成产业链，发挥带动和辐射作用。中国政府将通过提供优惠贷款和出口买方信贷、设立中非发展基金等方式，鼓励和支持有实力、信誉好、有竞争力的中国企业到非洲投资。我们也欢迎非洲企业来中国投资发展。中国政府继续采取积极措施为更多的非洲产品进入中国市场提供便利，扩大与平衡双边贸易，优化贸易结构，实现到二〇一〇年双边贸易额突破一千亿美元的目标。

三是改善合作环境。合作环境的好坏直接关系到企业合作的成败。应充分发挥现有机制的作用，制定和落实相关政策，积极为企业合作牵线搭桥，及时协调处理企业合作中出现的问题。中国政府将继续与有关非洲国家商签双边促进和保护投资协定，以及避免双重征税和防止偷漏税协定等促进企业合作的文件，保护双方投资者的合法权益，与非洲国家一道共同营造良好的合作环境。

中非老一辈领导人共同缔造和培育的中非友谊，像万里长城一样巍然屹立，像尼罗河一样奔腾不息。让我们携起手来，秉承友好传统，顺应时代潮流，加强互利合作，为中国和非洲的共同发展与进步，为建设持久和平、共同繁荣的和谐世界而奋斗。

全面正确理解"一国两制"方针 [*]

（二〇〇七年六月六日）

香港回归祖国已经十个年头了。今天，我们在这里隆重召开纪念中华人民共和国香港特别行政区基本法（以下简称基本法）实施十周年座谈会，回顾香港回归祖国以来的发展历程，总结基本法实施的成功经验，对于继续推进"一国两制"伟大实践，深入实施基本法，保持香港长期繁荣稳定，具有十分重要的意义。

一九九七年七月一日，我国政府对香港恢复行使主权，成立中华人民共和国香港特别行政区，基本法开始正式实施。从此，香港进入了"一国两制"、"港人治港"、高度自治的历史新时期。十年来，"一国两制"方针和基本法的贯彻实施情况总体上是好的。中央政府坚定不移地贯彻落实"一国两制"、"港人治港"、高度自治的方针，严格按照基本法办事，全力支持香港特别行政区行政长官和政府依法施政，保持香港长期繁荣稳定。香港特别行政区行政长官领导特别行政区政府认真执行基本法，团结带领香港各界人士，沉着应对各种困难和挑战，妥善处理一系列重大

---

  * 这是吴邦国同志在纪念中华人民共和国香港特别行政区基本法实施十周年座谈会上的讲话，原题为《深入实施香港特别行政区基本法，把"一国两制"伟大实践推向前进》。

问题，保持了香港社会大局的稳定，实现了香港经济繁荣、民主发展和社会全面进步。更为可喜的是，拥护基本法、维护基本法、遵守基本法，已经成为香港社会的普遍共识。

下面，我讲三点意见。

一、充分认识基本法的重大意义。

香港特别行政区基本法是全国人民代表大会以宪法为依据、以"一国两制"方针为指导制定的全国性法律，在香港特别行政区具有宪制性地位。基本法从我国国情以及香港历史与现实情况出发，创造性地回答了国家对香港恢复行使主权后采取什么方式管理香港这一重大课题，堪称史无前例的创举。实践已经证明并将继续证明，"一国两制"是做得到的、也是行得通的，基本法是一部经得起实践检验的好法律。

（一）基本法是"一国两制"方针的法律体现。上个世纪八十年代初，邓小平同志以伟大政治家的智慧和胆略，提出了"一个国家，两种制度"的伟大构想。按照这一伟大构想，我国政府制定了对香港的一系列方针政策，概括地说，就是国家对香港恢复行使主权时，设立特别行政区，直辖于中央人民政府，除国防、外交由中央负责管理外，香港特别行政区实行高度自治；在香港特别行政区不实行社会主义制度和政策，原有的资本主义制度和生活方式不变，法律基本不变。我国是社会主义国家，社会主义制度是我国的根本制度，但为了实现祖国和平统一，在国家主体坚持实行社会主义制度的前提下，香港、澳门等个别地区回归祖国后可以实行原有的社会制度，即资本主义制度。"一国两制"伟大构想为完成祖国和平统一大业开辟了切实可行的道路，也为国际社会以和平方式解决历史遗留问题和争端提供了崭新的思路，得到包括香港同胞在内的全体中国人民的普遍拥护和国际社会的广泛好评。

以"一国两制"伟大构想和我国政府对香港的一系列方针政策为基础，一九八二年九月，中英两国政府开始就香港前途问题举行谈判。一九八四年十二月十九日，中英两国政府签署关于香港问题的联合声明，确定中国政府于一九九七年七月一日对香港恢复行使主权，宣布中国政府对香港的各项方针政策五十年不变，并以基本法加以规定。一九八五年四月十日，六届全国人大三次会议批准中英联合声明，决定成立香港特别行政区基本法起草委员会。经过近五年的辛勤工作，基本法起草委员会完成了起草任务。一九九〇年四月四日，七届全国人大三次会议通过香港特别行政区基本法，自一九九七年七月一日起施行。基本法把"一国两制"伟大构想和国家对香港的一系列方针政策用法律的形式固定下来，为香港的平稳过渡、顺利回归和长期繁荣稳定提供了法律保障。邓小平同志对基本法给予高度评价，称它是"具有历史意义和国际意义的法律"，是"具有创造性的杰作"[1]。

这里值得一提的是，基本法是在香港同胞的广泛参与下制定的，起草过程是很民主、很开放的。基本法起草委员会五十九名委员中，香港委员就有二十三名，同时还在香港成立了由一百八十位各界人士组成的基本法咨询委员会。基本法起草过程中，曾先后两次在香港和内地全文公布法律草案，广泛征求社会各界特别是香港同胞的意见。香港社会各阶层、各界别和各团体踊跃参与讨论，提出了近八万份意见和建议，基本法咨询委员会向起草委员会提交了七册咨询报告。也就是说，基本法的每一项条文都凝聚了香港社会的广泛共识，基本法是包括香港同胞在内的全体中国人民集体智慧的结晶。

（二）基本法是依法治港的法律基石。江泽民同志指出，依法治港是依法治国的重要组成部分。这个"法"主要是指宪法和基本法。我国宪法明确规定，国家在必要时得设立特别行政区，在特别行政区内实行的制度按照具体情况由全国人民代表大会以法律规定。香港特别行政区基本法为我国设立的第一个特别行政区设计了一整套崭新的制度和体制。一是明确中央和香港特别行政区的关系，既体现国家主权和统一，又赋予香港特别行政区高度的自治权。二是确立香港同胞当家作主的民主权利，保障香港居民广泛的基本权利和自由。三是确定香港特别行政区实行以行政为主导的政治体制，司法独立，行政与立法既互相制衡，又互相配合。四是规定香港特别行政区的经济、教育、科学、文化、体育、宗教、劳工和社会服务等各方面的制度和政策。五是在外交权属于中央的原则下，授予香港特别行政区处理对外事务的权力。这里我要强调两点。

一是，香港特别行政区的高度自治权来源于中央的授权。我国是单一制国家。香港特别行政区的高度自治权不是香港固有的，而是由中央授予的。基本法总则第一条开宗明义规定："香港特别行政区是中华人民共和国不可分离的部分。"第二条规定："全国人民代表大会授权香港特别行政区依照本法的规定实行高度自治，享有行政管理权、立法权、独立的司法权和终审权。"第十二条规定："香港特别行政区是中华人民共和国的一个享有高度自治权的地方行政区域，直辖于中央人民政府。"这些规定明确了香港特别行政区的法律地位，表明香港特别行政区处于国家的完全主权之下。中央授予香港特别行政区多少权，特别行政区就有多少权，没有明确的，根据基本法第二十条的规定，中央还可以授予，不存在所谓的"剩余权力"问题。从这个角度讲，基本法是一部授权法律。全面准确地理解这一点，对于保证"一国两制"方针和基本法的贯彻实施，正确处理中央和香港特别行政区的关系至关重要。

二是，香港特别行政区政治体制的最大特点是行政主导。在基本法起草过程中，有人提出香港特别行政区政治体制要搞"三权分立"。一九八七年四月，邓小平同志会见基本法起草委员会委员时明确指出："香港的制度也不能完全西化，不能照搬西方的一套。香港现在就不是实行英国的制度、美国的制度，这样也过了一个半世纪了。现在如果完全照搬，比如搞三权分立，搞英美的议会制度，并以此来判断是否民主，恐怕不适宜。"根据邓小平同志这一重要思想，基本法从香港特别行政区的法律地位和实际情况出发，确立了以行政为主导的政治体制，其中最重要的就是行政长官在特别行政区政权机构的设置和运作中处于主导地位。基本法明确规定，行政长官既是香港特别行政区的首长，也是特别行政区政府的首长，不仅要对特别行政区负责，还要对中央政府负责。对香港实行以行政为主导的政治体制，基本法作了一系列规定，这里就不一一列举了。这套政治体制既保留了香港原有政治体制中行之有效的部分，也适应了香港回归祖国后的现实需要，是实现"港人治港"、高度自治最好的政权组织形式。全面准确地把握这一点，对于保证"一国两制"方针和基本法的贯彻实施，正确处理香港特别行政区行政、立法和司法三者的关系，也是至关重要的。

（三）基本法是香港长期繁荣稳定的法律保障。胡锦涛同志指出，"一国两制"和基本法符合国家的根本利益，符合香港的根本利益，也符合各国投资者的利益，是香港长期繁荣稳定的根本保障，具有无比强大的生命力。香港回归以来的实践充分说明了这一点。在中央政府和香港特别行政区政府、祖国内地和香港社会各界人士共同努力下，香港先后克服了亚洲金融危机的冲击和非典、禽流感疫情等事件的影响，实现了经济发展、社会稳定、民生改善。特别是二〇〇三年下半年香港经济复苏以来，一直保持着较好的发展势头。二〇〇六年，香港本地生产总值再创历史新高，同比增长百分之六点八，货物出口同比增长百分之十点二，私人消费开支同比增长百分之五点一，失业率降到百分之四点四。在港交所挂牌的上市公司，由一九九七年的六百五十八家增加到二〇〇六年底的一千一百七十三家。香港共有一百三十八家持牌银行，其中一百一十四家为外资银行，全球一百家最大的银行中，有六十九家海外银行在港营业。尤为可喜的是，特别行政区政府财政状况明显改善，二〇〇六至二〇〇七年度财政盈余五百五十一亿港元，财政储备增至三千六百五十七亿港元。香港继续保持自由港和国际大都市的特色，继续保持国际金融、贸易和航运中心的地位，继续是全球最自由开放的经济体和最具发展活力的地区之一。

回顾基本法的形成过程和成功实践，我们深深体会到，"一国两制"方针的确立和基本法的制定实施，充分体现了解放思想、实事求是、与时俱进的精神。邓小平同志提出的"一国两制"伟大构想，作为中国特色社会主义理论的重要组成部分，闪耀着辩证唯物主义和历史唯物主义的光芒，指引着实现祖国和平统一大业的前进方向。以江泽民同志为核心的第三代中央领导集体，继往开来，与时俱进，坚持"一国两制"方针，妥善处理各种复杂问题，确保了香港的平稳过渡，实现了香港的顺利交接，进行了开创性的实践，使"一国两制"从科学构想变成生动现实。以胡锦涛同志为总书记的新一届中央领导集体，求真务实，开拓进取，把按照"一国两制"方针管理好香港、澳门两个特别行政区作为新时期治国理政的重大课题，进一步丰富了"一国两制"的理论和实践。

二、准确把握基本法的精神实质。

香港特别行政区基本法除序言外，共九章一百六十条，还有三个附件，涉及方方面面，内容相当丰富，但贯穿其中的灵魂就是"一国两制"。准确把握基本法的精神实质，最核心的是要全面正确地理解"一国两制"方针，坚定不移地贯彻落实"一国两制"方针，严格按照基本法办事。这当中，最重要的是牢牢把握以下三点。

一是维护国家主权。维护国家主权，是落实"一国两制"方针、贯彻实施基本法的前提。坚持一个中国，维护国家的主权、统一和领土完整，是包括香港同胞在内的全体中国人民义不容辞的责任，是宪法和基本法明确规定的。香港特别行政区作为直辖于中央人民政府的地方行政区域，它的高度自治权是中央授予的。香港特别行政区实行资本主义制度和政策，是以坚持一个中国、国家主体实行社会主义制度为前提的。这是"一国两制"方针的根本，也是基本法的根本。基本法规定的一系列中央行使的职权、负责管理的事务，是体现国家主权所必不可少的，也是保持香港长期繁荣稳定所必不可少的。同时，对香港特别行政区自治范围内的事务，中央决不干预。支持香港发展、保持香港长期繁荣稳定，是中央坚定不移的一贯方针。

二是实行高度自治。实行“港人治港”、高度自治，是落实“一国两制”方针、贯彻实施基本法的关键。在香港实行资本主义制度，高度自治，是保持香港长期繁荣稳定的必然要求，也是宪法和基本法明确规定的。香港是一个实行与内地不同的制度和政策、享有高度自治权的特别行政区。实行“港人治港”，保障香港的高度自治权，是“一国两制”方针的应有之义，也是基本法的应有之义。香港回归十年来，广大香港同胞发扬爱国爱港精神，以主人翁的使命感和责任感积极参与香港事务的管理，保持了香港繁荣稳定。实践证明，香港同胞是完全有智慧、有能力管理好建设好香港的。同时，香港的命运与祖国的命运从来都是紧密联系在一起的，社会主义祖国始终是香港的坚强后盾。国家的强劲发展为香港实现更大发展提供了不竭动力和坚实保障。

三是保障繁荣稳定。保障繁荣稳定，是落实“一国两制”方针、贯彻实施基本法的目的。经济持续发展、民生不断改善、社会包容和谐，是香港七百万同胞的最大福祉。只有社会稳定，经济繁荣发展才有保障；也只有经济繁荣发展，社会才能实现长期稳定。这里我要强调的是，中央政府始终把保持香港长期繁荣稳定作为处理涉港事务的根本出发点和落脚点。在亚洲金融危机冲击香港时，中央全力维护港币的稳定；为加强香港与内地的经济合作，促进共同繁荣，及时采取内地与香港建立更紧密经贸关系安排、开放内地居民赴港个人游、推动泛珠江三角洲经济合作等政策措施；为释疑止争，全国人大常委会及时对基本法的有关

2007 年 6 月 6 日，纪念中华人民共和国香港特别行政区基本法实施 10 周年座谈会在北京人民大会堂隆重举行。吴邦国出席座谈会并发表讲话。右一为中共中央政治局常委、国家副主席曾庆红。

规定作出解释；等等。所有这些都是出于保持香港长期繁荣稳定这一根本目的，得到了广大香港市民的衷心拥护和普遍赞誉。正如江泽民同志指出的，在实践"一国两制"的过程当中，凡是有利于香港繁荣稳定的事，就要坚决去办；凡是不利于香港繁荣稳定的事，就绝不能办。

三、继续把基本法实施好。

香港特别行政区基本法的实施已经有了一个良好的开端。贯彻实施基本法是一项长期的任务，需要一代一代人的不懈努力。我们要认真总结实施基本法的成功经验，更加坚定贯彻落实"一国两制"方针的决心和信心，更加珍惜香港来之不易的良好局面，更加维护基本法的权威，进一步增强实施基本法的自觉性，把"一国两制"伟大实践不断推向前进。

一要牢固树立基本法意识。深入实施基本法，必须加强基本法的宣传教育，准确把握基本法的精神实质，提高全社会特别是公务员的基本法意识和法制观念。要通过各种形式，广泛宣传基本法知识，做到家喻户晓、深入人心，使基本法成为广大香港市民自觉遵守的行为规范，不断巩固和发展基本法贯彻实施的社会基础和舆论氛围。要把基本法教育作为公务员教育的重要内容，使他们熟悉基本法，忠于基本法，遵守基本法，自觉维护基本法。要大力加强对青少年的宣传教育，使年轻一代了解基本法的历史和内涵，成为基本法的坚定实践者和维护者。

二要严格按照基本法办事。基本法是香港法治的法律基石。香港特别行政区一切活动都必须遵循基本法，不能违反基本法。这就要求香港特别行政区行政长官和政府依照基本法施政，立法机关和司法机关依照基本法履行职责，全体香港居民依照基本法行使权利和履行义务，共同维护香港的法治。中央政府将坚定不移地贯彻"一国两制"、"港人治港"、高度自治的方针，严格按照基本法办事，一如既往地支持香港特别行政区政府依法施政，与香港各界人士一道，把香港建设得更加美好。这里要强调的是，支持香港特别行政区依照基本法的规定发展符合香港实际的民主制度，是中央的一贯立场。只要我们严格遵循基本法的规定，坚持符合香港实际情况、循序渐进的原则，理性务实探讨，广泛凝聚共识，积极创造条件，香港的民主制度就一定能够在确保香港繁荣稳定的基础上不断向前发展。

三要不断丰富基本法实践。香港回归十年来取得的有目共睹的成就，充分说明基本法是符合中国国情和香港实际的。基本法的稳定为香港的繁荣稳定提供了强有力的法律保障，实现香港的长期繁荣稳定更需要基本法的稳定作前提。同时也要看到，随着香港经济社会的发展，基本法在实施过程中难免会遇到一些新情况新问题。我们在贯彻落实"一国两制"方针和深入实施基本法的同时，需要本着实事求是、与时俱进的精神，进一步加强对基本法的研究，认真总结几次释法的经验，及时解决基本法实施中遇到的问题，不断丰富基本法的实践，把基本法贯彻好实施好。

注　释

[1] 见邓小平《香港基本法具有历史意义和国际意义》(《邓小平文选》第3卷，人民出版社1993年版，第352页)。

在北京二〇〇八年奥运会
倒计时一周年活动上的致辞

（二〇〇七年八月八日）

尊敬的国际奥委会主席罗格先生，

尊敬的各位来宾，

朋友们，同志们：

明年的这一时刻，二〇〇八年奥运会将在北京胜利开幕。今天，我们在庄严的天安门广场隆重集会，庆祝北京二〇〇八年奥运会倒计时一周年，再次向世界表达中国人民同心协力办好奥运会的坚定信心，展示中华民族对奥林匹克精神的不懈追求，体现中国政府和人民支持奥运、期盼奥运、共享奥运的巨大热情。在这里，我谨代表中国政府向专程前来出席庆祝活动的国际奥委会主席罗格先生和各位嘉宾表示热烈的欢迎！向为筹办北京奥运会付出辛劳与汗水的同志们和朋友们表示衷心的感谢！

国际奥林匹克运动坚持和平、友谊、进步的宗旨，倡导更快、更高、更强的精神，在维护世界和平、增进人民友谊、促进国际体育及文化事业发展等方面发挥着重要而独特的作用。举办奥运会是中国人民的百年期盼。我们要通过举办奥运会进一步弘扬奥林匹克精神，促进世界的和平与发展；进一步增进中国人民同世界各国人民的相互了解和友谊，扩大交流与合作；进一步激

2007 年 8 月 8 日，北京 2008 年奥运会倒计时一周年庆祝活动在天安门广场隆重举行。吴邦国出席并致辞。

发全国各族人民为实现全面建设小康社会的宏伟目标而奋斗的拼搏干劲。

改革开放近三十年来，中国的现代化建设取得了有目共睹的伟大成就，国家的面貌发生了翻天覆地的变化。今天的中国人民在邓小平理论和"三个代表"重要思想指引下，深入贯彻落实科学发展观，正在满怀豪情地为夺取全面建设小康社会的新胜利而努力奋斗。我们将坚定不移地走和平发展道路，坚定不移地奉行合作共赢的开放战略，坚持在和平共处五项原则的基础上同世界各国发展友好合作，推动建设持久和平、共同繁荣的和谐社会。

把北京二〇〇八年奥运会办成一届有特色、高水平的奥运会，是中国政府和人民作出的郑重承诺。我们将加强与国际奥委会的合作，全力支持各项筹办工作，确保北京奥运会的成功举办。我们热忱欢迎世界各地的运动员、教练员、官员、观众和新闻工作者前来参加、观摩和报道北京二〇〇八年奥运会。我们将提供符合奥运会标准的优质服务，为他们参与竞赛、开展工作、参观访问创造良好的条件。我们深信，在各方面密切配合与共同努力下，北京二〇〇八年奥运会一定能够再创国际奥林匹克运动新的辉煌！

谢谢大家！

始终把促进司法公正作为
立法监督工作的重点*

（二〇〇七年十月二十八日）

公正司法直接关系人民群众切身利益，事关社会公平与和谐稳定，是全国人大代表十分关心的问题，也是群众来信来访反映较多的问题。本届常委会一直高度重视这一问题，始终把促进司法公正作为立法监督工作的重点。

一是，针对司法队伍建设中的问题，综合运用各种监督形式，督促有关方面改进工作。这几年我们连续对法官法、检察官法、律师法进行执法检查，先后听取和审议了最高人民法院、最高人民检察院关于基层法院和检察院建设、司法系统内部监督、规范司法和执法行为等专项工作报告，督促法院、检察院系统加强队伍建设，尤其是基层法院、检察院队伍建设，收到了较好的效果。同时，督促和推动有关方面切实解决基层法院、检察院人员编制和办案经费等方面的实际困难。

二是，针对群众反映的突出问题，着力推动有关方面解决超期羁押的问题。本届常委会从成立之初就把这一问题作为监督重

---

* 这是吴邦国同志在十届全国人大常委会第三十次会议上讲话的一部分。

点，内务司法委员会与有关方面共同研究解决办法，常委会监督和支持最高人民法院、最高人民检察院及公安部，集中开展全面清理超期羁押专项工作，并制定预防和纠正超期羁押问题的具体规定，实行超期羁押告知、期限届满提示、超期投诉和责任追究等制度。经过各方面的共同努力，历史遗留的超期羁押案件基本得到纠正。

三是，根据现实需要，及时修改有关法律。前几年常委会修改了人民法院组织法，分别作出了关于司法鉴定管理问题的决定和完善人民陪审员制度的决定等。这次会议，又通过了修改后的民事诉讼法和律师法。民事诉讼法修正案是在代表议案的基础上形成的，着重从细化再审事由、完善再审程序、强化执行措施、规范执行行为等方面完善法律规定，以解决群众反映强烈的"申诉难"、"执行难"等问题。律师法的修改，是二〇〇五年常委会执法检查后提出来的，重点从律师遵守职业道德、提高业务素质、规范执业行为，以及维护律师执业权利和当事人权益等方面作了规定。我们相信，这两部法律修改后，将更好地发挥其作用，对维护司法公正产生积极的、重要的影响。

紧密联系人大工作实际，深刻领会十七大精神 *

（二〇〇七年十月二十八日）

刚刚胜利闭幕的党的十七大，是在我国改革发展关键阶段召开的一次十分重要的会议。认真学习、深刻领会、全面贯彻党的十七大精神，是我们当前和今后一个时期的首要政治任务。我们一定要用党的十七大精神武装头脑、指导行动，团结一心、扎实工作，为开创中国特色社会主义事业新局面而努力奋斗。下面，我就学习贯彻党的十七大精神，讲三点意见。

第一点，要认真学习领会党的十七大文件，把思想统一到党的十七大精神上来。

党的十七大开得很好、很成功。会议很重要、内容很丰富。大会批准了胡锦涛总书记所作的政治报告，审议通过了党章修正案，批准了中纪委的工作报告，选举产生了新一届中央委员会和中央纪律检查委员会。这次大会高举旗帜、继往开来、求真务实、催人奋进，对夺取全面建设小康社会新胜利、开创中国特色社会主义新局面具有重大而深远的意义。

---

* 这是吴邦国同志在十届全国人大常委会第三十次会议上讲话的一部分。

胡锦涛总书记的重要报告，以邓小平理论和"三个代表"重要思想为指导，深入贯彻落实科学发展观，分析了国际国内形势的新变化，回顾了党的十六大以来各项事业的新进展，总结了改革开放以来的新经验，阐述了科学发展观的科学内涵和根本要求，提出了实现全面建设小康社会奋斗目标的新要求，全面部署了各方面的工作，描绘了在新的时代条件下加快推进社会主义现代化的宏伟蓝图，为我们继续推动党和国家事业的发展指明了方向。胡锦涛总书记的重要报告，是在我国改革发展关键阶段，科学回答了我们党举什么旗、走什么路、以什么样的精神状态、朝着什么发展目标继续前进等重大问题。报告博大精深，富有深刻的理论性和思想性，保持了党和国家大政方针的连续性和稳定性，具有很强的针对性和可操作性，集中了全党智慧、凝聚了各方共识、顺应了时代潮流、反映了人民心声，是中国共产党团结带领全国各族人民坚持和发展中国特色社会主义道路和中国特色社会主义理论体系的政治宣言和行动纲领，是马克思主义的纲领性文献。

大会通过的党章修正案，把党的理论创新和实践发展成果写入了党章，把党的十七大报告确立的重大理论观点、重大战略思想、重大工作部署以党章的形式固定下来，对于发挥党章作为党的总章程的作用，对于坚持和改善党的领导、加强和改进党的建设具有重要意义。

全国人大及其常委会是最高国家权力机关，是担负宪法赋予的各项职责的工作机关，是保持同人民群众密切联系的代表机关。胡锦涛总书记的重要报告，对人大工作提出了新的更高的要求。我们一定要紧密联系人大工作实际，认真学习十七大文件，深刻领会十七大精神，全面贯彻十七大部署，把思想统一到党的十七大精神上来，高举中国特色社会主义伟大旗帜，以邓小平理论和"三个代表"重要思想为指导，深入贯彻落实科学发展观，继续解放思想，坚持改革开放，推动科学发展，促进社会和谐，努力开创人大工作的新局面，为夺取全面建设小康社会新胜利作出新的更大的贡献。

第二点，要坚持走中国特色社会主义道路，把人民代表大会制度坚持好、完善好。

党的十七大在深刻总结改革开放的伟大历程和宝贵经验的基础上，得出了一个重要结论，这就是改革开放以来我们取得的一切成绩和进步的根本原因，是开辟了中国特色社会主义道路、形成了中国特色社会主义理论体系。中国特色社会主义道路，就是在中国共产党领导下，立足基本国情，以经济建设为中心，坚持四项基本原则，坚持改革开放，解放和发展生产力，巩固和完善社会主义制度，建设社会主义市场经济、社会主义民主政治、社会主义先进文化、社会主义和谐社会，建设富强民主文明和谐的社会主义现代化国家。

人民代表大会制度是我国的根本政治制度，是党领导的人民民主制度，是中国特色社会主义道路的内在要求和重要组成部分。人民代表大会制度一方面能使党的主张通过法定程序成为国家意志，充分反映人民的要求、集中人民的意愿、维护人民的利益、调动人民群众的积极性，可以集中力量办大事，提高工作效率，使我们国家社会政治生活充满活力，促进经济协调发展、人民生活改善和社会全面进步；另一方面又能保证国家统一、民族团结和社会稳定。我们一定要充分认识人民代表大会制度在国家社会政治生活中的重要地位和作用，充分认识坚持好、完善好这一根本政治制度的重大而深远的意义，坚持党的领导、人民当家作主、依法治国有机统一，进一步增强使命感和责任感，增强坚持走中国特色社会主义道路的自觉性和坚定性，把人民代表大会制度坚持好、完善好。

第三点，要坚持以中国特色社会主义理论体系为指导，把人大工作提高到一个新水平。

中国特色社会主义理论体系，就是包括邓小平理论和"三个代表"重要思想以及科学发展观等重要战略思想在内的科学理论体系。这个理论体系，坚持和发展了马克思列宁主义、毛泽东思想，凝结了几代中国共产党人带领人民不懈探索实践的智慧和心血，是马克思主义中国化的最新成果，是我们党最可宝贵的政治和精神财富，是全国各族人民团结奋斗的共同思想基础。

科学发展观是对党的三代领导集体关于发展的重要思想的继承和发展，是马克思主义关于发展的世界观和方法论的集中体现，是同邓小平理论和"三个代表"重要思想既一脉相承又与时俱进的科学理论，是我国经济社会发展的重要指导方针，是发展中国特色社会主义必须坚持和贯彻的重大战略思想。科学发展观，第一要义是发展，核心是以人为本，基本要求是全面协调可持续，根本方法是统筹兼顾。

人大工作涉及社会主义经济建设、政治建设、文化建设、社会建设各个方面，关系到国家各项事业的全面协调可持续发展。我们一定要认真学习和深刻领会邓小平理论和"三个代表"重要思想以及科学发展观等重要战略思想的科学内涵、精神实质和根本要求，牢记社会主义初级阶段基本国情，始终不渝地贯彻执行党的基本理论、基本路线、基本纲领、基本经验，进一步增强贯彻落实中国特色社会主义理论体系的自觉性和坚定性，坚持以中国特色社会主义理论体系指导人大的各项工作，使人大通过的法律和作出的决定切实体现党的主张、更加适应我国国情、真正符合最广大人民的根本利益，把人大工作提高到一个新水平。

本届全国人大常委会成立以来做了大量工作，取得了突出成绩，这是大家共同努力的结果。从现在到明年换届只有四个月的时间，还有两次常委会会议，常委会立法监督的任务仍很繁重。希望各个部门、各个方面、各位同志继续以饱满的政治热情、良好的精神风貌和务实的工作作风，加紧工作，确保本届常委会的各项任务圆满完成，以优异的成绩迎接十一届全国人民代表大会的胜利召开。一是要为开好后两次常委会会议做好充分的准备，请常委会组成人员务必如期出席会议；二是要结合五年工作总结，研究起草好本届常委会的工作报告；三是要做好十一届全国人民代表大会第一次会议的各项筹备工作，确保大会顺利召开。

香港政制发展必须
严格按照基本法办事 *

（二〇〇七年十二月二十七日）

香港特别行政区的政制发展问题，事关"一国两制"方针和基本法的贯彻实施，事关中央与香港特别行政区的关系，事关香港社会各阶层、各界别和广大香港同胞的利益，事关香港的长期繁荣稳定。中央始终高度关注和重视香港的政制发展问题。通过明确普选时间表的方式，从根本上解决香港政制发展问题，是中央经过反复研究慎重作出的重大决定。这一重大决定，有利于中央牢牢把握治港主导权，有利于特区政府强政励治和爱国爱港力量发展壮大，有利于香港长期繁荣稳定。

同志们知道，近年来，双普选[1]问题一直是香港政治斗争的焦点，政制发展问题已经成为左右香港政局的核心问题。香港经历了一百五十多年的英国殖民统治，深受西方价值观念的影响，尽管香港已经回归十年了，但政治生态还没有从根本上得到改变。这是历史上形成的，也是我们必须面对的事实。加上西方敌对势力的支持，香港反对派一直利用基本法有关普选的规定和民众的诉求，打着争取双普选的旗号煽动闹事，不断向中央和

---

* 这是吴邦国同志在全国人大常委会中共党员委员会议上讲话的要点。

特区政府施压。这从香港每次选举和"七一"、元旦反对派组织游行的政治口号上可以清楚看出。反对派的用心就是要和中央争夺香港的管治权。中央对香港政制发展的态度是很明确的，就是严格按基本法办事，也就是从香港的实际出发，按照循序渐进的原则推进香港的政制发展，并于二〇〇四年由全国人大常委会作出二〇〇七年、二〇〇八年行政长官和立法会两个产生办法可以修改的决定。这反映了中央对发展香港民主的诚意。但由于反对派的反对，特区政府提出的任何推动香港政制循序渐进发展的法案，都无法在立法会得到法定的三分之二多数支持。反对派的目的，就是否定从香港的实际出发和循序渐进的原则，从而使香港政制发展问题久拖不决，并以双普选为旗号与中央抗争，妄图掌控香港政制发展主导权，进而争夺香港的领导权。香港政制发展问题的核心，是由谁把握治港的主导权。在这个问题上，我们不能有半点含糊。

香港政制发展必须严格按照基本法办事。我在香港基本法实施十周年座谈会上有个讲话，强调我国是单一制国家，香港的高度自治权是中央授予的，不是香港固有的。中央授予多少权香港就有多少权，不存在所谓"剩余权力"的问题。依照基本法，香港政制发展问题的决定权在中央、在全国人大。基本法第四十五条和第六十八条规定，行政长官和立法会的产生办法，根据香港的实际情况和循序渐进的原则，最终达至由普选产生的目标。这里明确了两点：一是香港政制发展要根据香港实际情况和循序渐进原则逐步推进，二是最终实现普选。基本法附件一主要对前两任行政长官的产生作了具体规定，附件二主要对前三届立法会的产生作了具体规定，二〇〇七年以后怎么办，两个产生办法没有作明确规定。但有一点必须明确，就是根据基本法，这两个产生办法任何修改的最终决定权在全国人大常委会。针对香港社会对基本法附件一和附件二修改程序的不同理解，二〇〇四年全国人大常委会及时作出释法和决定，明确了两个产生办法的修改程序，明确二〇〇七年选举行政长官和二〇〇八年选举立法会都不实行普选，在此前提下可以作出符合循序渐进原则的适当修改。接下来怎么办，要有个办法。因此，在香港政制发展问题上有一个明确意见，由全国人大常委会作出决定明确普选时间表，是严格按基本法办事，是人大依法行使权力，也是人大的责任。

这次常委会会议将要作出的决定内容，核心是四条：（一）二〇一二年行政长官和立法会两个产生办法可以改，但有两个不能变，一是立法会功能团体和分区直选议员各占半数的比例不变，二是立法会对法案、议案的表决程序不变。这就回答了二〇一二年怎么办的问题。（二）二〇一七年行政长官可以实行普选，在行政长官实行普选后，立法会可以实行普选。为牢牢把握香港政制发展主导权，还明确了两点：一是行政长官和立法会实行普选前，行政长官还要就产生办法的修改向全国人大常委会提出报告，由全国人大常委会决定；二是行政长官实行普选时，提名委员会要参照现在的选举委员会组成。这是香港社会最为关注的问题，称之为普选时间表，也是这次全国人大常委会作出的决定最核心的一条。（三）无论是二〇一二年还是二〇一七年，两个产生办法的修改法案，均由特区政府提出，经立法会三分之二多数通过，报全国人大常委会批准或备案。也就是说，最终的批准权在中央手中。（四）如果两个产生办法的修改法案在立法会不能获得三分之二多数通过，则行政长官和立法会两个产生办法照旧，而阻滞香港政制发展的责任将完全由反对派承担。

全国人大常委会作出决定后，对反对派和敌对势力肯定会有的强烈反弹要有足够的估计。这些年，中央对香港工作高度重视。坚持"一国两制"、严格依照基本法办事、维护香港长期繁荣稳定，是中央一贯的方针。特别是二〇〇三年"七一"大游行后，中央全面加强了对港工作，主要有三个方面：（一）中央完善了对港澳工作的体制机制。（二）通过全国人大常委会作出释法和决定，建立依照基本法管治香港的有效机制，帮助特区政府提高管治能力。（三）全面实施了内地与香港更紧密经贸关系的安排、开放内地居民赴港个人游、推动泛珠江三角洲经济合作等一系列支持香港经济发展、社会繁荣的重大举措。但是，树欲静而风不止。反对派与我们的斗争从来就没有停止过。二〇〇五年十二月特区政府提出两个产生办法的修改法案，朝民主方向迈出了一大步，得到香港大多数市民的赞同，在立法会也得到三十五名议员的支持，但反对派利用他们在立法会中占有的二十五个席位联手反对，这个法案未获法定的三分之二多数通过，只能维持原来的办法，致使香港民主进程未能循序渐进地向前发展。反对派反对的理由，就是法案中没有明确普选时间表。此后，反对派打着争取二〇一二年双普选的幌子，在元旦、"七一"这些敏感日期或选举期间不断闹事，甚至煽动示威游行。可以预计，这次全国人大常委会作出决定后，他们会变本加厉，也不排除制造大的群体性事件的可能性。事实上，无论我们拿出什么样的方案、作出什么样的决定，反对派和敌对势力都不会善罢甘休，仍然会用种种方式干扰香港政制的健康发展。因为，我们同反对派和敌对势力在香港政制发展问题上斗争的实质，是由谁来把握治港的主导权。这是一场尖锐的、复杂的、长期的政治斗争。对此，我们要有足够的估计，要严格依法按程序办事。

注　释

[1] 见本书（下）《坚定不移走中国特色社会主义政治发展道路》注 [2]。

第十届全国人民代表大会常务委员会工作报告[*]

（二〇〇八年三月八日）

各位代表：

我受十届全国人大常委会委托，向大会报告五年来的主要工作，并对下一步工作提出建议，请予审议。

过去的五年，是我国改革开放和全面建设小康社会取得重大进展的五年，也是社会主义民主法制建设和人民代表大会制度建设取得重大进展的五年。十届全国人大常委会认真贯彻落实党的十六大和十七大精神，以邓小平理论和"三个代表"重要思想为指导，深入贯彻落实科学发展观，坚持党的领导、人民当家作主、依法治国有机统一，围绕党和国家工作大局依法履行职责，在前几届工作的基础上与时俱进，开创了人大工作新局面，为坚持和完善人民代表大会制度、发展社会主义民主政治，为坚持改革开放、推动科学发展、促进社会和谐，作出了重要贡献。

---

　　* 这是吴邦国同志在第十一届全国人民代表大会第一次会议上所作的工作报告。

一、关于立法工作

立法权是宪法和法律赋予全国人大及其常委会的重要职权。十届全国人大常委会从一开始就明确提出任期内"以基本形成中国特色社会主义法律体系为目标、以提高立法质量为重点"的立法工作思路，并以此指导立法工作。五年来，共审议宪法修正案草案、法律草案、法律解释草案和有关法律问题的决定草案一百零六件，通过了其中的一百件。到目前为止，我国现行有效的法律共二百二十九件，涵盖宪法及宪法相关法、民商法、行政法、经济法、社会法、刑法、诉讼及非诉讼程序法等七个法律部门；现行有效的行政法规近六百件，地方性法规七千多件。以宪法为核心，以法律为主干，包括行政法规、地方性法规等规范性文件在内的，由七个法律部门、三个层次法律规范构成的中国特色社会主义法律体系已经基本形成，国家经济、政治、文化、社会生活的各个方面基本做到有法可依，为依法治国、建设社会主义法治国家、实现国家长治久安提供了有力的法制保障。

（一）相继完成一批重要立法项目。法律是党的主张和人民意志的统一。坚持服从服务于党和国家工作大局，是做好立法工作、提高立法质量的基本前提。我们按照党和国家的战略部署和重大决策，以改革开放和社会主义现代化建设伟大实践作为立法基础，根据经济社会发展的客观需要，把在中国特色社会主义法律体系中起支架作用、现实生活迫切需要、立法条件比较成熟的立法项目作为立法重点，使党的主张经过法定程序成为国家意志，将改革开放和社会主义现代化建设的成功经验以法律形式固定下来，在加强经济领域立法的同时着力加强社会领域立法，在

2008 年 3 月 8 日，十一届全国人大一次会议在北京人民大会堂举行第二次全体会议。吴邦国作全国人大常委会工作报告。

制定新法律的同时注重现行法律的修改完善，一批重要的立法项目相继完成。

根据中共中央关于修改宪法部分内容的建议，审议通过宪法修正案，确立"三个代表"重要思想在国家社会生活中的指导地位，把党的十六大确定的重大理论观点、重大方针政策载入宪法，并在宪法中明确国家尊重和保障人权、依法保护公民的财产权和继承权。这充分体现了党的主张和人民意志的统一，成为我国宪政史上又一重要里程碑。制定反分裂国家法，把党和国家对台工作的大政方针和政策措施以法律形式固定下来，充分体现我们以最大诚意、尽最大努力实现两岸和平统一的一贯主张，同时表明全中国人民为维护国家主权和领土完整，绝不允许任何人以任何名义任何方式把台湾从祖国分裂出去的共同意志和坚定决心，为反对和遏制"台独"分裂活动、促进祖国和平统一提供了有力的法律保障。根据香港特别行政区基本法的立法原意，对基本法及其附件有关条款作出解释并通过相关决定，对保障基本法正确实施、推进香港民主健康发展、维护香港长期繁荣稳定发挥了不可替代的作用。制定监督法，完善各级人大常委会监督的形式和程序，有力地推动了人大监督工作的制度化、规范化、程序化。制定公务员法，贯彻党的干部路线方针政策，为推进干部人事制度改革提供了有力的法律保障。

适应发展社会主义市场经济的客观需要，全面推进经济法制建设。依据宪法精神制定物权法，对涉及物权制度的共性问题作出规定。物权法以明确物的归属，发挥物的效用，保护权利人的物权为立法宗旨，进一步完善了中国特色社会主义物权法律制度。遵循优胜劣汰的市场法则，制定适用于所有企业法人的企业破产法，规范企业破产程序，确立了企业有序退出市场的法律制度。根据我国国情制定反垄断法，确立了与我国经济发展阶段相适应的预防和制止垄断、保护和促进公平竞争的法律制度，有利于维护市场经济秩序，保护消费者权益，促进技术进步。为加强金融监管，维护金融秩序，制定银行业监督管理法、反洗钱法，修改中国人民银行法、商业银行法、证券法等，完善了金融法律制度。按照税收制度改革目标，制定企业所得税法，统一内外资企业所得税，规范了税前扣除标准和税收优惠政策。三次修改个人所得税法，减轻了中低工薪收入者的纳税负担，加强了对高收入者的税收征管。作出废止农业税条例的决定，结束两千多年农民种田纳税的历史，向实行城乡统一税制迈出了重要一步。制定农民专业合作社法，对提高农民的组织化程度，促进农业产业化经营具有重要意义。还制定了可再生能源法，修改了节约能源法，审议了循环经济法草案等资源环境方面的法律。

按照构建社会主义和谐社会的要求，着力加强社会领域立法。健全劳动和社会保障方面的法律制度，事关劳动者切身利益，事关社会和谐稳定，是社会领域立法的一个重点。二〇〇七年一年内，常委会先后通过了劳动合同法、就业促进法、劳动争议调解仲裁法，审议了社会保险法草案。针对代表反映强烈的社会领域问题，全面修订义务教育法，将义务教育经费保障机制以法律形式固定下来，将实施素质教育写入法律，将义务教育均衡发展作为目标确定下来。修改妇女权益保障法，第一次在法律上明确实行男女平等是国家的基本国策。修改未成年人保护法，进一步强化家庭、学校、社会、政府的保护责任，突出未成年人受教育权。

（二）妥善解决立法中遇到的矛盾和问题。立法是国家的一项基本政治活动。坚持正确的指导思想，是做好立法工作、提高立法质量的根本保证。我们在立法工作中始终坚持以宪法为依据，坚持正确的政治方向，坚持以人为本，坚持从我国国情和实际出发，以改革创新精神，正确处理立法中遇到的矛盾和问题。

物权法是在市场经济条件下规范民事财产关系的基本法律。物权法的制定涉及我国基本经济制度，关系广大人民群众切身利益，备受社会关注，从研究起草到颁布实施历时十三年。十届全国人大常委会高度重视物权法的立法工作，采取积极慎重的态度，投入很大精力，做了大量工作，对原草案作了重大修改。经多次审议，十届全国人大五次会议高票通过的物权法，体现了社会主义基本经济制度，遵循了平等保护物权的原则，强化了国有资产保护，贯彻了现阶段党在农村的基本政策，规范了现实生活中群众最为关注的问题。根据物权法立法宗旨，为保护国有资产权益，防止国有资产流失，常委会还审议了国有资产法草案。

监督法涉及我国政治制度和国家体制，从六届全国人大开始酝酿，到颁布实施历时二十年。十届全国人大常委会本着对党和人民高度负责的精神，在认真总结实践经验、广泛听取意见的基础上，对草案作了重大修改，调整了监督法的适用范围，重点规范了各级人大常委会最为关注、最希望规范的问题，正确处理了加强人大监督工作和坚持党的领导的关系，正确处理了加强人大监督工作和支持"一府两院"依法开展工作的关系，充分体现了坚持党的领导、人民当家作主、依法治国有机统一。

在前两届工作基础上，我们重新起草了企业破产法草案，并就优先清偿破产企业所欠职工工资和基本养老、医疗保险费用等重大问题，在与国务院及有关方面充分协商的基础上，作出特别规定，切实维护了破产企业职工的合法权益。针对社会普遍关注的防止外资以并购国内企业或者其他方式实行垄断经营的问题，反垄断法明确规定，涉及国家安全的，除依法对经营者集中进行审查之外，还应当按照国家有关规定进行国家安全审查，既有利于扩大对外开放，又有利于维护国家经济安全。

针对行政许可法草案审议中分歧意见比较大的问题，常委会坚持合法与合理、效能与便民、权力与责任相统一的原则，重视对被许可人合法权益的保护，明确行政许可的范围和设定权限，取消部门规章设定行政许可的权力，对省级人民政府规章设定行政许可作出限制。审议修改治安管理处罚法草案，既注意赋予公安机关和人民警察必要的权力，又注意对权力的行使加以规范和监督，以切实维护公民合法权益和社会公共秩序。

（三）积极推进科学立法、民主立法。坚持走群众路线、充分发扬民主、扩大公民对立法工作的有序参与，是做好立法工作、提高立法质量的重要途径。十届全国人大常委会以改革创新精神，积极探索科学立法、民主立法的有效形式。

一是先后将物权法草案、劳动合同法草案、就业促进法草案和水污染防治法修订草案全文向社会公布，广泛听取各方面尤其是基层群众的意见。二是举行全国人大及其常委会历史上第一次立法听证会，就修改个人所得税法涉及的工薪所得减除费用标准问题，直接听取公众和有关方面意见。三是提请审议的法律草案印发有关中央和国家机关、地方和单位，召开各种形式座谈会征求意见，对法律草案中专业性强的问题，召开论证会，组织专家充分论证。四是物权法、企业所得税法等重要法律草案在大会审议前，组织代表提前审阅和讨论，充分听取代表意见，修改完善法律草案。五是认真执行审次制度，对于法律关系复杂、分歧意见较大的法律草案，采取积极慎重的态度，需要调研的深入调研，需要协商的耐心协商，需要论证的充分论证，反复审议修改完善，在各方面基本取得共识后再提请表决。监督法、行政许可法、劳动合同法、居民身份证法等法律草案都经过四次审议。物权法草案先后审议了八次。这在我国立法史上是空前的。

二、关于监督工作

监督权是宪法和法律赋予全国人大及其常委会的又一重要职权。十届全国人大常委会从一开始就确定了"围绕中心、突出重点、讲求实效"的监督工作思路，不断深化对人大监督工作的认识，形成一套行之有效的工作机制和方法，取得了党和人民满意的效果，也为监督法的制定和实施提供了实践基础。五年来，共听取和审议国务院、最高人民法院、最高人民检察院的四十一个专项工作报告，十五个决算、审计和计划执行情况报告；由副委员长带队，就二十二件法律的实施情况组织了二十五次执法检查；受理群众来信四十七万多件次，接待来访二十一万批次。

（一）进一步突出监督重点。人大监督工作涉及方方面面，要增强实效，很重要的一条就是要使人大监督工作与党和国家工作大局紧紧相扣、与人民群众普遍呼声息息相应。为此，我们根据党的十六大以来的重大战略部署、代表提出的意见和建议、群众反映集中的问题，确定监督重点，选择经过努力可以解决的突出问题作为突破口，举一反三，以点带面，不断充实监督内容，使人大监督工作更有深度、更具实效。

常委会在加强对预算、计划和宏观调控等经济工作监督的同时，主要对以下五个方面的工作开展监督：（1）围绕建设社会主义新农村，推动解决"三农"工作中的突出问题；（2）围绕建设资源节约型、环境友好型社会，推动实现节能减排目标；（3）围绕建设创新型国家，推动提高自主创新能力；（4）围绕促进公正司法，推动解决群众反映的突出问题；（5）围绕构建社会主义和谐社会，推动解决群众普遍关注的民生问题。

常委会一直高度重视"三农"工作。针对粮食播种面积大量减少、违法占用耕地现象严重等问题，从二〇〇三年开始，连续三年把粮食安全和耕地保护作为推动"三农"工作的突破口，二〇〇六年以后，根据中央战略部署，又把监督"三农"工作的侧重点放在全面推进社会主义新农村建设上，五年来先后组织了四次执法检查，听取了四个专项工作报告。经各地区、各部门共同努力，我国粮食产量连续四年稳定增长，农村居民人均纯收入从二〇〇三年的二千六百二十二元增长到二〇〇七年的四千一百四十元，农村基础设施和农民生活条件不断改善，社会主义新农村建设正在扎实向前推进。

资源环境问题始终是常委会监督工作的又一个重点，我们连续几年把推动实现节能减排目标作为监督资源环境工作的重点，着重加强对水、大气和固体废物污染防治以及节能工作的监督，督促有关方面切实重视资源环境问题，促进"十一五"规划纲要确定的节能减排目标的实现。针对科技进步对经济增长贡献率偏低、对外技术依存度过高、科研投入不足等问题，我们把增强自主创新能力作为建设创新型国家的关键，推动有关方面贯彻落实全国科技大会精神和《国家中长期科学和技术发展规划纲要（二〇〇六——二〇二〇年）》。

民族区域自治法、归侨侨眷权益保护法的执法检查，是这两部法律颁布实施以来的第一次。民族区域自治法执法检查，把推动民族地区经济社会发展作为重点，督促有关方面抓紧制定和完善配套法规及政策，切实加大对民族地区和少数民族尤其是人口较少民族的扶持力度。归侨侨眷权益保护法执法检查，把推动解决华侨农场三十万职工的生产生活困难作为重点，提出分阶段解决历史遗留问题的思路和建议，有力地促进了华侨农场的改革和发展。

这里还要一提的是，二〇〇三年、二〇〇四年，面对突如其来的非典疫情和高致病性禽流感，常委会及时调整监督计划，专门安排听取和审议国务院专项工作报告，检查传染病防治法、动物防疫法和固体废物污染环境防治法的实施情况，推动有关方面建立和实施突发公共卫生事件应急机制。

（二）不断完善监督方式。常委会在监督工作中发现的问题，既有工作层面的问题，也有法律层面的问题，还有一些是长期积累的问题。为了增强监督工作的针对性，我们有意识地把听取审议专项工作报告与执法检查结合起来，把推动改进工作和修改完善法律结合起来，着力加强跟踪监督。对属于工作层面的问题，推动有关方面改进工作、解决问题；对属于法律层面的问题，及时修改有关法律，为相关工作提供法律保障；对代表普遍关注的重点难点问题，反复督查、一抓到底。监督方式的不断完善，使人大监督工作更有针对性、更具活力。

针对近年来人民群众反映强烈的上学难、上学贵等问题，二〇〇四年对义务教育法进行执法检查，明确提出建立义务教育经费保障机制、修改义务教育法等重要建议。根据常委会的建议，国务院及时研究起草了义务教育法修订草案。二〇〇六年结合审议义务教育法修订草案，听取和审议普及义务教育和实施素质教育的专项工作报告。二〇〇七年又对新修订的义务教育法开展执法检查，重点检查义务教育经费保障机制落实情况，有力地促进了义务教育法的贯彻实施和义务教育的均衡发展。

水污染防治工作是一项艰巨而长期的任务。针对水污染日益加剧的严峻形势，我们采取多种形式、连续不断地跟踪监督。二〇〇四年听取审议水资源节约保护和合理利用情况的专项工作报告；二〇〇五年对水污染防治法和水法进行执法检查；二〇〇六年结合听取审议水环境形势和水污染防治的专项工作报告，再次检查水污染防治法的实施情况；二〇〇七年结合听取审议节约能源保护环境情况的专项工作报告，又对淮河、辽河流域水污染防治情况进行跟踪检查。

（三）努力增强监督实效。人大对"一府两院"的监督是代表国家和人民进行的具有法律效力的监督。我们始终坚持服从服务于党和国家工作大局，坚持依法按程序办事，坚持集体行使职权，在充分调查研究、掌握大量第一手材料的基础上，提出中肯的、切实可行的意见和建议，着力推动有关方面解决带有普遍性、倾向性的问题，着力促进有关方面建立解决问题的长效机制。国务院、最高人民法院、最高人民检察院高度重视全国人大常委会提出的意见和建议，做了大量认真细致的工作。在各方面共同努力下，一些事关全局而又长期得不到解决的问题，通过人大监督工作取得了实实在在的效果。

推动解决拖欠出口退税问题。二〇〇三年，常委会经过深入调查研究，向国务院提出三条建议：一是确保不再发生新的拖欠，二是用中央财政超收收入尽快解决历史拖欠，三是改革出口退税机制。根据常委会的建议，国务院连续四年从超收收入中共拿出二千四百二十二亿元用于解决出口退税历史欠账，及时作出改革出口退税机制的决定，有力地推动了拖欠出口退税问题的解决。

推动解决拖欠农民工工资和职工工资问题。二○○三年，针对建筑法执法检查和人民群众来信来访反映的问题，要求各级政府及有关部门采取切实措施解决拖欠农民工工资问题。通过工会法、劳动法执法检查，明确提出在二○○七年底前基本解决职工工资和社保资金历史拖欠问题的建议。据统计，到二○○六年底，二○○三年以前累计拖欠的农民工工资三百三十七亿元已经全部偿付。到二○○七年底，全国多数省份基本解决职工工资历史拖欠问题，少数清欠任务重的老工业基地省份，也有望在二○○八年上半年偿还历史拖欠的职工工资。

推动加强安全生产工作。二○○五年，检查安全生产法实施情况，针对煤矿安全生产形势严峻问题，明确提出用两年左右时间使重特大瓦斯爆炸事故有较大幅度下降、争取用三年时间解决非法小煤矿问题等建议。国务院高度重视这些意见，立即召开常务会议，就安全生产工作进行专题研究和部署。到二○○七年底累计关闭非法小煤矿一万一千二百处，二○○七年煤矿重特大瓦斯事故起数和死亡人数比二○○五年分别下降百分之四十六点三和百分之六十五点四。

促进公正司法。针对代表和群众反映强烈的超期羁押问题，推动并支持最高人民法院、最高人民检察院及公安部，集中开展了全面清理超期羁押专项工作，制定了预防和纠正超期羁押问题的具体规定，实行羁押期限告知、期限届满提示、超期投诉和责任追究等制度，历史遗留的超期羁押案件基本得到纠正。为了从制度和机制上促进公正司法，要求审判机关和检察机关从容易发生问题的岗位和环节入手，建立健全各项制度，完善内部监督机制。最高人民法院、最高人民检察院高度重视常委会的意见，法院系统从立案、审判、执行和审判监督等重要环节及规范法官行为等重点方面，完善监督制度和措施；检察院系统强化经常性监督，开展专项检查和清理，加强检察队伍建设，取得了积极成效。同时，我们还督促和推动有关方面切实解决基层法院、检察院人员编制和经费保障等方面的实际困难。

三、关于代表工作

全国人大代表是最高国家权力机关组成人员。做好代表工作是常委会的重要责任。十届全国人大常委会高度重视发挥代表作用，形成和完善了一套支持和保障代表依法行使职权的制度和办法，代表工作迈上新台阶。五年来，共办理代表议案三千七百七十二件，代表建议二万九千三百二十三件，邀请代表六百六十三人次列席常委会会议，一千七百人次参加执法检查和立法调研等，组织代表五千三百五十四人次参加专题调研、九千人次参加集中视察，举办代表培训和专题研讨班十四期，共有一千零五十名代表参加培训。

（一）把充分发挥代表作用作为坚持和完善人民代表大会制度的重要内容。人民代表大会制度是我们国家的政体。人大代表具有广泛的群众基础，反映人民的意见和要求，代表人民行使国家权力。根据党的十六大和十六届四中全会精神，经过深入调查研究，我们起草了关于进一步发挥代表作用加强常委会制度建设的若干意见。二〇〇五年五月，中共中央以九号文件[1]批转了这个意见，进一步明确了坚持和完善人民代表大会制度、做好新形势下人大工作的方向和重点。我们认真贯彻落实中央九号文件精神，进一步深化做好代表工作重要性的认识，把充分发挥代表作用作为坚持和完善人民代表大会制度的重要内容，制定关于代表活动、代表议案、代表建议等方面的工作文件，促进了代表工作制度化、规范化、程序化，不仅使代表作用得到进一步发挥，也使常委会工作保持旺盛活力。

（二）把支持和保障代表依法履职作为充分发挥代表作用的重要举措。全国人大机关作为全国人大代表的集体参谋助手和服务班子，按照中央九号文件的要求，加强和改进服务保障工作，为代表依法行使职权创造条件。一是在继续办好形势报告会和向代表寄送有关公报的同时，大幅增加向代表提供书面材料的种类，帮助代表更多地了解全局的情况。二是在大会前组织代表审阅和讨论准备提交大会审议的重要议案和报告，并根据代表的意见对报告和议案作出修改。三是扩大代表对常委会活动的参与，并使之规范化、制度化。邀请列席常委会会议的代表，从原来的每次十名左右增加到四十名左右；参加常委会执法检查和立法调研等活动的代表人数，也有较大幅度的增长。四是在继续组织代表集中视察的同时，从二〇〇五年开始，每年都统一组织代表开展专题调研，共形成四百九十篇调研报告，许多调研成果在国家重大决策中发挥了积极作用。五是加强代表履职培训，编写人大代表依法履职读本，还在省级人大常委会机关设立全国人大代表联络处，增加代表活动经费，代表服务工作得到加强。

（三）把增强代表议案建议办理实效作为支持和保障代表依法履职的重要环节。认真办理代表议案建议，是国家机关的法定职责。我们在提高议案建议办理质量上取得了明显成效。

代表议案在立法中的作用得到进一步发挥。一是制定立法规划和年度立法计划时，充分考虑代表议案提出的立法项目。共有二千一百七十七件代表议案涉及的九十二个立法项目列入了立法规划和年度立法计划。二是起草和审议法律草案时，邀请提出议案的领衔代表参加，并充分听取相关代表的意见。共有一千一百三十二件代表议案涉及的四十八个立法项目已经审议通过，代表的意见和建议在通过的法律中得到很好体现。三是对代表议案比较集中的食品安全法等立法项目，督促有关方面抓紧起草，及时提请审议。四是以内容比较完整、质量比较高、立法条件比较成熟的代表议案为基础，经过规范完善直接形成法律草案。"申诉难"和"执行难"是社会反映强烈的问题，湖南等代表团部分代表在深入调查研究、广泛听取意见、认真总结经验的基础上，于十届全国人大五次会议期间提出修改民事诉讼法的议案及修正案建议稿。常委会作出的关于修改民事诉讼法的决定，就是在这个代表议案的基础上形成的。这在全国人大常委会立法工作中还是第一次。

代表建议办理采取了一些新的做法。一是在加强综合分析、实行统一交办的基础上，将代表反映比较集中的突出问题作为办理重点，由有关专门委员会负责督办。二是对涉及多个部门的代表建议，由主办单位牵头负责，相关单位参加，共同办理。三是加强与代表沟通，注重办理实效。从二〇〇五年开始，常委会每年都听取和审议代表建议、批评和意见处理情况的报告，并将报告印发全体代表。经过各方面共同努力，代表建议所提问题已经解决或正在抓紧解决的比例，二〇〇七年已达到百分之七十六。

人大代表选举是我国社会主义民主政治建设的一件大事。为做好县、乡人大同步换届选举和十一届全国人大代表选举工作，全国人大及其常委会及时作出有关决定，并在充分调查研究的基础上提出指导意见。各地认真贯彻中央部署，坚持党的领导、充分发扬民主、严格依法办事，顺利完成县、乡人大换届选举，顺利选举产生十一届全国人大代表，为坚持和完善人民代表大会制度、开创人大工作新局面提供了坚实的组织保障。

四、关于对外交往工作

全国人大对外交往是国家总体外交的重要组成部分。我们坚持服从服务于国家外交大局，注重发挥人大对外交往的特点和优

十届全国人大期间，全国人大常委会委员长会议组成人员共出访 58 次。图为 2004 年 5 月 23 日，吴邦国乘专机抵达莫斯科，对俄罗斯进行友好访问。

势，加强同各国议会的友好交往，积极参加国际和地区议会组织的活动，为维护我国发展的重要战略机遇期，推动建设和谐世界作出了积极贡献。目前，全国人大已与十四个国家议会和欧洲议会建立了定期交流机制，同一百七十八个国家议会建立或保持联系，与九十八个国家议会成立了双边友好小组，成为十二个国际和地区议会组织的成员国、三个多边议会组织的观察员。五年来，共接待外国议会领导人率领的一百零九个代表团访华，委员长会议组成人员共出访五十八次。各专门委员会和常委会办事机构也结合实际，开展形式多样、内容丰富的对外交往活动。为加强全国人大对外交往工作的统筹协调，建立了外事工作联席会议制度。

建立和完善与外国议会定期交流机制，是十届全国人大对外交往工作取得的一项重要成果。一是在前两届工作的基础上，与美国、俄罗斯、日本、韩国、印度、英国、法国、德国、意大利、加拿大、澳大利亚、南非、埃及、巴西等国议会和欧洲议会建立和完善定期交流机制。一个涉及五大洲，包括周边国家、发展中国家、发达国家及多边组织在内的，具有广泛代表性的定期交流机制格局已经形成，成为全国人大与外国议会加强战略对话、深化务实合作的重要平台。二是通过定期交流机制，统筹安排领导人、专门委员会、友好小组等各层次、各领域的交流合作，就共同关心的重大问题开展实质性对话，督促落实双方签署的法律性文件，交流合作的深度与广度得到明显拓展。定期交流机制保持了双方交流的连续性和稳定性，减少了因外国议会大选、政党更替、领导人变化带来的影响。在有关部门的大力支持下，常委会办公厅还向我国驻上述国家和地区组织使馆（团）派遣专职工作人员，加强与外国议会的经常性联系。

在对外交往中，我们始终贯穿为全面建设小康社会营造良好国际环境这条主线，生动展示我国改革开放取得的伟大成就，全面阐述中国特色社会主义道路，广泛宣传人民代表大会制度的特点和优势，深刻论述我国的和平发展道路，增进政治互信，推动务实合作，促进国家关系全面发展。针对不同国家的不同情况，利用各种场合、采取多种方式，就台湾、西藏等关系国家核心利益的问题做深入细致的工作，增进外国议会、政府和议员、民众的理解和支持，深化了双边关系的政治基础。

五年来，常委会还批准我国与外国缔结的条约、协定、协议和我国加入的国际条约七十四件，决定和批准任免了一批国家机关工作人员。

五、关于常委会自身建设

全国人大常委会是全国人大的常设机关，肩负着宪法和法律赋予的重要职责。加强常委会自身建设，对于充分发挥全国人大及其常委会作为最高国家权力机关、依法履行职责的工作机关和密切联系人民群众的代表机关的作用至关重要。

五年来，常委会紧密结合人大工作实际，始终把自身建设摆在突出位置。一是认真学习和深刻领会党的十六大和十七大精神，牢固树立党的观念、政治观念、大局观念、群众观念和法治观念，坚持以中国特色社会主义理论体系指导实践、推动工作，坚持和完善人民代表大会制度、坚持和发展中国特色社会主义道路的自觉性和坚定性进一步增强。二是围绕贯彻落实中央九号文件，在总结经验的基础上，制定了涉及六个方面的十三个配套工作文件，促进了常委会工作的制度化和规范化。三是注重调查研究，深入实际，深入基层，深入群众，勤政廉洁，常委会作风建设得到加强。四是努力提升依法履职能力和水平，结合常委会立法、监督工作，组织三十次专题讲座，不断充实法律知识和现代科学文化知识，常委会的审议质量和工作效率明显提高。五是自觉接受人大代表和人民群众监督，完善新闻发布制度，改进会议报道工作，办好中国人大网、中国人大杂志和"人大说法"栏目，开通全国人大常委会会议视频直播系统，常委会工作的透明度显著增强。各专门委员会紧紧围绕全国人大及其常委会的中心工作，充分发挥人才荟萃的特点和优势，完善工作制度、规范工作方式、加强协调配合，为提高全国人大及其常委会工作质量和水平发挥了重要作用。

全国人大机关按照"政治坚定、业务精通、务实高效、作风过硬、团结协作、勤政廉洁"的要求，深入开展保持共产党员先进性教育活动，认真贯彻执行公务员法，切实加强政治建设、组织建设、制度建设、思想作风建设和素质能力建设，集体参谋助手和服务班子的作用得到进一步发挥。

十届全国人大常委会取得的成绩是在以胡锦涛同志为总书记的党中央正确领导下，全国人大代表、常委会组成人员、各专门委员会组成人员以及全国人大机关工作人员辛勤工作的结果，是国务院、最高人民法院、最高人民检察院协同工作的结果，也是地方各级人大及其常委会和广大人民群众大力支持的结果。在此，我代表十届全国人大常委会向全国人大代表、"一府两院"、地方各级人大表示衷心的感谢！

2008 年 3 月 9 日，吴邦国参加十一届全国人大一次会议福建代表团的审议。

同时我们也清醒地看到，虽然中国特色社会主义法律体系已经基本形成，但仍有一些现实生活迫切需要的重要法律还没有制定出来；现行法律中的一些规定已不能适应经济社会发展需要，亟待修改完善；与法律相配套的部分法规需要抓紧制定或完善；有的立法项目的可行性研究还不够深入；立法工作的协调与配合还需要改进；法律宣传普及工作有待加强。虽然监督实效有明显增强，但有的监督工作重点还不够突出，有的专项工作报告还流于形式。虽然代表议案和建议的办理质量有所提高，但与代表的期望和要求还有差距。我们要高度重视这些问题，在今后的工作中采取切实措施认真加以解决。

各位代表！

我国人民代表大会制度已经走过了半个多世纪的光辉历程，显示出巨大的优越性和强大的生命力。回顾五十多年来特别是改革开放近三十年来人民代表大会制度建设取得的伟大成就，总结十届全国人大及其常委会的新鲜经验，我们深深体会到，把人民代表大会制度坚持好、完善好，做好新形势下的人大工作，必须高举中国特色社会主义伟大旗帜，坚定不移地走中国特色社会主义道路，坚定不移地以中国特色社会主义理论体系为指导，坚持党的领导、人民当家作主、依法治国有机统一。

一要坚持中国特色社会主义政治发展道路。一个国家选择什么样的政治发展道路，只能从本国国情和实际出发。中国特色社会主义政治发展道路是中国共产党带领全国各族人民，经过长期奋斗和实践找到的正确道路。这就是在政权制度上，实行人民代表大会制度；在政党制度上，实行中国共产党领导的多党合作和政治协商制度；在少数民族聚居地区，实行民族区域自治制度；在城乡社区，实行基层群众自治制度。这条道路既有科学的指导思想，又有严谨的制度安排，既有明确的价值取向，又有有效的实现形式和可靠的推动力量，集中体现了中国特色社会主义民主政治的特点和优势。实践充分证明，这是一条符合我国国情的政治发展道路，有利于解放和发展生产力、增强综合国力、改善人民生活，有利于维护国家统一、增进民族团结、促进社会和谐，有利于保证党领导人民有效治理国家、实现国家长治久安。人民代表大会制度作为我国的根本政治制度，是中国特色社会主义政治发展道路的重要组成部分。坚持中国特色社会主义政治发展道路，很重要一条就是要坚持和完善人民代表大会制度。我国的政体不是"三权鼎立"，也不是"两院制"。人民代表大会统一行使国家权力，国家行政机关、审判机关、检察机关都由人大产生，对它负责，受它监督。各国家机关虽然职责分工不同，但目标是完全一致的，都是在党的领导下协调一致地开展工作。坚持中国特色社会主义政治发展道路，坚持和完善人民代表大会制度，就要正确处理人大与"一府两院"的关系。人大统一行使国家权力要尽职尽责，但不代行行政权、审判权、检察权。人大根据党的主张和人民的意愿，通过制定法律、作出决议，决定国家的大政方针，并监督和支持"一府两院"依法行政、公正司法，保障国家机关协调有效地开展工作，把人民赋予的权力真正用来为人民谋利益，使人民代表大会制度的优势得到充分发挥。坚持中国特色社会主义政治发展道路，坚持和完善人民代表大会制度，最根本的是坚持党的领导、人民当家作主、依法治国有机统一，其中最核心的是坚持党的领导。党的领导是人民当家作主和依法治国的根本保证，也是坚持和完善人民代表大会制度、做好新形势下人大工作的根本保证。我们要自觉坚持党的领导，使党的主张经过法定程序成为国家意志，使党组织推荐的人选经过法定程序成为国家政权机关的领导人员。人大工作，无论是立法工作、监督工作，还是决定重大事项，都要有利于加强和改善党的领导，有利于巩固党的执政地位，有利于保证党领导人民有效治理国家。

二要坚持从最广大人民的根本利益出发。人民当家作主是社会主义民主政治的本质和核心。人民代表大会制度是全国各族人民当家作主的根本途径和最高实现形式。人大最大的优势是密切联系人民群众。只有保持同人民群众的血肉联系，更好地代表人民意愿，自觉地接受人民监督，才能保持人大工作旺盛的生命力。我们要坚持以人为本，把最广大人民的根本利益作为人大一切工作的出发点和落脚点，尊重人民主体地位，发挥人民首创精神，保障人民各项权益。要坚持国家一切权力属于人民，健全民主制度，丰富民主形式，拓宽民主渠道，从各个层次、各个领域扩大公民有序政治参与，保障人民依法实行民主选举、民主决策、民主管理、民主监督的权利。要坚持走群众路线，更好地发挥人大在体察民情、反映民意、集中民智、珍惜民力方面的优势和作用。要正确反映和统筹兼顾不同方面群众的利益，认真督促有关方面及时解决人民最关心、最直接、最现实的利益问题，着力保障和改善民生，最大限度地调动人民群众的积极性、主动性、创造性，把最广大人民的根本利益实现好、维护好、发展好。

三要坚持围绕党和国家工作大局开展工作。人大工作是党和国家工作的重要组成部分，涉及社会主义经济建设、政治建设、文化建设、社会建设各个方面，关系到国家各项事业全面协调可持续发展。随着人民代表大会制度的不断完善，人大工作在国家政治生活中发挥着越来越重要的作用。要增强人大工作的实效，开创人大工作的新局面，关键的一条就是必须服从服务于党和国家的中心工作，牢牢抓住发展这个党执政兴国的第一要务，紧紧围绕全面建设小康社会的奋斗目标，紧紧围绕改革发展稳定的重大问题，紧紧围绕人民群众普遍关心的热点难点问题，不断加强和改进人大工作。科学发展观是马克思主义关于发展的世界观和方法论的集中体现，是同马克思主义、毛泽东思想、邓小平理论和"三个代表"重要思想既一脉相承又与时俱进的科学理论，是我国经济社会发展的重要指导方针，是发展中国特色社会主义必须坚持和贯彻的重大战略思想。要围绕党和国家工作大局，开创人大工作新局面，就是要认真学习和深入贯彻落实科学发展观，从人大工作定位和特点出发，全面部署和统筹安排立法、监督等各项工作，坚持改革开放，坚持与时俱进，集中力量，突出重点，保障党和国家大政方针贯彻落实，保障宪法和法律正确实施，保障改革开放和社会主义现代化建设顺利进行。

四要坚持依法按程序办事。民主集中制是人民代表大会制度的组织原则，也是人大及其常委会依法行使职权必须遵循的原则。人大工作与其他国家机关的工作相比，方式有很大不同。人大及其常委会主要是通过会议形式，按照民主集中制原则，依照法定程序，集体行使职权，集体决定问题。人大依法履行职责，无论是行使立法权、监督权、重大事项决定权，还是行使人事任免权，都必须充分发扬民主，严格依法按程序办事。要认真听取人大代表和常委会组成人员的意见包括不同意见，保证他们充分发表意见的民主权利，做到充分审议、集思广益，在基本达成共识的基础上依法进行表决，实行一人一票，按照多数人的意见作出决定，使人大制定的法律和作出的决定更好地体现人民的共同意志，更具有权威性。

各位代表！

去年十月召开的中国共产党第十七次全国代表大会，回答了我们党在改革发展关键阶段举什么旗、走什么路、以什么样的精神状态、朝着什么样的发展目标继续前进等重大问题，阐述了科学发展观的科学内涵、精神实质、根本要求，描绘了在新的时代条件下加快推进社会主义现代化的宏伟蓝图，为我们继续推动党和国家事业发展指明了前进方向，对坚持和完善人民代表大会制度、做好新形势下人大工作提出了新的更高要求。

二〇〇八年是全面贯彻落实党的十七大作出的战略部署的第一年，也是十一届全国人大及其常委会依法履职的第一年。我们将迎来改革开放三十周年，还要举办北京奥运会和残奥会。做好今年的工作，意义十分重大。全国人大常委会要把深入学习领会和全面贯彻落实党的十七大精神作为首要任务，进一步增强高举中国特色社会主义伟大旗帜的自觉性和坚定性，进一步增强坚持中国特色社会主义道路和中国特色社会主义理论体系的自觉性和坚定性，进一步增强深入贯彻落实科学发展观的自觉性和坚定性，进一步增强全面建设小康社会的自觉性和坚定性，进一步增强协调推进社会主义经济建设、政治建设、文化建设、社会建设的自觉性和坚定性，把人民代表大会制度坚持好、完善好，把人大各项工作提高到一个新水平。

（一）以完善中国特色社会主义法律体系为目标，从我国基本国情出发，坚持以人为本，坚持实事求是，抓紧制定在法律体系中起支架作用的法律，及时修改与经济社会发展不相适应的法律规定，督促有关方面尽快制定和修改与法律相配套的法规，确保到二〇一〇年形成中国特色社会主义法律体系。要以改善民生为重点加强社会领域立法，继续完善经济、政治、文化领域立法，积极推进科学立法、民主立法，不断提高立法质量，更好地发挥法律在国家政治和社会生活中的规范、引导和保障作用。

一是抓紧研究制订五年立法规划，适时召开立法工作会议，对立法工作进行全面部署。二是全年拟安排审议法律草案二十件左右，制定国有资产法、社会保险法、食品安全法、循环经济法、农村土地承包纠纷仲裁法等，修改选举法、全国人大组织法、国家赔偿法等。三是加强对立法工作的统筹协调，督促法律起草部门认真研究解决立法中涉及的重大问题，在保证质量的前提下，确保列入年度立法计划的法律草案如期提请审议。四是进一步扩大公民对立法工作的有序参与，对食品安全法等与群众利益密切相关的法律，通过向社会全文公布法律草案，广泛听取各方面尤其是基层群众的意见；对社会保险法等法律草案中涉及的法律关系复杂、专业性较强的问题，通过立法论证会等形式，广泛征求意见，深入研究论证。

（二）以增强监督实效为核心，从党和国家工作大局出发，坚持依法按程序办事，坚持集体行使职权，全面贯彻落实监督法，加强宪法和法律实施，把关系改革发展稳定全局、影响社会和谐、人民群众反映强烈的突出问题作为监督重点，综合运用法定监督形式，加强跟踪监督，务求取得实效，着力推动"一府两院"改进工作，建立健全解决问题的长效机制，做到有法必依、执法必严、违法必究，维护社会公平正义，维护社会主义法制的统一、尊严、权威，更好地发挥人大监督对促进依法行政、公正司法和维护人民利益的作用。

一是通过听取和审议国务院关于"十一五"规划纲要中期评估报告和计划执行、中央决算、审计工作报告以及其他专项工作报告，督促落实中央经济工作会议精神，推动国民经济又好又快发展。二是通过听取和审议国务院关于促进农民稳定增收情况的专项工作报告，检查农民专业合作社法的实施情况等，推动社会主义新农村建设。三是通过听取和审议国务院关于水污染防治进展情况的专项工作报告，检查环境影响评价法的实施情况等，推动节能减排工作。四是通过检查劳动合同法、义务教育法和未成年人保护法的实施情况等，切实维护劳动者的合法权益，保障少年儿童健康成长。五是通过听取和审议最高人民法院、最高人民检察院关于刑事审判和刑事审判法律监督情况的专项工作报告，促进公正司法，维护社会稳定。

（三）以深入贯彻中央九号文件为主线，从坚持和完善人民代表大会制度出发，坚持尊重代表主体地位，坚持为代表服务的思想，进一步完善工作制度，加大工作力度，为代表依法行使职权、密切代表同人民群众的联系、扩大代表对常委会活动的参与创造条件，不断提升代表工作水平，更好地发挥代表参与管理国家事务的作用。

一是认真办理十一届全国人大一次会议期间代表提出的议案和建议，把办理代表议案与立法工作更有效地结合起来，把办理代表建议与推动改进工作更有效地结合起来，切实提高办理质量。二是继续组织代表开展专题调研和集中视察，完善代表小组活动，增强代表活动实效。三是继续邀请代表列席常委会会议，适当增加参加执法检查的代表人数，进一步扩大代表对专门委员会活动的参与。四是为提高代表依法履职能力，年内拟组织新当选代表参加各种形式的履职培训，进一步加强代表联络机构的工作。

（四）以巩固和完善定期交流机制为重点，从人大对外交往的特点和优势出发，坚持维护世界和平、促进共同发展的外交政策宗旨，坚持服从服务于国家外交大局，保持对外交往工作的连续性和稳定性，广泛开展与外国议会的友好交往，积极参与国际和地区议会组织的活动，加强治国理政经验交流，推动各领域务实合作，更好地发挥人大对外交往的独特作用。

（五）继续加强常委会自身建设，完善工作制度，开展调查研究，密切联系群众，自觉接受监督，充分发挥专门委员会作用，不断提高审议质量和工作水平。继续加强法制宣传教育，积极推动"五五"普法，把关系群众切身利益的法律作为重点，普及法律知识，解读立法原意，运用法律解决实际问题，切实增强全社会的法律意识和法制观念。继续加强与地方人大的联系，共同推进社会主义民主法制建设。全国人大机关要以素质能力建设为重点，全面加强机关建设，更好地发挥集体参谋助手和服务班子的作用。

各位代表，让我们紧密团结在以胡锦涛同志为总书记的党中央周围，高举中国特色社会主义伟大旗帜，以邓小平理论和"三个代表"重要思想为指导，深入贯彻落实科学发展观，继往开来，锐意进取，扎实工作，为夺取全面建设小康社会新胜利、开创中国特色社会主义事业新局面而努力奋斗！

注　释

[1] 即《中共中央转发〈中共全国人大常委会党组关于进一步发挥全国人大代表作用，加强全国人大常委会制度建设的若干意见〉的通知》，二〇〇五年五月二十六日发出。

坚持中国特色社会主义政治发展道路，努力把人大工作提高到一个新水平[*]

（二〇〇八年三月十九日）

十一届全国人大常委会和各专门委员会已经开始依法履行职责。我们要恪尽职守，勤勉工作，竭诚为国家和人民服务，不辜负全国各族人民的重托。

今后五年，是我国全面建设小康社会的关键时期。十一届全国人大及其常委会工作的总体要求是：全面贯彻党的十七大精神，高举中国特色社会主义伟大旗帜，坚定不移地走中国特色社会主义道路，坚定不移地以中国特色社会主义理论体系为指导，坚持党的领导、人民当家作主、依法治国有机统一，围绕中心，突出重点，扎实工作，把人民代表大会制度坚持好、完善好，把依法治国基本方略贯彻好、落实好，把最广大人民的根本利益实现好、维护好。

一、坚持正确政治方向是做好人大工作的根本

人大是国家权力机关，是十分重要的政治机关。人大工作的政治性、政策性、法律性都很强。随着我国社会主义民主政治的

---

* 这是吴邦国同志在十一届全国人大常委会第一次会议上的讲话。

428

不断发展，人大在国家政治生活中的地位和作用越来越重要，对人大工作的要求也越来越高。胡锦涛总书记最近强调指出：坚持正确政治方向，是做好人大工作的根本。人大工作坚持正确政治方向，最根本的就是坚持党的领导、人民当家作主、依法治国有机统一。我们在这个重大原则问题上，头脑要十分清醒，立场要十分坚定，旗帜要十分鲜明，绝不能有丝毫动摇。要增强坚持中国特色社会主义道路的自觉性和坚定性，增强坚持中国特色社会主义理论体系的自觉性和坚定性，增强坚持和完善人民代表大会制度的自觉性和坚定性。

一要充分认识实行人民代表大会制度的必然性，坚定不移地走自己的路。一个国家实行什么样的政治制度，归根结底是由这个国家的国情和性质决定的。世界上没有完全相同的政治模式，即使社会制度相同的国家，也存在着差异，根本没有也不可能有一种放之四海而皆准的政治发展道路。我们国家实行人民代表大会制度，是人民的选择、历史的必然。一八四〇年以后，由于西方列强的入侵和封建统治的腐败，中国逐渐成为半殖民地半封建国家。从那时开始到新中国成立，各阶级、各阶层围绕在中国建立什么样的政治制度和政权组织形式展开了长期争论和激烈斗争。戊戌变法时有人提出搞君主立宪制，以失败而告终；辛亥革命搞资产阶级共和制，没有站住脚；北洋军阀搞伪宪制，更是造成一片混乱；国民党搞所谓国民大会，实质上是反动专制的伪装，被人民所唾弃。这些制度都搞不成功，是因为它们不符合中国国情、不符合中国人民的根本利益。历史证明，在中国，照搬西方政治制度模式是死路一条。中国共产党把马克思主义基本原理同中国具体实际相结合，在领导中国人民进行新民主主义革命的艰苦斗争中，以实现和发展人民民主为己任，为建立新型人民政权进行了不懈探索和实践，得出一个重要的历史性结论，这就是：符合中国国情、符合中国人民的根本利益的政治制度，只能是工人阶级领导的、以工农联盟为基础的人民民主专政的社会主义国家；符合我国国情的国家政权组织形式，只能是民主集中制的人民代表大会制度。一九四九年十月，中华人民共和国诞生，中国人民从此站起来了，开辟了我国人民民主的新纪元。一九五四年九月，第一届全国人民代表大会第一次会议在北京召开，标志着人民代表大会制度在全国范围内建立起来。

人民代表大会制度是中国人民当家作主的根本途径和最高实现形式，也是党在国家政权中充分发扬民主、贯彻群众路线的最好实现形式。一方面，人民代表大会制度为中国人民当家作主提供了最好的组织形式。人民通过普遍的民主选举，产生自己的代表，组成各级人民代表大会，各级人大都对人民负责，受人民监督。各级人大及其常委会集体行使职权，集体决定问题，集中人民的共同意志，代表人民的根本利益。人民通过人民代表大会，把国家和民族的前途命运牢牢掌握在自己手中。另一方面，人民代表大会制度为国家机构高效运转提供了有力制度保障。人大是国家权力机关，统一行使国家权力。国家行政机关、审判机关、检察机关由人大产生，对人大负责，受人大监督。国家机构的这种合理分工，既有利于充分发扬民主，又可以集中力量办大事，提高工作效率。

邓小平同志曾深刻指出："我们评价一个国家的政治体制、政治结构和政策是否正确，关键看三条：第一是看国家的政局是否稳定；第二是看能否增进人民的团结，改善人民的生活；第三是看生产力能否得到持续发展。"[1] 这一重要论断深刻揭示了上层建筑和经济基础的辩证关系，闪耀着历史唯物主义的思想光芒。新中国成立半个多世纪特别是改革开放三十年来，我们国家的面貌发生了历史性变化，经济以世界上少有的速度持续快速发展，经济总量跃居世界第四位，进出口贸易总额跃居世界第三位，人民生活从温饱不足发展到总体小康，人民民主不断发展，各项社会事业全面推进，社会大局稳定，五十六个民族共同团结奋斗、共同繁荣发展，载人航天飞行、首次月球探测、青藏铁路、西气东输等一批举世瞩目的重大工程取得圆满成功，我国的国际地位和影响显著提高。所有这些都充分证明，我们实行的人

2005 年 10 月 17 日凌晨，神舟六号飞船成功返回地面。吴邦国、贾庆林、黄菊、吴官正等在北京航天飞行控制中心观看飞船返回实况。吴邦国宣读中共中央、国务院、中央军委贺电。

民代表大会制度是符合中国国情和实际的好制度，我们选择的中国特色社会主义道路是顺应时代潮流、体现人民意愿、能够强国富民的正确道路，具有强大的生命力和巨大的优越性。我们选择的发展道路和取得的巨大成绩，在国际社会上也得到越来越广泛的赞同。

二要充分认识人民代表大会制度的本质特征，理直气壮地坚持自己的特色。人民代表大会制度作为我国的根本政治制度，体现了国家一切权力属于人民，体现了中国共产党的领导地位和执政地位，体现了我国社会主义国家性质。这就决定了我国人民代表大会制度与西方资本主义国家政体有着本质区别。因此，坚持和完善人民代表大会制度，绝不是一句空洞的口号，要在重大原则问题上划清界限，理直气壮地坚持我们自己的特色、发挥我们自己的优势。

这里，我想强调三点。

一是，人民代表大会与西方议会有着本质区别。我国的政党制度，是中国共产党领导的多党合作和政治协商制度。中国共产党是领导核心，是执政党。各民主党派是中国共产党领导的、与共产党长期合作共事的参政党，不是在野党，更不是反对党。西方资本主义国家实行的是多党制或两党制，有执政党，有反对党和在野党，各党派明争暗斗，但无论哪个党派上台执政都不可能真正代表人民利益，都是极力维护自己及其代表的利益集团的利益。西方议会无论是一院制还是两院制，都是各党派争权夺利的场所。我们的人民代表大会是中国共产党对国家和社会事务实施领导的国家权力机关。县乡人大代表是按选区直接选举产生的。县级以上人大代表实行间接选举，按照选举单位组成代表团参加代表大会。也就是说，在我们的人民代表大会中没有议会党团，也不以界别开展活动。人大常委会由代表大会选举产生。各专门委员会依法设立，并根据工作需要由代表大会或常委会决定任免其组成人员。无论是代表大会，还是常委会或专门委员会，都不是按照党派分配席位的。我们的人大代表、常委会组成人员、专门委员会组成人员，无论是共产党员，还是民主党派成员或者无党派人士，肩负的都是人民的重托，都在中国共产党领导下依法履行职责，为人民服务，根本利益是一致的，大家合作共事，没有西方议会中各党派的明争暗斗，而是充分发扬民主，集思广益，在充分协商、基本达成共识的基础上，按照多数人的意见作出决定。

二是，人大和"一府两院"的关系与西方国家国家机关间的关系有着本质区别。我们是由人民代表大会统一行使国家权力，"一府两院"由人大产生，对人大负责，受人大监督。各国家机关虽然分工不同、职责不同，但目标是完全一致的，都在中国共产党领导下、在各自职权范围内贯彻落实党的路线方针政策和宪法法律，为建设中国特色社会主义服务。这与西方国家议会、政府、法院"三权鼎立"有着本质区别。人大与"一府两院"不是相互掣肘，不是唱对台戏。人大统一行使国家权力要尽职尽责，但不代行行政权、审判权、检察权。人大根据党的主张和人民的意愿，通过制定法律、作出决议，决定国家大政方针，并监督和支持"一府两院"依法行政、公正司法，保障各国家机关协调有效地开展工作，把人民赋予的权力真正用来为人民谋利益。

三是，人大代表与西方议员有着本质区别。我们的人大代表，来自各地区、各民族、各方面，工人、农民、知识分子、解放军和妇女、归国华侨等都有适当比例的代表，人口再少的民族也至少有一名代表，具有广泛的代表性。我们的人大代表，工作和生活在人民中间，同人民群众保持着密切联系，对人民群众的生活和愿望感受最直接。我们的人大代表，从事各自的职业，有各自的工作岗位，深入实践、贴近实际，对党和国家的方针政策、宪法法律的贯彻实施情况体会最深刻，对现实生活中的实际问题了解最深入。我们人大代表，是在会议期间依法集体行使职权，而不是每个代表个人直接去处理问题，各级人大常委会办事机构是代表的集体参谋助手和服务班子。不像西方议员是职业政客，分别代表某党某派的利益，还有自己的议员助手和工作班子。

三要充分认识坚持和完善人民代表大会制度的核心所在，毫不动摇地坚持党的领导。中国共产党是中国特色社会主义事业的领导核心。我们国家这么大，有十三亿人口、五十六个民族，经济要发展，政治要稳定，文化要繁荣，社会要和谐，民族要团结，老百姓要过上好日子，没有一个坚强的领导核心是不行的。党的领导只能加强，不能削弱。在这个问题上，邓小平同志讲得很明确也很透彻。他说："在中国这样一个大国，没有共产党的领导，必然四分五裂，一事无成。"[2]"中国由共产党领导，中国的社会主义现代化建设事业由共产党领导，这个原则是不能动摇的；动摇了中国就要倒退到分裂和混乱，就不可能实现现代化。"[3]

发展社会主义民主政治是我们党始终不渝的奋斗目标。人民代表大会制度是中国共产党带领全国各族人民经过长期奋斗和实践探索而建立和发展起来的国家根本政治制度。没有党的领导，人民代表大会制度就不复存在；没有党的领导，人民代表大会制度的优势就无从谈起。坚持和完善人民代表大会制度，根本的是坚持党的领导、人民当家作主、依法治国有机统一，核心是坚持党的领导。党的领导是人民当家作主和依法治国的根本保证，也是坚持和完善人民代表大会制度、做好新形势下人大工作的根本保证。我们必须自觉坚持党的领导，把党的领导贯穿于人大依法履职整个过程、落实到人大工作各个方面。要通过人大工作，确保党的主张经过法定程序成为国家意志，确保党组织推荐的人选经过法定程序成为国家政权机关的领导人员。人大工作，无论是立法工作、监督工作，还是决定重大事项，都要有利于加强和改善党的领导，有利于巩固党的执政地位，有利于保证党领导人民有效治理国家。

总而言之，我们走的是中国特色社会主义政治发展道路，这是中国共产党领导中国人民选择的符合我国国情和实际的唯一正确道路，是我国发展社会主义民主政治的唯一正确道路。我们深化政治体制改革，目的是不断推进包括人民代表大会制度在内的社会主义政治制度自我完善和发展，必须始终坚持正确政治方向。要坚持发挥党总揽全局、协调各方的领导核心作用，保证党领导人民有效治理国家，使党始终成为中国特色社会主义事业的坚强领导核心。要切实保证国家一切权力属于人民，扩大人民民主，保证人民当家作主。要全面落实依法治国基本方略，加快建设社会主义法治国家。要坚持发挥社会主义政治制度的特点和优势，推进社会主义民主政治制度化、规范化、程序化，为党和国家兴旺发达、长治久安提供政治和法律保障。我们要积极借鉴人类社会创造的文明成果包括政治文明的有益成果，但绝不照搬西方那一套，绝不搞多党轮流执政、"三权鼎立"、两院制。

二、努力把人大工作提高到一个新水平

随着建设社会主义法治国家和全面建设小康社会进程的不断推进，人大工作越来越重要。党中央对人大工作十分重视。党的十七大报告对发展社会主义民主政治和加强人大工作提出了明确要求。胡锦涛总书记最近在谈到加强和改进人大工作时，明确提出三条要求：一要坚持正确政治方向；二要增强工作实效；三要提高依法履行职责的能力。党的十七大和胡锦涛总书记的重要讲话，为做好新形势下人大工作进一步指明了方向。我们要结合人大工作实际，认真学习、深刻领会，切实贯彻、坚决落实。

这里，我想就做好本届常委会的工作，强调几个问题。

第一，关于中国特色社会主义法律体系。中国特色社会主义法律体系，是社会主义制度和社会主义价值观的重要载体，体现了党的主张和人民意志的有机统一，反映了我国现代化建设的历史进程，总结了改革开放以来的最新成果，对于维护社会主义法制统一、保证国家长治久安、坚持和发展中国特色社会主义，具有十分重要的意义。改革开放以来，我国社会主义民主法制建设取得了举世瞩目的成就。党的十一届三中全会，总结建国以来的经验教训特别是"文化大革命"的惨痛教训，作出把全党工作的中心转移到经济建设上来的重大决策，同时强调为了保障人民民主，必须健全社会主义法制。必须使民主制度化、法律化，使这种制度和法律不因领导人的改变而改变，不因领导人的看法和注意力的改变而改变。经过各方面共同努力，我们已经基本形成了

中国特色社会主义法律体系，国家经济、政治、文化、社会生活各个方面基本做到有法可依，有力地保障了改革开放和社会主义现代化建设健康顺利发展。同时，我们也清醒地看到，经济社会的快速发展，社会主义民主政治的不断推进，文化生活的丰富多彩，和谐社会的积极构建，体制机制的改革创新，经济全球化的深入发展，对立法工作提出了新课题、新要求。立法工作的任务仍然十分繁重。我们要按照党的十七大精神，在提高立法质量的前提下，确保到二〇一〇年形成中国特色社会主义法律体系并不断加以完善。

我们的法律体系，是中国特色社会主义法律体系。因此，必须注意把握好以下三点：一是，不能用西方的法律体系来套我们的法律体系。外国法律体系中有的法律，但不符合我国国情和实际的，我们完全可以不搞；外国法律体系中没有的法律，但我国现实生活需要的，我们要及时制定。我们要研究借鉴人类文明的有益成果，但对外国的法律应当采取分析、鉴别的态度，不能照搬照抄。二是，要坚持从我国基本国情出发，坚持以人为本，坚持实事求是，按照党和国家的战略部署和重大决策，根据经济社会发展的客观需要，集中精力抓紧制定在中国特色社会主义法律体系中起支架作用、现实生活迫切需要、立法条件比较成熟的法律，及时修改那些与经济社会发展不相适应的法律规定，督促有关方面尽快制定和修改与法律相配套的法规。要以改善民生为重点加强社会领域立法，继续完善经济、政治、文化领域立法。积极推进科学立法、民主立法，扩大公民对立法的有序参与，妥善处理数量与质量、权力与权利、前瞻性与可操作性、稳定性与变动性等关系，不断提高立法质量。三是，中国特色社会主义法律体系包括法律、行政法规、地方性法规三个层次，也就是说，行政法规和地方性法规也是法律体系的重要组成部分。一方面，改革开放和现代化建设中遇到的很多新情况、新问题，一下子都用法律来规范还不具备条件，有的可以先制定行政法规和地方性法规，待取得经验、条件成熟时再制定法律。另一方面，我国幅员辽阔，各地经济社会发展很不平衡，对一些地方或民族地区的特点，有的法律不可能都顾及到，需要通过制定地方性法规或自治条例、单行条例进行规范。同时，还要注意区分法律手段和其他调整手段的关系，需要用法律调整的就通过立法来规范，不属于法律调整范畴的就没必要立法，也没办法立法。为统筹安排立法工作，要在深入研究论证、充分听取意见的基础上，尽快拟订五年立法规划草案。

第二，关于提高立法质量。法律是全社会必须一体遵循的活动规范和行为准则。立法质量的高低，直接关系到法律实施的效果。我们要始终把提高立法质量作为加强和改进立法工作的重点，关键是要把握好以下几点：一是，编制立法规划和年度立法计划，要广泛听取各方面意见，深入研究论证立法项目的必要性和可行性，分轻重缓急，科学合理地确定立法项目。二是，有关专门委员会要提前介入法律草案的起草，及时掌握进展情况和起草中涉及的重大问题，做好法律草案审议工作，特别是要把好初审关，对法律草案是否成熟提出明确意见。三是，法律委员会要切实履行统一审议法律草案的职能，认真研究常委会组成人员、有关专门委员会的审议意见和社会各方面意见，对法律草案进行修改完善。四是，积极推进科学立法、民主立法，并使之制度化、规范化、程序化，不断扩大公民对立法的有序参与，与群众切身利益密切相关的法律，要通过向社会全文公布法律草案等形式，广泛听取各方面尤其是基层群众的意见。五是，认真执行审次制度，对于法律关系复杂、分歧意见较大的法律草案，采取积极慎重的态度，需要调研的深入调研，需要协商的耐心协商，需要论证的充分论证，在各方面基本取得共识基础上再提请表决。

对全国人大及其常委会的立法工作来说，很重要的一条就是要集中精力提高法律草案审议质量。立法工作包括立项、起草、审议、修改、表决等多个环节，每个环节都很重要。常委会、各专门委员会都要把主要精力放在法律草案审议上。审议工作是法律明确规定由常委会和各专门委员会承担的职责。从上一届立法工作情况看，不少法律草案在审议过程中都做了大量修改，而且很多都是实质性修改。应当说，法律草案审议，工作量大，要求也很高。做好这项工作很不容易，对提高立法质量至关重要。

第三，关于增强监督工作实效。人大监督工作容易搞虚，不容易做实。增强实效是做好人大监督工作的关键。从这些年的经验来看，要增强人大监督工作实效，很重要的一条，是要围绕中心、突出重点、一抓到底。这里，我要强调的是，我们要在突出监督重点的基础上善于抓住其中的关键问题，把监督工作做实做好。实际上，一部法律有的几十条，多的上百条，甚至几百条，但核心内容往往就那么几条。实际工作中需要解决的矛盾和问题会很多，但关键问题往往也就那么几个。抓住了这些要害，就牵住了"牛鼻子"，就能以点带面、举一反三，起到事半功倍的效果。所以，无论是听取审议专项工作报告还是开展执法检查，都要站在党和国家工作大局的高度，更多地考虑事关改革发展稳定全局的重大问题，在充分调查研究的基础上，立足长远、着眼当前，切实抓住那些带有普遍性和倾向性、经过努力可以解决的突出问题作为监督工作的突破口，从而增强人大监督工作的针对性。在抓住关键问题的基础上，我们要把听取审议专项工作报告和执法检查结合起来，把推动改进工作和修改完善法律结合起来，围绕一个主题，综合加以运用，不断进行跟踪监督。事实证明，监督工作针对性越强、越集中，监督工作效果就越明显、越好。

第四，关于充分发挥专门委员会的作用。专门委员会是代表大会的常设工作机构，大会闭会期间由常委会领导。代表大会一年开一次例会，常委会两个月开一次例会，而各专门委员会是经常性地开展工作。长期以来，各专门委员会在全国人大及其常委会领导下，认真研究、审议和拟订有关议案，协助全国人大及其常委会开展立法、监督等各项工作，为提高全国人大及其常委会工作质量和水平发挥了重要作用。当前，各专门委员会要根据十一届全国人大一次会议精神，结合自身实际，尽快把各项工作开展起来。这里，我想对专门委员会工作提个建议，能不能在调查研究上再下点功夫。我们的专门委员会人才荟萃、知识密集，不少委员是顶尖专家，很多委员是长期主管一方的高级领导干部，有扎实的理论功底，有丰富的实践经验，希望能充分发挥这一特点和优势，紧紧围绕关系改革发展稳定全局和人民群众关注的重大问题，每年选一两个课题，进行深入调查研究，提出有真知灼见、真正有分量的调研报告。这样既可以充实自己，提高人大工作质量和水平，又可以为中央决策提供参考。

第五，关于依法集体行使职权。人大工作的方式方法与党政机关有很大不同，人大主要是通过会议形式，按照民主集中制原则，依照法定程序，集体行使职权，集体决定问题。这里主要有三条。一是要讲程序。在人大，立法有立法的程序，监督有监督的程序，其他工作也有规则。我们要有程序观念，一定要按照程序走，不能怕麻烦。人大工作在程序上要做到无懈可击。坦率地讲，我刚到人大工作时也很不习惯，同一件事要过好几遍，开好几个会。后来想通了，程序也是法。正是因为人大是依法按程序办事，少数服从多数，会议决定问题，保证了人大制定的法律和作出的决定符合实际，具有权威性。二是集体有权，个人无权。也就是说，人大是集体行使职权。不管是委员长、副委员长、秘书长，还是委员，都是一人一票。审议中，大家畅所欲言、各抒己见，包括提出不同意见，在集思广益、基本取得共识的基础上再进行表决，按多数人的意见作出决定。三是尽职尽责但不越权。宪法和有关法律明确规定了各国家机关的职权和行使职权的程序。人大行使职权，要尽职尽责，不能失职，而且要切实做好，做出成效，但不能事无巨细，什么都管，更不能越俎代庖，不能代行行政权、审判权和检察权。政府的日常工作和法院、检察院的具体业务工作，由他们依法按程序办，人大不该管、管不了、也管不好。常委会组成人员、各专门委员会组成人员个人不要直接处理具体问题，不要干涉具体司法案件。至于大家接到的人民群众来信，可以按照程序转信访部门，由他们统一办理，督促有关部门解决问题、改进工作。

三、切实加强常委会自身建设

全国人大常委会是全国人大的常设机关，行使宪法和法律赋予的职权，代表人民决定国家重大问题。加强常委会自身建设，对于充分发挥全国人大及其常委会作为最高国家权力机关、依法履行职责的工作机关和密切联系人民群众的代表机关的作用至关重要。这里，提三点意见与大家共勉。

第一，加强学习。重视学习是我们党的优良传统。做好人大工作，迫切需要我们加强学习，努力提高自身素质。首先，要深入学习党的十七大精神，深刻领会邓小平理论和"三个代表"重要思想，准确把握科学发展观的科学内涵、精神实质和根本要求，把思想统一到党的十七大精神上来，统一到中央的重大决策上来，统一到夺取全面建设小康社会新胜利、开创中国特色社会主义事业新局面的目标任务上来，牢固树立党的观念、政治观念、大局观念、群众观念和法治观念，不断增强坚持和完善人民代表大会制度的自觉性和坚定性，坚定不移地走中国特色社会主义道路。二是，要抓紧学习宪法和法律。在人大工作的同志，应当熟悉宪法和法律知识，这是我们做好立法、监督等各项工作的基本功。要有意识地加强宪法和法律的学习，特别是要熟悉人大工作的议事规则和议事程序，掌握人大工作的必备知识。三是，要广泛学习各方面知识。人大工作涉及社会主义经济建设、政治建设、文化建设、社会建设各个方面，每次常委会会议议程涉及的领域跨度也很大，要履行好职责，需要学习各领域、各方面的知识，善于用全局的、长远的眼光分析问题、提出意见。四是，要坚持理论联系实际，学以致用。要密切联系改革开放和社会主义现代化建设的实际，从人大工作的特点出发，重视在实践中学习，善于向群众学习，把加强学习与提高能力结合起来，更好地推动常委会各项工作。

第二，完善制度。十届全国人大常委会从提高党的执政能力的高度，把加强常委会制度建设作为坚持和完善人民代表大会制度、做好新形势下人大工作的重要内容，在加强常委会制度建设方面做了大量工作，先后制定和完善了涉及六个方面的十三个配套工作文件，促进了常委会工作制度化、规范化、程序化。党的十七大对加强人大常委会制度建设提出了新的要求。本届常委会要继续把制度建设摆在重要位置，在认真总结实践经验的基础上，根据新形势新任务的要求，进一步修改完善已有的配套工作文件和具体工作规则，及时研究制定新的工作制度和工作程序。

第三，改进作风。全国人大常委会加强作风建设，核心是始终保持同人民群众的血肉联系。要坚持走群众路线，坚持以人为本，把实现好、维护好、发展好最广大人民的根本利益作为人大一切工作的出发点和落脚点。务必保持谦虚谨慎、艰苦奋斗的作风，廉洁自律、克己奉公，管好自己、管好亲属、管好身边工作人员，自觉接受人大代表和人民群众的监督。要以饱满的政治热情、良好的精神风貌做好人大工作。在座很多同志长期在党政机关工作，现在到人大来，只是工作岗位的变动，不是退居"二线"。实际上，人大工作挺忙的，无论是立法、监督还是对外交往，都有大量工作要做。当然，到人大工作，换了环境，确实有一个转变工作习惯、调整工作方法的问题。希望大家继续保持奋发有为的精神状态、昂扬向上的工作热情、严谨细致的工作作风，积极主动地开展工作，不辱使命，不负重托。

让我们紧密团结在以胡锦涛同志为总书记的党中央周围，高举中国特色社会主义伟大旗帜，以邓小平理论和"三个代表"重要思想为指导，深入贯彻落实科学发展观，团结一致，继往开来，扎实工作，为坚持和完善人民代表大会制度、开创人大工作新局面，为推动经济社会全面协调可持续发展作出新的贡献。

注 释

[1] 见邓小平《怎样评价一个国家的政治体制》(《邓小平文选》第 3 卷，人民出版社 1993 年版，第 213 页）。

[2] 见邓小平《贯彻调整方针，保证安定团结》(《邓小平文选》第 2 卷，人民出版社 1994 年版，第 358 页）。

[3] 见邓小平《目前的形势和任务》(《邓小平文选》第 2 卷，人民出版社 1994 年版，第 267—268 页）。

对全国人大常委会
中共党员委员的几点要求 *

（二〇〇八年四月二十二日）

在今年"两会"党员负责人会议上，胡锦涛总书记对在全国人大常委会委员中的中共党员成立临时党支部给予肯定。他说，"这是加强党对人大工作的领导、确保党对国家和社会事务实施领导的一项重要举措"，不仅应该继续坚持，而且要推广到县级以上地方各级人大常委会，并形成制度。胡锦涛总书记的讲话，充分体现了党中央对党员委员的信任和期望。希望同志们不辜负中央的信任和期望，在人大工作中充分发挥党员委员的作用。

下面我给同志们提点要求。

一是，共同把握人大工作的政治方向。人大作为国家权力机关，是十分重要的政治机关。人大工作政治性，更多地反映在立法工作中。我们是把党的主张经过法定程序形成为法律，而一些人是想通过立法改变党的主张，改变我国政治体制，改变我国的基本经济制度，削弱党的执政能力，否定社会主义市场经济，从"左"的或右的方面干扰改革开放。因此，我们在工作中必须排

---

　　* 这是吴邦国同志在全国人大常委会中共党员委员会议上讲话的一部分。

除干扰，坚持原则，维护大局。

这里，我要说的是，人大工作坚持正确政治方向不是靠一个人来把握，也不是光靠党组来把握的。因为，人大主要是通过会议形式，按照民主集中制原则，依照法定程序，集体行使职权，集体决定问题，不管是委员长会议组成人员还是委员，都是一人一票。所以，人大工作的正确政治方向，要靠大家共同来把握。我们这一届常委会组成人员中，有百分之六十八的同志是中共党员。只要我们的党员委员对党中央制定的大政方针、提出的立法建议、推荐的重要干部等，思想认识统一了，并做好党外委员的工作，就能保证人大工作的正确政治方向。最近，我和各专门委员会负责同志谈话时，也专门强调了这一点。

二是，确保中央的重大决定得到圆满落实。人大是党对国家和社会事务实施领导的国家权力机关。根据我国宪法和有关法律规定，党制定的大政方针，提出的立法建议，需要通过人大的法定程序，才能成为国家意志；党推荐的重要干部，也需要通过人大的法定程序，才能成为国家政权机关的领导人员。做好人大工作，就是要在宪法和法律赋予的职权范围内把党的主张和意图贯彻好、落实好、执行好。

这里，我要说的是，在座的各位同志第一是党员，第二是委员。必须牢固树立党员意识，严格遵守党的组织纪律，切实做到个人服从组织，少数服从多数，下级服从上级，全党服从中央，始终同党中央保持高度一致。对人大工作中遇到的重大问题，中央一旦作出决定，党员委员必须坚决执行，绝不能自作主张，或以个人的好恶各行其是。在这个党性原则问题上，不能有丝毫含糊。同时，要做好党外委员的工作，在分组审议时，要带头发言，发挥主导作用，善于用自己的语言阐述中央精神，引导党外委员把思想统一到中央精神上来，确保中央的重大决策和意图在人大得到圆满落实。

三是，以良好的精神风貌投身人大工作。我们的党员委员是中国共产党的优秀分子，党性强，作风正，觉悟高，大部分是部级以上领导干部，长期担任中央、地方或部队的重要职务，有着丰富的理论知识和实践经验。作为党员领导干部，不管工作岗位怎么变，不论工作环境怎么变，都要始终保持共产党人的蓬勃朝气、昂扬锐气、浩然正气，都要带头发挥好党员的先锋模范作用。

这里，我要说的是，希望我们的党员同志把更多精力放在人大工作上。具体也分两种情况：一是关系在地方或关系在北京又担任其他职务的，要保证出席常委会会议、分组审议和专门委员会会议，积极参加执法检查、专题讲座和调研等活动。二是关系在北京又没有其他职务的，平时要尽可能多地参加专门委员会的工作，坚持上班，哪怕上半天班，以保证专门委员会工作的正常开展。

全国人大全力支持抗震救灾工作 [*]

（二○○八年五月二十二日）

刚才，李克强^[1]同志受国务院委托汇报了四川汶川大地震抗震抢险及救灾工作的情况。

汶川大地震发生后，中央高度重视，胡锦涛总书记多次主持召开中央政治局常委会，研究部署抗震救灾工作，决定成立抗震救灾总指挥部，亲赴灾区慰问受灾群众，看望救援人员、指导抗震救灾工作、出席四川抗震救灾工作会议并发表重要讲话。温家宝总理在第一时间赶赴灾区指挥抗震救灾，党中央、国务院、中央军委其他领导同志也亲临灾区或以其他方式指导抗震救灾工作。在党中央、国务院、中央军委的坚强领导下，在国务院抗震救灾总指挥部直接指挥下，受灾地区各级党委、政府和中央有关部门紧急行动，人民解放军指战员、武警部队官兵、民兵预备役人员、公安民警、医疗救护人员等救援人员和新闻工作者，迅速奔赴灾区，以不怕牺牲、不怕艰难的英雄气概投身抗震救灾战斗。灾区干部群众临危不惧，不屈不挠，奋起自救和互救。全国

---

　　* 这是吴邦国同志在十一届全国人大常委会第四次委员长会议上的讲话。

上下人不分老幼、地不分南北，有钱出钱、有力出力，万众一心、共克时艰。海外华侨华人心系祖国、情系灾区，踊跃捐助。抗震救灾工作正在有力有序有效加紧进行。在这里，我代表全国人大及其常委会，向四川汶川大地震遇难同胞表示深切哀悼！向英勇顽强的灾区干部群众表示亲切慰问！向浴血奋战在抗震救灾第一线的所有救援人员表示崇高敬意！向爱心援助灾区的海内外各界人士表示衷心感谢！

下面，我讲三点意见。

一、充分肯定国务院抗震救灾工作

汶川大地震破坏之重、波及之广、伤亡之多、营救之难，都是建国以来少有的。刚才李克强同志全面介绍了抗震救灾工作的有关情况，列举了大量数字。这里我就不再重复。我要说的是，在这么短的时间内，这么艰难的条件下，投入这么多人力，调运这么多物资，救出这么多人员，安置这么多受灾群众，是相当不容易的。应当说，抗震救灾工作已经取得阶段性成效。这当中，大家印象比较深的是，整个抗震救灾工作始终坚持以人为本，突出的有下面三点。

一是，把抢救人民群众的生命放在首位，只要有一线希望，就做出百倍努力，不惜一切代价，竭尽全力、争分夺秒搜救被困群众，尽最大可能抢救伤员生命，最大限度地减少人员伤亡。

二是，在全力搜救被困群众的同时，想尽一切办法，克服重重困难，采取非常措施，转移安置受灾群众，调运救灾物资，抢修被毁设施，确保受灾群众有饭吃、有衣穿、有干净水喝、有临

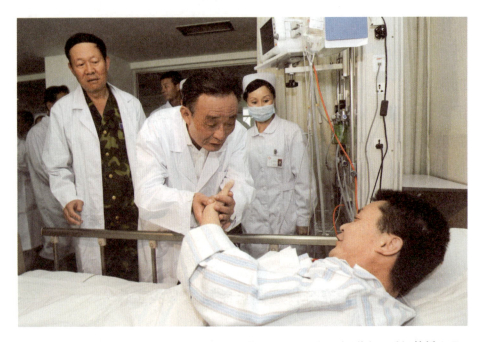

　　2008 年 5 月 26 日，吴邦国专程赴四川地震灾区，慰问干部群众，看望救援人员，指导抗震救灾工作。图为吴邦国在成都军区总医院看望在废墟中掩埋了 108 个小时被救出的 55 岁的李克诚。

时地方住。

　　三是，善后工作动手早，做得深、做得细，灾区卫生防疫工作及时展开，防范次生灾害得到重视，维护了特殊情况下的社会秩序，确保了灾区社会安定、人心稳定。

　　总的来说，这次抗震救灾工作行动迅速，组织有力，措施得当。委员长会议组成人员对国务院的抗震救灾工作给予充分肯定。

二、全力以赴夺取抗震救灾斗争的全面胜利

　　抗震救灾工作刚刚进行了十天，当前仍处在关键阶段，要打

赢这场硬仗，还有大量工作要做。各有关方面要坚决落实胡锦涛总书记在四川抗震救灾工作会议上的重要讲话等一系列指示精神，坚决执行中央的决策部署，在国务院抗震救灾总指挥部的直接指挥下，继续尽最大努力搜救被困人员，同时要精心救治受伤人员，使重伤员尽快脱离生命危险；要妥善安排受灾群众生活，搞好善后处理工作，确保灾区社会稳定；要全面细致地做好灾区卫生防疫工作，确保大灾之后无大疫；要切实防范余震、滑坡、泥石流、洪水、环境污染等次生灾害，保护好救援人员人身安全，确保不发生新的重大损失；要继续恢复交通、通信、供水、供电等基础设施，着手谋划灾后重建的规划建设工作，保障抗震救灾工作有力有序有效地向前推进。

这里我要强调的是，全国人大常委会全力支持抗震救灾工作，一是，决定将听取审议国务院关于抗震救灾工作情况的报告，列入六月下旬召开的十一届全国人大常委会第三次会议议程。二是，坚决落实党中央的决定，支持国务院集中财力投入抗震救灾的安排，对今年预算支出结构做出相应调整，以抗震救灾、保障灾区人民生活为根本，一切从抗震救灾工作实际情况出发，需要多少给多少。经全国人大批准的二〇〇八年中央预算中安排了一千零三十二亿元的中央预算稳定调节基金，根据特事特办的原则，同时又要保证正常预算执行，同意从中央预算稳定调节基金中调用一部分乃至大部分，作为建立恢复重建基金的主要来源，按基金实际收支情况列入和调整年度预决算，以后再依法报全国人大常委会审查和批准。鉴于现在中央国库库款比较充裕，所需资金可先从中央国库库款中调拨。要确保抗震救灾和灾后重建资金及时到位，并加强对资金使用情况的审计和监督。对明后年的灾后恢复重建资金要早做考虑、早做安排，及时足额纳入年度预算。三是，及时总结经验，研究修改突发事件应对法、防震减灾法等相关法律法规，增加针对性和可操作性，为抗震救灾和应对突发事件提供更加有力的法律保障。法律委、教科文卫委可组织精干力量，在不影响抗震救灾工作的前提下，适时赴灾区开展调查研究，为修改完善有关法律做准备。

三、努力完成今年经济社会发展各项目标任务

邓小平同志曾反复告诫我们，发展是硬道理。发展是解决中国一切问题的关键。除非发生大规模的外敌入侵，不能有丝毫的动摇。要看到，我们之所以能够抵御这场特大地震灾害，很重要的一条，就是靠改革开放三十年来的发展积累。要夺取抗震救灾斗争的全面胜利，归根到底也要靠发展。汶川大地震和低温雨雪冰冻灾害，给今年的经济工作带来了始料未及的影响。实现全年的经济社会发展目标，形势更加严峻，任务更加艰巨。我们要牢牢抓住发展这个党执政兴国的第一要务，全面贯彻落实党的十七大精神，深入贯彻落实科学发展观，加快经济发展方式的"三个转变"[2]，促进经济社会又好又快发展。各地区、各部门要在继续支援抗震救灾的同时，更加奋发有为地做好本地区、本部门的工作，以实际行动为抗震救灾和经济社会发展贡献力量。希望国务院加强分类指导，一手抓抗震救灾，一手抓经济社会发展，两手都要抓，两手都要硬，努力夺取抗震救灾和经济社会发展"双胜利"，把这场特大地震灾害造成的损失降到最低程度。

注　释

[1] 李克强，时任中共中央政治局常委，国务院副总理。

[2] "三个转变"，指中国共产党第十七次全国代表大会提出的促进经济增长由主要依靠投资、出口拉动向依靠消费、投资、出口协调拉动转变，由主要依靠第二产业带动向依靠第一、第二、第三产业协同带动转变，由主要依靠增加物质资源消耗向主要依靠科技进步、劳动者素质提高、管理创新转变。

关于四川抗震救灾工作的几点意见[*]

（二〇〇八年五月二十七日）

在这场史无前例的抗震救灾斗争中，四川省干部队伍经受住了严峻考验。党中央、全国人民感谢你们。这次我和王兆国[1]、李建国[2]等同志来四川地震灾区，一方面是察看灾情、增加感性认识，更主要的是来看望大家、慰问和感谢大家。

关于下一步工作

昨天上午，胡锦涛总书记主持召开中央政治局会议，专门研究部署了下一阶段抗震救灾和灾后重建工作，要求把救治防疫、住房安置、次生灾害防范、恢复生产、灾后重建摆在更加突出的位置。国务院对各项具体工作已经做了安排。刘奇葆[3]同志讲的八个方面工作安排，符合中央的精神，我都同意。刚才，我们一起来的黄镇东[4]、汪光焘[5]、汪恕诚[6]、王陇德[7]等四位同志谈了一些自己的体会和建议，这些建议仅供你们参考。我就

  ＊ 这是吴邦国同志在四川成都听取四川省抗震救灾工作汇报时讲话的主要部分。

不多说了，仅就当前的工作再强调三条。

一要全面细致搞好卫生防疫。这项工作一定要抓紧，不能松懈。在映秀镇，阿坝州委书记跟我讲，地震是天灾、大疫是人祸。应当看到，卫生防疫工作面临的形势是相当严峻的。为什么这么讲，一是不少遇难者的遗体还没有找到，现在失踪人数仍有二万人左右，估计绝大部分已经遇难，死的牲畜有一千五百多万头（只），大量粪便、垃圾需要处理，还有受灾群众饮水和食品安全可能会有盲点，再加上天气越来越热、又快进入雨季，所有这些都增加了卫生防疫工作的紧迫性、复杂性和艰巨性。王陇德同志过去在卫生部一直是搞卫生防疫的，他告诉我，像四川灾区这种情况，要注意消化道传染病，防止虫媒传染，防止鼠疫。大灾之后有大疫，这在解放前是必然规律。为了确保大灾之后无大疫，我想关键是三条。一是要高度重视，加强管理。现在管得比较严，千万不能放松。二是要抓紧组织配备足够的专业防疫力量，调运相应的防疫器械和药品，实施科学的防疫措施，既要严防疫情，又要防止二次污染。三是要建立全覆盖的卫生防疫体系，尽快把防疫网络恢复健全起来，保证每个村都有一至三名防疫人员，确保不留死角。要严格疫情监测报告制度，及时掌握疫情消息。从抗击非典的经验看，疫情控制最重要的一条，就是在第一时间发现病人或病原携带者，立即依法予以隔离治疗，切断传染途径。

二要严密防范各种次生灾害。对这次大地震引发和可能引发的余震、滑坡、塌方、水体污染等各种次生灾害，都要密切监测、严加防范。尤其要对堰塞湖和受损水库逐一进行排查除险，制定应急预案。这方面历史上的教训多得很。对唐家山堰塞湖排危抢险工作，中央高度重视，胡锦涛总书记多次作出重要指示，要求确保紧急情况下不出大的问题。汪恕诚同志搞了一辈子水利，曾在映秀镇工作过八年，对四川水利情况比较清楚。昨天我们一上飞机，他就拿出一张反映唐家山堰塞湖险情的遥感地图，给我们详细介绍了有关情况和他的看法。给我两个概念：一是堰塞湖必翻坝，因为来水多出水少。二是工程抢险是必要的，但从工作思路上要立足于翻坝、垮坝。下了飞机，我问刚从唐家山堰塞湖抢险现场回来的蒋巨峰[8]同志，他讲现在是抢险与避险同时安排。回良玉[9]同志也一再强调一手抓抢险工程，一手抓避险工作。这两天抢险工程取得了重大进展，这是个好消息。我想，对唐家山堰塞湖可能垮塌引起的洪水灾害要有充分估计，要以确保下游群众生命安全为前提，一手抓抢险工程，一手抓科学制定转移群众等应急预案，不能有丝毫侥幸心理。

三要千方百计安置受灾群众。安置工作涉及吃饭、喝水、穿衣和居住的问题。最难的是住的问题，这也是受灾群众最关注的问题。从我们了解的情况看，受灾群众最关注两件事：一件是今后怎么办，主要是就业、生产问题；一件是住哪儿，就是过渡房问题。要解决三百五十万户、一千多万人的临时居住问题，是多大的工作量啊，不容易啊。胡锦涛总书记对此高度重视，亲自到浙江、河北的生产厂家视察，要求开足马力、加紧生产，并指示从各方面紧急调运。国务院提出，一个月内解决九十万顶帐篷、八十万个篷布房，三个月内解决一百万套活动板房。我们举全国之力是一定能够解决这个大难题的。当然，工作中会涉及一些具体问题。一是临时住房的形式问题。帐篷来得快，但夏天热、冬天冷、寿命短。今天下午，我们看了在都江堰市幸福社区用活动

2008 年 5 月 28 日，吴邦国来到受灾严重的绵竹市汉旺镇、平武县平通镇等地察看灾情，看望企业职工和学校师生，慰问灾区干部群众和来自四面八方的救援人员。图为吴邦国在东方汽轮机厂汉旺基地受灾厂区察看灾情。

板房搞的集中安置点，一间房住三个人，条件比较好，也好管理。汪光焘同志告诉我，活动板房一平米六百到八百块，成本比较高，还有材料、运输等问题。第一线的同志对我说，城镇的学校、医院最好使用活动板房，全部都用板房不切实际。二是处理好集中安置和分散安置的关系，调动群众自救的积极性的问题。刘奇葆同志在汇报中提出，对农村受灾群众，建议将相当于一顶帐篷的费用二千元补贴给每户，鼓励群众自己动手、就地取材搭简易住房。我认为，这个想法不错，应当鼓励受灾群众分散自救。上午，我们乘直升机去映秀镇，我就问从山里转移出来的乡亲们，希望在哪里安置，他们都说故土难离，等路通了，要回去重建家园。能够尽快让他们"安个家"，再有点事做，就能比较好地稳定下来。而且大量的农村受灾群众长期滞留在城市，这本身就会带来大量的社会问题。三是谋划好临时安置和长期居住的关系问题。要加强统筹规划，妥善处理临时安置与长期居住的关系，保证临时安置的群众能过冬，尽可能减少群众重复拆迁。我想，总的原则是要坚持因地制宜，尊重群众意愿，采取多渠道分流和集中与分散相结合的方式来解决受灾群众的临时居住问题。要充分调动群众的主动性和积极性，从政策上鼓励分散安置、鼓励群众自建和互帮互建。

提几点希望

很多话一路上都说了。这里我再讲四点希望。这些事其实你们已经做了，我这里只是再提个醒。

一是加强领导，分工负责。对四川来讲，当前的中心工作就是抗震救灾，一定要全力以赴。这一点是毫无疑问的。现在你们的干部都在抗震救灾第一线。我有一个想法，是希望有一些干部能稍微冷静一点。也就是说，要坚持抗震救灾和经济社会发展两手抓，各级领导分工负责。为什么这么讲，我想有这么两个方面。一方面，就是抗震救灾本身也需要有个分工的问题。大部分同志在抢险救灾和安置第一线，但也要有同志负责灾情的评估、灾后重建的谋划、对口支援的衔接等工作。因为，只有把这些工作做充分了、做实了，中央的扶持政策、各方面的支援帮助，才能发挥更大效用。另一方面，全省受灾影响大的是重灾区的市州县，对其他地区的影响要小一些，当前全省经济社会发展基本面是好的。因此，从全省的总体和全局角度讲，还要一手抓抗震救灾，一手抓经济社会发展，在省委、省政府的统一领导下，分工负责，使两方面工作都有序推进。

二是保护好、引导好群众的积极性。刚才讲到灾区干部群众的精神状态是好的，干群关系、军民关系、警民关系大大改善。面对这么大的灾害，灾区社会安定、人心稳定，是很不容易的。同时我们必须充分认识到抗震救灾和灾后重建工作的长期性、复杂性和艰巨性。现在受灾群众情绪基本稳定，但时间长了会发生变化，加上外部对一些敏感问题的炒作，会加剧不满情绪。抗震救灾工作国家的支持、兄弟省市的对口支援都是必要的，但不能"等靠要"，"等靠要"会无事生非。四川人的特点是勤劳、能吃苦，有开拓精神，你看多少四川人在外面打工。在都江堰安置点，受灾群众对我说，国家只能帮一时，帮不了一世，最终还要靠自力更生。说得多好，体现了四川人的精神。所以，我想把群众积极性引导好、保护好的最好办法，是把大家组织起来重建家园。中央有关部门、各有关方面在加大帮扶力度的同时，要积极工作，把灾区广大干部群众的积极性引导到自力更生、重建家园上来。

三是加强党的建设。这次抗震救灾我们的基层党组织和党员干部经受住了严峻考验。基层党组织是有力量的，党员干部是有威信的。做好群众工作，要依靠基层党组织。这一点在非常时期更为突出、更加重要。下午在都江堰市幸福社区安置点，我们看到临时党支部建起来了，发挥了很好的作用。要抓紧恢复在地震中受损的基层党组织，有的要成立临时党支部，过好组织生活，对党员提出明确要求，充分发挥基层党组织的战斗堡垒作用和党员的先锋模范作用，切实担负起做好安置、重建、稳定和思想政治工作的重任。

四是加强对救灾钱物的管理和审计工作。正像刘奇葆同志讲的，要向社会、向群众交一本"明白账"。昨天下午我们到成都火车东站的救灾物资转运中心，看了让人放心。因为到那里的物资都有登记、有分类、有验收，并能及时送到受灾群众手上。救灾资金和物资，一部分是财政拨付的，还有一部分是海内外捐赠的，各方面关心救灾款物的使用是理所应当的。现在网上在炒三件事：一是地震预报问题，二是校舍质量问题，三是捐赠款物管理问题。当然，我们要主导舆论，不为舆论所左右。我们要重视舆论，越是各方面关注的问题，越要高度重视。要建立健全救灾资金和物资分配使用制度，严格管理程序，增强透明度，做到来源有造册、去向有签收，分配有计划、使用有监督，从制度上、源头上防止救灾钱物被挪用、侵占和私分，做到公开、公正、透明，在阳光下操作。救灾钱物来之不易，体现党和政府的关心、体现海内外同胞的关爱，一定要把救灾钱物管好用好。要厉行节约、反对浪费，花小钱办大事，切实提高资金和物资的使用效益。

注 释

[1] 王兆国，时任中共中央政治局委员，全国人大常委会副委员长、党组副书记。

[2] 李建国，时任全国人大常委会副委员长兼秘书长。

[3] 刘奇葆，时任中共四川省委书记，四川省人大常委会主任。

［4］黄镇东，时任全国人大内务司法委员会主任委员。

［5］汪光焘，时任全国人大环境与资源保护委员会主任委员。

［6］汪恕诚，时任全国人大财政经济委员会副主任委员。

［7］王陇德，时任全国人大常委、教育科学文化卫生委员会委员。

［8］蒋巨峰，时任中共四川省委副书记，四川省省长。

［9］回良玉，时任中共中央政治局委员，国务院副总理。

推动国家机关、社会团体加强
未成年人保护工作[*]

（二〇〇八年五月三十日）

　　保障未成年人合法权益、促进未成年人健康成长，关系亿万家庭，是全社会普遍关注问题。执法检查要精心组织、突出重点、务求实效。要充分发挥人大监督工作的特点和优势，抓住影响未成年人身心健康、侵犯未成年人合法权益的突出问题，推动国家机关、社会团体加强未成年人保护工作，促使社会、学校、家庭等各方面更好地履行保护未成年人的责任。

---

　　[*]　这是吴邦国同志对全国人大常委会未成年人保护法执法检查工作的批示。

在亚欧议会伙伴会议开幕式上的演讲

（二〇〇八年六月十九日）

同事们，女士们，先生们：

很高兴在北京与各位新老朋友相聚。首先，我谨代表中国全国人大和中国人民，对第五届亚欧议会伙伴会议在北京召开表示热烈祝贺，对印度、巴基斯坦、蒙古、罗马尼亚、保加利亚等五国议会的加入表示诚挚欢迎，向各位议长、议员朋友的到来表示衷心感谢。

加强亚欧合作、促进共同发展，是亚欧各国人民共同关心的问题。我们这次会议以此为主题，探讨议会合作应发挥的作用，顺应了时代潮流和亚欧各国人民的心愿，对增进相互了解，推进务实合作，促进共同繁荣具有重要意义。

同事们、女士们、先生们！

五月十二日，中国四川汶川发生了强度为八点零级、烈度为十一度的特大地震，给人民生命财产和经济社会发展造成了重大损失。面对这场新中国成立以来破坏性最强、波及范围最广、救灾难度最大的地震灾害，中国党和政府团结带领全国军民顽强奋战，克服重重困难，在第一时间从地震废墟中救活被掩埋人员六千五百多人，及时救治伤员一百七十多万人次，紧急转移安置了一千五百多万受灾群众，其中解救被困和转移群众一百四十多万人，还用最短时间打通通往灾区的交通线，恢复了灾区通信和电网，有效化解了堰塞湖等重大次生灾害险情，确保了大灾之后无大疫，灾区生产自救和灾后重建工作已有序展开，目前灾区社会稳定、人心安定，抗震救灾斗争取得了重大阶段性胜利。

抗震救灾是人类共同的课题。前几天，我会见几位外国政要，他们对中国抗震救灾的成效给予高度评价，并问了一个同样的问题，就是在这么短的时间内、在救援条件如此艰难的情况下，中国抗震救灾工作成效显著，靠的是什么。我想，这当中最重要的有三个方面。

一是，依靠中国特色社会主义的制度优势。中国是中国共产党领导的社会主义国家，人民代表大会制度是中国的根本政治制度。中国的国家制度，确保了人民当家作主，人民利益高于一切，以人为本、执政为民是我们崇高的执政理念；确保了各族人民的大团结，具有把十三亿中国人凝聚起来的巨大力量，最大限度地调动人民群众的积极性、主动性和创造性；确保了全国一盘棋，能够集中力量办大事，提高工作效率。我们之所以能够取得抗击这场特大地震灾害的显著成效，很重要的一条就是靠中国特色社会主义的制度优势。在抗震救灾斗争中，我们以对人民高度负责的精神，不惜一切代价，只要有一线希望，就尽最大努力抢救人的生命，最大限度地减少了人员伤亡。我们举全国之力，从中央到地方政令畅通、步调一致，动员和组织各方力量，形成强大合力。用最短的时间调集人民解放军、武警部队十三万九千多人，公安民警、消防官兵和特警二万八千多人，民兵预备役人员七万五千六百人，医疗卫生人员九万六千八百人，国内外地震专业救援队五千二百多人，奔赴灾区，争分夺秒，展开了史无前例的生死大营救，还有二十多万志愿者从四面八方赶赴灾区参加抗震救灾。我们的胡锦涛主席、温家宝总理等国家领导人亲临灾区，与受灾群众并肩战斗。我们灾区的各级领导干部，特别是基层干部身先士卒，在危急关头豁得出去、冲得上去，赢得了人民的信赖，成为群众的主心骨。

二是，依靠改革开放三十年的发展积累。中国是快速发展的国家。改革开放以来，我们始终坚持以经济建设为中心，把发展作为党执政兴国的第一要务，国家的面貌发生了历史性变化。从一九七八年到二〇〇七年，中国国内生产总值由二千一百六十五亿美元增加到三万二千三百亿美元，年均增长百分之九点六，综合国力大幅提升；人均国内生产总值由二百二十六美元增加到二千一百美元，增长了八倍多，人民生活显著改善；财政收入由一千一百三十二亿元增加到五万一千三百亿元，增长了四十四倍多，国家财力大大增强。我们之所以能够取得抗击这场特大地震灾害的显著成效，很重要的一条就是靠改革开放三十年的发展积累。到六月十七日，各级政府已投入抗震救灾资金五百三十九亿多元，其中中央财政投入四百九十多亿元；调运救灾帐篷一百四十多万顶、活动板房三十六万多套；调运棉被四百八十多万床、衣物一千四百多万件，还有大量粮食、食品、药品等救援物资源源不断地抢运到灾区，保证抗震救灾需要，保障了灾区人民的基本生活。全国人大常委会按照特事特办的原则，决定及时调整二〇〇八年中央预算，建立灾后恢复重建基金，以保证抗震救灾和灾后重建的资金需要。

三是，依靠中华儿女自强不息的民族精神。中国是有巨大民族凝聚力的国家。千百年来，中华民族历经磨难而信念愈坚，饱尝艰辛而斗志愈强，形成了以爱国主义为核心的伟大民族精神。越是危难之时，中华儿女越是不屈不挠，表现出患难与共、一往无前的英雄气概。在这场惊心动魄的抗震救灾斗争中，中华民族万众一心、众志成城、不畏艰险、百折不挠，再次经受住了严峻考验，伟大的民族精神得到发扬光大。受灾群众临危不惧，奋起自救和互救，共克时艰。"一方有难、八方支援"，十三亿中国人拧成一股绳，有钱出钱，有力出力。海外华人华侨心系祖国、情系灾区，踊跃捐助。广大救援人员以非凡的勇气、坚定的信念、顽强的意志，与震魔进行殊死抗争，谱写了惊天地、泣鬼神的英雄史诗。在经济比较发达省份的请缨下，我们已建立十九个省份分别帮助四川等重灾区县（市）灾后恢复重建的对口支援机制。

在这里，我还要强调的是，中国这次抗震救灾得到了包括亚欧国家在内的世界各国政府和人民的大力支持和援助，一些国家的救援队和医疗队还与中国人民一起抗震救灾，充分体现了世界各国人民对中国人民的深情厚谊。在此，我代表中国政府和人民，再次向国际社会表示衷心的感谢。

经历这场抗震救灾斗争的洗礼，中国人民进一步增强了民族凝聚力，进一步提高了坚持改革开放、推动科学发展的自觉性，进一步坚定了走中国特色社会主义道路的信念。尽管前进的道路上还会遇到这样或那样的困难和挑战，但我们有信心、有决心、有能力战胜一切艰难险阻，不断夺取全面建设小康社会新胜利，实现中华民族伟大复兴。

同事们、女士们、先生们！

　　我们所处的亚洲和欧洲，都是人类文明的摇篮，是当今世界的重要力量，在人类和平与发展的崇高事业中扮演着十分重要的角色。亚洲人口众多、资源丰富，市场广阔、经济活跃，是全球最具发展潜力的地区之一。欧洲技术进步、资金雄厚，经济一体化程度高，是世界上最大的发达经济体。当前，国际形势总体趋向缓和，亚欧各国面临着难得的发展机遇，也面临着诸多挑战。作为世界多极化的重要力量和经济全球化的参与者，亚洲和欧洲的相互关联性和依存度比以往任何时候都更加紧密，深化亚欧合作的紧迫性和战略性比以往任何时候都更加凸显。我们高兴地看到，亚欧会议成立十二年来，合作机制逐步健全，合作领域持续拓展，合作内容不断充实，合作成果日益增多，有力地推动了亚欧伙伴之间的政治安全对话、经济贸易合作和社会文化交流。在

2008 年 6 月 19 日，吴邦国在北京人民大会堂会见出席第五届亚欧议会伙伴会议的各代表团团长。

新的形势下，进一步加强亚欧对话与合作，不仅符合双方的根本利益，也有利于促进世界的和平、发展与合作。

议员代表人民，议会反映民意。议会交往是国家关系的重要组成部分，议会多边合作在国际合作中发挥着独特作用。亚欧议会伙伴会议成立以来，成员从最初的二十六个增加到四十三个，已举行四次会议，发表了多个共同文件，阐明在一些重大国际和地区问题上的共同立场，推动了各成员议会间的对话、沟通与合作，为促进亚欧会议进程发挥了积极作用。应当说，亚欧议会伙伴会议正逐步走向成熟，日益成为各成员议会间加强对话、增进互信、推动合作的重要平台，显示出巨大的合作潜力和广阔的发展前景。下面，我愿就亚欧议会伙伴会议今后的发展问题提几点建议，与各位同事共同探讨。

第一，坚持在亚欧会议框架下开展工作。亚欧会议是一个全方位、多领域的跨区域对话与合作进程，亚欧议会伙伴会议是亚欧交流的重要渠道和组成部分。我们要按照亚欧议会伙伴会议的宗旨，密切与亚欧会议的联系，加强与其他合作机制的配合与协调，紧紧围绕亚欧会议的根本目标和主要任务开展工作，充分发挥议会多边交往对多边合作进程的积极作用。要参照亚欧首脑会议的议题和重点合作领域，拟定亚欧议会伙伴会议的主题，积极有效地参与和推动亚欧会议进程，共同推动亚欧新型伙伴关系不断向前发展。

第二，坚持在平等互信基础上加强对话。亚欧议会伙伴会议成员国的国情不同，国家有大有小、人口有多有少、国力有强有弱，但都是国际社会平等的一员，大国应该尊重小国，强国应该扶持弱国，富国应该帮助穷国。要尊重文明的多样性，尊重国家的主权和领土完整，尊重各国根据本国国情选择的发展道路，不干涉别国内政。要充分考虑各成员国重大关切，坦诚对话，耐心沟通，在平等协商、求同存异的基础上，妥善解决分歧，最大限度地达成共识，不断扩大共同利益的汇合点。

第三，坚持发挥自身特点优势推动合作。各成员议会要充分发挥职能作用，及时批准本国政府签署的有关多边协议并督促实施，为亚欧会议进程提供有力的法律保障。要加强国内立法和监督，支持各国政府采取切实行动，减少贸易和投资壁垒，促进贸易开放，增加相互投资，推动落实亚欧首脑会议确定的合作目标。要发挥议会联系广泛、人才荟萃、信息密集的优势，为深化务实合作献计献策，为企业和地方合作牵线搭桥。要大力推动人文领域交流，加深对彼此历史和文化传统的了解，增进人民之间的友谊与信任，不断扩大合作的民意基础和社会基础。

同事们、女士们、先生们！

中国作为亚欧会议的一员，一贯支持并积极参与亚欧合作进程。中国全国人大愿加强与亚欧议会伙伴会议各成员的合作，共同推动亚欧议会伙伴会议健康发展，为加深亚欧人民友谊，促进亚欧互利合作，共筑亚欧繁荣和谐而不懈努力。

最后，预祝第五届亚欧议会伙伴会议圆满成功！

谢谢大家。

抓住突出问题开展
义务教育法执法检查[*]

（二〇〇八年九月一日）

　　九年义务教育关系到少年儿童的健康成长。十届全国人大虽多次对义务教育法进行执法检查，并全面修订了义务教育法，但仍是家长和社会的重大关切，也是人大代表重点关注的问题之一，仍应成为本届人大监督的重点。今年的执法检查，建议抓住农村义务教育经费保障机制的落实、教师队伍的建设和素质教育中的突出问题作为重点，推动工作，促进中小学生德、智、体的全面发展。

　　＊　这是吴邦国同志对全国人大常委会义务教育法执法检查工作的批示。

推动劳动合同法有效实施 [*]

（二〇〇八年九月十七日）

劳动合同法是社会普遍关注的一部法律。该法的宗旨在于调整劳动关系、保护劳动者合法权益、促进社会和谐。该法是今年执法检查的重点之一，希望通过这次检查，重点解决劳动合同签约率低、劳动合同短期化、劳务派遣不规范等侵犯劳动者利益的问题，尤其是农民工的合法权益问题，以充分体现该法的立法宗旨，推动劳动合同法的有效实施。

＊　这是吴邦国同志对全国人大常委会劳动合同法执法检查工作的批示。

推进科学立法、民主立法的重要举措*

（二〇〇八年十月二十八日）

要继续推进科学立法、民主立法。根据委员长会议的决定，常委会审议的法律草案，除了不宜公开的以外，原则上都要全文向社会公布，这是不断扩大公民有序参与立法的又一项重要举措。我们要认真倾听群众呼声，如实反映群众意见，充分吸收合理成分，对各方面意见比较集中的问题，还可以通过座谈会、论证会等形式进一步听取意见、集思广益。要加强法律草案审议过程的宣传报道，这既是我们主动接受人民群众监督、听取各方面意见的重要途径，也是引导社会舆论、凝聚各方共识的有效形式，还可以普及法律知识，使立法的过程成为普法的过程。常委会办公厅和法工委要加强组织协调，制定宣传计划，把握舆论导向，更好地利用广播电视、报刊杂志和网络媒体，通过开辟专栏、举办专题讲座等多种形式，加强对法律草案涉及的主要问题和审议情况的宣传，切实增强人大宣传工作的针对性和实效性。

---

* 这是吴邦国同志在十一届全国人大常委会第五次会议上讲话的一部分。

不忘患难之交[*]

（二〇〇八年十一月四日）

我很高兴从阿尔及利亚开始我的此次非洲五国之行。从下飞机到现在，刚好一天时间，时差还没倒过来，但阿尔及利亚人民的兄弟情谊，令我们十分感动，几乎忘记了长途飞行的疲劳。现在，议长阁下又为我们举行盛大的欢迎宴会。在此，我谨向议长阁下和夫人，向在座的各位朋友，并通过你们向阿尔及利亚人民表示衷心的感谢和良好的祝愿。

这是我第一次访问阿尔及利亚，又恰逢贵国五十四周年国庆。半个多世纪前，英雄的阿尔及利亚人民，为争取民族解放和国家独立，经过长期浴血奋战，建立了民主人民共和国，在亚非拉民族解放斗争史上书写下光辉一页。今天，贵国在布特弗利卡总统领导下，一手促政治和解，打击恐怖主义；一手抓经济发展，推进经济改革，国家各项事业取得长足发展，社会政局保持稳定，人民生活不断改善。我们对阿尔及利亚人民取得的成就感到十分高兴，衷心祝愿阿尔及利亚在建设国家的各项事业中取得

---

　　* 这是吴邦国同志访问阿尔及利亚期间在阿尔及利亚国民议会议长齐阿里举行的欢迎宴会上的致辞。

更大进步。

　　说起中阿关系，当年周恩来总理就给予了高度评价，他说"中阿是患难之交"。长期以来，我们两国总是在对方最需要的时候给予及时、坚定、无私的支持与帮助。我们不会忘记，在中国争取恢复联合国合法席位的斗争中，阿尔及利亚仗义执言，和其他亚非拉兄弟一起，把中国"抬进"联合国。同样，在阿尔及利亚人民争取民族解放和国家独立的艰难日子里，中国率先承认阿临时政府。二〇〇三年五月，阿尔及利亚发生大地震，中国派出第一支国际救援队，与阿尔及利亚人民并肩战斗。今年五月，当中国人民与四川汶川特大地震殊死搏斗之际，阿尔及利亚政府及时伸出援助之手，慷慨解囊，鼎力相助。不久前，布特弗利卡

2008年11月4日，吴邦国在阿尔及利亚总统府亲切会见阿尔及利亚总统布特弗利卡。

总统和齐阿里议长阁下专程出席北京奥运会，再次体现了中阿之间的深情厚谊。

要举出这样的例子还很多。这里我要强调的是，我此次访问阿尔及利亚的目的，就是为了把业已存在的中阿友好关系推向新水平。访问时间虽然不长，但日程安排相当紧凑。今天，我与布特弗利卡总统进行了很好的会晤。与议长阁下举行了富有成果的会谈，就进一步发展双边关系、加强议会交往等问题深入交换了意见，达成了重要共识。明天，我还要会见本·萨拉赫[1]议长和乌叶海亚总理。我相信，在双方共同努力下，中阿战略伙伴关系一定能够迎来更加美好的明天。

注　释

[1] 本·萨拉赫，时任阿尔及利亚民族院议长。

在非盟会议中心开工仪式上的讲话[*]

（二〇〇八年十一月十日）

尊敬的让·平^[1]主席，

尊敬的姆温查^[2]副主席，

尊敬的库玛^[3]市长，

尊敬的塞尤姆^[4]外长，

各位使节，女士们，先生们：

感谢让·平主席热情洋溢的讲话。

在我对非洲五国进行正式友好访问的时候，很高兴有机会出席非盟会议中心开工仪式，与大家一起共同见证中非友好的又一件大事。在此，我谨代表中国政府和中国人民，向非盟委员会和各成员国表示热烈的祝贺！向中国和非洲的工程技术人员表示亲切的问候！对埃塞俄比亚政府和亚的斯亚贝巴市政府为项目提供的便利表示衷心的感谢！

长期以来，在争取民族独立和解放的艰苦斗争中，在发展经济、改善民生的共同任务中，在维护世界和平、促进共同发

---

* 吴邦国同志访问埃塞俄比亚期间在亚的斯亚贝巴出席了中国政府援建的非盟会议中心开工仪式。

2008 年 11 月 10 日，吴邦国在位于埃塞俄比亚亚的斯亚贝巴的非盟总部会见非盟委员会主席让·平。

展的崇高使命中，中非人民始终同呼吸，共命运，心连心，结下了深厚友谊。中国人民永远不会忘记，是非洲朋友把我们"抬进"了联合国，是非洲朋友在台湾、西藏、人权等重大问题上给予我们一贯的坚定支持，是非洲朋友在自己不宽裕的情况下慷慨帮助中国人民抗震救灾。我们也欣慰地看到，从贯穿南部非洲的坦赞铁路，到雄踞尼罗河畔的开罗国际会议中心，中国帮助实施的不附加任何条件的数百个对非援助项目，已经在非洲五十三个国家[5]开花结果，受到非洲国家和人民的热烈欢迎。

两年前的这个时候，中国和非洲四十八个国家领导人共同出席了中非合作论坛北京峰会，确定了政治上平等互信、经济上合作共赢、文化上交流互鉴的中非新型战略伙伴关系，胡锦涛主席宣布了三年内对非合作的八项实实在在的政策措施，开辟了中非合作的新纪元。我这次访问非洲五国，跨越非洲东西南北，目的就是为了推动中非新型战略伙伴关系的深入发展。令我十分高兴的是，两年来在中非双方共同努力下，中非合作论坛北京峰会的后续行动取得了重大阶段性成果，中国政府对非务实合作的八项政策措施，已经得到很好的落实，把中国人民对非洲人民的深情厚谊化作了实际行动。今天，我们又在这里共同见证象征中非友好的非盟会议中心的开工建设，预示着中非合作必将迎来更加美好的未来。

女士们、先生们、朋友们！

从现在起到明年的中非合作论坛第四届部长级会议召开，只有不到一年的时间，这一年是全面落实北京峰会成果的关键一年。中国有句古话，"行百里者半九十"。让我们以非盟会议中心的开工为契机，进一步加强配合与协调，妥善解决合作中遇到的问题，抓紧北京峰会后续行动，保质保量完成已确定的项目，推动优势互补、互利共赢的中非经贸合作迈上一个新阶段，不断丰富和发展中非战略伙伴关系的内涵，更好地造福于中非人民。

现在，我宣布：

非盟会议中心开工！

注　释

[1] 让·平，时任非洲联盟委员会主席。

[2] 姆温查，时任非洲联盟委员会副主席。

[3] 库玛，时任埃塞俄比亚首都亚的斯亚贝巴市长。

[4] 塞尤姆，时任埃塞俄比亚外长。

[5] 南苏丹于二〇一一年七月九日独立后，非洲现有五十四个国家。

在新形势下进一步加强人大监督工作[*]

（二〇〇九年四月二十四日）

今年是我国进入新世纪以来经济发展最为困难的一年，改革发展稳定的任务十分繁重。为做好全年工作，党中央及时作出了保增长、调结构、重民生的一系列重大决策部署。十一届全国人大二次会议批准的《政府工作报告》又作了具体安排，确定实施促进经济平稳较快发展的一揽子计划，并部署了七个方面的重点工作。从今年一季度经济运行情况看，经过全国上下的共同努力，我国国内生产总值增长了百分之六点一，经济持续下滑趋势得到初步遏制，整体经济表现好于预期。在国际金融危机持续深化蔓延的背景下，这一成绩的确来之不易，充分说明中央对经济形势的分析判断和决策部署是完全正确的，也进一步坚定了发展信心。但同时也要清醒地看到，一季度一般贸易出口同比仍下降百分之十八点三；规模以上工业增加值只增长百分之五点一，相当于正常水平的三分之一，部分行业产能过剩问题更加凸显；财政收入同比下降百分之八点三，规模以上工业实现利润下降百分

---

　　* 这是吴邦国同志在十一届全国人大常委会第八次会议上讲话的一部分。

之三十七点三，是近十年来同期最大降幅；制造业就业人数连续两个季度同比减少，进入高校招聘单位和招聘人数同比下降三分之一，等等。这说明我国经济出现的积极变化还是初步的，经济回升的基础尚不稳定，前进中仍面临不少困难和挑战，做好全年的工作，任务繁重。

客观形势对做好人大监督工作提出了新的更高的要求。针对我国经济发展面临的严峻形势和艰巨任务，今年的常委会工作报告明确提出，要把推动中央重大决策部署贯彻落实作为人大监督工作的重中之重，着力加强对经济工作和解决民生问题的监督，督促和支持"一府两院"按照各自工作报告提出的目标任务做好工作，确保中央重大决策部署的贯彻落实，确保全年经济社会发展任务的顺利完成。我们要紧紧抓住常委会工作报告确定的监督重点，从人大监督工作的特点出发，灵活运用这些年形成的一套行之有效的工作机制和方法，坚持依法行使职权，积极开展监督工作，争取今年在提高监督工作水平、加大监督工作力度上迈出新步伐。

这里，我想强调三点。

一要加强调查研究。没有调查就没有发言权。这些年来，我们在人大工作中，无论是立法工作还是监督工作，都形成了积极开展调查研究的好做法，前面讲到的例子就说明了这一点。这里我想说的是，调查研究既是我们做好人大工作的内在需要，其本身也可以起到推动有关方面改进工作的作用。搞好调查研究，首先需要结合人大工作重点选择好调研题目。上个星期，根据委员长会议精神，李建国[1]同志约请有关专门委员会负责同志，就监督九千零八十亿元中央政府投资计划的实施问题，选择了保障性住房建设等五个题目，准备主动开展专题调研，十月或十二月的常委会会议还将安排听取和审议有关专题调研的报告。希望通过专题调研，提出有分量的意见和建议，以点带面，推动改进工作，督促各地区各部门严格把握政府投资和政策导向，坚持政府投资量力而行，防止重复建设和城市盲目扩张，确保中央保增长、调结构、重民生的一系列决策部署落到实处。

二要搞好跟踪监督。跟踪监督是这些年我们推动解决重点难点问题的一个好办法。这是因为，人大确定的重点监督事项，都是一些事关全局而又长期得不到解决的问题，这就需要我们抓住这些重点难点问题，综合运用听取审议专项工作报告、开展执法检查等多种形式，深入开展跟踪监督，督促有关方面抓紧整改，力争取得实实在在的效果。前些年通过人大监督推动解决的拖欠出口退税、拖欠农民工工资和超期羁押等问题，都是经过几年的跟踪检查，最后取得了满意的结果。今年，我们确定的一些重点监督事项，也要采取这一做法，有的要在下半年通过调研等形式进行跟踪检查，有的要在明年继续作为重点监督事项，安排听取审议专项工作报告或开展执法检查等。这次会议听取审议的农村社会保障体系建设问题，就准备在四季度再安排一次专项检查，形成检查报告，向十二月份的常委会会议报告。

三要增加人大监督工作的透明度。监督权是宪法和法律赋予人大及其常委会的一项重要职权，人大监督是代表国家和人民进行的具有法律效力的监督，是不可替代的。增加人大监督工作的透明度，既是常委会自觉接受人大代表和人民群众监督的内在需要，也有利于更好地推动有关方面改进工作。这方面，我想目前至少有三件事可以做：一是按照监督法的规定，将执法检查报告、专项工作报告及审议意见等，及时向社会公开，并注意收集和认真研究各方面的意见和建议。二是加强跟踪报道，对一些重大监督事项，从方案出台到调研、从审议到反馈，要进行全程的、有重点的持续性报道。三是加强新闻宣传的组织与策划，把握舆论导向。应尽量减少程序性的内容，多报道实质性内容，将人大工作的新闻宣传向深度拓展。要充分利用电视广播、报刊杂志以及网络等新媒体，灵活运用各种报道形式，使人大工作宣传报道既准确深入、又生动活泼。

注　释

[1] 李建国，时任全国人大常委会副委员长兼秘书长。

工会法执法检查要研究在金融危机背景下出现的新情况新问题 [*]

（二〇〇九年六月十五日）

应对金融危机，保增长、保民生、保稳定是广大职工关注的重大问题。对工会法的执法检查，要从国家工作大局出发，确定检查重点，研究在金融危机背景下出现的新情况、新问题，解决实施工会法中的重点、难点问题，切实发挥工会在维护职工合法权益、稳定劳动关系上的重要作用，为克服当前困难、促进经济可持续发展作出新贡献。

---

[*]　这是吴邦国同志对全国人大常委会工会法执法检查工作的批示。

在中美经贸合作论坛开幕式上的致辞*

（二〇〇九年九月八日）

女士们，先生们，朋友们：

大家早上好！

很高兴在我访美的第一站，有机会出席中美经贸合作论坛，与各位新老朋友一起，探讨新形势下加强和改善中美经贸合作的问题，共同推动两国企业合作。首先，我谨向论坛的成功举办表示热烈的祝贺，向与会各界人士致以诚挚的问候和良好的祝愿，对两国有关方面为此付出的努力表示衷心的感谢。

国际金融危机的蔓延和深化，给中美两国经济造成重大冲击，也严重影响了中美经贸合作尤其是企业合作。据统计，今年一至七月份，中美贸易额同比下降了百分之十六点一，美在华投资同比下降百分之十九点一。尽快遏制和扭转这一下滑势头，实现中美经贸合作的可持续发展，是摆在我们面前的共同任务。在当前困难的形势下，要完成这一共同任务，首先也是最重要的，就是要提振合作信心。朋友们也许会问，面对困难局面，信心从

---

* 吴邦国同志访问美国期间在亚利桑那菲尼克斯出席了中美经贸合作论坛开幕式。

2009年9月8日，吴邦国在美国菲尼克斯出席中美经贸合作论坛开幕式并致辞。

何而来。我想告诉朋友们的是，虽然世界经济复苏的迹象还不明显，国际金融危机的长远影响也不可忽视，但中美经贸合作前途光明。

一是中美经贸合作的大势不会改变。这里包括两个方面：一方面中美经济互补优势没有改变。中国是世界上最大的发展中国家，发展是中国的第一要务。改革开放三十年来，中国经济年均增长百分之九点八，即使今年上半年也实现了百分之七点一的增长，全年有望实现百分之八左右的增长目标。中国正处在工业化、城镇化加速推进的过程中，有大量的投资需求，还有十三亿人的消费市场。中国的发展、中国巨大的市场，为包括美国在内的各国经济复苏与发展提供不竭的商机与动力。美国是世界上最大的发达国家，国内生产总值占世界总量的百分之十八点三，国民消费占世界消费品市场总额的百分之四十三，对外贸易额居世界首位，尤其是在科技、人才、管理、营销等方面具有明显优势。中美经济这种互补优势并没有因为国际金融危机的影响而改变。另一方面中美经贸合作基础良好。二〇〇八年双边贸易额达三千三百三十七亿四千万美元，已互为第二大贸易伙伴。在过去的五年间，美对华出口年均增长百分之二十，去年中国从美国进口的大豆和棉花，分别占美出口总量的百分之四十九和百分之三十四。美在华投资项目累计达五万七千多个，投资额超过六百一十亿美元。今年一至七月份，中美签订技术引进合同八百八十八项，合同金额达三十二亿六千万美元，同比增长百分之四十一点三，占中国技术引进合同总额的百分之二十五点三，在中国技术引进来源地中列第一位。虽然今年上半年中美贸易额同比下降，但降幅低于中国外贸总额降幅近七个百分点。这些数据足以说明，中美经贸关系已经形成合作共赢的基本格局，这一基本格局没有因为国际金融危机的影响而改变。

二是中美两国实施的刺激经济增长计划带来新的合作商机。为应对国际金融危机的冲击，保持国民经济平稳较快发展，中国政府实施积极的财政政策和适度宽松的货币政策，推出了进一步扩大内需、促进经济增长的一揽子计划，包括大规模增加政府公共投资和实行结构性减税，制定和实施产业调整振兴规划，大力拓展国内消费市场尤其是农村市场，开展重点民生工程建设和铁路、电信、水利等基础设施建设，大幅度提高社会保障水平，着力改善低收入家庭生活。为摆脱经济危机困扰，美国政府也推出了自上世纪三十年代以来力度最大的刺激经济复苏计划，涉及金融、房地产、税收、基础设施、汽车、环保、能源、科技、医保改革等众多领域。中美两国刺激经济增长计划的实施，给两国经贸合作带来了新的商机。在今天的论坛前，两国企业和有关方面又签署了四十一项投资和经济技术合作协议与合同，总额达一百二十三亿八千万美元，涉及新能源及原材料、通信、电子、机械、旅游等领域。这再次说明双方合作的机会很多，只要善于危中觅机，是可以大有作为的。

三是中美两国经济结构调整战略将拓展新的合作领域。虽然中美两国经济发展阶段不同，但都面临艰巨的调整任务。要看到，即使没有国际金融危机也面临经济发展方式调整的压力，只是国际金融危机使调整任务变得更加迫切。据说美国公众普遍认为，过度依靠超前消费的增长方式是不可持续的。美国政府提出把应对金融危机与解决发展模式问题结合起来，以绿色技术作为促进经济增长、提高国际竞争力和创造就业的根本。同样，中国在努力保持经济平稳较快发展的同时，注重把解决当前困难与实现可持续发展结合起来，着力调整经济结构、促进产业升级，下大决心扩大国内需求特别是消费需求，促进经济发展方式转变。也就是说，中美两国经济结构调整，将使低碳经济、可再生能源和清洁能源、洁净煤和碳捕捉及封存、智能电网、建筑能效、新能源汽车等方面的合作，成为中美经贸合作尤其是经济技术合作与企业合作新的增长点。我们高兴地看到，前不久在华盛顿举行的首轮中美战略与经济对话，再次重申《中美能源环境十年合作框架文件》下的各项行动计划，拟就关于加强气候变化、能源和环境合作的谅解备忘录，进一步表达了双方在上述领域加强合作的愿望，预示着两国经贸合作前景更加广阔。

女士们、先生们、朋友们！

经贸合作是中美关系的物质基础，也是两国关系持续充满活力的重要保障。要克服当前困难，把双方加强和改善经贸合作的愿望转化为现实，很重要的一条是要充分发挥企业在经贸合作中的主体作用。希望双方企业发挥各自优势，积极探索合作的新途径，通过开展联合研究、建设示范工程、共同开发技术、扩大相互投资等形式，共同开拓合作的新领域。希望两国政府及有关方面把企业合作作为加强和改善中美经贸合作的优先方向，积极为企业合作牵线搭桥，加强知识产权保护，努力改善政策和法制环境，推动双边贸易和投资便利化。在当前情况下，尤其要坚持自由贸易原则，防止各种形式的贸易保护主义。应充分发挥中美战略与经济对话以及商贸联委会等其他相关机制的作用，从中美经贸合作大局出发，及时妥善解决合作中出现的问题，为两国经贸合作尤其是企业合作创造良好的环境、提供更多的便利。我相信，经过中美两国企业和有关方面的共同努力，一定能够战胜眼前的困难，迎来中美经贸合作更加美好的明天。

最后，祝中美经贸合作论坛取得成功！

中国的发展是对世界的贡献 *

（二〇〇九年九月十日）

中国的发展对世界的贡献主要体现在三个方面。

一是，中国的发展与全人类的共同利益息息相关。中国把自己的事情办好，使十三亿人民的日子一天比一天好，这本身就是对人类发展和福祉作出的历史贡献。改革开放三十年来，中国的粮食产量由三亿吨增加到五亿吨，用占世界不到十分之一的耕地成功地解决了占世界近五分之一人口的吃饭问题，城乡居民收入分别增长七点二倍和六点九倍，农村贫困人口减少了近二亿四千万人，平均预期寿命从一九四九年前的三十五岁上升到七十三岁，人民生活总体达到小康水平。大家可以想象，如果中国不发展或者发展不起来，那不仅仅是中国人民的灾难，也是世界人民的灾难。

二是，中国的发展为世界各国发展带来机遇，使世界人民从中受益。自二〇〇一年加入世界贸易组织以来，中国每年平均进口六千八百七十亿美元的商品，为相关国家和地区创造约

＊ 这是吴邦国同志访问美国期间在华盛顿出席美国友好团体联合举行的晚餐会时的演讲《中国的发展和中美关系》的一部分。

一千四百万个就业岗位。改革开放三十年，中国累计实际利用外资九千零三十八亿美元，批准外商投资企业六十七万多家，世界五百强企业在华几乎都有投资。去年，中国经济对世界经济增长的贡献率达到百分之二十二，对全球贸易增长的贡献率超过百分之九。这次中国积极应对国际金融危机冲击，促进经济平稳较快增长，成为促进世界经济复苏的重要因素，再次证明了这一点。

三是，中国的发展增添了维护世界和平、促进共同发展的坚定力量。目前，中国同世界上一百七十一个国家建立了外交关系，同三十多个国家和地区组织确定了战略伙伴关系，已成为亚太经合组织、上海合作组织、东盟十加三、二十国集团等机制的重要成员，与非洲和阿拉伯国家共同创立了中非、中阿合作论坛，与欧盟建立了领导人定期会晤机制，与美国建立了中美战略与经济对话机制，加入了包括《不扩散核武器条约》在内的三百多个国际多边条约以及一百三十多个政府间国际组织和国际机构，积极参加禁毒、反恐和打击跨国犯罪的国际合作，与国际社会一道，推动建设持久和平、共同繁荣的和谐世界。

推动中美关系健康稳定发展 [*]

（二〇〇九年九月十日）

中国是世界上最大的发展中国家，美国是世界上最大的发达国家，两国有着广泛共同利益和深厚合作基础，当前又面临重要发展机遇。我们要以实际行动，把双方加强合作的强烈愿望转化为现实，不断开创中美关系的新局面。

一是在互利共赢基础上扩大合作领域。随着经济全球化深入发展和科技革命迅猛推进，国与国相互依存日益紧密，人类社会面临的共同挑战越来越多，需要世界各国携手合作，共同应对。中美都是世界上有重要影响的国家，对此肩负着重要责任。当前要大力加强以下三个领域的工作：一要加强共同应对国际金融危机的合作，密切宏观经济及金融政策的沟通协调，切实推进贸易投资自由化和便利化，努力消除各种形式的贸易投资障碍，妥善处理双方经贸摩擦和纠纷，积极推动国际金融体系改革和监管完善。二要加强能源环境和气候变化领域的合作，通过开展联合研究、建设示范工程、共同开发技术、扩大相互投资等形式，加强

---

　　* 这是吴邦国同志访问美国期间在华盛顿出席美国友好团体联合举行的晚餐会时的演讲《中国的发展和中美关系》的一部分。

低碳经济、可再生能源和清洁能源、洁净煤和碳捕捉及封存、智能电网、建筑能效、新能源汽车等方面的互利合作，使相关合作成为中美关系的新亮点。三要加强在国际和地区问题上的密切沟通和协调，保持在反恐、防扩散、打击跨国犯罪以及朝核、伊朗核等地区热点问题上的对话与合作，同国际社会一道，共同维护世界和平与稳定。

　　二是在加强交流过程中凝聚合作力量。发展中美关系，加强

2009 年 9 月 10 日，吴邦国在华盛顿会见美国前国务卿基辛格。

中美合作，离不开两国各方面的共同参与。双方应当不断加强各领域、各层次交流和人员往来，形成推动中美关系发展的合力。要继续保持双方高层密切接触和交往的良好势头，深化战略互信，巩固中美合作的政治基础。要充分发挥中美战略与经济对话的作用，深入探讨事关两国关系发展的战略性、长期性、全局性问题，并以此引领其他双边机制发挥更大作用。要大力推进双方经贸、人文领域以及地方政府、社会团体之间的交流，特别是加强两国年轻一代的友好交流，增进人民友谊，夯实中美友好的社会基础。议会交往作为国家关系的重要组成部分，在推动国家关系发展方面发挥着不可替代的作用。中国全国人大同美国国会参众两院分别建立了定期交流机制，并先后与美众议院举行了十次会议、与美参议院举行了四次会议。在新形势下，中国全国人大愿同美国国会一道，围绕两国关系发展大局，保持密切交往，加强定期交流，开展专门委员会、工作机构等多层次友好往来，深入坦诚对话，扩大政治互信，促进务实合作，继续为推动积极合作全面的中美关系发展发挥建设性作用。

三是在相互尊重原则下妥善处理分歧。妥善处理两国关系中的重大敏感问题，对实现中美关系健康稳定发展至关重要。中美之间虽然存在分歧，但共同利益远远大于分歧。双方应当本着相互尊重、求同存异、互利共赢的精神，从战略高度和长远角度看待和发展中美关系，尊重彼此的主权和领土完整，尊重彼此的制度选择和发展道路，尊重彼此的核心利益和重大关切，坦诚对话，耐心沟通，不断扩大利益汇合点，共同把中美关系的发展大局维护好、发展好。

中美关系今天的良好局面来之不易。推动中美关系健康稳定发展，是两国人民的共同愿望，也是时代赋予的历史责任。让我们携起手来，排除各种干扰，合作应对挑战，共同谱写中美关系新的美好篇章！

严格执法检查，
确保人民群众食品安全 *

（二〇〇九年九月二十一日）

食品安全是关系群众切身利益的重要民生问题。食品安全法的制定与实施对保障人民群众身体健康和生命安全、维护社会安定和谐、促进经济健康发展，具有十分重要的意义。全国人大常委会在食品安全法实施的当年就在全国范围内开展执法检查，主要目的是支持和督促各有关方面进一步加强法律宣传，确保法律有效实施，着力改善食品安全状况，切实保障人民群众切身利益。希望检查组在国务院有关部门和各地的积极配合下，精心组织好执法检查，认真完成各项任务，务求取得实效。

修改选举法，逐步实行城乡按相同人口比例选举人大代表[*]

（二〇〇九年十月三十一日、十一月十三日）

一

为贯彻落实党的十七大提出的逐步实行城乡按相同人口比例选举人大代表的要求，我们把修改选举法作为本届全国人大及其常委会立法工作的一个重点，及时启动修改工作。在认真梳理代表议案建议、充分调查研究、广泛听取意见、反复测算论证的基础上，形成了选举法修正案草案，提请本次会议审议。常委会组成人员和列席会议的同志，普遍赞成这次选举法修改的指导思想、主要原则，认为一步到位实行城乡按相同人口比例选举人大代表，并保证各地区、各民族、各方面都有适当数量的人大代表的修改方案，符合党的十七大精神，符合我国经济社会发展实际，能够更好地体现人人平等、地区平等和民族平等，有利于进一步扩大人民民主，保证人民当家作主。大家强调，不断推进中国特色社会主义选举制度的自我完善与发展，是坚持和完善人民代表大会制度的重要基础，是发展社会主义民主政治的重要内

容。选举法的修改，必须坚持党的领导、人民当家作主、依法治国有机统一，坚持中国特色社会主义政治发展道路，坚持从中国国情和实际出发，使中国特色社会主义选举制度的优势得到更好发挥。审议中，大家对草案也提出了一些很好的修改意见和建议。考虑到选举法是保障公民依法行使选举权和被选举权的重要法律，政治性强，各方面都很关注，草案拟进一步广泛征求人民群众和社会各界意见，请法律委员会同法工委根据各方面意见认真修改，经十二月份常委会会议继续审议后，再提请明年三月召开的十一届全国人大三次会议审议。

（二〇〇九年十月三十一日在十一届全国人大常委会第十一次会议上的讲话）

二

修改选举法，不断推进中国特色社会主义选举制度的自我完善与发展，是坚持和完善人民代表大会制度的重要基础，是发展社会主义民主政治的重要内容。这次选举法修改的核心内容有这样几点：一是全国人大代表总数不超过三千人不变。二是一步到位实行城乡按相同人口比例选举人大代表。三是保证各地区、各民族、各方面都有适当数量的人大代表，更好地体现人人平等、地区平等、民族平等的原则。希望经过大家的共同努力，选举法修正案能够在明年三月召开的人代会上顺利通过。

（二〇〇九年十一月十三日在甘肃省考察工作时的讲话）

对重大公共投资计划实行监督 *

（二〇〇九年十月三十一日）

　　关于加强经济工作监督，一是，六月份的会议听取审议了中央决算报告和审计工作报告，批准了中央决算，八月份的会议除按惯例听取审议上半年计划执行情况报告外，还安排听取审议了国务院关于转变发展方式、调整经济结构情况的报告；二是，为督促九千零八十亿元中央政府公共投资计划的有效实施，我们选择了保障性住房建设等四个题目，主动开展了为期近三个月的专题调研；三是，这次会议在听取审议国务院关于今年中央政府投资安排及实施情况的报告的同时，还安排听取审议常委会专题调研组关于部分重大公共投资项目实施情况的调研报告。在同一次常委会会议上，针对同一个问题，将国务院专项工作报告和人大调研报告放在一起审议，还是第一次。

　　审议中，常委会组成人员和列席会议的同志，对国务院及地方各级政府和有关部门的工作给予充分肯定，普遍赞同专题调研报告。大家认为，在全国上下共同努力下，今年一、二、三

---

　　* 这是吴邦国同志在十一届全国人大常委会第十一次会议上讲话的一部分。

季度经济增长呈逐季上升之势，前三季度国内生产总值增长达到百分之七点七，经济企稳回升势头逐步增强，总体经济发展情况好于预期。从发展趋势看，全年经济增长百分之八的目标是完全可以实现的。这充分说明，中央关于应对国际金融危机冲击的一系列决策部署和政策措施是完全正确的、是及时有效的。大家指出，在看到成效的同时也要清醒地认识到，我国经济回升的基础还不稳定、不巩固、不平衡，旧的矛盾尚未消除，新的矛盾又在积累，保持经济平稳较快发展、推动经济发展方式转变和经济结构调整难度都进一步增大。大家强调，要科学判断国际国内经济形势，正确处理保增长与调结构、防风险的关系，全面落实和不断完善一揽子计划和政策措施，在保持经济平稳较快发展的同时，着力推进产业优化升级、经济结构调整和发展方式转变，使经济回升建立在结构优化升级的基础上，使应对国际金融危机冲击、保持经济平稳较快发展的过程成为增强发展可持续性的过程。大家还指出，发挥投资拉动作用，要坚持立足当前、着眼长远，科学规划、量力而行，严格把握投资导向，优化投资结构，落实配套资金，规范管理程序，加强投资监管，真正把钱用在刀刃上，切实发挥政府公共投资在保增长、调结构、重民生中的作用。

这里还要一提的是，常委会高度重视这次专题调研活动，精心组织，周密安排，有关专门委员会和工作委员会做了大量工作。从五月底到八月上旬，路甬祥、华建敏、司马义·铁力瓦尔地、陈昌智、严隽琪等五位副委员长分别带队，四十多位常委会委员、专门委员会委员和全国人大代表直接参加，还吸收了国务院有关部门的同志参加，四个调研组分赴东部、中部、西部的十八个省、区、市，形成了十六个专题调研报告，调研时间之长、参加人员之多、覆盖面之广都是少有的。这次主动开展的专题调研，是今年常委会依法开展监督工作的一大亮点，也是加大人大监督工作力度、提高人大监督工作水平的一次有益尝试。我想，至少体现在两个方面。

一是增强了人大监督工作的时效。这次专题调研的一个特点，就是在中央政府重大公共投资计划实施的过程中进行。因为这次中央政府公共投资不仅数量大、涉及面广，而且时间紧、任务重，通过人大的专题调研，可以及时发现问题，及时交换意见，完善政策措施，推动改进工作。从调研的实际情况看，也确实起到了这个作用。专题调研组对调研中发现的突出问题，通过座谈会、个别交换意见等方式，及时与地方政府和有关部门沟通情况、统一思想、提高认识，并将形成的初步调研报告送国务院，为有关方面研究完善政策措施起到了积极作用。会议期间，我们还请国务院有关部门负责同志列席会议，直接听取委员和代表的意见，加强了面对面的沟通。会后，我们还要把大家提出的意见和建议整理成审议意见，连同专题调研报告一并送国务院研究处理，并要求在明年四月底前将研究处理情况向全国人大常委会作出书面报告。

二是丰富了人大监督工作的方式。这次专题调研还有一个特点，就是在人大监督工作的方式方法上有所创新。开展专题调研，不仅丰富了人大监督工作的方式，还进一步夯实了做好人大工作的基础，使我们了解情况更全面，交流讨论更深入，提出意见更中肯，同时也为各专门委员会之间加强交流与学习提供了新的机会。对此，参加这项工作的同志都深有体会。我们要认真总结这些年来包括今年以来，人大监督工作中形成的行之有效的好做法，在今后的工作中切实运用并不断丰富发展，努力把人大监督工作提高到一个新水平。

认真总结澳门特别行政区
基本法实施经验*

（二〇〇九年十二月四日）

再过半个月，澳门回到祖国怀抱就整整十年了。今天，我们在这里隆重召开座谈会，纪念澳门特别行政区基本法实施十周年，就是要充分肯定澳门回归以来取得的巨大成就，认真总结基本法实施的成功经验，增强贯彻实施"一国两制"方针和基本法的自觉性和坚定性，增强维护促进澳门长期繁荣稳定的自觉性和坚定性，把"一国两制"的伟大实践不断推向前进。下面，我讲几点意见，同大家一起交流。

一九九九年十二月二十日，我国政府对澳门恢复行使主权，成立中华人民共和国澳门特别行政区，基本法正式开始实施，澳门进入"一国两制"、"澳人治澳"、高度自治的历史新时期。这是继香港回归之后，我们成功实施"一国两制"方针、实现祖国和平统一大业的又一里程碑。抚今追昔，是邓小平同志创造性地提出"一个国家，两种制度"的伟大构想，亲自领导制定对香港、澳门的一系列基本方针政策，开辟了解决历史遗留

---

　　* 这是吴邦国同志在纪念中华人民共和国澳门特别行政区基本法实施十周年座谈会上的讲话，原题为《认真总结澳门特别行政区基本法实施经验，把"一国两制"的伟大实践不断推向前进》。

的香港、澳门问题的切实可行道路，指引着实现祖国和平统一大业的前进方向；是以江泽民同志为核心的党的第三代中央领导集体，妥善应对各种复杂矛盾和挑战，进行开创性的实践，确保了香港、澳门的顺利回归和平稳过渡，使"一国两制"从科学构想变成生动现实；是以胡锦涛同志为总书记的党中央，继往开来，与时俱进，把保持香港、澳门长期繁荣稳定作为新形势下治国理政的重大课题，进一步丰富和发展了"一国两制"的理论和实践。实践充分证明，作为中国特色社会主义理论体系重要组成部分的"一国两制"方针，具有强大的生命力；作为中国特色社会主义道路重要组成部分的祖国和平统一道路，具有强大的生命力。

澳门特别行政区基本法是全国人民代表大会以宪法为依据、以"一国两制"方针为指导，在澳门同胞广泛参与下制定的全国性法律，在澳门特别行政区具有宪制性地位，体现了包括澳门同胞在内的全国各族人民的共同意志，是各方面都要一体遵循的行为规范。它把"一国两制"伟大构想和国家对澳门的一系列方针政策用法律的形式固定下来，为澳门的顺利回归、平稳过渡和长期繁荣稳定提供了坚实的法律保障。澳门回归以来，特别行政区行政长官和特区政府认真贯彻"一国两制"方针，严格依照基本法办事，团结带领广大澳门同胞，积极应对挑战，努力开拓进取，实现了澳门经济繁荣、民生改善、民主发展和社会全面进步，使古老的澳门焕发出勃勃生机。总结基本法实施的成功经验，给我们的重要启示是，深入贯彻实施基本法，把"一国两制"伟大实践不断推向前进，必须牢牢把握以下几点。

一、始终高举爱国爱澳旗帜。这是贯彻实施基本法，把

"一国两制"伟大实践不断推向前进的政治保障。爱国爱澳就是要尊重自己的民族，热爱自己的祖国，诚心诚意地拥护我国政府对澳门恢复行使主权，一心一意地维护澳门的繁荣稳定。澳门特别行政区实行资本主义制度和政策，是以坚持一个中国、国家主体实行社会主义制度为前提的。这是"一国两制"方针的根本，也是基本法的根本。坚持一个中国，维护国家主权、统一和领土完整，是包括澳门同胞在内的全国各族人民义不容辞的责任。

澳门同胞素有光荣的爱国主义传统，始终与祖国人民血脉相连、心心相印。澳门回归后，澳门同胞真正成为国家和澳门的主人，享有广泛的自由和民主权利，抒发出前所未有的爱国爱澳情怀，以崭新的面貌投身于"一国两制"的伟大实践。他们打心眼里拥护我国政府对澳门恢复行使主权，坚持澳门是祖国不可分离的部分，高度认同澳门事务是中国的内政，自觉维护国家的核心利益和中央的权威，坚决反对和抵御外部势力干预。他们坚持以爱国者为主体的"澳人治澳"，坚持在爱国爱澳旗帜下的最广泛团结，以强烈的使命感和责任感参与管理澳门各项事务，努力建设自己的美好家园。他们坚信社会主义祖国是澳门的坚强后盾，积极参与祖国改革开放和现代化建设，大力支持内地抗灾救灾和社会公益事业，衷心为祖国的发展成就感到骄傲和自豪，充分体现了心系祖国、血浓于水的同胞亲情。这里还值得一提的是，按照基本法第二十三条关于澳门特别行政区应自行立法禁止危害国家安全行为的规定，澳门特别行政区政府经过充分准备，适时启动相关立法工作，在广大澳门居民踊跃参与、积极讨论的基础上，特别行政区立法会经过认真审议，于今年年初通过《维护国家安全法》，进一步增强了澳门社会的国家观念，有力维护了国家的核心利益。

二、充分发挥制度体制功效。这是贯彻实施基本法，把"一国两制"伟大实践不断推向前进的必然要求。基本法从我国国情以及澳门的历史与现实出发，为澳门特别行政区规定了一套有特色的崭新制度和体制。这当中最重要的有两条，一条是明确澳门特别行政区的法律地位，既表明澳门特别行政区处于国家的完全主权之下，又赋予澳门特别行政区高度的自治权。也就是说，澳门特别行政区的高度自治权不是澳门固有的而是中央授予的。从这个角度讲，基本法是一部授权法律。另一条是确定澳门特别行政区实行以行政为主导的政治体制，行政与立法既互相制衡，又互相配合，司法独立。这套政治体制既保留了澳门原有政治体制中行之有效的部分，也适应了澳门回归祖国后的现实需要，是实现"澳人治澳"、高度自治最好的政权组织形式。全面正确把握这两点，对于保证"一国两制"方针和基本法的贯彻实施至关重要。

澳门特别行政区成立以来，严格按照基本法办事，充分发挥基本法规定的制度体制功效。一是依法行使高度自治权，正确处理中央与特别行政区的关系，坚决维护中央依法享有的权力，对中央负责管辖的事务予以密切配合，严格依照基本法和法律规定的权限行使行政管理权、立法权、独立的司法权和终审权，充分保障澳门居民依法享有的广泛自由和权利，充分调动澳门社会各界人士的积极性、主动性和创造性。二是依法实行行政主导体制，正确处理行政、立法和司法三者的关系，自觉维护行政长官的权威，全力支持行政长官的工作，行政、立法、司法机关恪守定位、各司其职、各负其责，实施良好管治，共同推动澳门各项事业向前发展。实践证明，澳门同胞是完全有智慧、有能力、有办法管理好建设好发展好澳门的。

三、全力保障稳定发展。这是贯彻实施基本法，把"一国两制"伟大实践不断推向前进的根本目的。实现澳门社会长治久安与社会和谐包容，不断满足澳门居民日益增长的物质文化需要，让广大澳门同胞在祖国大家庭中日子过得越来越好，是澳门五十万同胞的最大福祉所在，也是基本法的精神实质所在。只有社会稳定，经济繁荣发展才有保障；也只有经济繁荣发展，社会才能实现长期稳定。澳门回归以来，特别行政区把贯彻"一国两制"方针、实施基本法的过程，作为维护社会稳定和促进经济发展的过程，通过维护社会稳定促进经济发展，又通过加快经济发展实现社会长期稳定，得到了广大澳门同胞的衷心拥护。

治安不靖和经济下滑是澳门过渡时期面临的两个突出问题。特别行政区政府成立后，一是把解决治安问题作为当务之急，采取切实有效措施，努力营造稳定社会环境，严厉打击各种违法犯罪行为，使社会治安状况得到明显改善。二是把发展作为第一要务，努力克服亚洲金融危机带来的困难，大力发展旅游等服务业，促进经济适度多元发展，经济得到全面复苏并一直保持良好发展势头。从一九九九年到二〇〇八年，澳门本地生产总值由四百七十二亿八千七百万澳门元增加到一千七百一十八亿六千七百万澳门元，年均增长百分之十三点三，人均国内生产总值居亚洲前列，政府财政收入由一百六十九亿四千三百万澳门元上升到五百一十亿七千六百万澳门元，是原来的三倍多。

三是认真回应广大居民的愿望和诉求，积极推进法律、行政等方面改革和各项社会事业发展，努力扩大就业、改善民生，促进了澳门社会的全面进步。从一九九九年到二〇〇八年，澳门失业率由百分之六点三下降到百分之三，居民月工资中位数由四千九百二十澳门元上升到八千澳门元，实行了从幼儿教育到高中教育的十五年免费教育，建立和完善了养老金制度，期间还先后两次顺利完成行政长官及立法会换届选举，保障了澳门同胞当家作主的民主权利。澳门回归以来，社会各界始终从维护澳门繁荣稳定的大局出发，坚持求同存异，积极开展协商，讲求社会和谐，不把矛盾和问题简单政治化，以建设性态度提出改进工作的意见和建议，形成相互理解、和衷共济的良好社会氛围，各方面都把力量真正凝聚到建设澳门、发展澳门、繁荣澳门的共同事业上来。

这里我还要指出的是，澳门回归祖国十年来，积累的有益经验，取得的发展成就，是特别行政区行政长官和特区政府团结带领澳门社会各界共同努力的结果，也是与中央和祖国内地的大力支持分不开的。中央政府坚定不移地贯彻"一国两制"、"澳人治澳"、高度自治的方针，严格按照基本法办事，始终把保持澳门长期繁荣稳定作为处理涉澳事务的根本出发点和落脚点，不干预特别行政区自治范围内的事务，全力支持特别行政区行政长官和特区政府依法施政，全力支持特别行政区发展经济、改善民生、推进民主。为加强内地与澳门的交流合作，实现优势互补、共同发展，及时实施内地与澳门更紧密经贸关系安排，积极促进粤港澳合作和泛珠江三角洲区域合作，及时批准港珠澳大桥建设和横琴岛开发规划。为支持澳门妥善应对国际金融危机，去年下半年以来，先后出台九项支持澳门经济稳定发展的政策措施。为充分发挥澳门同葡语国家和欧盟传统经济联系的优势，大力支持澳门加强对外经济合作，继续保持了澳门自由港的国际地位。为支持澳门发展教育和培养人才，今年六月，全国人大常委会专门作出决定，在珠海横琴岛划出一片土地作为澳门大学新校区，并授权特别行政区依照澳门法律实施管辖。这充分表明，澳门的命运与祖国的命运从来都是紧密联系在一起的，伟大的社会主义祖国始终是澳门的坚强后盾，祖国的日益昌盛为澳门的繁荣发展不断注入新的活力。

澳门回归祖国的十年，是"一国两制"方针和基本法成功贯彻实施的十年，是澳门同胞真正当家作主的十年，是澳门经济社会全面发展的十年。实践已经证明并将继续证明，"一国两制"方针和基本法是符合中国国情和澳门实际的，是经得起实践和历史检验的。我相信，澳门特别行政区行政长官和特区政府一定会一如既往，继续带领澳门社会各界人士讲团结、求稳定、谋发展，不断开创澳门繁荣和谐的新局面。这里，我想结合澳门实际，再提三点希望。

一要全面增强法制观念。基本法是"一国两制"方针的法律体现，是澳门长期繁荣稳定的法律保障，是实施依法治澳的法律基石。贯彻实施基本法是一项长期的任务。要进一步加强基本法的宣传推介工作，通过多种形式，全面准确地阐述"一国两制"方针和基本法的精神实质，广泛深入地宣传"一国两制"方针和基本法的深刻内涵与生动实践，深入浅出地解读基本法的有关规定，使"一国两制"方针和基本法更加深入人心，在全社会牢固树立基本法意识和法制观念，不断巩固和发展贯彻实施基本法的社会基础。澳门的未来寄托在年轻人身上，必须十分注重对澳门年轻一代的教育，特别是国家、民族观念教育和基本法理论实践教育，推动基本法课程进学校、进课堂，把年轻一代培养成"一国两制"方针和基本法的忠实维护者与积极践行者，使爱国爱澳传统薪火相传。基本法的稳定是实现澳门长期繁荣稳定的前提，同时也要看到，随着澳门社会的发展，基本法实施中会遇到这样或那样的情况。我们在贯彻实施"一国两制"方针和基本法的同时，要加强对基本法的研究，认真总结基本法实施中的好经验好做法，研究解决基本法实施中的新情况新问题，不断丰富基本法的理论和实践，把基本法贯彻好实施好。

二要大力加强制度建设。"一国两制"方针和基本法的全面贯彻实施，需要有具体制度予以落实和保障，澳门经济社会的发展变化，也迫切需要健全完善各项制度。澳门特别行政区要把制度建设摆在突出位置，当作一件大事来抓，尽快制定完善高度自治范围内事务的具体制度。制度建设要坚持以基本法为依据，澳门的一切制度都必须遵循基本法，不能违反基本法，涉及中央管理的事务和中央与特别行政区关系的事务，要依法向中央报告，需要批准的要报中央批准，需要备案的要报中央备案。要坚持从澳门实际出发，充分发扬民主，理性务实探讨，广泛凝聚共识，使制定的制度符合澳门实际、切实可行。

三要努力提高依法管治能力。澳门特别行政区行政、立法和司法机关，在保障基本法正确实施、维护澳门稳定发展上负有重大责任，要严格依照基本法办事，努力提高依法管治能力。一方面，要着力加强公务员队伍建设，提高公务员素质，使他们熟悉基本法，忠于基本法，遵守基本法，自觉维护基本法，全心全意为国家、为澳门贡献自己的聪明才智。另一方面，要坚持以人为本，适应澳门发展的新需要和广大居民的新期望，认真研究解决影响澳门经济社会发展的深层次矛盾和问题，妥善处理各方面诉求，统筹兼顾各方面利益，不断提高科学决策、民主决策水平，推动澳门经济持续发展、社会全面进步。

今年是新中国成立六十周年。六十年来特别是改革开放三十年来，中国共产党团结带领全国各族人民以一往无前的进取精神，进行着根本改变中华民族命运、深刻影响人类历史进程的伟大创举，谱写了中华民族自强不息、顽强奋进的壮丽史诗。今天的祖国内地，正沿着中国特色社会主义道路阔步前进。今天的澳门，正处在历史发展的新时期。我们坚信，伟大祖国的前程会更加辉煌，澳门的明天会更加美好。我们一定要坚定不移地贯彻实施澳门特别行政区基本法，把"一国两制"的伟大实践不断推向前进，为伟大祖国和澳门的繁荣进步作出新的更大的贡献！

人大监督工作要推动解决民生问题[*]

（二〇〇九年十二月二十六日）

  劳动就业和社会保障事关亿万人民群众切身利益，也是社会各界普遍关注的问题。常委会一直把促进就业再就业和社会保障体系建设，作为推动解决民生问题的一个重点，做了大量工作。上一届，制定了劳动合同法、就业促进法、劳动争议调解仲裁法，初次审议了社会保险法草案，检查了工会法、劳动法、建筑法的实施情况，还推动解决拖欠农民工工资和职工工资等突出问题。换届以来，我们进一步加强这方面的工作。一是，去年对刚刚颁布实施的劳动合同法进行执法检查，对社会保险法草案再次修改审议，还修改残疾人保障法等；二是，今年四月份的会议听取审议国务院关于农村社会保障体系建设、职业教育改革与发展等两个专项工作报告，下半年对工会法开展新一轮执法检查，还对农村社会保障体系建设情况进行跟踪检查；三是，这次会议安排听取审议了农业与农村委员会关于农村社会保障体系建设情况的跟踪检查报告，听取审议了国务院关于就业再就业工作情况的

---

  * 这是吴邦国同志在十一届全国人大常委会第十二次会议上讲话的一部分。

报告。

审议中，大家充分肯定近年来就业再就业工作取得的成绩，同时强调，就业是民生之本，人口多是我国的基本国情，劳动力供大于求的基本格局将长期存在，加上国际金融危机的冲击，原有的就业结构性矛盾与新出现的问题相互交织，就业形势依然严峻，促进就业再就业任务艰巨而繁重。各地区各部门要按照中央经济工作会议精神，实施更加积极的就业政策，千方百计扩大就业和促进再就业。一要充分发挥政府公共投资和重大建设项目对就业再就业的带动作用，努力实现扩大就业与经济发展良性互动。二要重点做好高校毕业生、农民工和城镇困难群众就业再就业工作，尤其要加强对就业困难群体和零就业家庭的就业援助。三要进一步加强职业技能培训工作，努力提高劳动者素质。同时要加强择业观念教育，不断改善就业服务，切实维护劳动者合法权益。

审议中，大家对农业与农村委员会开展的跟踪检查工作给予充分肯定，普遍赞同跟踪检查报告。大家强调，农村社会保障体系建设事关亿万农民的切身利益。在各方面共同努力下，这项工作取得了积极进展，得到了广大农民的衷心拥护。但总体上看，保障水平还比较低、覆盖面还不够广，有的制度刚处于试点阶段。要充分认识农村社会保障体系建设的重要性和艰巨性，树立长期奋斗的思想，切实把这项造福当代、荫及子孙的惠民工程建设好，有效解除农民的后顾之忧。一要在总结第一批新型农村养老保险试点经验的基础上，加快推进步伐，尽快实现全国覆盖。二要增强财政资金的引领作用，引导农民积极参加农村社保，建立稳定的农村社保筹资机制。三要坚持统筹兼顾，不断完善农村

2009 年 11 月 9 日，吴邦国在甘肃省敦煌市阳关镇的葡萄种植专业村龙勒村看望村民，了解葡萄种植和销售情况。

社保体系，既要注重农村社保相关制度间的统筹衔接，又要注意城乡社会保障制度间的统筹，为进一步改革发展留下空间。

大家在审议中还积极评价了这一跟踪检查方式，认为常委会在听取审议国务院专项工作报告的基础上开展跟踪检查，并形成检查报告提请常委会会议审议，就同一个问题持续进行监督，督促国务院及其有关部门加强和改进工作，这是加大人大监督工作力度、提高人大监督工作水平的又一次有益尝试，不仅增强了人大监督工作的实效，也丰富了人大监督工作的方式。希望认真总结这一实践经验，在今后的工作中灵活加以运用，使人大监督工作更具活力、更有深度。

这次会议还听取审议了国务院关于促进中小企业发展情况的报告。大家在审议中指出，党和国家高度重视中小企业的发展，九届全国人大常委会专门制定了中小企业促进法，国务院及其有关部门、地方各级政府相继出台了一系列政策措施，中小企业不断发展壮大，已经成为我国国民经济和社会发展的重要力量，在繁荣经济、增加就业、推动创新、改善民生等方面发挥着越来越大的作用。目前，中小企业创造的最终产品和服务价值相当于国内生产总值的百分之六十左右，提供了近百分之八十的城镇就业岗位，缴税额占全国税收总额的百分之五十左右。大家认为，促进中小企业健康发展是保持国民经济平稳较快发展的重要基础，是关系国计民生和社会稳定的重大战略任务。各地区各部门要充分认识促进中小企业发展的重大意义，针对面临的新情况新问题，采取更加有效的措施，着力改善中小企业发展环境，努力增强中小企业发展活力，促进中小企业又好又快发展。一要加紧制定完善支持、鼓励与促进中小企业发展的相关政策，加大实施力度，确保政策措施落到实处。二要加大财政扶持力度，加快设立中小企业发展基金，创新完善中小企业融资担保机制，拓宽中小企业融资渠道。三要大力推进中小企业结构调整和优化升级，鼓励中小企业加强技术改造和科技创新，着力做好品牌与设计、物流与销售两篇大文章，掌握发展主动权，提高企业抗御风险的能力。

确保形成中国特色社会主义法律体系目标如期实现*

（二〇一〇年三月九日）

到二〇一〇年形成中国特色社会主义法律体系，是党的十五大提出的新时期立法工作总目标。如期实现这一目标，是我们义不容辞的责任，是今年立法工作的首要任务，也是今年人大工作的重中之重。我们要在坚持提高立法质量的前提下，加倍努力、奋发工作，抓紧制定在法律体系中起支架作用的法律，及时修改与经济社会发展不相适应的法律，继续加强社会领域立法，更加注重绿色经济、低碳经济领域立法，全面完成法律法规清理工作，确保中国特色社会主义法律体系如期形成，圆满完成党和人民赋予的历史任务。

（一）抓紧制定一批新法律。完成社会保险法草案审议修改工作，进一步健全社会保险法律制度，解除人民群众后顾之忧，更好地维护社会和谐稳定。继续审议行政强制法草案，进一步推进依法行政，更好地维护公民合法权益。提请审议增值税法和车船税法草案，进一步健全财税法律制度，规范税收管理。还要研

---

　　* 这是吴邦国同志在十一届全国人大三次会议上所作人大常委会工作报告的一部分。

究制定人民调解法、违法行为教育矫治法、涉外民事关系法律适用法、自然遗产保护法，督促有关方面抓紧起草基本医疗卫生保健法、社会救助法等法律草案。

（二）及时修改一批现行法律。修改代表法和村民委员会组织法，不断推进中国特色社会主义政治制度的自我完善和发展。修改行政监察法，进一步健全权力运行制约和监督机制，努力从源头上防治腐败。修改预算法，强化预算编制的完整性、执行的规范性和监督的严肃性。继续做好国家赔偿法修正案草案审议工作，研究修改土地管理法、森林法、水土保持法、职业病防治法、预备役军官法等法律。

（三）积极推进科学立法民主立法。今年要在已有工作的基础上取得新进展。一是充分发挥人大代表在立法工作中的作用，无论是论证和确定立法项目，还是起草和审议法律草案，都要认真研究吸纳代表议案提出的相关意见，邀请相关代表参与立法工作。二是扩大公民对立法的有序参与，坚持和完善法律草案公布机制，增强立法座谈会、论证会、听证会的实效，选择法律草案中人民群众普遍关心的问题进行充分论证，认真听取各方面特别是基层群众的意见，不断完善法律草案，并将采纳情况以适当方式向社会反馈。三是适时启动立法后评估试点，结合常委会执法检查中发现的问题和法律实施中出现的新情况新问题，有针对性地选择一到两件事关群众切身利益的法律，开展立法后评估试点工作，探索建立立法后评估工作机制。

（四）督促和指导法规集中清理工作。行政法规和地方性法规是中国特色社会主义法律体系的有机组成部分。经过各方面的共同努力，到目前为止，我国现行有效的行政法规六百九十多件、地方性法规八千八百多件，为保证法律有效实施、推进依法行政、管理地方事务等发挥了重要作用。同时也要看到，现行法规中也存在不适应、不协调、不配套的地方。我们要在去年集中开展法律清理工作取得重大阶段性成果的基础上，督促和指导国务院和地方人大分别开展行政法规、地方性法规集中清理工作，确保在今年年底前全面完成法律法规清理任务。

（五）继续加强规范性文件备案审查工作。要依法做好行政法规、地方性法规、自治条例、单行条例以及司法解释等规范性文件的备案工作，有重点地开展主动审查，对最高人民法院、最高人民检察院新制定的司法解释逐件审查研究，并督促最高人民法院、最高人民检察院对二〇〇五年以前制定的司法解释进行集中清理。

这里要强调的是，发展社会主义民主政治是我们党始终不渝的奋斗目标。党的十一届三中全会总结建国以来的经验教训特别是"文化大革命"的教训，作出把党和国家工作中心转移到经济建设上来、实行改革开放的历史性决策，并把发展社会主义民主、健全社会主义法制作为建设中国特色社会主义的一项重要战略任务。经过各方面共同努力，到上届末，中国特色社会主义法律体系已基本形成，国家经济、政治、文化、社会生活各个方面基本做到有法可依，有力保障和推动了中国特色社会主义事业的发展。同时也要看到，经济社会的快速发展，社会主义民主政治的不断推进，文化生活的丰富多彩，和谐社会的积极构建，体制机制的改革创新，经济全球化的深入发展，不断对立法工作提出新的要求。立法工作仍是本届人大的一项重要工作。为确保如期实现党中央提出的立法目标，今年的立法工作艰巨而光荣，我们一定要坚持正确政治方向，坚持以人为本，坚持从国情出发，坚持实事求是，坚持法制统一，妥善处理权力与权利的关系，妥善处理法律稳定性与实践变动性的关系，妥善处理法律规定的前瞻性与可行性的关系，为改革开放和社会主义现代化建设，为实施依法治国基本方略和建设社会主义法治国家提供坚实的法律保障。

紧紧围绕中央重大决策部署的
贯彻落实开展监督工作[*]

（二〇一〇年三月九日）

当前我国处在经济社会发展的重要战略机遇期和社会矛盾凸显期，改革发展稳定的任务艰巨而繁重。党中央对做好今年工作作出全面部署，强调要更加注重提高经济增长质量和效益，更加注重推动经济发展方式转变和经济结构调整，更加注重推进改革开放和自主创新、增强经济增长活力和动力，更加注重改善民生、保持社会和谐稳定，更加注重统筹国内国际两个大局，努力实现经济平稳较快发展。全国人大常委会要认真实施监督法，紧紧围绕"五个更加注重"，加强对经济工作和解决民生问题的监督，努力在加大监督力度、提高监督水平、增强监督实效上下功夫，推动中央重大决策部署贯彻落实，确保今年经济社会发展任务目标的顺利实现。

（一）以推进经济发展方式转变为重点，加强对经济工作的监督。改革开放以来，我国经济社会发展取得举世瞩目的伟大成就，同时也呈现新的阶段性特征，在国际金融危机背景下，凸显

---

* 这是吴邦国同志在十一届全国人大三次会议上所作人大常委会工作报告的一部分。

原有经济发展方式的不适应，加快经济发展方式转变已经成为保证我国经济可持续发展和社会和谐稳定的内在要求。党的十七大立足我国国情，深刻分析面临的国内国际形势，把加快转变经济发展方式、推动产业结构优化升级作为关系国民经济全局紧迫而重大的战略任务，明确提出促进经济增长由主要依靠投资、出口拉动向依靠消费、投资、出口协调拉动转变，由主要依靠第二产业带动向依靠第一、第二、第三产业协同带动转变，由主要依靠增加物质资源消耗向主要依靠科技进步、劳动者素质提高、管理创新转变。去年中央经济工作会议再次强调了这一问题。加快经济发展方式转变、推动产业结构优化升级是贯彻落实科学发展观的重要目标和战略举措，也是今年经济工作的重大任务。全国人大常委会对经济工作的监督要紧紧围绕这一主题进行，着力促进保持经济平稳较快发展和加快经济发展方式转变的有机统一，在发展中促转变，在转变中谋发展。

一要通过听取审议国务院关于二〇一〇年上半年计划执行情况和中央预算执行情况等报告、听取审议二〇〇九年中央决算和审计工作报告、审查批准二〇〇九年中央决算等，督促实施积极的财政政策和适度宽松的货币政策等宏观调控政策的贯彻落实，检查扩大居民消费需求、积极稳妥推进城镇化、推进基本公共服务均等化和引导产业有序转移等要求的落实情况，促进经济平稳较快发展。二要通过听取审议国务院关于服务业发展、文化产业发展情况等报告，督促扶持新兴产业发展的有关政策措施的贯彻落实，促进结构调整和培育新的经济增长点。三要通过检查节约能源法和清洁生产法的实施情况等，推动全国人大常委会关于积极应对气候变化的决议和相关法律的贯彻实施，推动重点行业开展以节能降耗、发展循环经济为核心的技术改造，促进传统产业优化升级，确保"十一五"规划纲要确定的节能减排目标的如期实现。四要通过检查科技进步法的实施情况等，推动健全产学研相结合的科技创新体系，提高自主创新能力，促进科技成果转化为现实生产力。五要通过听取审议国务院关于国家粮食安全情况的报告、检查农业技术推广法实施情况等，推动落实强农惠农政策，加强农业农村基础设施建设，加快发展现代农业，监督检查实施新增一千亿斤粮食生产能力规划落实情况和全国大中型水库除险加固任务完成情况，推进社会主义新农村建设，确保农业稳产增产，农民稳定增收。六要继续围绕有关专题对中央政府公共投资计划实施情况开展跟踪调研，督促有关方面认真研究处理常委会专题调研报告所提建议和常委会组成人员审议意见，促进重大公共投资项目顺利实施。七要通过检查台湾同胞投资保护法的实施情况，加强对台湾同胞到大陆投资合法权益的保护。

（二）以促进社会和谐稳定为重点，加强对解决民生问题的监督。改革开放以来，不仅我国经济持续快速发展，民生也得到很大改善，社会政治长期保持稳定。同时也要看到，我国正处于并将长期处于社会主义初级阶段，人民日益增长的物质文化需要同落后的社会生产之间的矛盾仍然是我国社会的主要矛盾。目前，我国社会总体上是和谐的，但也存在不少影响社会和谐的矛盾，就业、社会保障、收入分配、教育、医疗、住房、安全生产、社会治安等方面关系群众切身利益的问题仍比较突出。党的十六大、十六届六中全会和党的十七大明确提出，要加快推进以改善民生为重点的和谐社会建设，努力使全体人民学有所教、劳有所得、病有所医、老有所养、住有所居。保障和改善民生是贯彻落实科学发展观的本质要求，也是今年经济社会发展工作的一大重点。全国人大常委会要以推动解决人民群众最关心、最直接、最现实的利益问题为重点，督促有关方面正确处理发展经济和改善民生的关系，坚持以人为本，着力化解社会矛盾，大力发展社会事业，完善社会管理与服务，促进社会公平正义，建设和谐文化，推动社会建设与经济建设、政治建设、文化建设以及生态文明建设协调发展。

一是通过听取审议国务院关于深化医药卫生体制改革情况等报告，检查近期重点改革实施方案的落实情况，推进基本医疗保障制度、国家基本药物制度、基本医疗卫生服务体系建设，促进基本公共卫生服务均等化和公立医院改革试点。二是通过听取审议国务院关于转移农村劳动力、保障农民工权益情况等报告，推动解决农民工劳动报酬、劳动条件、技能培训、基本养老保险和基本医疗保险、工伤保险、子女上学等方面存在的突出问题，检查将农民工逐步纳入城镇公共服务体系建设情况。三是通过检查妇女权益保障法的实施情况，推动解决妇女平等就业、同工同酬、土地权益及生产安全、健康和退休保障等方面存在的问题，进一步推动男女平等基本国策的贯彻落实。四是通过听取审议国务院关于少数民族和民族地区经济社会发展情况的报告，督促有关方面落实民族区域自治法和中央关于加快西藏、新疆等民族地区经济社会发展的政策措施，尤其是中央有关支持西藏和四省藏区、新疆发展的新政策新举措，进一步巩固和发展平等团结互助和谐的社会主义民族关系。五是通过听取审议最高人民法院关于民事审判工作报告和最高人民检察院关于改进渎职侵权检察工作情况报告等，促进法院和检察院不断改进工作，维护司法公正和社会公平正义。六是通过听取审议国务院关于加强道路交通安全管理的报告，推动道路交通安全法的贯彻实施，督促健全道路交通安全管理责任制，促进文明执法、规范执法，检查机动车第三者责任强制保险和道路交通事故社会救助基金制度运行情况。

（三）以增强监督实效为核心，进一步完善监督工作方式方法。监督权是宪法和法律赋予人大的重要职权，人大监督是代表国家和人民进行的具有法律效力的监督。人大依法按程序集体行使监督职权，不代行行政权、审判权、检察权，不直接处理具体问题。这些年，我们在加强和改进人大监督工作方面做了大量工作，取得积极成效，形成了一套行之有效的工作机制和方法，推动解决了一批事关全局和人民群众关心的重大问题。实践证明，人大依法监督，有利于推动"一府两院"改进工作；"一府两院"依法接受人大监督，有利于依法行政和公正司法。在监督工作中正确处理人大与"一府两院"关系，很重要的一点就是要严格按监督法办事。这就要求我们始终坚持围绕中心、突出重点、讲求实效的监督工作思路，不断完善方式方法。今年要在以下三个方面加以推进，进一步加大监督工作力度。

一是进一步加强财政预算监督。监督中央和地方预算执行，是法律赋予全国人大常委会的重要职权，也是确保全国人大批准的预算和关于预算的决议得到全面贯彻落实的重要保障。为进一步增强人大对预算监督的实效性，根据监督法和预算法的精神，将原来在六月份常委会会议上听取审议上一年中央决算报告时一并审议当年一至五月份预算执行情况的做法，改为在八月份的常委会会议上专门听取审议国务院关于今年以来预算执行情况的报告，着重审查全国人大批准预算决议的执行情况，中央和地

2010年1月29日，吴邦国在上海世博园区与工程建设者握手。左一为中共中央政治局委员、中共上海市委书记俞正声。

方预算收支的主要情况，财政政策及相关财税措施的实施情况，农业、教育、科技、文化、卫生、社会保障等重点支出的资金到位和使用情况，中央财政对地方转移支付的情况，国债发行情况等。

二是围绕"十二五"规划纲要编制问题进行专题调研。为贯彻落实党的十七大和中央经济工作会议精神，今年上半年，我们将结合国家编制"十二五"规划纲要，选择国民收入分配、经济结构调整、就业和社会保障、教育科技文化卫生事业发展、"三农"、节能减排和环境保护以及财政体制和税收制度改革等课题，组织有关专门委员会和常委会工作机构开展专题调研，提出有分量的意见建议，供中央决策和研究编制规划纲要参考，也为十一届全国人大四次会议审查批准"十二五"规划纲要做准备。

三是依法开展专题询问和质询。询问和质询是人大对"一府两院"实施监督的法定形式。根据监督法和全国人大常委会关于加强经济工作监督决定的精神，今年我们将选择代表普遍关心的问题听取国务院有关部门专题汇报，根据有关法律的规定，要请国务院有关部门主要负责同志到会听取意见、回答询问、答复问题。

二〇一〇年上海世博会，以"城市，让生活更美好"为主题，成为展示城市文明成果，交流城市建设经验，传播城市发展理念，探讨统筹城乡发展课题的国际平台。举办世博会是继北京奥运会后我国举办的又一次世界性盛会。我们要全力支持各项筹办工作，确保上海世博会办成一次成功、精彩、难忘的世博会。

完善法规，进一步规范拆迁行为[*]

（二〇一〇年三月三十日——二〇一一年六月一日）

一

反映房屋拆迁的群众来信的比例始终高居不下，是当前影响社会和谐的突出问题之一。为规范拆迁行为，物权法将拆迁分为公益性和商业性，国务院有关部门也出台了一些规范性文件，但违法违规的野蛮拆迁、不兑现拆迁承诺的情况时有发生。虽存在无理取闹的情况，但究竟不是大多数。房屋拆迁涉及群众切身利益，为社会广泛关注，建议将十件来信批转有关省市核实，并举一反三，进一步规范拆迁行为，确实通过拆迁使原居民住房条件得到改善。以上意见请酌。

（二〇一〇年三月三十日在群众来信上的批示）

---

* 这是吴邦国同志关于规范拆迁工作的三则批示。

527

二

请法工委研究。强拆是社会关注的问题，也是矛盾多发领域，总的原则是尽力避免矛盾激化，慎重处理。

（二〇一一年四月二十五日在最高人民法院《关于建议完善行政机关申请人民法院强制执行制度的报告》上的批示）

三

国务院虽高度重视拆迁、征地中反映的问题，但从九封群众联名信反映情况看，一是以公益事业为名，搞房地产开发；二是强制、野蛮拆迁；三是补偿标准低，生活安置不落实。建议请有关部门逐件核实、处理。征地拆迁涉及群众利益，也是当前社会稳定中的突出问题，建议进一步完善法规，加大执法力度，落实问责制，最大限度减少不和谐因素。以上意见，供参考。

（二〇一一年六月一日在转送国务院总理温家宝、副总理李克强的群众来信上的批示）

共同建设紧密、长期、可持续的
新型中法经贸伙伴关系[*]

（二〇一〇年七月九日）

中法同为文明古国，两国人民友好交往源远流长。中法建交四十六年来，在双方共同努力下，两国关系历经国际风云变幻考验，长期走在西方国家与中国关系的前列。一九六四年，是毛泽东主席和戴高乐[1]将军以战略家的气魄，跨越冷战期间两极体制鸿沟，使法国成为同新中国正式建交的第一个西方大国。一九七三年，蓬皮杜总统访华，成为第一个正式访问中国的西方发达国家元首。一九七五年，邓小平先生访法，这是中国领导人第一次正式访问西方大国。一九九七年，江泽民主席和希拉克总统决定建立中法全面伙伴关系，标志两国关系进入新的发展阶段。二〇〇四年，胡锦涛主席与希拉克总统共同确立中法全面战略伙伴关系，掀开了两国关系崭新的一页。今年四月，萨科齐总统成功访华，与胡锦涛主席就深化双边关系达成重要共识，推动中法关系迈上新台阶。

中法经贸关系也一直保持良好发展势头，已形成全方位、宽

---

    * 这是吴邦国同志访问法国期间在巴黎举行的中法经贸合作论坛上的主旨演讲《新形势下的中法经贸合作》的一部分。

领域、多层次的互利合作格局，为中法全面战略伙伴关系不断注入生机与活力。法国是中国在欧盟的第四大贸易伙伴，中国是法国在亚洲最大的贸易伙伴。二〇〇八年双边贸易额达到三百八十多亿美元，二〇〇九年虽然有所下降，但降幅低于中国对外贸易和对欧盟贸易降幅近三个百分点。法国在华投资项目近四千个，实际投资九十八亿八千万美元，涵盖电力、汽车、航空、通信、化工、医药等诸多领域。法国银行、保险、证券等十四家金融机构已在华设立分支机构，雪铁龙、家乐福、阿尔斯通、阿尔卡特等法国公司在中国家喻户晓。中方有近百家企业通过绿地投资、参股、并购等方式在法创业发展，直接投资接近十五亿美元。中国银行在巴黎设立了分行，工商银行正在筹建法国分行，进出口银行、国家开发银行与多家法国银行建立了密切联系。更为可喜的是，尽管遭受国际金融危机严重冲击，法国对华投资不降反升，二〇〇九年新设企业达到二百家，平均不到两天增加一家，这不仅说明法国的企业有眼光，也说明中国的发展是机遇。在双方共同努力下，今年一至五月，中法贸易额达到一百七十二亿一千万美元，同比增长百分之四十点三，呈现快速回升的良好势头。

中国是世界上最大的发展中国家，法国是世界最大经济体——欧盟的重要国家。虽然两国社会制度不同，文化传统各异，但两国没有根本利害冲突，而是有着广泛共同利益。深化中法经贸合作不仅符合两国人民的根本利益，也是发展中法全面战略伙伴关系的重要内容。这里，我想利用这个讲台，再谈一谈深化中法经贸合作问题。

中法经济优势互补，合作基础良好，发展潜力很大。中国正处在工业化、城镇化加快推进的过程中，有着大量的投资需求，还有十三亿人的消费市场，这为包括法国在内的各国经济复苏与发展提供了巨大的商机与动力。法国经济发达，实力雄厚，在科技、人才、管理、营销等方面具有明显优势，尤其在核电开发、航空航天、铁路建设等领域居世界领先地位。这种互补优势和已经形成的互利合作格局，并没有因为国际金融危机的影响而改变。同时我们看到，两国在应对国际金融危机过程中推出的刺激经济增长计划和经济结构调整战略，又为双方经贸合作带来新的机遇。更为重要的是，双方加强互利合作、创新合作方式、提升合作质量的愿望从来没有像现在这样强烈，动力从来没有像现在这样强劲。出席这次论坛的既有两国工商界代表，又有两国立法机构和政府的官员，就充分说明了这一点。双方应当从战略高度看待和发展两国经贸合作，本着互利共赢的原则，发挥各自优势，加强务实合作，共同建设紧密、长期、可持续的新型经贸伙伴关系。为此，我提出以下三点建议。

一是深化大项目合作。大项目多，技术含量高，是中法经贸合作的一大亮点。多年来，双方在核电开发、航空航天、高速铁路等领域开展了卓有成效的合作。法国第三代压水堆核电站正在中国广东建设，欧洲空客 A320 飞机在中国天津总装交付，阿尔斯通等法国公司参与了中国三峡工程、高速铁路和轨道交通建设。中方愿继续加强与法方在航空航天领域的联合研发设计，延长产业链，拓展在核电开发领域的全方位产业合作，加强在高速铁路和轨道交通领域的技术合作，更好地发挥大项目的带动和辐射作用。中方欢迎更多的法国企业来华投资兴业，也鼓励中国有实力有竞争力的企业赴法创业发展。

二是拓展新的合作领域。目前，世界各国纷纷把发展新能源、新材料、信息网络、生物医药、节能环保、低碳技术、绿色经济作为新一轮产业发展的重点，加大投入，着力推进。这既是传统产业优化升级的大势所趋，也是应对全球气候变化的重要举措。中国提出到二〇二〇年单位国内生产总值二氧化碳排放比二〇〇五年下降百分之四十到百分之四十五、非化石能

2010 年 7 月 10 日，吴邦国在法国尚贝里市参观法国国家太阳能学院。图为吴邦国了解新能源汽车的有关情况。

源占一次能源消费比重达到百分之十五。核电装机容量将由现在的九百一十万千瓦增加到七千万千瓦以上，风电装机容量将由二千二百万千瓦增加到一亿五千万千瓦，太阳能发电量将由十五万千瓦时增加到二千万千瓦时。希望双方企业抓住两国经济结构调整的机遇，在现有合作基础上，通过开展联合研究、建设示范工程、共同开发技术、扩大相互投资等形式，拓展合作领域，深化互利合作，使这些领域成为中法经贸合作新的增长点。目前，中法已就在中国的国家级经济技术开发区内共建生态园区达成共识，并确定成都、重庆、沈阳等三个试点城市，欢迎法国企业带着节能环保和绿色产业等先进技术来华参与生态园区建设。

三是完善投资贸易环境。中国经过三十多年的改革开放，已经建立起完善的市场经济体制，知识产权保护不断加强，各类要素市场蓬勃发展，市场在资源配置中发挥着基础性作用，关税总水平从二〇〇二年的百分之十五点三降至二〇一〇年的百分之九点八，在发展中国家是最低的，公平开放的市场竞争环境日益成熟。中法在改善投资贸易环境方面已经做了大量工作，双方应当继续共同努力，按照诚信、互利、共赢的原则，完善公平竞争的市场环境，促进双边贸易和投资便利化，积极为企业合作牵线搭桥，加强中小企业合作，扩大双边贸易投资规模，推动欧盟尽早承认中国完全市场经济地位，改变对华歧视性出口管制政策，放宽对华高技术产品出口限制。在当前形势下，更要坚持自由贸易原则，防止各种形式的贸易保护主义。应当充分发挥中法经贸混委会等机制的作用，从中法经贸合作的大局出发，及时妥善解决合作中遇到的问题，为两国贸易合作尤其是企业合作，创造良好的环境、提供更多的便利。

经贸合作是中法关系的物质基础，也是两国关系持续充满活力的重要保障。要把双方加强经贸合作的愿望转化为现实，很重要的一条，就是要充分发挥企业在经贸合作中的主体作用。长期以来，以在座各位朋友为代表的中法工商企业界，为推动两国经贸合作和中法关系健康发展作出了积极贡献。我相信，只要中法两国企业和有关方面共同努力，就一定能够开创中法经贸合作更加美好的明天。

注　释

[1] 戴高乐（一八九〇——一九七〇），一九五九年至一九六九年任法国总统。

实现千年发展目标，
国际社会义不容辞[*]

（二〇一〇年七月十九日）

主席先生，各位同事：

在联合国千年发展目标[1]提出十周年之际，我们在这里举行第三次世界议长大会，回顾后续行动的执行情况，共商新形势下发挥议会作用、促进发展合作等重大问题，对推动建设持久和平、共同繁荣的和谐世界具有重要意义。

十年前，当人类跨入新千禧年的重要时刻，各国领导人肩负着世界人民求和平谋发展促合作的重托，齐聚纽约联合国总部，共同推出具有远见卓识的联合国千年发展目标，为国际发展合作确立了路线图和时间表。十年来，国际社会为实现这一目标作出了积极努力，取得了一定成效，但总体进展缓慢，地区发展不平衡，广大发展中国家尤其是最不发达国家困难加剧，南北差距和贫富悬殊拉大，特别是受国际金融危机严重影响，实现千年发展目标的任务更加紧迫、更加艰巨。这里，我想着重就这个问题讲几点意见，与各位同事共同探讨。

---

　　* 这是吴邦国同志在瑞士联合国日内瓦办事处举行的第三次世界议长大会上的讲话。

2010 年 7 月 19 日，吴邦国出席在瑞士日内瓦举行的第三次世界议长大会开幕式，并在大会上作题为《实现千年发展目标，国际社会义不容辞》的讲话。

一要坚定信心。坚定信心是实现千年发展目标的重要前提。千年发展目标提出的消灭贫穷饥饿、普及初等教育、促进两性平等、降低儿童死亡、改善产妇保健、与疾病作斗争、确保环境可持续发展、加强全球伙伴关系等八个方面的目标任务，体现了人类的基本需求，反映了基本人权。落实千年发展目标是国际社会的庄严承诺，是维护人类尊严、平等、公平的重要举措，是实现人类共同发展亟待解决的首要问题。国际金融危机的确给千年发展目标的落实带来不容忽视的影响，但要看到，把千年发展目标落实好，有利于全球经济复苏和平衡增长；尽快摆脱国际金融危机的影响，有利于更好地推动千年发展目标的实现。因此，落实千年发展目标同应对国际金融危机并不矛盾。相反，在国际金融危机深层次影响尚未消除、世界经济系统性和结构性风险仍存在不确定性的今天，加快实现千年发展目标进程显得更为重要，国际社会落实千年发展目标的决心和信心只能加强、不能削弱，更不能轻言退却。

二要加强合作。加强合作是实现千年发展目标的有效途径。虽然千年发展目标主要为促进发展中国家的发展而设计，但在经济全球化深入发展的今天，各国利益相互交织，发展相互影响，只有利益共享、责任共担、互利共赢，才最符合国际社会的共同利益。要看到，没有发展中国家的普遍发展和平等参与，就谈不上世界的共同繁荣，就无法建立公正合理的国际经济新秩序。国际社会应增强责任感，认真倾听发展中国家和最不发达国家的呼声与诉求，加大对发展问题的投入，增加发展中国家在国际金融体系中的发言权和代表性，推动世界经济朝着均衡、普惠、共赢的方向发展。发达国家应切实兑现官方发展援助承诺，开放市场、减免债务、加大对发展中国家的资金和技术支持，帮助发展中国家提高自我发展能力。世界银行、国际货币基金组织等国际金融机构的资源应该优先用于帮助发展中国家尤其是最不发达国家。发展中国家应结合本国国情，吸收世界文明成果，积极探索有利于实现发展、消除贫困的发展方式，相互开放市场，扩大经贸合作，提升南南合作水平，为实现千年发展目标作出不懈努力。

三要维护和平。维护和平是实现千年发展目标的根本保障。人类社会发展历程反复昭示，和平稳定是福，动荡战乱是祸。没有和平稳定的环境，就谈不到发展，国家长治久安、人民安居乐业更无从谈起。珍惜和营造和平安宁的发展环境是国际社会的共同责任。应遵循联合国宪章宗旨和原则，坚持互信、互利、平等、协作的新安全观，既维护本国安全，又考虑别国安全关切，妥善处理分歧，坚持用和平方式解决地区热点问题和国际争端，反对一切形式的恐怖主义、分裂主义、极端主义。应尊重世界文明的多样性，尊重国家主权和领土完整，尊重各国根据本国国情选择的发展道路，反对以任何方式和借口干涉别国内政。应弘扬民主、和睦、协作、共赢精神，促进国际关系民主化，国家不分大小、强弱、贫富都是国际社会平等的一员，都应受到国际社会的尊重，各国内部事务只能由本国人民自己决定，世界上的事情应该由各国平等协商解决，反对以大欺小、以强凌弱、以富压贫。

主席先生、各位同事！

倾听人民呼声、传达人民意愿、维护人民权益是世界各国议会的崇高职责。我们应把握时代脉搏、顺应发展潮流，做实现千年发展目标的积极推动者，做世界和平稳定的坚定维护者。应发挥议会职能作用，督促和支持本国政府切实履行千年发展目标承诺，实施和平友好的外交政策，妥善处理双边关系和国际关系中的敏感问题，加强对话，增信释疑，推动国际社会形成发展和平合作的强大合力。应发挥议会联系广泛、人才荟萃、信息密集的特点和优势，为加强政府、政党、地方和民间的友好交往献计献策，为促进经贸合作牵线搭桥，为推动人文交流添砖加瓦，促进国家关系发展和国际关系民主化作出新的更大的贡献。

我们高兴地看到，各国议会联盟作为当今世界历史悠久、规模庞大、最有代表性的国际议会间组织，作为各国议会开展多边合作的重要舞台，在国际事务中发挥着越来越重要的作用。长期以来，各国议会联盟不断加强与联合国的实质互动与协调，致力于建立更加紧密的工作关系，在维护世界和平与安全、推动国际关系民主化、促进各国经济发展、维护人权和妇女儿童权益等方面做了大量卓有成效的工作，得到国际社会的广泛好评。更为可喜的是，这些年来，议联建立并不断完善世界议长大会机制，为各国议会深入探讨重大国际问题搭建重要平台，并以宣言形式表达议联的声音，为推动实现联合国千年发展目标发挥了不可替代的作用。

主席先生、各位同事！

中国作为世界上最大的发展中国家，坚持把发展作为第一要务，坚持走和平发展道路，坚持男女平等、节约资源和保护环境这些宪法确定的基本国策，以实际行动为推动实现千年发展目标作出积极贡献。中国成功解决了十三亿人的吃饭问题，农村贫困人口减少了二亿四千万人，占发展中国家减贫人数的百分之七十五，九年制义务教育全面普及，青壮年文盲基本扫除，在校大学生人数从一九七八年的八十六万人增加到二〇〇九年的二千二百八十五万二千人，平均预期寿命从一九四九年前的三十五岁上升到七十三岁。中国在加快自身发展的同时，积极兑现承诺，尽力向发展中国家提供支持和帮助。我们还倡导成立中非合作论坛、中阿合作论坛、中国—东盟社会发展与减贫论坛、中国—太平洋岛国经济发展合作论坛、中国—加勒比经贸合作论坛等机制，在亚洲开发银行设立中国减贫和区域合作基金，在北京成立中国国际扶贫中心等。已免除五十个重债穷国和最不发达国家债务三百八十笔，逐步给予非洲同中国建交的最不发达国家百分之九十五的产品零关税待遇，为发展中国家援建二千一百多个成套项目，其中包括一百五十所学校、六十一所医院、二百多个农业项目，培训各类人才十二万名。中国的发展不仅解决着自身的问题，而且还给世界的发展带来机遇。自二〇〇一年加入世界贸易组织以来，中国每年平均进口六千八百七十亿美元的商品，为相关国家和地区创造约一千四百多万个就业岗位。面对国际金融危机冲击，中国坚持把促进经济平稳较快发展作为首要任务，在全球率先实现经济回升向好，二〇〇八年对世界经济增长的贡献率超过百分之二十，对全球贸易增长的贡献率超过百分之九，为推动世界经济复苏作出了重要贡献。

主席先生、各位同事！

联合国千年发展目标凝聚着国际社会普遍共识，承载着世界各国人民共同期盼。中国全国人大愿与世界各国议会一道，充分利用各国议会联盟这个重要舞台，积极开展各种形式的多边合作，共同应对挑战，携手开辟未来，为实现联合国千年发展目标，为推动建设持久和平、共同繁荣的和谐世界而努力奋斗。

注　释

[1] 见本书（上）《加强多边合作，促进共同发展》注 [1]。

把议会交往开展得更加有声有色 *

（二〇一〇年七月二十日）

早上好！欢迎并感谢大家出席今天的早餐会。

这次议长大会的日程安排得非常紧凑。来之前，我就和我的同事讲，再忙也要找时间同朋友们坐一坐、谈一谈。两天来，各位都很辛苦，今天一大早又把大家请来，感到很不过意，再次对大家光临表示感谢。

我们从四面八方汇聚到这里，虽然各国国情不同、语言各异，但大家的心愿是相通的，目标是一致的，都为和平发展合作而来。会上会下，最集中的话题是实现共同发展，最现实的关切是落实联合国千年发展目标[1]。而且普遍的看法是，落实千年发展目标关键在于行动，特别是在国际金融危机影响仍在持续、世界经济形势尚不明朗的今天，国际社会更应当坚定信心、通力合作、付诸行动，加快推进实现千年发展目标的进程。我相信，在大家的共同努力下，大会能够凝聚各方共识，反映人民心声，取得圆满成功。

---

　　* 这是吴邦国同志在瑞士日内瓦参加第三次世界议长大会期间为部分国家议长举行早餐会上的致辞。

　　我在中国全国人大常委会委员长的岗位上已经是第二届了，连续干了八个年头，每年大概要见一百多批外国客人，大多数都是议会代表团，还要出访一些国家，对议会交往有深切的感受。一是议会交往的重要性更加凸显。议员代表人民，议会反映民意。议会在国家政治社会生活中发挥着重要作用。议会交往是国家关系的重要组成部分，是深化政治互信、推进务实合作、增进人民友谊的重要推动力量。二是议会交往有自己的特点和优势，既不同于政府外交，也不同于民间外交，可以搞得活一些，也能够搞得实一些。相信各位同事也有同感。今后，我们不仅要加强双边多层次交流与合作，还要在多边合作中加强磋商与沟通，把议会交往开展得更加有声有色、更加富有成效。

　　明天，第三次世界议长大会就要闭幕了。会议总要结束，而合作永无止境；相聚总是短暂，而友情地久天长。让我们珍惜这难得的美好时光，畅叙友情，共话合作，憧憬未来。

注　释

　　[1] 见本书（上）《加强多边合作，促进共同发展》注 [1]。

在二〇一〇年上海世博会
中国国家馆日仪式上的致辞

（二〇一〇年十月一日）

尊敬的各位国家元首、议长，

尊敬的各位贵宾，

女士们，先生们，朋友们：

在隆重庆祝新中国成立六十一周年的喜庆日子里，我们又迎来上海世博会中国国家馆日，不仅给中国的国庆增添了欢乐的气氛，也把上海世博会推向了新的高潮。首先，我谨代表中国政府和人民，向出席中国国家馆日活动的各位来宾表示热烈的欢迎和诚挚的感谢！

上海世博会是世博史上第一次在发展中国家举行的全球盛会。五个月来，参展的二百四十六个国家和国际组织汇集黄浦江畔，一百多位外国领导人莅临世博园区，近六千万中外游客接踵而至，二百多万名中外志愿者真诚奉献，联袂演绎了"城市，让生活更美好"的华彩乐章。不到六平方公里的世博园，千姿百态的万国建筑毗邻而居，独具匠心的创意布展争奇斗艳，丰富多彩的文艺演出竞相绽放，各领风骚的最佳实践区熠熠生辉，启迪智慧的论坛对话精彩纷呈，生动体现了世界的多样性，构成一幅多元文化、多种文明和谐共融的美好画卷。我们完全有理由相信，在各方共同努力下，上海世博会一定能够办成一届成功、精彩、难忘的世博会。借此机会，我谨对大力支持上海世博会的各国政府和人民、国际展览局和有关国际组织、各参展方以及所有为上海世博会作出贡献的朋友们，表示衷心的感谢！

女士们、先生们、朋友们！

2010 年 10 月 1 日，2010 年上海世界博览会中国国家馆日仪式在上海世博中心隆重举行。吴邦国出席仪式并致辞。

屹立于上海世博园的中国馆"东方之冠"，光彩夺目，气势磅礴，它以"城市发展中的中华智慧"为主线，让人从中感受中国人民创造美好生活的生动实践，领略中华文化世代传承的和谐理念，畅想中国科学发展的美好未来。

中华民族有着悠久的历史和灿烂的文化，在五千多年的漫长岁月中，各族中华儿女在这片广袤的大地上薪火相传、生生不息，孕育了勤劳勇敢、自强不息的优秀品格，铸就了海纳百川、兼容并蓄的博大胸怀，形成了革故鼎新、勇于探索的进取精神，为人类社会的文明进步作出了不可磨灭的重大贡献。

新中国成立六十多年来，中国共产党团结带领全国各族人民，以改天换地的豪情壮志和波澜壮阔的创新实践，成功实现了从半殖民地半封建社会到民族独立、人民当家作主新社会的历史性转变，从新民主主义革命到社会主义革命和建设的历史性转变，从高度集中的计划经济体制到充满活力的社会主义市场经济体制、从封闭半封闭到全方位开放的历史性转变，谱写了中华民族气吞山河的壮丽史诗。改革开放三十多年来，国民经济以世界上少有的速度持续快速发展，各项事业全面进步，综合国力大大增强，人民生活总体达到小康，城乡面貌日新月异，民族团结和睦，社会和谐稳定，国际地位不断提升，古老的中华大地焕发出勃勃生机。

展望未来，到二〇二〇年，我们将建成惠及十几亿人口的更高水平的小康社会，到本世纪中叶将基本实现现代化。这是一代又一代中国人梦寐以求的美好愿景和矢志不渝的奋斗目标。

正是因为中国人民曾饱受贫穷饥饿的煎熬，更加渴望过上富足安康的生活，发展已成为中国人内在的共同追求。

正是因为中国改革开放以来始终把发展作为第一要务，人民生活一天比一天好，发展是硬道理的思想已深入人心，不可逆转。

正是因为中华民族酷爱和平，近代又频受劫难、屡遭战乱，中国人更加珍惜和平，更加懂得维护世界和平既是应尽的国际义务，也是谋求自身发展的内在需要。

中国作为世界上最大的发展中国家，是在人口多、底子薄、起步晚的基础上发展起来的，仍处于并将长期处于社会主义初级阶段。我们深知，前进的道路上会遇到这样或那样的矛盾和问题，但我们对未来充满信心。因为我们已经开辟了中国特色社会主义发展道路，形成了中国特色社会主义理论体系。只要我们坚定不移地沿着这条道路走下去，深入贯彻落实科学发展观，继续解放思想，坚持改革开放，推动科学发展，促进社会和谐，就一定能够把中国建设成为富强民主文明和谐的社会主义现代化国家。

女士们、先生们、朋友们！

再过一个月，上海世博会就要落下帷幕。但世博会倡导的进步创新、和谐共融的精神历久弥新，世界人民求和平谋发展促合作的时代潮流滚滚向前。让我们携起手来，加强交流互鉴，密切沟通协调，积极应对挑战，为推动建设持久和平、共同繁荣的和谐世界而努力奋斗！

谢谢大家。

督促有关方面高度重视节能工作 *

（二○一○年十月十四日）

节能涉及各行各业各个领域，是一项紧迫而艰巨的工作。希望通过这次以建筑节能为重点的节能法执法检查，进一步督促有关方面高度重视节能工作，严格落实节能减排目标责任制，尽快完善节能标准和管理制度，加快推进以节能降耗为核心的企业技术改造，认真解决建筑用能效率偏低、建筑节能改造进展缓慢等问题，推动全国人大常委会关于积极应对气候变化决议和相关法律的贯彻实施，增强全社会的节能意识，促进资源节约型、环境友好型社会建设。

---

* 这是吴邦国同志对全国人大常委会节约能源法执法检查工作的批示。

中国特色社会主义法律体系已经形成[*]

（二〇一一年一月二十四日）

今天，我们在人民大会堂金色大厅召开形成中国特色社会主义法律体系座谈会，回顾形成历程，畅谈重大意义，总结基本经验，分析形势任务，对加强和改进立法工作，在新的起点上完善中国特色社会主义法律体系，推进社会主义民主法制建设，实施依法治国基本方略，建设社会主义法治国家，具有十分重要的意义。下面，我讲三点意见。

一、充分认识形成中国特色社会主义法律体系的重大意义。

发展社会主义民主，健全社会主义法制，是建设中国特色社会主义的一项重要战略任务。新中国成立以来特别是改革开放三十多年来，在中国共产党的正确领导下，经过各方面坚持不懈的共同努力，我国立法工作取得了举世瞩目的巨大成就。一九八二年通过了现行宪法，此后又根据客观形势的发展需要，先后四次对宪法部分内容作了修改。到二〇一〇年底，我国已制定现行有效法律二百三十六件、行政法规六百九十多件、地方性法规八千六百多件，并全面完成了对现行法律和行政法规、地方

---

* 这是吴邦国同志在形成中国特色社会主义法律体系座谈会上的讲话。

性法规的集中清理工作。目前，涵盖社会关系各个方面的法律部门已经齐全，各法律部门中基本的、主要的法律已经制定，相应的行政法规和地方性法规比较完备，法律体系内部总体做到科学和谐统一。一个立足中国国情和实际、适应改革开放和社会主义现代化建设需要、集中体现党和人民意志的，以宪法为统帅，以宪法相关法、民法商法等多个法律部门的法律为主干，由法律、行政法规、地方性法规等多个层次的法律规范构成的中国特色社会主义法律体系已经形成[1]，国家经济建设、政治建设、文化建设、社会建设以及生态文明建设的各个方面实现有法可依。这是我国社会主义民主法制建设史上的重要里程碑，具有重大的现实意义和深远的历史意义。

第一，中国特色社会主义法律体系是中国特色社会主义永葆本色的法制根基。把马克思主义基本原理同中国具体实际相结合，走自己的路，建设中国特色社会主义，是我们党总结历史经验得出的基本结论，也是我们国家发展进步的唯一正确道路。坚持中国特色社会主义道路，最重要的是坚持正确的政治方向，在涉及国家根本制度等重大原则问题上不动摇。动摇了，不仅现代化建设无从谈起，已经取得的发展成果也会失去，甚至国家可能陷入内乱的深渊。中国特色社会主义法律体系，是以宪法和法律的形式，确立了国家的根本制度和根本任务，确立了中国共产党的领导地位，确立了马克思列宁主义、毛泽东思想、邓小平理论和"三个代表"重要思想的指导地位，确立了工人阶级领导的、以工农联盟为基础的人民民主专政的国体，确立了人民代表大会制度的政体，确立了国家一切权力属于人民、公民依法享有广泛的权利和自由，确立了中国共产党领导的多党合作和政治协商制度、民族区域自治制度以及基层群众自治制度，确立了公有制为主体、多种所有制经济共同发展的基本经济制度和按劳分配为主体、多种分配方式并存的分配制度。从中国国情出发，郑重表明我们不搞多党轮流执政，不搞指导思想多元化，不搞"三权鼎立"和两院制，不搞联邦制，不搞私有化。中国特色社会主义法律体系的形成，夯实了立国兴邦、长治久安的法制根基，从制度上、法律上确保中国共产党始终成为中国特色社会主义事业的领导核心，确保国家一切权力牢牢掌握在人民手中，确保民族独立、国家主权和领土完整，确保国家统一、社会安定和各民族大团结，确保坚持独立自主的和平外交政策、走和平发展道路，确保国家永远沿着中国特色社会主义的正确方向奋勇前进。

第二，中国特色社会主义法律体系是中国特色社会主义创新实践的法制体现。改革开放是我们党带领全国各族人民作出的决定当代中国命运的关键抉择，也是发展中国特色社会主义、实现中华民族伟大复兴的必由之路，赋予社会主义新的生机活力。三十多年来，我们始终坚持以经济建设为中心，全面推进改革开放，成功实现了从高度集中的计划经济体制到充满活力的社会主义市场经济体制、从封闭半封闭到全方位开放的伟大历史转折，极大地调动了亿万人民的积极性，极大地解放和发展了社会生产力，我国以世界上少有的速度持续快速向前发展。我们及时把改革开放和社会主义现代化建设的实践经验上升为法律，并与时俱进，根据改革开放中出现的新情况新问题，从推动经济发展方式转变，推动依法行政和公正司法，推动以保障和改善民生为重点的社会建设，推动社会主义文化大发展大繁荣，推动人与自然和谐相处等方面制定和完善相应的法律制度，充分发挥法律的规范、引导、保障和促进作用。中国特色社会主义法律体系的形成，从制度上、法律上保障国家始终坚持改革开放的正确方向，着力构建充满活力、富有效率、更加开放、有利于科学发展的体制机制，推动我国社会主义制度不断自我完善和发展。

第三，中国特色社会主义法律体系是中国特色社会主义兴旺发达的法制保障。实现现代化，是一代又一代中国人梦寐以求的美好愿景和矢志不渝的奋斗目标。改革开放三十多年来，我们开辟了中国特色社会主义道路，形成了中国特色社会主义理论体系，这是我们取得一切成绩和进步的根本原因。我们将始终高举中国特色社会主义伟大旗帜，不为任何风险所惧，不被任何干扰所惑，聚精会神搞建设，一心一意谋发展，到二〇二〇年建成惠及十几亿人口的更高水平的小康社会，到本世纪中叶基本实现现代化。我们已经取得的发展成就离不开法制的保障，我们奋力开创更加美好的未来也离不开法制的保障。中国特色社会主义法律体系的形成，把国家各项事业发展纳入法制化轨道，从制度上、法律上解决了国家发展中带有根本性、全局性、稳定性和长期性的问题，为社会主义市场经济的不断完善、社会主义民主政治的深入发展、社会主义先进文化的日益繁荣、社会主义和谐社会的积极构建，确定了明确的价值取向、发展方向和根本路径，为建设富强民主文明和谐的社会主义现代化国家、实现中华民族伟大复兴奠定了坚实的法制基础。

形成中国特色社会主义法律体系，是中国共产党领导亿万人民发展社会主义民主、健全社会主义法制取得的重大成果。以毛泽东同志为核心的党的第一代中央领导集体，带领全国各族人民经过长期浴血奋战，建立中华人民共和国，制定了《中国人民政治协商会议共同纲领》和新中国第一部宪法，确立国家基本制度，为社会主义民主法制建设和中国特色社会主义法律体系的形成奠定了根本政治前提和制度基础。以邓小平同志为核心的党的第二代中央领导集体，深刻总结"文化大革命"的惨痛教训，在作出把党和国家工作中心转移到经济建设上来、实行改革开放历史性决策的同时，把加强社会主义民主法制建设作为坚定不移的方针确定下来，强调必须使社会主义民主制度化、法律化，使这种制度和法律不因领导人的改变而改变，不因领导人看法和注意力的改变而改变，做到有法可依，有法必依，执法必严，违法必究，开辟了社会主义民主法制建设蓬勃发展的新时期。以江泽民同志为核心的党的第三代中央领导集体，带领全党全国各族人民把改革开放伟大事业成功推向二十一世纪，不断丰富和发展了中国特色社会主义民主法制建设思想，第一次将依法治国确定为党领导人民治理国家的基本方略，把建设社会主义法治国家作为社会主义现代化建设的重要内容，并明确提出到二○一○年形成中国特色社会主义法律体系的立法工作目标，开启了社会主义民主法制建设的新阶段。党的十六大以来，以胡锦涛同志为总书记的党中央继往开来、与时俱进，在全面建设小康社会实践中坚定不移地把改革开放伟大事业继续推向前进，提出科学发展观的重大战略思想和构建社会主义和谐社会的重大战略任务，全面实施依法治国基本方略，强调发展社会主义民主政治最根本的是坚持党的领导、人民当家作主、依法治国有机统一，开创了社会主义民主法制建设的新局面。

形成中国特色社会主义法律体系，是各方面长期共同努力的结果。全国人大及其常委会认真履行宪法和法律赋予的职责，不断加强和改进立法工作，着力提高立法质量，为形成中国特色社会主义法律体系做了大量卓有成效的工作。国务院适应经济社会发展和法律实施的需要，依法及时制定行政法规，地方人大及其常委会结合本地实际，依法制定大量地方性法规，为形成中国特色色社会主义法律体系作出了重要贡献。地方各级人民政府、各级人民法院和人民检察院以及军队等有关方面，广大人民群众和专家学者大力支持和积极参与立法工作，为形成中国特色社会主义法律体系贡献了智慧和力量。

二、认真总结形成中国特色社会主义法律体系的基本经验。

党的十一届三中全会，从发展社会主义民主、健全社会主义法制的迫切需要出发，明确提出全国人大及其常委会应当把立法工作摆到重要议程上来，从此我国立法活动全面恢复并迅速展开。党的十五大，站在实行依法治国、建设社会主义法治国家的战略高度，明确提出到二〇一〇年形成中国特色社会主义法律体系的立法工作目标。党的十七大，强调要坚持科学立法、民主立法，完善中国特色社会主义法律体系，坚定不移地发展社会主义民主政治，对新时期立法工作提出了新的要求。改革开放三十多年来，在党中央的领导下，我们成功走出了一条中国特色的立法路子。我们坚持党的领导、人民当家作主、依法治国有机统一，紧紧围绕党和国家工作大局，有计划、有重点、有步骤地开展立法工作，仅仅用几十年时间就形成了中国特色社会主义法律体系，立法任务之重世所罕见，克服困难之多前所未有，成绩来之不易，经验弥足珍贵。这当中最重要的经验有五条。

一是坚持党的领导。中国共产党是中国特色社会主义事业的领导核心。党的领导是人民当家作主和依法治国的根本保证，也是加强民主法制建设、做好立法工作的根本保证。党的领导主要是政治、思想和组织领导，通过制定大政方针，提出立法建议，推荐重要干部，进行思想宣传，发挥党组织和党员的作用，坚持依法执政，实施党对国家和社会的领导。我们的党代表最广大人民的根本利益，党制定的大政方针，提出的立法建议，凝聚了全党全国的集体智慧，体现了最广大人民的共同意愿。坚持党的领导同服从人民利益是完全一致的。在立法工作中，我们始终坚持党的领导，使党的主张经过法定程序成为国家意志，成为全社会一体遵循的行为规范和准则，从制度上、法律上保证党的路线方针政策的贯彻落实，保证改革开放和社会主义现代化建设的顺利进行。我们紧紧围绕党和国家中心任务统筹谋划立法工作，科学制定立法规划和立法计划，积极推进重点立法项目，保证党和国家重大决策部署的贯彻落实。对党中央提出的立法建议，及时启动立法程序，坚决贯彻中央意图，圆满完成中央交办的政治任务。对立法中遇到的重点难点问题，向党中央报告。总之，我们的一切法律法规都是在党的领导下制定的，我们制定的一切法律法规都必须有利于加强和改善党的领导，有利于巩固和完善党的执政地位，有利于保证党领导人民有效治理国家。

二是坚持以中国特色社会主义理论体系为指导。法律是实践证明正确的、成熟的、需要长期执行的党的路线方针政策的制度化、规范化和程序化。坚持正确的指导思想，是加强民主法制建设、做好立法工作的根本前提。中国特色社会主义理论体系是包括邓小平理论、"三个代表"重要思想以及科学发展观等重大战略思想在内的科学理论体系，是马克思主义中国化的最新成果，是我们党最可宝贵的政治和精神财富，是全国各族人民团结奋斗的共同思想基础，是必须长期坚持的指导思想，是我们做好一切工作的根本指针。在立法工作中，我们始终坚持以中国特色社会主义理论体系为指导，并以此统一思想认识、确定立法思路，在立法的指导思想上，我们始终把坚持四项基本原则同坚持改革开放结合起来，把坚持社会主义基本制度同发展市场经济结合起来，把推动经济基础变革同推动上层建筑改革结合起来，把提高效率同促进社会公平结合起来，把促进改革发展同保持社会稳定结合起来，把坚持独立自主同参与经济全球化结合起来，保证我们制定的法律法规有利于巩固和完善社会主义制度，有利于解放和发展社会生产力，有利于发挥社会主义制度的优越性。

三是坚持从中国国情和实际出发。法律属于上层建筑，是由经济基础所决定并为经济基础服务的。坚持从我国国情和实际出发，是加强民主法制建设、做好立法工作的客观要求。我国处于并将长期处于社会主义初级阶段，改革开放和社会主义现代化建设是在人口多、底子薄的基础上进行的，随着现代化建设事业的深入发展，我国经济社会呈现一系列新的阶段性特征，我们不仅要下大气力解决长期积累的深层次矛盾和问题，还要妥善应对发展面临的新情况新课题，改革发展稳定的任务极其繁重而艰巨。在立法工作中，我们始终坚持从我国国情和实际出发，把改革开放和社会主义现代化建设的伟大实践作为立法基础，紧紧围绕经济建设这个中心任务，紧紧围绕全面建设小康社会的奋斗目标，紧紧围绕推动科学发展和促进社会和谐开展立法工作。正确把握改革发展稳定的关系，妥善处理法律稳定性与实践变动性的关系，妥善处理法律前瞻性与可行性的关系，确保立法进程与改革开放和社会主义现代化建设进程相适应。对实践经验比较成熟的、各方面认识也比较一致的，规定得具体一些，增强法律的可操作性。对实践经验尚不成熟但现实中又需要法律进行规范的，先规定得原则一些，为引导实践提供规范和保障，并为深化改革留下空间，待条件成熟后再修改补充。对改革开放中遇到的一些新情况新问题，用法律来规范还不具备条件的，先依照法定权限制定行政法规和地方性法规，先行先试，待取得经验、条件成熟时再制定法律。我们还注意研究借鉴国外的立法经验，从中吸取那些对我们有益有用的东西，但绝不照抄照搬。各国的法律体系也不相同，我们不用西方某些国家的法律体系来套中国特色社会主义法律体系，外国法律体系中有的法律，但不符合我国国情和实际的，我们不搞；外国法律体系中没有的法律，但我国现实生活需要的，我们及时制定。

四是坚持以人为本、立法为民。体现人民共同意志、保障人民当家作主、维护人民根本利益，是中国特色社会主义法律体系的应有之义。坚持以人为本、立法为民，是加强民主法制建设、做好立法工作的根本目的。在立法工作中，我们始终坚持把实现好、维护好、发展好最广大人民的根本利益作为出发点和落脚点，无论在立法过程中还是在法律规范上都坚持以人为本，尊重人民主体地位，尊重人民首创精神，从人民的实践创造中汲取智慧，从人民的发展要求中获得动力。正确把握最广大人民根本利益、现阶段群众共同利益、不同群体特殊利益的关系，正确反映和统筹兼顾不同方面群众的利益，着力解决人民最关心最直接最现实的利益问题。正确处理权力与权利、权力与责任的关系，既赋予行政机关、审判机关、检察机关必要的权力，又注意对权力的行使加以规范、制约和监督，切实维护公民、法人和其他组织的合法权益。坚持走群众路线，深入推进科学立法、民主立法，不断扩大公民对立法的有序参与，充分发挥人大代表在立法中的作用，通过公布法律法规草案和举行立法座谈会、论证会、听证会等多种形式，广泛听取各方面意见尤其是基层群众的意见，切实做到集思广益、凝聚共识，使我们制定的法律法规充分体现人民群众的共同意愿，增强法律法规贯彻实施的群众基础。

五是坚持社会主义法制统一。坚持社会主义法制的统一，是加强民主法制建设、做好立法工作的内在要求。我国是统一的多民族的单一制国家。社会主义法制的统一，是维护国家统一、民族团结、社会稳定，建立统一的现代市场体系的基础。同时，我国地域辽阔，各地经济、文化、社会发展很不平衡，国家又处于深刻变革之中。这一基本国情，决定了国家实行统一而又分层次的立法体制，即在坚持全国人大及其常委会集中行使国家立法权的前提下，赋予国务院制定行政法规、省级人大及其常委会和较大市人大及其常委会制定地方性法规的权限，还赋予经济特区所在地制定经济特区法规的权限和民族自治地方制定自治条例、单行条例的权限。这样做，既维护了社会主义法制统一，又妥善照顾到各地区的特点和差异，充分调动了中央和地方两个积极性；既及时将改革开放中成熟的经验上升为法律，又为深化改革留下空间。我们始终坚持维护宪法作为国家根本法的权威地位，严格依照法定权限、遵循法定程序开展立法工作，在制定法律法规的同时，开展了对现行法律法规的集中清理工作，并加强对规范性文件备案审查，以保证法律、行政法规、地方性法规不同宪法相抵触，保证行政法规不同法律相抵触，保证地方性法规不同法律、行政法规相抵触，保证法律法规的规定之间衔接协调、不相互矛盾，保障了社会主义法制的统一。

三、深刻把握完善中国特色社会主义法律体系面临的新形势新任务。

中国特色社会主义法律体系形成后，如何适应经济社会发展和社会主义民主法制建设的需要，继续加强立法工作，提高立法质量，完善中国特色社会主义法律体系，是摆在我们面前的一个重大课题。我们要坚持以往的成功经验和有效做法，统一认识，再接再厉，以饱满的政治热情和务实的工作作风，投身于建设社会主义法治国家的伟大实践，在新的起点上不断开创立法工作新局面。这里，我想强调三点。

第一点，立法工作任务依然艰巨而繁重。社会实践是法律的基础，法律是实践经验的总结。社会实践永无止境，立法工作也要不断推进。建设中国特色社会主义是一项长期的历史任务，完善中国特色社会主义法律体系也是一项长期的历史任务，必须随着中国特色社会主义实践的发展而发展。更何况中国特色社会主义法律体系本身就不是静止的、封闭的、固定的，而是动态的、开放的、发展的。新形势、新实践、新任务给立法工作提出了新的更高的要求。

这是因为：一是，我国正处在深刻变革的历史进程中，在前进的道路上会遇到这样或那样的新情况新问题，有些是可以预料的，有些是难以预料的，既要解决当前面临的突出问题，又要建立有利于科学发展的体制机制，改革发展稳定的任务依然艰巨，立法工作的任务不会减少，难度也不会降低。二是，我国经济社会发展已进入"十二五"时期，中央提出要牢牢抓住和用好重要战略机遇期，确保科学发展取得新的显著进步，确保转变经济发展方式取得实质性进展，我们的立法工作如何围绕"十二五"时期经济社会发展目标任务，从制度上、法律上推动中央重大决策部署的贯彻落实，有大量工作要做。三是，随着社会主义民主政治的深入发展，人民政治参与积极性不断提高，权利意识越来越强，利益诉求越来越具体，参与立法的愿望越来越高，这对做好立法工作提出了更高的要求。还要看到，我们的法律体系虽然已经形成，但本身并不是完美无缺的，这当中既有一些现行法律需要修改的问题，也有部分配套法规急需制定的问题，还有个别法律尚未出台的问题，这主要是由于立法条件尚不成熟、各方面的认识不尽一致，需要在实践中继续探索，积累经验。总之，立法工作只能加强不能削弱。因此，全国人大及其常委会要充分发挥最高国家权力机关的作用，依法行使国家立法权，加强对立法工作的组织协调，督促有关方面认真研究解决立法中涉及的重大问题，创新立法工作思路，完善立法工作机制，加强立法工作机构和队伍建设，不断提高立法工作的质量和水平。

第二点，把修改完善法律和制定配套法规摆在更加突出位置。我们的法律体系形成后，应当把更多的精力放到法律的修改完善上来，放到配套法规的制定修改上来，当然还要制定一些新的法律，以适应形势发展的需要，推动中国特色社会主义法律体系的与时俱进和发展完善。当前和今后一个时期，要着重做好三方面的工作。

一要更加注重法律的修改完善工作。随着经济社会的深入发展，现行法律的一些规定可能难以适应新形势，甚至可能阻碍经济社会的发展，需要及时修改完善。有的法律规定，当时搞得比较原则，实施一段时间后，经验不断积累，认识不断深化，有条件修改得更具体明确一些、操作性更强一些。还有，不同时期制定的法律所调整的社会关系可能相同或相近，需要在通盘研究的基础上对这些法律进行整合。因此，我们要高度重视法律的修改完善工作，这既是完善法律体系的内在要求，也是今后一个时期立法工作的重要任务。同时，要在总结试点经验基础上，积极开展立法后评估工作，通过多种形式，对法律制度的科学性、法律规定的可操作性、法律执行的有效性等作出客观评价，为修改完善法律、改进立法工作提供重要依据。另外，我们还要加强法律解释以及法律编纂、清理等工作。对法律规定需要进一步明确具体含义的、法律制定后出现新情况需要明确适用法律依据的，可以通过及时作出立法解释，赋予法律条文更加准确、更具针对性的内涵，这也是保证法律有效实施的重要工作。

二要督促有关方面抓紧法律配套法规的制定工作。行政法规和地方性法规作为中国特色社会主义法律体系的重要组成部分，是对法律的细化和补充，虽然有一些是创制性和先行先试的，但大量的是为法律配套的。我们已经建立督促制定法律配套法规的工作机制，希望有关方面高度重视、积极配合，按照法律规定的原则，在法规集中清理的基础上，抓紧制定现行法律的配套法规。今后凡新制定和新修改的法律，其配套法规要与法律草案同步起草，力争在法律通过后及时出台，以更好保障法律的有效实施。

　　三要继续做好法律制定工作。为适应经济社会发展的需要，要抓紧研究制定推进转变经济发展方式、保障和改善民生、维护社会和谐稳定、促进可持续发展等方面的法律。要认真总结行政法规的实施经验，将那些应当用法律规范来调整、立法条件比较成熟、各方面意见比较一致的，及时上升为法律。这里要指出的是，调整社会关系的手段是多种多样的，除法律法规外，还有市场机制、社会习惯、道德规范以及管理经验、科学技术等，并不是法律越多越好，能够用其他社会调整手段解决问题的，就不宜也不必通过立法去解决。

　　第三点，在科学立法民主立法方面迈出新步伐。完善中国特色社会主义法律体系，必须继续深入推进科学立法、民主立法，这不仅是人民当家作主的重要体现，也是提高立法质量的重要途径。中国特色社会主义法律体系的形成过程，是科学立法、民主立法不断深化的过程，是发扬社会主义民主的集中体现。改革开放初期，无法可依的问题相当突出，我们提出"有比没有好"、"快搞比慢搞好"。这是必要的，也是合理的。即使在这样的情况下，我们始终强调立法要坚持走群众路线，充分发扬民主，成熟一个就制定一个。三十多年来，我们在科学立法、民主立法方面积累了许多有益经验，对提高立法质量发挥了十分重要的作用。我们要认真总结实践经验，深入推进科学立法、民主立法，着力提高立法质量，不断完善中国特色社会主义法律体系。

　　要积极探索公众有序参与立法的途径和形式，充分发挥听证会、论证会、座谈会的作用，广泛征求社会各方面尤其是基层群众的意见和建议，认真听取专家学者的意见和建议，努力提高立法调研的针对性和实效性，不断完善公布法律草案的工作机制，建立健全采纳公众意见的反馈机制，积极回应社会关切，切实增强公众参与立法的实效，使立法过程成为普法过程。要完善人大代表参与立法的工作机制，把办理代表议案建议同制定修改法律结合起来，把邀请代表参与常委会活动同提高法律草案起草和审议质量结合起来，认真研究吸收代表提出的意见和建议，充分发挥人大代表在立法工作中的作用。要不断完善法律草案起草过程中的沟通协调机制，充分发挥法律委员会统一审议和专门委员会审议的作用，调动各方面的积极性，共同做好立法工作。要科学合理地确定立法项目，建立健全立法项目论证制度。要不断提高法律草案审议质量，对于法律关系比较复杂、分歧意见较大的法律草案，采取积极慎重的态度，需要调研的深入调研，需要协商的反复协商，需要论证的充分论证，在各方面基本取得共识后再提请表决。要完善立法技术，统一法律的体例、结构、用语，使法律规定更加准确、精炼、规范。

这里，我还要强调一下法律实施的问题。法律的生命力在于实施。中国特色社会主义法律体系的形成，总体上解决了有法可依的问题，在这种情况下，有法必依、执法必严、违法必究的问题就显得更为突出、更加紧迫，这也是广大人民群众普遍关注、各方面反映强烈的问题。因此，我们要在继续加强立法工作的同时，采取积极有效措施，切实保障宪法和法律的有效实施。一要维护宪法和法律的权威和尊严。一切国家机关和武装力量、各政党和各社会团体、各企业事业组织都必须遵守宪法和法律，任何组织或者个人都不得有超越宪法和法律的特权，一切违反宪法和法律的行为必须予以追究。二要坚持依法行政和公正司法。国家行政机关要严格按照法定权限和程序办事，加快建设法治政府。国家审判机关、检察机关要依法独立公正行使审判权、检察权，维护社会公平正义。三要增强全社会的法律意识和法治观念。制定实施"六五"普法规划，深入开展社会主义法治理念教育，形成自觉学法守法用法的社会氛围。让各级领导干部和国家机关工作人员带头遵守宪法和法律，善于运用法律解决现实生活中的实际问题，让广大人民群众懂得依法按程序表达利益诉求、解决矛盾纠纷，用法律武器维护自身的合法权益。全国人大及其常委会要依法行使监督宪法和法律实施的重要职权，地方各级人大及其常委会要依法行使保证宪法、法律和行政法规在本行政区域内得到遵守和执行的重要职权，确保各国家机关把人民赋予的权力真正用来为人民谋利益。

形成中国特色社会主义法律体系成就辉煌，完善中国特色社会主义法律体系任重道远。让我们紧密团结在以胡锦涛同志为总书记的党中央周围，高举中国特色社会主义伟大旗帜，深入贯彻落实党的十七大精神，坚持党的领导、人民当家作主、依法治国有机统一，不辱使命，开拓进取，在新的起点上完善中国特色社会主义法律体系，为加强社会主义民主法制建设，实施依法治国基本方略，建设社会主义法治国家作出新的更大的贡献！

注　释

[1] 二〇一一年三月十日，吴邦国同志在十一届全国人大四次会议上所

作的《全国人民代表大会常务委员会工作报告》中正式宣布：中国特色社会主义法律体系已经形成，党的十五大提出到二〇一〇年形成中国特色社会主义法律体系的立法工作目标如期完成。

为社会主义现代化建设
凝聚更加广泛的力量[*]

（二〇一一年三月四日）

各位委员，各位同志，很高兴能够参加政协无党派人士界委员联组讨论，见到了不少老熟人，也结识了一些新朋友。首先，我代表中共中央向各位委员表示亲切问候。今天来主要是看望大家，听取大家的意见。刚才十三位委员就农村水电建设、核电、保障性住房融资、改善大石山区等西部地区群众生产生活条件等问题，作了很好的发言，我认为都很有水平，听了很受启发。请工作人员整理后转交给有关职能部门进行研究处理。有的发言涉及到人大工作，比如修订著作权法、保障性住房立法等，我们会认真研究。

这段时间开两会，时间比较紧张，来不及认真准备。下面，我想结合大家的发言，谈几点意见，和大家一起交流。

明天我们将听取温家宝总理作政府工作报告，报告由三个部分组成，第一部分就是总结"十一五"时期工作。"十一五"时期是我国发展史上极不平凡的五年。面对国际金融危机的严重

---

* 这是吴邦国同志在全国政协十一届四次会议无党派人士界委员联组会上的讲话。

冲击和突如其来的重大自然灾害，以胡锦涛同志为总书记的中共中央总揽全局、科学决策，团结带领全国各族人民坚定信心、奋勇拼搏，胜利完成"十一五"规划确定的目标任务，国内生产总值达到三十九万八千亿元，年均增长百分之十一点二，经济总量跃居世界第二位，财政收入从三万一千六百亿元增加到八万三千一百亿元，进出口总额突破三万亿美元，城乡居民收入年均增长分别达到百分之九点七、百分之八点九，我国综合国力显著提高，各项社会事业加快发展，人民生活明显改善，国际地位和影响力显著提高，谱写了中国特色社会主义事业新篇章。这些成绩的取得极为不易，是全国各族人民共同努力的结果，凝聚着各民主党派、工商联和无党派人士的心血和智慧，也凝聚着在座各位委员的辛勤劳动。

无党派人士是我国爱国统一战线的重要组成部分。长期以来，各位委员满怀参政议政热情，心系国家发展和人民福祉，积极贡献自己的智慧和力量，为国家各项事业发展作出了重要贡献。就拿去年来讲，各位委员坚持服务大局，认真履行职责，围绕科学编制"十二五"规划和推动解决民生问题，积极开展视察考察和调查研究，通过提案、大会发言等多种方式协商议政，提出了许多有分量的意见和建议，为中共中央研究制定"十二五"规划、推动有关方面改进工作发挥了重要作用。各位委员还充分发挥联系面广、影响力大的特点，在密切联系群众方面做了很多扎实有效的工作，团结和影响一大批无党派人士，有力促进了我国爱国统一战线的发展壮大。

中国共产党领导的多党合作和政治协商制度，是我国的一项基本政治制度，是具有中国特色的社会主义政党制度。无党派人士是我国政治生活中的一支重要力量。发挥无党派人士的作用，是坚持和完善中国共产党领导的多党合作和政治协商制度的必然要求。中国共产党历来重视多党合作和政治协商事业，重视发挥民主党派和无党派人士的作用。希望无党派人士界委员牢牢把握团结和民主两大主题，积极参加政治协商、民主监督、参政议政活动，为报效国家、服务人民继续施展才华、建功立业。

下面，我想强调三点。

第一，坚持正确政治方向，不断巩固和发展中国共产党领导的多党合作和政治协商制度。昨天，我们都听了贾庆林主席的报告[1]，报告反复强调了政治意识，另外强调坚持走中国特色社会主义政治发展道路。最近一段时间，中国政治体制改革是西方

2011年3月4日，吴邦国看望出席全国政协十一届四次会议无党派人士界委员，并参加联组讨论。

舆论津津乐道的一个问题。中国的改革是全面改革，涉及经济、政治、文化、社会等各个领域。也就是说，改革开放以来，我们在不断推进经济体制改革的同时，积极稳妥地推进政治体制改革，从国家领导制度、立法制度、行政管理体制、决策制度、司法制度、人事制度、基层群众自治制度和监督制约制度等方面进行了一系列改革，我国社会主义民主政治展现出更加旺盛的生命力。马克思讲，经济基础决定上层建筑，上层建筑反作用于经济基础。这些年，中国经济能保持这么快的发展速度，如果上层建筑不能与之相适应，是根本无法做到的。设想一下，如果中国的政治体制还是三十年前的老样子，我们怎么会拥有今天这样生动活泼的经济局面。小平同志曾讲过："我们评价一个国家的政治体制、政治结构和政策是否正确，关键看三条：第一是看国家的政局是否稳定；第二是看能否增进人民的团结，改善人民的生活；第三是看生产力能否得到持续发展。"[2] 事实已经充分证明，我们选择的中国特色社会主义政治发展道路是符合中国国情、顺应时代潮流、体现人民意志、强国富民的道路。没有中国共产党的坚强领导，没有政治体制改革的积极稳妥推进，就不可能创造这么多经济奇迹。所以说，中国的政治体制改革和经济体制改革是相辅相成的。

当前，我国发展仍处于可以大有作为的重要战略机遇期，同时也处于社会矛盾凸显期，面临不少矛盾和问题，特别是在教育、就业、社会保障和医疗、住房、收入分配等方面，与人民群众的要求还有较大差距，群众反映比较强烈。当然，我们面临的这些矛盾和问题，是发展中的问题，反映出我国发展的阶段性特征。现在，到了应当高度重视并逐步解决这个问题的时候了。这个问题不解决，不仅会影响经济发展，搞不好，还会演变成社会问题，甚至成为政治问题。希望各位委员重视肩负的政治使命，始终坚持正确政治方向，坚持中国特色社会主义政治发展道路，按照长期共存、互相监督、肝胆相照、荣辱与共的方针，巩固和发展同中国共产党的团结合作，做中国共产党的挚友和诤友。同时要深入学习中国特色社会主义理论尤其是人民政协有关理论，不断提高履职能力和水平，为巩固和发展多党合作和政治协商事业作出积极努力。

第二，要充分发挥自身优势，为经济社会发展贡献力量。我们"十二五"规划进一步发展，很重要的是靠创新，包括体制创新、管理创新、科技创新，但创新的关键是人才。无党派人士界具有人才荟萃、智力密集的特点，很多委员是专家学者、名师大家，从事的工作属于前沿领域、高端行业，对我国经济社会发展具有重要意义。希望各位委员积极参加视察、调研活动，发挥各自专业优势，提出更多有分量的提案、建议和调研报告，为经济社会又好又快发展献计献策。同时要以更加饱满的热情投身各自工作和事业，在本职工作岗位上建功立业，为国家发展和人民幸福作出新的贡献。

第三，要不断增强群众观念，为社会和谐稳定添砖加瓦。各位委员联系着数量众多的无党派人士，在无党派群众中具有很高的威信。希望大家继续发挥联系面广、影响力大的优势，为推动解决人民群众反映强烈的热点难点问题出实招、办实事，积极做好所联系群众的工作，引导群众合理表达利益诉求，努力帮助群众排忧解难，协助党和政府做好理顺情绪、化解矛盾、增进团结的工作，最大限度地激发社会活力，最大限度地减少社会矛盾，为社会主义现代化建设凝聚更加广泛的力量。

关于"十二五"规划，是包括无党派人士在内的社会各界十分关心的问题。十一届全国人大四次会议很重要的一项议程，就是要审查批准"十二五"规划纲要。全国政协会议也要进行讨论。有关方面还要根据人大代表和政协委员的意见，对草案作出修改完善。"十二五"规划纲要明确提出，要以科学发展为主题，以加快转变经济发展方式为主线。当前，我国正处在全面建设小康社会的关键时期，正处在深化改革开放、加快转变经济发展方式的攻坚时期。全国如此，各地也是如此。我们要把思想和行动统一到中共十七届五中全会精神上来，统一到胡锦涛总书记的重要讲话[3]精神上来，推动科学发展取得新的显著进步，推动转变经济发展方式取得实质性进展。

在这里，我只想讲一讲发展速度问题。"十二五"时期经济增长的预期目标是年均百分之七，到二〇一五年国内生产总值超过五十五万亿元。中央提出百分之七的目标，就是不希望搞得太快。事实上，百分之七的发展速度已经不慢了，在世界上也是少有的高速度。我记得很清楚，小平同志当年提出"翻两番"奋斗目标，经过测算，年均增长百分之七点二，十年就可以翻一番。现在我国的经济总量已经达到五万多亿美元。按照年均百分之七的发展速度，十年翻一番，就是十万亿美元，二十年翻两番，就是二十万亿美元。美国现在是十四万亿美元，但他的增长速度很低很低。也就是说，我国的经济总量二十年内就可能超过美国，而且我相信这期间我国的科技实力会有很大的进步，到那时国家的综合实力就更加不得了。我们之所以不希望搞得太快，主要基于两点考虑。

一是速度太高、绷得太紧，不利于五中全会精神的贯彻落实。坚持以科学发展为主题、以加快转变经济发展方式为主线，就必须妥善处理好保速度与调结构、质量与效益、经济发展与社会发展的关系。速度太高、大干快上，主题和主线就可能被置于从属地位。这些年，我国经济的快速发展有目共睹，但坦率地讲，一些深层次的矛盾和问题也在积累，发展中不平衡、不协调、不可持续的问题依然突出。比如，经济增长过分依赖出口和投资，一、二、三产业发展不协调，经济增长更多地依靠二产业拉动。在二产业中，高能耗、高投资的重化工比重过大，达到百分之七十。刚才还讲到，我国的研发经费占国内生产总值的比重仅有百分之一点八。美国经济总量十四万亿美元，研发经费占到百分之二点七，日本、以色列、瑞士大体上占到百分之三点五到百分之四点五。要看到，我国的生产力水平总体不高，自主创新能力不强。举两个小例子。政协的一份材料讲，全世界百分之七十的圆珠笔都在中国生产，但笔芯百分之九十靠进口，墨水百分之八十靠进口。我国手机、计算机产量都是世界第一，但每部手机售价的百分之二十、计算机售价的百分之三十，要支付给国外的专利持有者。我国经济结构的不合理，还表现在投资与消费的关系上。现在投资率是百分之四十三，消费率是百分之四十八点六，其中居民消费只有百分之三十五点三。记得陈云同志过去总讲积累和消费的关系，主张积累不要超过百分之三十，现在是大大超过了。以上这些深层次的矛盾和问题，必须下大力气解决，否则就难以为继。而且，国际上尤其是金融危机后的国际经济环境，也逼迫我们加快转变经济发展方式。美国总统奥巴马提出实施出口倍增、再工业化计划，他与胡锦涛总书记会谈时，翻来覆去讲汇率问题、贸易逆差问题，压我们升值人民币、扩大内需。我看，今后一段时间，贸易保护主义很可能成为一种常态，过分依赖出口的经济增长格局不可能长期维持。

二是这些年的经济快速发展也付出了很大的资源环境代价。二〇〇一年，全国能源消费总量是十三亿吨标准煤。记得我在国务院工作的时候，年产煤炭十亿吨、库存一亿吨就够用了。现在，年能源消费总量超过了三十亿吨标准煤，还觉得不够用。根据各地报上来的计划，到二〇二〇年要达到五十亿吨标准煤。这么多煤怎么生产出来？生产出来怎么运出去？就是生产出来、运出去了，环境能承受得了吗？最近因为中东局势的影响，国际石油价格已经超过一百美元一桶。还有，在快速发展过程中，大量土地被消耗，生态环境被污染。我们不能再走先污染后治理的老路了。资源环境已经成为制约我国经济发展的主要瓶颈，而且这种制约将会长期存在。为子孙后代着想，为了可持续发展，必须加快转变经济发展方式。

总之，我们希望把发展的速度适当放慢一点。坦率地讲，从这些年的情况看，想把速度搞快一点相对容易，但调结构、转方式就很不简单，难度要大很多，花的精力要多得多。我们要切实解决发展中的深层次矛盾和问题，真正把精力放在调整经济结构、增强创新能力、提高质量效益、保障改善民生上。但问题是，往往事与愿违、落实不下去。"十一五"时期经济增长的预期目标为年均百分之七点五，结果是百分之十一点二，各地都希望快一点、再快一点。原因很多，有认识问题，也有体制机制问题。比如税收体制，我国以增值税等流转税为主，只要有项目、有产出，不管盈亏，都有税收，所以地方政府都希望搞大项目。

还有干部考核体系，一些地方提拔干部，主要就看发展速度。体制机制不创新，很难从根本上改变"GDP挂帅"。因此，我们要继续深化改革，加快构建有利于科学发展的体制机制。这里我要强调的是，要创新发展思路，真正把思想和行动统一到中共十七届五中全会精神上来，统一到胡锦涛总书记的重要讲话精神上来，努力推动经济增长实现"三个转变"[4]，确保科学发展取得新的显著进步，确保转变经济发展方式取得实质性进展。

注 释

[1] 这里指全国政协主席贾庆林二〇一一年三月三日在全国政协十一届四次会议上所作的《中国人民政治协商会议全国委员会常务委员会工作报告》。

[2] 见邓小平《怎样评价一个国家的政治体制》(《邓小平文选》第3卷，人民出版社1993年版，第213页)。

[3] 这里指胡锦涛同志二〇一〇年十月十八日在中共十七届五中全会第二次全体会议上的讲话。

[4] 见本书（下）《全国人大全力支持抗震救灾工作》注[2]。

人大工作要关注民生、情系百姓 *

（二〇一一年三月十一日）

　　人大工作要关注民生、情系百姓。人大代表是由人民民主选举出来的，必须对人民负责。人大代表人民，要为人民办事，反映老百姓的呼声。因此，人大的各项工作都要坚持以人为本，以推动解决人民群众最关心、最直接、最现实的利益问题为重点，多为老百姓办实事办好事，这样才能得到人民的拥护。我在昨天的人大常委会工作报告中也讲了，人大立法工作要坚持以人为本、立法为民，要正确把握最广大人民根本利益、现阶段群众共同利益、不同群体特殊利益的关系，正确反映和统筹兼顾不同方面群众的利益，着力解决人民最关心、最直接、最现实的利益问题。监督工作也是这样。这些年，通过人大监督，推动有关方面解决了出口退税、超期羁押、拖欠农民工工资等一批事关全局而又长期得不到解决的问题。

　　现在，老百姓十分关注收入分配问题。锦涛同志在中央经济工作会议的重要讲话中明确提出，经济发展的内涵应该既包括较

---

　　* 这是吴邦国同志在十一届全国人大四次会议海南代表团会议上讲话的一部分。

2011 年 3 月 11 日，吴邦国参加十一届全国人大四次会议海南代表团审议。

快增长，也包括合理分配。他强调，没有持续增长，分配就缺乏物质基础；没有合理分配，增长也会缺乏持久动力和稳定的社会环境。家宝[1]同志作的政府工作报告和"十二五"规划纲要也提出，要提高"两个比重"，即逐步提高居民收入在国民收入分配中的比重，提高劳动报酬在初次分配中的比重。一九九〇年到二〇〇七年，我国居民收入占国内生产总值的比重，从百分之五十六点一八下降到百分之四十三点四七，下降了十二点七一个百分点。至于劳动报酬在初次分配中的比重，我们同发达国家相比差得太多。当然，调整收入分配关系是事关全局的重大改革，涉及到发展方式转变、利益格局调整、体制机制改革等。今年常委会监督工作的一项重要内容，就是准备围绕收入分配问题开展专题调研，着重就提高居民收入在国民收入分配中的比重，提高劳动报酬在初次分配中的比重，规范分配秩序，强化税收调节作用，扭转收入差距扩大趋势等问题，加强专题调研。待条件成熟时，安排听取国务院专项工作报告。昨天全国人大财经委在审查计划草案时也建议，力争在年内出台收入分配制度改革方案。

家宝同志在政府工作报告中还提出，今年要进一步扩大保障性住房建设规模，再开工建设保障性住房一千万套。有人算了一笔账，按每套七十平方米、每平方米二千元计算，需要投资一万四千亿元，中央预算安排的资金大约是一千多亿元，其他资金怎么解决？这些也需要人大加强监督。今年常委会将选择保障性住房建设问题，结合审议"一府两院"相关报告，继续依法开展专题询问。

注　释

[1] 家宝，即温家宝，时任中共中央政治局常委，国务院总理。

政治体制改革必须坚持正确政治方向[*]

（二〇一一年四月十日）

中国特色社会主义法律体系的形成，夯实了立国兴邦、长治久安的法制根基。简单来说，中国特色社会主义法律体系既确立了我国的根本政治制度和政治发展方向，也反映了我国社会主义民主政治建设和政治体制改革的丰硕成果。

这些年，国外有些人对中国的政治体制改革总是说三道四，国内也有各种议论。今年人大会议期间我就政治体制改革谈了一些意见，主要有这么三点。

一是中国的改革是全面的改革。我们的改革涉及经济、政治、文化、社会等各个领域，包括党和国家工作的各个方面。也就是说，改革开放以来，我们在推进经济体制改革的同时，一直积极稳妥地推进政治体制改革，从党和国家领导制度、干部人事制度、立法制度、行政管理体制、司法制度、监督制约制度、企业领导制度、基层群众自治制度等方面进行了一系列改革，我国社会主义民主政治展现出更加旺盛的生命力。中国经济能保持这么快的发展速度，如果上层建筑不能与之相适应，那是根本无法

＊　这是吴邦国同志在重庆市考察工作时讲话的一部分。

做到的。设想一下，如果中国的政治体制还是三十多年前的老样子，我们怎么会拥有今天这样充满生机和活力的发展局面。没有中国共产党的坚强领导，没有政治体制改革，就不可能创造这么多发展奇迹。事实充分说明，中国的政治体制是基本适应经济社会发展需要的，不存在政治体制改革滞后问题。

二是不应将我国发展中遇到的矛盾和问题都归因于政治体制。当前，我国发展仍处于可以大有作为的重要战略机遇期，同时也处于社会矛盾凸显期，面临不少矛盾和问题，特别是在教育、就业、社会保障和医疗、住房、收入分配等方面，与人民群众的要求还有较大差距，群众反映比较强烈。这些矛盾和问题，是发展过程中产生、变化和积累的，更多是属于我国发展阶段性特征的具体表现。其深层次原因需要具体情况具体分析，不应简单片面地都归因于政治体制，随意把这些矛盾和问题变为政治问题。中央提出科学发展观等重大战略思想，就是要妥善解决这些矛盾和问题。我们完全有信心、有能力解决这些矛盾和问题。

三是政治体制不是要不要改革的问题，而是按照什么方向改革的问题。积极稳妥地推进政治体制改革是确定无疑的，关键是改革必须坚持正确政治方向，坚持党的领导、人民当家作主、依法治国有机统一，不断推进包括人民代表大会制度在内的社会主义政治制度的自我完善和发展。我们的改革是社会主义制度的自我完善，而不是社会主义制度的颠覆。早在一九八七年，小平同志在会见外宾时曾多次谈到中国的政治体制改革问题。他指出，我们政治体制改革总的目的是，要有利于巩固社会主义制度，有利于巩固党的领导，有利于在党的领导和社会主义制度下发展生产力。要做到这些，一要增强党和国家的活力；二要真正提高工作效率，克服官僚主义；三要充分调动人民和各行各业基层的积极性。他强调，我们不能搬用西方那一套所谓的民主。像中国这样一个大国，人口这么多，地区之间又不平衡，还有这么多民族，高层搞直接选举条件还不成熟。中国共产党的领导丢不得，一丢就是动乱局面。所以，我们讲政治体制改革，必须坚持正确政治方向。

切实维护老年人合法权益[*]

（二〇一一年四月十一日）

应对人口老龄化，是实施我国经济社会发展"十二五"规划纲要的重大课题，是人大代表和社会各界普遍关注的重要民生问题。老年人权益保障法执法检查，是今年人大监督工作的重点，要精心组织，讲求实效，把执法检查与法律的修改完善有机结合起来，与代表议案、建议的办理有机结合起来。通过监督检查，督促有关方面高度重视老龄工作，发展完善老年社会保障体系和老龄服务体系，加强老龄工作体制机制建设，进一步营造敬老、养老、助老的良好社会氛围，切实维护老年人合法权益。

---

　　*　这是吴邦国同志对全国人大常委会老年人权益保障法执法检查工作的批示。

在中非青年领导人论坛
开幕式上的致辞 *

（二〇一一年五月二十一日）

尊敬的波汉巴总统阁下，

尊敬的古里拉布议长阁下，

亲爱的青年朋友们，女士们，先生们：

走进今天这个会场，心情格外舒畅，看到这么多朝气蓬勃的面孔，感到自己也年轻了许多。更让我欣慰的是，中非传统友谊后继有人，中非友好事业大有希望。首先，我代表中国共产党、中国政府和中国人民，对中非青年领导人论坛的召开表示热烈祝贺！向中国和非洲的青年朋友们致以亲切问候和良好祝愿！对纳米比亚为论坛作出的努力表示衷心的感谢！

巩固中非传统友谊，推动中非务实合作，促进中非共同发展，是包括青年人在内的二十三亿中非人民的共同心愿。这次论坛以"传承友谊，携手共进"为主题，充分体现了时代发展的客观要求和中非友好的强大生命力。

青年朋友们，女士们，先生们！

谈起中非友好，我们不禁想起二〇〇六年中非合作论坛北京

---

* 这次会议在纳米比亚温得和克举行。

峰会。这是中非友好史上一次具有历史意义的盛会，是新形势下中非务实合作的一个重要缩影。我记得，中国主要领导人都参加了，四十八个非洲国家的国家元首、政府首脑以及国际组织代表也出席了，参会人数高达一千七百多人。在这次峰会上，中非领导人共同决定建立政治上平等互信、经济上合作共赢、文化上交流互鉴的中非新型战略伙伴关系，胡锦涛主席宣布了中国加强对非务实合作的一揽子八项政策举措，绘就了中非合作的新蓝图，把中非友好合作推向新高度。这里，我想强调的是，中非友谊不是什么人赐予的，中非合作也不是一厢情愿的，说到底，是共同的历史遭遇让我们走到一起，是共同的发展使命让我们连到一起，是共同的战略利益让我们站到一起。中非友好是大势所趋、人心所向。

——中非是平等相待的好兄弟。中非都曾饱受帝国主义、殖

2011 年 5 月 21 日，吴邦国出席在纳米比亚温得和克举行的中非青年领导人论坛开幕式并致辞。

民主义侵略和压迫，对以大欺小、以强凌弱、以富压贫深恶痛绝，追求平等相待、相互尊重是我们共同的价值取向，也是中非友谊薪火相传的一条重要经验。上个世纪五十年代末、六十年代初，非洲独立解放运动蓬勃发展，大批非洲国家相继独立。由于历史原因，新生的非洲国家经济发展滞后，人民生活困难，迫切需要得到世界各国的支持和帮助。就在非洲人民最需要的时候，中国政府在世界上率先承认获得独立的非洲国家，并从各个方面给予支持和力所能及的帮助。我印象很深的是，一九六三年，我们的周恩来总理用五十多天的时间，远渡重洋、万里奔波，连续访问十个非洲国家，提出了著名的中国对外援助八项原则，核心是平等相待、相互尊重，严格尊重受援国主权，决不附带任何条件，决不要求任何特权，决不把援助看作单方面的赐予，真心实意地帮助受援国逐步走上自力更生、独立发展的道路。尽管当时中国自身建设任务相当繁重，财力和物力也相当紧张，我们仍然全力支援和帮助非洲国家建设了一大批国计民生项目，被誉为"自由之路"的坦赞铁路就是典型范例。迄今为止，中国共向非洲提供各类援助九百三十亿元人民币，为五十多个国家援建九百多个成套项目，免除三十五个国家债务三百二十五笔、二百零三亿元人民币，累计培训各类人员三万五千人次。几十年来，中国工程技术人员、医疗队员、农业专家和志愿者，一批又一批，一代又一代，来到非洲大陆，克服各种困难，同非洲人民并肩战斗、忘我工作，为非洲发展和中非友谊奉献了宝贵的青春甚至生命，数百位中国援非人员永远长眠在非洲大地。中国政府和人民永远缅怀他们，非洲国家和人民也永远不会忘记他们。

——中非是相互支持的好朋友。在风风雨雨的岁月中，中非人民在涉及对方核心利益和重大关切的问题上始终相互理解、相互支持，结下了难能可贵的真挚友谊，历久弥坚，牢不可破。这是我们独特的战略优势和宝贵财富。我们不会忘记，从上个世纪六十年代初开始，包括非洲朋友在内的广大发展中国家，把恢复中国在联合国的合法席位当作自己的事，不畏强权、仗义执言，顶住压力、不屈不挠，连续十年向联大提出相关提案。一九七一年，第二十六届联大会议以压倒性多数通过著名的二千七百五十八号决议，决定恢复中国在联合国的一切合法权利，确认中华人民共和国政府的代表是中国在联合国组织的唯一合法代表。这当中，非洲朋友的鼎力支持功不可没，投赞成票的七十六个国家中有二十六个来自非洲，占赞成票的三分之一。毛泽东主席曾风趣地说，是非洲朋友把我们"抬进"了联合国。我们不会忘记，非洲朋友大力支持中国举办北京奥运会和上海世博会，积极帮助我们战胜四川汶川特大地震等严重自然灾害。在申办上海世博会之初，纳米比亚开国总统努乔马就明确表示，上海是你们的城市，也是我们的城市，我们一定支持你们。非洲有十一位总统、一位议长、三位总理、两位副总统出席北京奥运会开幕式和闭幕式，有二十一位非洲国家领导人参观上海世博会和出席相关活动。长期以来，中国作为联合国安理会常任理事国，始终为维护非洲国家主权主持公道，为支持非洲大陆发展积极呼吁，为解决非洲热点问题奔走斡旋，给予了非洲国家坚定有力的支持。

——中非是互利合作的好伙伴。世界上有那么一些人，总是戴着有色眼镜看待中非合作，甚至说中国到非洲是搞什么"新殖民主义"。这顶帽子无论如何戴不到中国人头上。事实上，中非合作是互利共赢的，给双方带来的是实实在在的利益。过去的十年，中非贸易额从一百亿美元增加到一千二百六十九亿美元，一千六百多家中国企业到非洲安家落户，中国已成为非洲第一大贸易伙伴，近年来对非洲经济增长的贡献率超过百分之二十。我六次访问非洲，每次来，都要看一看经贸合作项目，对此有切身感受。这里，我给大家举两个小例子。赞比亚谦比希铜矿，始建于一九六三年，由于经营不善、缺乏资金，一九八七年不得不停产。一九九八年中赞合资重新开发，仅三年就复矿投产，雇用本地员工两千人，当年上缴税款近四百万美元，促进了当地就业和经济繁荣。原来失业的机械师姆瓦克激动地对我说，非常庆幸能在复产后的谦比希铜矿找到工作，一定好好干，为赞中友谊作出贡献。埃塞俄比亚受地理和技术条件限制，很多地区长期通讯不畅。二〇〇六年，中埃企业开始合作建设埃塞俄比亚全国通信网，得到中方十五亿美元的融资支持。经过这些年的努力，埃塞俄比亚已经拥有非洲最先进的通信网络，全国无线信号覆盖率从百分之七提升到百分之九十，手机用户从九十万增加到九百五十万。中方企业还专门建立技术培训中心，累计培训埃方专业技术人员上千人次，目前该通信网已全部交由当地管理和运营。

特别令人欣慰的是，中非青年在中非友好事业中日益发挥着不可替代的重要作用。中国向非洲派出的工程技术人员、医疗队员、农业专家、维和人员和志愿者，主力军都是年轻人，他们以自己的知识、热情和奉献精神赢得了非洲人民的尊重和信赖。非洲国家累计派出三万四千名青年学生到中国留学，他们学成回国后成为建设国家的生力军，也成为中非友好的桥梁和使者。从非洲丛林到万里长城，从大学校园到工厂企业，从中非青年联欢节到"文化聚焦"活动，中非青年付出了辛勤劳动，留下了欢声笑语，结下了深厚情谊，成为中非友好一道亮丽的风景线。

青年朋友们，女士们，先生们！

中非青年领导人论坛，是中非双方为加强青年交流搭建的新的重要平台，是中非青年友好交往史上的一件大事，对于增进中非青年相互了解和友谊，吸引更多青年人投身中非友好事业，使中非友好合作永葆生机与活力，具有重要意义。借此机会，我想就论坛的发展提几点建议，与各位青年朋友探讨。

一要服务中非关系大局。二〇〇〇年中非共同倡议成立的中非合作论坛，是中非集体对话的重要平台和务实合作的有效机制，经过十多年的发展，已经成为引领中非关系发展的旗帜。中非青年领导人论坛服从服务于中非友好合作关系的大局，很重要的一条，就是要坚持在中非合作论坛框架下开展工作，紧紧围绕双方领导人达成的重要共识、部长级会议确定的合作计划，拟定会议主题，明确工作重点，规划目标任务，落实相关措施，并加强同其他合作机制的协调与配合。希望通过双方的共同努力，把论坛建设成为青年朋友们开展定期交流与合作的有益平台，更好地发挥青年参与中非友好事业的积极作用，共同推动中非新型战略伙伴关系向前发展。中方愿为论坛的建设提供必要的支持和帮助。

二要传承中非传统友谊。中非老一辈领导人共同缔造和精心培育的传统友谊，是中非关系历久弥坚、蓬勃发展的不竭动力和宝贵财富，也是中非友好在新的时代背景下薪火相传、发扬光大的坚实基础。希望青年朋友们以传承中非传统友谊为己任，铭记光荣历史，顺应时代潮流，赋予中非传统友谊新的内涵，推动中非友好关系持续发展。要积极开展形式多样、内容丰富、为青年人喜闻乐见的活动，广泛宣传中非人民的深厚情谊，充分展示中非务实合作的丰硕成果，深入交流中非传统文化、基本国情和发展经验，着力加强青年之间的友好往来和相互学习，不断增进相互了解和理解，让中非青年更加相知相近相亲，让中非传统友谊更加深入人心。

三要促进中非务实合作。发展中非关系，很重要的内容，就

2011 年 5 月 21 日，吴邦国在温得和克出席中国驻纳米比亚大使馆新馆落成典礼。

是拓展和深化各领域务实合作。应当说，包括在座各位在内的中非青年朋友们，思想活跃、勤奋好学、充满热情、勇于创新，不仅是各自国家发展建设的生力军，也是促进中非务实合作的生力军。事实上，在中非务实合作的广阔天地中，无论是经贸合作还

是人文交流，无论是科技合作还是教育合作，无论是人力资源开发还是志愿者服务，青年人已经作出并将继续作出骄人的业绩。希望青年朋友们紧紧抓住中非经济快速发展带来的新机遇，以落实双方达成的合作共识为重点，充分发挥论坛人才荟萃、联系广泛的优势，为拓展和深化中非务实合作建言献策，为加强企业合作牵线搭桥，为扩大双方人文交流添砖加瓦，不断为中非务实合作开辟新的途径、充实新的内容、注入新的活力，进一步夯实中非友好合作关系的物质基础。

青年朋友们，女士们，先生们！

青年是国家和民族的希望，承载着中非友好的未来。我和波汉巴总统这一代人，亲身经历了中非患难与共、风雨同舟的历史进程，亲眼目睹了中非友谊之树从幼苗到参天大树的成长过程。我们相信，经过一代又一代中非青年的不懈努力，这棵参天大树一定能够枝繁叶茂、硕果累累。

最后，祝论坛取得圆满成功！

弘扬传统友谊，共创美好未来[*]

（二〇一一年五月二十五日）

尊敬的西苏鲁议长，

尊敬的马赫兰古主席，

女士们，先生们，朋友们：

今天，在我对南非进行正式友好访问之际，有机会来到国民议会，同各位新老朋友见面，感到十分高兴。首先，我向在座各位，并通过你们向兄弟的南非人民和非洲人民转达中国人民的诚挚问候和良好祝愿！

南非是世界上具有重要影响的国家。这片广袤神奇的大地，不仅以两洋交汇的壮美风光、灿烂独特的多元文化闻名于世，更以反种族隔离斗争的光荣历史、争取人民自由平等的伟大胜利享誉世界。新南非成立十七年来，贵国政府和人民积极探索适合本国国情的发展道路，经济蓬勃发展，种族和睦相处，民生不断改善，国际地位和影响力日益提升。特别是南非世界杯足球赛的成功举办，集中展示了南非蒸蒸日上的新兴大国形象，"彩虹之国"焕发出更加绚丽夺目的光彩。中国人民对南非人民取得的巨大成

---

[*]　这是吴邦国同志访问南非期间在南非国民议会的演讲。

就感到由衷的钦佩和高兴，衷心祝愿兄弟的南非人民不断取得新的更大成就。

中国和南非虽然远隔千山万水，但两国人民心心相印。早在南非人民反对种族隔离的正义斗争中，中国人民就坚定地与南非人民站在一起。一九九八年，中南正式建立外交关系，掀开了两国友好合作的新篇章。十三年来，双边关系发展势头强劲，已成为各自对外关系中发展最快、最为重要的双边关系之一，这在国与国之间的关系中是少有的。

——战略互信不断加深。建交仅两年两国就确立了伙伴关系，二〇〇四年提升为平等互利、共同发展的战略伙伴关系，二〇一〇年再上一个台阶、建立了全面战略伙伴关系。形象地说，中南政治关系的发展就像田径赛中的"三级跳"一样。两国领导人像走亲戚一样常来常往，建交不久曼德拉总统和江泽民主席就实现了互访，此后姆贝基总统、祖马总统多次访华，胡锦涛主席等中国主要领导人也先后访问南非。上个月，两国元首还在中国海南举行的金砖国家[1]领导人第三次会晤期间进行了很好的会谈。

——经贸合作快速发展。中南签订了投资、贸易、技术、税收等多个双边经贸合作协定，务实合作涵盖贸易、能源矿产、农业、房地产、新能源等众多领域。双边贸易额从十六亿美元增加到二百五十七亿美元，增长了十五倍，中国已成为南非在全球的最大贸易伙伴，南非也成为中国在非洲的最大贸易伙伴。一批有实力、讲信誉的中国企业在南非创业发展，不少世界知名的南非企业赴华投资兴业。二〇〇七年，中国工商银行出资五十四亿六千万美元入股南非标准银行，是迄今为止中国在非洲最大规模的金融类投资。

——人文交流日益密切。南非已成为与中国建立友好省市最多、设立孔子学院最多、吸引中国游客最多和拥有中国留学生最多的非洲国家。二〇一〇年，首站赴南非旅游的中国游客达到五万四千人，同期南非有六万四千多人次来华，分别比上年增长百分之三十四点八和百分之二十五点五。近年来，"感知中国·南非行"、"相约北京·南非周"等大型文化活动相继举办，掀起了一个又一个中南人文交流的新高潮。

还值得一提的是，两国立法机构间的交流与合作日益密切，在中国全国人大与外国议会建立定期交流机制的十五个国家中，南非是唯一的非洲国家。在此，我愿向长期致力于促进中南友好合作关系发展的南非议会和各位议员，表示衷心的感谢和崇高的敬意。

这里我要强调的是，中国和南非同为有重要影响的发展中大国，同为当今世界最具发展活力的新兴市场国家。重要的历史责任，广泛的共同利益，巨大的合作空间，使两国关系越来越具有战略性和全球意义。中方愿同南方一道，继续本着相互尊重、平等互利、共同发展的原则，巩固战略合作的基础，丰富战略合作的内涵，共同开创中南全面战略伙伴关系更加美好的明天。

女士们，先生们，朋友们！

国家繁荣富强、人民幸福安康，是包括中国在内的广大发展中国家的共同追求和强烈期盼。新中国成立六十多年来，特别是改革开放三十多年来，中国共产党团结带领亿万中华儿女，以改天换地的豪情壮志和波澜壮阔的创新实践，谱写了中华民族迈向现代化的壮丽史诗，国家实力一天天强起来，人民生活一天天好起来，古老的中华大地焕发出勃勃生机。很多外国朋友问我中国发生沧桑巨变的原因。我想，最根本的是我们开辟了一条符合中国国情、顺应时代潮流、体现人民意愿的强国富民道路。这当中，很重要的有这样三点。

第一，坚持把发展作为执政兴国的第一要务。我们切身体会到，发展是国家繁荣富强、人民幸福安康的关键所在。贫穷落后是长期以来中国面临的最大实际，解决中国一切问题要靠发展，战胜一切挑战还要靠发展。改革开放三十多年来，我们始终坚持发展是硬道理的战略思想，横下一条心，排除一切干扰，紧紧扭住经济建设这个中心不动摇，聚精会神搞建设，一心一意谋发展。连续制定和成功实施六个国民经济和社会发展五年规划，制定和实施数十个相关领域的中长期发展规划，以及西部大开发、东北地区等老工业基地振兴、中部地区崛起、东部地区率先发展等多个区域发展战略。经过三十多年持续发展，中国的综合国力大大增强，人民生活明显改善，国际地位不断提升。二〇一〇年与改革初期的一九七八年相比，国内生产总值从二千一百六十五亿美元增加到五万八千多亿美元，占全球的比重由百分之一点八提高到百分之九点五，经济总量跃居世界第二位。人均国内生产总值从二百二十六美元增加到四千三百多美元，增长了十八点四倍。国家财政收入从一千一百三十二亿元增加到八万三千亿元，增长了七十二点四倍。主要农产品和工业品产量位居世界第一位，粮食产量从三亿吨增加到五亿多吨，成功解决了占世界近五分之一人口的吃饭问题。高速公路通车里程达到七万四千公里，居世界第二位；高速铁路通车里程达到八千四百多公里，电力装机达到九亿六千万千瓦，均居世界第一位。顺利实施了载人航天飞行、月球探测、青藏铁路、三峡工程等一批举世瞩目的重大工程，成功举办了北京奥运会和上海世博会，奋力战胜了四川汶川特大地震等严重自然灾害。正是因为我们始终把发展作为执政兴国的第一要务，中国的面貌发生了历史性变化，亿万人民从发展中得到了实惠，发展已成为全国各族人民的共同追求，中国的发展不可阻挡。

第二，坚持把改革作为发展进步的强大动力。我们切身体会到，改革是国家繁荣富强、人民幸福安康的必由之路，只有改革开放，才能释放亿万人民的创造活力，才能赋予社会主义新的生机。改革开放三十多年来，我们始终坚持一切从实际出发，只要有利于发展社会生产力，有利于增强综合国力，有利于提高人民生活水平，就大胆地试、大胆地闯，锐意推进经济领域、政治领域和其他各个领域的全面改革，不断实现社会主义制度的自我完善和发展。一是，发展社会主义市场经济，确立公有制为主体、多种所有制经济共同发展的基本经济制度，对农村集体土地实行家庭承包经营，对国有经济布局进行战略调整，对国有企业进行改革改组改造，建立现代企业制度，百分之九十的国有企业完成股份制改造，一批大型国有企业在境内外上市。同时，毫不动摇地鼓励、支持和引导非公有制经济发展，非公有制经济创造的增加值占国内生产总值的比重达到三分之二左右。积极培育资本、产权、土地、劳动力和技术等生产要素市场，完善政府宏观调控体系，充分发挥市场在资源配置中的基础性作用。二是，坚决实行对外开放，从建立经济特区到加入世界贸易组织，从大规模"引进来"到大踏步"走出去"，不断拓展对外开放的广度和深度，形成全方位、宽领域、多层次的对外开放格局。目前，中国的进出口总额超过二万九千亿美元，成为世界第一大货物出口国和第二大货物进口国，累计实际利用外商直接投资超过一万亿美元，批准设立外商投资企业七十一万家。三是，积极稳妥地推进政治体制改革，涉及国家领导制度、立法制度、行政管理制度、司法制度、基层群众自治制度等各个方面，努力增强党和国家活力，充分调动人民积极性。实行依法治国基本方略，通过现行宪法和四个宪法修正案，制定现行有效法律二百三十九件、行政法规六百九十多件、地方性法规八千六百多件，形成以宪法为统帅的中国特色社会主义法律体系，国家各项事业的发展都纳入法制化轨道。正是因为我们始终把改革作为发展进步的强大动力，不断破除束缚生产力发展的体制障碍，全社会的创造活力竞相迸发，亿万人民从改革开放中看到了希望，改革开放已经深入人心，中国的改革开放不可逆转。

第三，坚持把和谐稳定作为改革发展的重要基础。我们切身体会到，稳定是国家繁荣富强、人民幸福安康的根本前提。中国有十三亿人口、五十六个民族，城乡、区域发展很不平衡，要在这样的发展中大国搞现代化建设，没有安定的政治局面和稳定的社会环境，什么事情也办不成，已经取得的发展成果也会失去，甚至可能陷入内乱和分裂的深渊。对此，我们始终保持清醒头脑，从战略高度妥善处理改革发展稳定的关系。一是，坚持走自己的路，在涉及国家根本制度等重大原则问题上不动摇、不折腾，坚定不移地走中国人民自己选择的正确发展道路，积极借鉴人类社会创造的文明成果包括政治文明的有益成果，但绝不照抄照搬，在中国发生深刻变革、世界发生深刻变化的背景下，始终保持了国家政局长期稳定。二是，确保人民安居乐业，从解决老百姓最关切的就业、教育、医疗、住房、收入分配、社会保障等方面的问题入手，着力保障和改善民生，实现好、维护好、发展好最广大人民的根本利益，做到发展为了人民、发展依靠人民、发展成果由人民共享。二〇一〇年与改革初期的一九七八年相比，城镇居民年人均可支配收入从三百四十三元增加到一万九千元；农村居民年人均纯收入从一百三十四元增加到五千九百一十九元。农村贫困人口减少二亿二千万人，减贫人数约占发展中国家减贫人数的百分之七十五。城镇化率从百分之十七点九提高到百分之四十九点七，每年有一千万左右的农村居民转为城镇居民。城镇基本养老保险覆盖二亿五千七百万人，全国基本医疗保险覆盖超过十二亿人。九年免费义务教育全面普及，在校大学生人数由八十六万人增加到二千二百三十一万人。城乡居民人均预期寿命，从新中国成立前的三十五岁上升到二〇一〇年的七十三点五岁。三是，促进社会和谐稳定，针对社会深刻变革带来的矛盾和问题，着力加强和创新社会管理，健全群众权益保障机制，畅通群众利益表达渠道，依法保护公民合法权益，依法惩治违法犯罪活动，及时把矛盾和问题化解在萌芽状态，最大限度地增加和谐因素，最大限度地减少不和谐因素。正是因为我们始终妥善处理改革发展稳定的关系，中国的改革发展才能够顺利进行，亿万人民从稳定中尝到了甜头，从三十多年来改革开放的实践中深刻体会到，和谐稳定是全国各族人民的根本利益所在，稳定是福，动乱是祸，社会和谐稳定是改革发展的前提和基础。

我们也清醒地认识到，虽然中国取得的成就举世瞩目，但面临的矛盾和问题也世所罕见，发展不平衡、不协调、不可持续的问题相当突出，改革发展稳定的任务依然艰巨而繁重。目前，我们正按照中国全国人大批准的"十二五"发展规划，深入贯彻落实科学发展观，加快转变经济发展方式，加快经济结构战略性调整，努力实现经济社会又好又快发展。我们坚信，只要紧紧抓住经济建设这个中心，不断深化改革开放，不断改善民生，不断促进和谐稳定，中国就一定能够成为富强民主文明和谐的社会主义现代化国家，中国各族人民就一定能够过上更加幸福安康的好日子。

2011年5月25日，吴邦国在南非总统府会见南非总统祖马。

女士们，先生们，朋友们！

我先后六次访问非洲，亲眼目睹了非洲大陆的发展进步，亲身感受到这片热土的勃勃生机。今天的非洲，经济社会发展迅速，国际地位和影响日益提高，一个团结自信、阔步前进的新非洲正展现在世人面前。

中国是世界上最大的发展中国家，非洲是发展中国家最集中的大陆。加强同包括非洲国家在内的广大发展中国家的团结与合作，始终是中国独立自主和平外交政策的重要基础。事实已经证明并将继续证明，深化中非友好合作符合中非人民的根本利益，有利于推动中非共同发展进步，有利于促进世界和平与繁荣。我这次非洲之行的主要目的，就是要弘扬中非传统友谊，推动中非关系不断向前发展。

回首新世纪的第一个十年，中非传统友谊历久弥坚，务实合作硕果累累。二〇〇〇年，双方共同倡议成立中非合作论坛，构筑了中非集体对话与务实合作的新平台和新机制，掀开了中非合作的新篇章。二〇〇六年，胡锦涛主席在中非合作论坛北京峰会上宣布加强对非务实合作的八项政策举措，绘就了中非合作的新蓝图，成为中非友好合作新的里程碑。二〇〇九年，中国政府在论坛第四届部长级会议上又推出八项新举措，为全面推进中非合作提供了新机遇、注入了新动力。我们高兴地看到，在双方的共同努力下，过去的十年，中非贸易额从一百亿美元增加到一千二百六十九亿美元，一千六百多家中国企业到非洲安家落户，仅二〇一〇年直接投资就达到十亿七千万美元，是二〇〇〇年的五倍。中国已成为非洲第一大贸易伙伴，近年来对非洲经济增长贡献率超过百分之二十，中非务实合作展现出巨大的生机和活力。

展望新世纪的第二个十年，我们对中非关系的发展前景充满信心。中非友好不会因为国际形势的变化而变化，更不会因为自身经济的发展和国际地位的变化而变化。只要我们秉持和发扬中非友好合作的好传统、好经验、好做法，与时俱进，开拓创新，就一定能够推动中非新型战略伙伴关系不断迈上新台阶。

一要坚持平等相待。这是我们宝贵的政治财富。半个多世纪以来，中非关系之所以能够历经风雨考验、取得长足发展，一条很重要的经验，就是我们始终坚持平等相待，充分尊重对方国家主权和领土完整，充分尊重对方根据本国国情自主选择的社会制度和发展道路，绝不干涉对方国家内部事务，绝不把自己的意志强加于人。中国向非洲提供的援助历来不附加任何政治条件，从不把援助当作单方面的赐予，从不造成受援国对中国的依赖，而是真心实意地帮助非洲国家提高自我发展能力。中国愿与非洲各国一道，坚持从战略高度、长远角度看待和发展中非关系，密切双方在中非合作论坛框架内的对话与协商，继续保持中非高层交往势头，加强政府、立法机构、政党间的交流与合作，在涉及彼此核心和重大利益问题上相互支持，不断夯实中非关系的政治基础，永做好朋友、好兄弟、好伙伴。

二要坚持互利合作。这是我们内在的共同需求。中国和非洲各国同属发展中国家，都面临加快经济发展、改善人民生活的任务，而且双方经济互补性强，非洲有丰富的自然和人力资源，中国有适用技术和成熟经验，中非合作领域多、空间广、潜力大。近年来，中非妥善应对国际金融危机冲击，保持了经济平稳较快发展，经济结构调整步伐加快，这为中非深化互利合作提供了新的契机和动力。双方应抓住难得机遇，发挥互补优势，拓展合作领域，挖掘合作潜力，全面落实中非合作论坛第四届部长级会议达成的最新成果，充分发挥企业作为经贸合作主体的作用，重点加强农业、基础设施、制造业、能源资源、人力资源开发等领域合作，不断提升互利合作的质量和水平。中方将继续扩大从非洲进口，鼓励和支持更多有实力的中国企业赴非投资，加大技术转让力度，逐步扩大对非援助规模，优化援助结构，使援助项目更多向民生、人文和节能环保等领域倾斜。

三要坚持相互支持。这是我们独特的战略优势。在半个多世纪的风风雨雨中，中非始终相互理解、患难与共，只要朋友有困难有需要，都毫不犹豫地伸出援助之手，始终不渝地给予坚定支持。在世界多极化深入发展、国际体系深刻调整的今天，双方应积极推动南南合作和南北对话，进一步密切在联合国、世界贸易组织等多边舞台的配合，积极参与全球治理和国际金融体系改革，共同推动国际政治经济秩序朝着更加公正合理的方向发展；进一步加强在应对气候变化、环境保护、粮食安全、能源资源安全、公共卫生安全等全球性挑战方面的协调与合作，共同维护发展中国家的正当权益；进一步敦促发达国家切实兑现官方发展援助承诺，开放市场、减免债务、加大对发展中国家的资金和技术支持，共同推动联合国千年发展目标[2]的落实。作为安理会常任理事国，中国将一如既往地坚定支持非洲国家维护国家主权、安全和发展利益，支持包括非洲国家在内的发展中国家提高在国际体系中的代表性和发言权，支持非洲国家谋求联合自强、自主解决非洲问题的努力，支持非洲联盟在加强非洲团结合作方面发挥主导作用。

女士们，先生们，朋友们！

今天正值第四十八个"非洲日"。借此机会，我谨代表中国政府和中国人民，并以个人的名义，向非洲人民为争取独立自由、谋求发展进步作出的不懈努力和取得的巨大成就表示崇高的敬意，衷心祝愿包括南非人民在内的非洲人民在建设美好家园、实现非洲复兴的伟大事业中创造新的辉煌。

注　释

[1] 金砖国家，包括中国、俄罗斯、印度、巴西、南非。二〇〇三年，美国高盛公司在其全球经济报告《与BRICs一起梦想：通往二〇五〇年之路》中提出了BRICs概念，由巴西（Brazil）、俄罗斯（Russia）、印度（India）、中国（China）的英文名称第一个字母组成，作为四个发展潜力较好的新兴市场国家的代称。因BRICs拼写和发音同"砖"的英文单词BRICKS（复数形式）相近，中文译为"金砖四国"。"金砖四国"原为高盛公司提出的一个投资概念，后因四国间具有许多共同特点而发展成为合作机制。二〇〇六年联合国大会期间，四国举行首次外长会晤，正式建立合作机制。二〇〇九年，四国领导人在俄罗斯叶卡捷琳堡举行首次会晤，合作机制升格为领导人峰会。二〇一〇年，南非（South Africa）正式加入合作机制，金砖国家扩大到五国，英文名称为BRICS。金砖国家在国际合作中发挥着独特作用，影响力日益扩大。

[2] 见本书（上）《加强多边合作，促进共同发展》注[1]。

明确香港特别行政区的外交、国防等
事务由中央人民政府负责管理*

（二〇一一年八月二十六日）

　　本次会议的一项重要内容，是审议通过了关于香港特别行政区基本法第十三条第一款[1]和第十九条[2]的解释。这是香港基本法实施以来第一次由香港特别行政区终审法院在审理有关案件的过程中就基本法有关中央人民政府管理的事务和中央与特别行政区关系的条款，提请全国人大常委会进行解释。委员长会议依照宪法和香港特别行政区基本法等法律的规定，提出了解释香港基本法有关条款的议案，并依照法定程序征询了全国人大常委会香港特别行政区基本法委员会的意见。会议期间，常委会组成人员经过充分审议，全票通过了解释草案。这里我要强调的是，香港特别行政区是直辖于中央人民政府的地方行政区域，基本法在赋予香港特别行政区高度自治权的同时，明确香港特别行政区的外交、国防等事务由中央人民政府负责管理，并专门规定香港特别行政区法院对国防、外交等国家行为无管辖权。这是体现国家主权所必不可少的，也是保持香港长期繁荣稳定所必不可少

---

　　* 这是吴邦国同志在十一届全国人大常委会第二十二次会议上讲话的一部分。

的。本次全国人大常委会对基本法有关条款作出的解释，充分体现了"一国两制"方针，既维护了国家主权，又保证了香港特别行政区享有包括独立的司法权和终审权在内的高度自治权，对于推动基本法全面正确实施具有重要意义。我们相信，只要坚定贯彻"一国两制"方针，严格按照基本法办事，就一定能够把香港管理、建设得更加美好。

注　释

[1]《中华人民共和国香港特别行政区基本法》第十三条第一款规定："中央人民政府负责管理与香港特别行政区有关的外交事务。"

[2]《中华人民共和国香港特别行政区基本法》第十九条规定："香港特别行政区享有独立的司法权和终审权。香港特别行政区法院除继续保持香港原有法律制度和原则对法院审判权所作的限制外，对香港特别行政区所有的案件均有审判权。香港特别行政区法院对国防、外交等国家行为无管辖权。香港特别行政区法院在审理案件中遇有涉及国防、外交等国家行为的事实问题，应取得行政长官就该等问题发出的证明文件，上述文件对法院有约束力。行政长官在发出证明文件前，须取得中央人民政府的证明书。"

中俄议会交往
要有活力、有深度、有作为[*]

（二〇一一年九月十五日）

我们高兴地看到，在中俄关系大发展的背景下，两国议会合作也取得了令人满意的成果。二〇〇五年，我同格雷兹洛夫主席共同决定成立议会合作委员会，标志着中俄议会交往进入机制化的新阶段。这些年来，我们以定期交流机制为统领，积极开展各层次各领域的友好交往与务实合作，为推动国家关系全面发展作出了应有贡献。总结这当中的宝贵经验，给我们的重要启示是，议会交往要有活力、有深度、有作为，很重要的是要坚持以下几点。

一要把服务国家关系发展大局作为议会交往的根本方向。作为中俄全面战略协作伙伴关系的重要组成部分，两国议会交往必须服从服务于国家关系发展的大局。我们要紧紧围绕推动落实两国元首达成的重要共识，结合中俄关系发展的现实需要，确定每次交流对话的议题，充分发挥议会交往的独特优势，加强在民主法制建设和治国理政等方面的交流借鉴，为推动国家关系健康稳

＊　这是吴邦国同志访问俄罗斯期间在莫斯科举行的中国全国人大与俄罗斯国家杜马合作委员会第五次会议上的致辞的一部分。

定发展贡献智慧和力量。要及时依法按程序审议批准有关双边条约和协定，并督促这些文件的贯彻落实，为国家关系发展提供坚实的法制保障。要切实按照中俄战略协作精神，坚定支持对方走符合本国国情的发展道路，坚定支持对方维护本国主权、安全、发展利益特别是核心利益的努力，坚定支持对方发展振兴，继续加强在国际和地区议会组织中的战略协作，维护共同利益。事实已经证明并将继续证明，坚持服务于国家关系发展大局，议会交往就能保持正确方向，就能在推动国家关系发展方面发挥更加积极的作用。

二要把促进务实合作作为议会交往的重要内容。务实合作是中俄全面战略协作伙伴关系发展的不竭动力，应当也必须成为两国议会交往的重点。我们要紧紧围绕未来十年中俄关系发展规划，充分发挥议会的职能作用，及时修改完善相关法律，加快贸易投资便利化进程，督促解决规范贸易秩序、便利人员往来等方面存在的突出问题，不断优化双边务实合作的法律环境。要督促两国相关部门切实落实双方已达成的合作共识，尽早启动实施优先项目，特别是跨境桥梁、油气管道、输电线路、口岸设施等互联互通重点项目，着力加强石油、天然气、核能、航空航天等领域的战略性大项目合作。要充分发挥议会信息密集、人才荟萃、联系广泛的优势，广泛宣传各自经济社会发展战略规划，为深化经贸领域务实合作建言献策，为地方和企业合作牵线搭桥，积极探索新的合作领域和方向，不断扩大相互投资规模。事实已经证明并将继续证明，坚持推动务实合作，议会交往就能充满生机，就能为国家关系发展不断注入新的活力。

三要把弘扬世代友好作为议会交往的首要任务。世代友好

2011 年 9 月 15 日，吴邦国与俄罗斯国家杜马主席格雷兹洛夫共同出席中国全国人大与俄罗斯国家杜马合作委员会第五次会议。

是中俄两国和两国人民的共同心愿。议员代表人民，议会反映民意。两国议会有责任、有义务把中俄友好的接力棒一代一代传递下去。我们要以《中俄睦邻友好合作条约》签署十周年为契机，大力弘扬中俄睦邻友好的和平思想，广泛宣传合作共赢的发展理念，积极引导两国民众增进彼此了解和友好情谊，努力营造中俄世代友好的浓厚氛围。要加强议会领导人、专门委员会、友好小组等各层次各领域友好交往，特别是青年议员之间的机制化交流，定期组织青年议员面对面沟通交流和实地考察，深入了解彼此国情，加深对中俄关系战略价值的认识，培养更多坚定支持中俄友好的年轻政治家。要积极参与两国大型人文交流活动，支持办好明后年中俄"旅游年"，推动企业、青年、妇女、媒体等社会各界友好交往，促进人员频繁往来，使

越来越多的人特别是青年人投身中俄友好事业，形成支持中俄
关系发展的广泛力量。事实已经证明并将继续证明，坚持弘扬
世代友好，议会交往就能有声有色，就能不断夯实国家关系发
展的社会基础和民意基础。

这里还要强调的是，中俄两国是世界上具有重要影响的大
国，两国议会成立合作委员会，实现议会交流机制化，是双方深
化合作的重要举措，有利于保持交流的稳定性和连续性，有利于
拓展合作的深度和广度，有利于增强交往的针对性和实效性，对
加强中俄战略协作、促进各领域务实合作具有十分重要的意义。
在座的各位议员长期致力于中俄友好事业，是议会定期交流机制
建设的见证者和实践者，为提升两国议会合作水平、促进中俄关
系发展作出了积极贡献。希望各位同事，再接再厉、开拓进取，
在总结这些年有益经验和做法的基础上，健全工作机制，丰富交
流形式，充实合作内容，把中俄议会定期交流机制坚持好完善好
发展好。

深化睦邻友好，扩大务实合作，促进共同发展[*]

（二〇一一年九月二十二日）

　　中国是亚洲大家庭中的一员，也是世界上邻国最多的国家。中国有句老话，"远亲不如近邻"。新中国成立六十多年来特别是改革开放三十多年来，我们一直把发展同周边国家的友好关系摆在外交全局的重要位置，坚定奉行"与邻为善、以邻为伴"的周边外交方针，始终致力于同周边国家的睦邻友好。

　　一是把相互尊重作为睦邻友好的政治基础。对周边国家不论大小、强弱、贫富，我们一律平等相待、坦诚相见，在和平共处五项原则的基础上发展国家关系，同几乎所有周边国家签订双边友好条约，确立不同形式的伙伴关系，建立领导人双边或多边定期会晤机制。不论国际形势和各自国内情况如何变化，我们都从维护国家关系的大局出发，从两国人民的根本利益出发，坚定不移地发展双边友好关系。对周边国家的社会制度、发展道路和内外政策等内部事务，我们从不把自己的意志强加于人，而是充分尊重各国人民根据本国国情作出的自主选择，充分尊重各国的文

---

　　* 这是吴邦国同志访问乌兹别克斯坦期间在乌兹别克斯坦最高会议立法院的演讲《弘扬睦邻友好，实现共同发展》的一部分。

化传统、价值观念和宗教习俗，充分尊重各国为维护稳定和发展经济所作出的努力。对同周边国家的边界问题，我们一向本着友好协商、互谅互让的原则，通过坦诚对话、和平谈判加以解决。先后同有关国家签订十九个边界条约、协定和二十二个勘界、联检议定书，划定勘定约二万公里的边界线，彻底解决了与绝大多数邻国间历史遗留的陆地边界问题。

二是把和平安宁作为睦邻友好的重要保障。中国奉行防御性国防政策，加强国防建设的目的是捍卫国家主权和领土完整，并向世界郑重宣示永远不称霸，郑重承诺不首先使用核武器、不向无核国家使用或威胁使用核武器。倡导互信、互利、平等、协作的新安全观，推动同周边国家建立军事互信和磋商对话机制，参加东盟地区论坛、东盟防长扩大会、香格里拉对话等多边合作机制，同俄罗斯和中亚邻国签署关于在边境地区加强军事领域信任协定、相互裁减军事力量协定。对地区热点问题，我们一贯主张有关各方通过对话和平解决，秉持客观公正立场，积极劝和促谈，努力斡旋调解，促进朝鲜半岛核问题六方会谈，参与解决伊朗核问题进程，从不做使矛盾复杂化的事情，从不做有损邻居关系的事情。推动上海合作组织积极合作应对日益严峻的恐怖主义、跨国犯罪、重大自然灾害、公共卫生等非传统安全威胁。倡议召开中日韩—东盟打击跨国犯罪部长级会议，与缅甸、泰国、老挝、越南、柬埔寨和联合国禁毒署共同建立六国七方禁毒合作机制，与东盟签署《中国和东盟禁毒合作计划》。推动建立亚洲国家间减灾对话与交流平台，同周边国家签署三十五个双边或多边减灾救灾文件，积极参与周边国家重大自然灾害救援行动，举办中国—东盟防治非典型肺炎、禽流感等特别会议，设立中国—

东盟公共卫生合作基金，开展早期预警、危机管理、防疫互助等合作，提高本地区应对重大自然灾害和突发公共卫生事件能力。

三是把共同发展作为睦邻友好的根本目的。在双边务实合作中，我们在不断扩大双边贸易规模的同时，积极扩大从周边国家进口，对周边发展中国家特别是最不发达国家，通过实行单方面关税减免、消除非关税壁垒、举办商品展等多种方式，为这些国家商品进入中国市场提供便利。中国连续多年成为亚洲最大进口市场，仅去年就进口八千三百四十六亿美元，贸易逆差达一千零二十五亿美元。在扩大对周边国家投资的同时，鼓励走出去的中国企业积极参与当地经济社会发展，拓展合作领域，延伸产业链，更多雇用当地员工，培训专业技术人才，承担相应社会责任，帮助发展中国家增强自身发展能力。中国对亚洲国家和地区非金融类投资累计达到二千零六亿美元，占中国对外投资总额的百分之七十，仅去年就新增投资三百八十三亿美元。我们大力推动地方特别是边境地区间的互利合作，开通了二百七十八个一类口岸，举办了七届中国—东盟博览会，面向中亚地区的中国—亚欧博览会、霍尔果斯国际边境合作中心等一批合作平台也已初见成效。在区域合作中，我们在大力推动贸易投资自由化便利化的同时，把推进基础设施互联互通作为合作重点，通过提供优惠信贷和发展援助、设立合作基金等措施，支持跨区域公路、铁路、水路、能源管道、信息通信等基础设施建设，努力形成优势互补、携手并进、共享繁荣的发展格局。中国—东盟自由贸易区二〇一〇年全面建成，成为发展中国家间最大的自由贸易区，当年贸易总额就达到二千九百二十八亿美元，同比增长百分之三十八。在应对二〇〇八年国际金融危机中，我们在努力克服自身困难的同时，向发展中国家特别是周边国家慷慨施援，同有关国家和地区签署总额达六千五百亿元人民币的双边货币互换协议，在东盟与中日韩合作框架下建立规模为一千二百亿美元的区域外汇储备库，设立一百亿美元的中国—东盟投资合作基金，向上海合作组织其他成员国提供一百亿美元的信贷支持等。近年来，中国对亚洲经济增长的贡献越来越突出，亚洲新兴经济体发展势头强劲，成为全球公认的最具发展活力和潜力的经济板块。

这里我要强调的是，中国坚定不移走和平发展道路，始终奉行"与邻为善、以邻为伴"的周边外交方针，是中国基于时代发展潮流和自身根本利益作出的战略抉择，不会因为中国综合国力的增强而改变。我们深知，中国改革开放三十多年来的快速发展，离不开和平稳定的外部环境，离不开与世界和周边各国的互利合作，离不开学习借鉴人类文明的优秀成果。中国要实现社会主义现代化，让十三亿人民过上富足安康的好日子，必将更加珍惜来之不易的和平环境，更加坚定地实施互利共赢的开放战略，更加真诚地同所有国家发展友好关系。实践已经证明并将继续证明，中国的发展对周边国家乃至世界是机遇和贡献，不是麻烦更不是威胁，中国过去是、现在是、将来永远是维护世界和地区和平、促进共同发展的积极因素和坚定力量。中国愿同周边国家一道，深化睦邻友好，扩大务实合作，促进共同发展，永做好邻居、好朋友、好伙伴，共同谱写和平、合作、和谐的新篇章。

中亚国家位于欧亚大陆中心，历史悠久、文化灿烂、资源丰富，正以自身的快速发展和独特的地缘优势，吸引着世界的目光。作为友好邻邦，中国一直高度重视发展同中亚国家的友好合作关系，坚定支持中亚国家走符合本国国情的发展道路，坚定支持中亚国家为维护国家安全、发展经济、改善民生所作的努力，坚定支持中亚国家在国际和地区事务中发挥更大作用。

我们高兴地看到，在双方的共同努力下，中国与中亚国家关系实现跨越式发展，中国人民同中亚人民的传统友谊薪火相传、历久弥坚。双方领导人像走亲戚一样常来常往，迄今为止，中国国家元首先后二十二次访问中亚国家，中亚国家元首先后四十七次访问中国，双方领导人在多边场合经常会晤，在前不久举行的上海合作组织阿斯塔纳峰会上，胡锦涛主席同中亚四国元首再次见面，就双边关系和其他共同关心的重大问题深入交换意见、凝聚共识、规划未来，有力地推动了中国与中亚国家关系的发展。我们在涉及彼此核心利益的重大问题上坚定支持，在打击"三股势力"[1]等安全合作方面密切协作，在国际和地区事务中协调配合。更为可喜的是，经贸合作成为中国与中亚国家关系的一大亮点，双方贸易额在短短二十年内增长了六十五倍，一批开创性的大项目合作成功实施，起始于土乌边境的中国—中亚天然气管道实现双线投产通气，正在建设的 C 线竣工后，每年将向中方新增供气二百五十亿立方米，全长三千多公里的中哈原油管道一期工程建成投入使用，二期工程将于二〇一三年竣工运营，双方关系的物质基础更加坚实。我们完全有理由说，中国与中亚国家的关系堪称睦邻友好、共同发展的典范。

当前，世界正处在大发展大变革大调整时期，机遇前所未有，挑战也前所未有。对中国和中亚国家来说，共同构筑全方位、高水平的睦邻友好与互利合作关系，战略性和紧迫性比以往任何时候都更加凸显。我这次访问中亚的目的，就是要进一步落实双方领导人达成的共识，巩固传统友谊，深化务实合作，推动

2011 年 9 月 21 日，吴邦国在访问乌兹别克斯坦期间视察中石油中乌天然气管道项目部。

中国与中亚国家关系不断向前发展。为此，我愿提出以下建议。

一要在巩固政治互信的基础上提高战略协作水平。充分理解对方重大关切、坚定支持对方核心利益，是中国和中亚国家睦邻友好的独特战略优势。双方应加强政治支持，在涉及对方主权、领土完整、国家安全、稳定和发展等重大问题上，无论是在双边层面还是在多边层面，都应当以适当的形式及时发出响亮的声音，给予对方坚定的支持。双方应加强在国际和地区事务中的战略协作，就全球经济治理、应对气候变化、能源资源安全等全球性问题，主动沟通信息，及时协调立场，维护共同利益，努力营造有利于和平发展的国际和地区环境。双方应从战略高度重视加强人民之间特别是青年之间的友好往来，让双方人民相知相近相亲，让睦邻友好深入人心、世代相传，不断夯实国家关系发展的社会基础和民意基础。

二要在坚持互利共赢的基础上构建更加紧密的经济联系。深化双边务实合作、推动区域经济一体化，是中国和中亚国家实现共同发展的现实需要。双方应结合各自国家发展战略规划，抓住经济结构调整机遇，发挥经济互补优势，在落实好现有大项目合作、深化油气资源领域合作的同时，积极开展风能、太阳能等清洁能源领域合作，挖掘农业、制造业、高新技术产业、交通、金融等非资源领域合作潜力，推进教育、卫生、旅游等人文领域的合作，密切地方特别是边境地区的务实合作，培育经济技术合作和企业合作新的增长点。双方应大力推进区域经济合作，积极实施上海合作组织成员国多边经贸合作纲要，着力加强区域交通、能源、通信等基础设施网络化建设，认真落实海关、质检、运输等领域便利化措施，加快构建地区能源安全、金融安全、粮食安全合作机制，推动贸易和投资自由化便利化，加快区域经济一体化进程。

三要在加强安全合作的基础上增强抵御现实威胁能力。打击"三股势力"、确保地区安宁，是中国和中亚国家长期而艰巨的共同任务。中国和中亚国家为维护本地区和平安宁付出了巨大努力，取得了显著成效。同时也要看到，在国际和地区热点问题此起彼伏的背景下，"三股势力"再趋活跃，跨国有组织犯罪日益猖獗，本地区安全形势更加复杂。我们要紧紧把握影响地区安全的核心问题和关键因素，建立更加完善的安全合作体系，积极实施打击"三股势力"上海公约，认真落实双边安全合作协定，深化安全对话磋商与信息交流，继续定期举行联合反恐演习，加强大型活动安保协作，着力提高组织行动能力和快速反应能力，毫不懈怠地打击"三股势力"，切实有效地遏制贩毒、武器走私等跨国有组织犯罪活动，确保本地区长治久安。

二〇〇一年创建的上海合作组织，顺应世界和平合作发展的时代潮流，反映本地区人民求和平、促合作、谋发展的共同愿望，在"互信、互利、平等、协商，尊重多样文明，谋求共同发展"的"上海精神"引领下，经过十年稳定健康快速发展，合作机制日臻完善，合作内容不断充实，合作成效令人瞩目，已成为维护地区和平稳定的重要保障，成为促进各成员国发展繁荣的强大动力，成为推动国际关系民主化的建设性力量。未来十年是上海合作组织发展的关键时期，对各成员国自身发展和本地区稳定至关重要。今年六月，中国接任上海合作组织轮值主席国。我们愿与各成员国一道，弘扬"上海精神"，努力办好"睦邻友好年"，全面规划未来十年发展蓝图，把上海合作组织建设成为机制完善、协调顺畅、合作全面、开放和谐的区域合作组织。

注　释

[1] "三股势力"，指民族分裂势力、宗教极端势力、暴力恐怖势力。

发挥侨界对推进改革开放和社会主义现代化建设的独特优势[*]

（二〇一二年三月四日）

致公党和侨联作为团结联系归侨侨眷和海外侨胞的参政党和人民团体，认真贯彻党和国家侨务政策，坚持凝聚侨心、汇聚侨智、发挥侨力、维护侨益，热情投身改革开放和社会主义现代化建设事业，发挥了积极作用，彰显了独特优势，作出了重要贡献。致公党积极加强与海外侨团的联谊合作，促进两岸经贸、科技和文化交流，开展海外留学人员和华裔新生代工作，收到很大成效；组织侨界人士参与"同心工程"，推广"致富工程"，支持贵州毕节试验区建设，关注秦巴山区等革命老区可持续发展和经济不发达地区医疗服务体系建设等，产生良好反响；围绕促进海洋经济发展与海岛保护、推进信息化科学发展、推动中华文化走出去、保护海外侨胞回国创业权益等重大问题和涉侨方面重点难点问题，深入调查研究，积极建言献策，形成了一大批有分量的成果。侨联以纪念辛亥革命一百周年为契机，组织图片全球巡展、百年足迹行、两岸和平发展论坛等活动，为巩固和壮大爱国

---

　　* 这是吴邦国同志在全国政协十一届五次会议致公党、侨联界委员联组会上讲话的一部分。

统一战线、推进祖国和平统一、实现中华民族伟大复兴凝聚广泛共识。开展"创业中华"主题活动，举办投资贸易洽谈会、推介会和高端经济论坛，建立新侨创新创业示范基地，不断拓展服务国家建设、促进经济发展的广度和深度；持续开展"文化中国"系列活动，推进"四海同春"、"亲情中华"海外慰侨演出，拓展国际文化交流渠道，扩大了中华文化的海外影响力。

今年是实施"十二五"规划承上启下的重要一年。中国共产党将召开第十八次全国代表大会，这是全国人民政治生活中的一件大事。做好今年各项工作，具有十分重要的意义。胡锦涛同志提出今年工作总的思想是稳中求进，就是要平稳较快发展。新的形势对做好归侨侨眷和海外侨胞工作也提出了更高要求。我国有几千万归侨侨眷，活跃在国家建设各个领域、各个行业；有几千万海外侨胞，分布于世界各地。这其中，很多人有实力、有能力，更有对中华民族的认同和对祖国的热爱，对深入推进改革开放和社会主义现代化建设具有独特优势。希望致公党、侨联界各位委员一如既往地关注国家各项事业的发展，积极履行政治协商、民主监督、参政议政职能，不断提高建言献策水平，继续为改革开放和社会主义现代化建设贡献智慧和力量。

一要为促进祖国和平统一和中华民族伟大复兴凝聚共识、汇聚合力。实现祖国完全统一和中华民族伟大复兴是海内外中华儿女的共同心愿。广大归侨侨眷和海外侨胞具有热爱祖国的光荣传统和报效祖国的强烈愿望，长期以来坚持以国家和民族大义为重，旗帜鲜明地反对"台独"，为捍卫国家主权和领土完整、促进祖国和平统一和民族团结作出了特殊贡献。要继续发扬光荣传统，以血缘、亲缘为纽带，以共同的文化渊源、共同的民族感情、共同的民族利益为基础，多做推动两岸人员往来和经济文化交流的工作，促进两岸同胞的沟通和理解，使联系更广泛、感情更融洽、合作更深化。要着眼增进亲情乡谊，加强联谊、沟通、服务、引导，做好海外新生代华人华侨工作，不断涵养侨务工作新资源，拓展侨务工作新领域，使热爱祖国、振兴中华的优良传统代代相传，共同为实现中华民族伟大复兴努力奋斗。

二要为推进我国改革开放和现代化建设贡献才智和力量。实现"十二五"宏伟蓝图，加快推进改革开放和社会主义现代化建设，需要海内外中华儿女的共同努力。要广泛动员引导归侨侨眷和海外侨胞，在中华民族伟大复兴的广阔舞台上施展抱负，以投身改革开放和现代化建设的实际行动报效祖国。广大归侨侨眷和海外侨胞中既有享有盛誉的专家大家，也有掌握核心技术的专门人才，还有大批在研发、生产、经营等方面成果显著的技术人员。要多做穿针引线、牵线搭桥的工作，多做招商引资、招贤引智的工作，吸引海外高层次人才和国家建设紧缺人才回国效力，引导海外工商界人士扩大与国内经济技术交流合作，帮助国内有条件的企业走出国门，开展国际化经营。

三要为增进中国与世界各国人民的了解和友谊多做工作。华侨华人是中国走向世界、世界了解中国的重要桥梁，是开展公共外交、促进我国与世界各国经济文化交流的重要渠道。要积极引导海外侨胞遵守驻在国法律，尊重当地风俗，融入当地社会，积极促进当地经济社会发展。要多渠道、多形式宣传我国科学发展、和谐发展、和平发展的理念，宣传改革开放和现代化建设成就，介绍中国特色社会主义制度，介绍我国基本国情、价值观念、发展道路、内外政策等，积极影响和引导海外舆论，为我国发展营造更为有利的国际环境。要发挥华侨华人的独特优势，积极拓展对外文化交流的渠道和途径，增强中华文化的亲和力、感召力和影响力，努力把具有中国特色、中国风格、中国气派的优秀文化推向世界。

2012年3月4日，吴邦国看望出席全国政协十一届五次会议的致公党、侨联界委员，并参加联组会，同大家共商国是。

我们党和政府历来十分关心重视侨务工作。一九九〇年，七届全国人大制定了《中华人民共和国归侨侨眷权益保护法》，使保护归侨侨眷权益工作走上法制化轨道。随后国务院又制定了归侨侨眷权益保护法实施办法，各省区市也分别颁布本地区的实施办法，中央和地方还制定了一百多件配套的规范性文件。二〇〇六年，全国人大常委会开展归侨侨眷权益保护法执法检查，有力地推动了法律的贯彻落实，同时针对华侨农场存在的突出问题提出改进工作的意见，促进了华侨农场的改革发展。去年中央召开的全国侨务工作会议，出台了《国家侨务工作发展纲要（二〇一一——二〇一五年）》，这是侨务工作史上第一个发展纲要。要认真贯彻实施纲要，坚持以人为本、为侨服务，把维护归侨侨眷和海外侨胞利益作为侨务工作的出发点和落脚点，体现在实际行动上，落实到具体工作中。要重视对海外侨胞在国内投资权益的保护，进一步优化投资环境，规范招商引资行为，建立健全涉侨纠纷协调处理机制。要更加注重保障和改善侨界民生，着力帮助解决困难侨界群众的生产生活问题。积极探索和把握新形势下做好侨界群众工作的特点和规律，诚心诚意、尽心尽力为他们解难事、做好事、办实事。

祖国和人民始终牵挂着广大海外华人华侨的幸福和安全。去年利比亚安全形势发生重大变化，我们迅速启动紧急预案，紧急运送救援物资，分批组织人员撤离，全力保障我国海外公民生命财产安全，在海内外产生很好的影响，广大海外华人华侨也深切感受到党的关怀和祖国大家庭的温暖。我们要继续加强领事保护预警和应急机制建设，发挥中央、地方、驻外使领馆和驻外企业等各渠道的优势，提高包括侨胞在内的各方面应对突发事件和复杂局面的能力。也希望大家继续在维护侨胞侨眷权益、保障海外华人华侨安全方面提出好的建议，多做工作，发挥更大作用。

正确处理惩治犯罪和保障人权的关系 [*]

（二〇一二年三月八日——十四日）

一

修改刑事诉讼法是这次大会的一项重要议程。今天上午，兆国^[1]同志专门作了修正案草案的说明。大家知道，重要的基本法律要由全国人民代表大会审议通过。比如，制定物权法、修改选举法都是提请代表大会审议。刑事诉讼法修正案草案提请这次大会审议，说明这部基本法律的重要地位。它既涉及公权力的配置，又涉及私权利的保障，法律界有人把它称为"小宪法"。

我国现行刑事诉讼法是一九七九年制定的，一九九六年八届全国人大四次会议进行了修正。实践证明，我国的刑事诉讼制度总体上是科学的、合理的。但是，随着经济社会的快速发展，在刑事犯罪方面也出现了一些新情况新问题，有必要对刑事诉讼法予以修改完善。当前，我国正处于社会转型期和矛盾凸显期，刑事案件居高不下，严重暴力犯罪增多，这不仅使我们积累了大量的司法经验，同时也为进一步修改完善法律提供了坚实的实践基

---

* 这是吴邦国同志三次讲话的节录。

础。这些年，我国民主法制建设不断推进，人民群众法制观念不断增强，对维护司法公正和保护公民权利提出了更高要求，这些更需要我们在修改刑事诉讼法时统筹考虑，既要严厉惩治犯罪，又要保护公民权利。各方面对修改刑事诉讼法都十分关注。本届以来，全国人大代表有二千四百八十五人次和一个代表团提出相关议案八十一件。大会前，刑事诉讼法修正案草案经过了常委会两次审议，同时向社会全文公布征求意见，根据各方面意见作了认真修改完善。

这次刑事诉讼法修改有很多亮点，我举几个例子。一是将"尊重和保障人权"写入刑事诉讼法，并在整个修改过程中贯彻这一宪法原则。二是明确规定不得强迫任何人自证其罪，对采用刑讯逼供等非法方法收集的证据一律予以排除。三是规定采取逮捕和指定居所监视居住措施的，除无法通知的以外，要及时通知家属。这是对公民权利很重要的保护。四是将委托辩护人的时间提前到侦查阶段，妥善解决了刑事诉讼法和律师法的衔接问题。五是增加规定了特别程序。比如未成年人刑事案件诉讼程序，进一步体现对未成年人以教育为主的原则；设置违法所得的没收程序，有利于进一步加强惩治腐败犯罪等。

当然，修改中也涉及一些敏感问题，我们反复进行了研究和讨论。一是关于技术侦查措施。草案在现行人民警察法、国家安全法规定的基础上，对技术侦查措施严格加以规范，以防止滥用。二是关于拘留后不通知家属的例外情形。过去规定除有碍侦查或者无法通知的情形外，应当通知家属。由于有碍侦查情形的界限比较模糊，修正案草案将有碍侦查不通知家属的情形，仅限于涉嫌危害国家安全犯罪、恐怖活动犯罪。总之，这次修改遵循了尊重和保障人权的宪法精神，而且有大量的司法实践作为基础，广泛听取了代表和各方面的意见。相信经过大家的共同努力，一定会把这部法律修改好完善好。

（二〇一二年三月八日在十一届全国人大五次
会议青海代表团会议上的讲话）

二

修改刑事诉讼法是全国人大及其常委会立法工作的一个重点，社会方方面面都很关注，仅本届以来就有两千四百八十五人次全国人大代表提出相关议案。我们在认真梳理代表议案、充分调查研究、广泛征求意见的基础上，形成了刑事诉讼法修正案草案，从证据制度、辩护制度、强制措施、审判程序、执行程序等方面作了重要补充和完善。去年八月份的常委会会议对草案进行了初审，会后向社会全文公布征求意见，十二月份的常委会会议再次审议，并决定将草案提请本次大会审议。常委会组成人员普遍认为，草案贯彻中央关于深化司法体制改革的精神，总结多年司法实践经验，吸纳代表相关议案内容，正确处理惩治犯罪与保障人权的关系，符合我国国情和实际，已经基本成熟。

（二〇一二年三月九日在十一届全国人大五次
会议上所作的人大常委会工作报告）

三

会议通过了关于修改刑事诉讼法的决定。这次修改贯彻尊重和保障人权的宪法精神，对我国现行刑事诉讼法律制度作了重要补充和完善。我们要广泛宣传普及修改后的刑事诉讼法，做好施行前的准备工作，确保法律正确有效实施，更好地依法惩治犯罪、保障人权、维护社会秩序。

（二〇一二年三月十四日在十一届全国
人大五次会议上的讲话）

注　释

　　[1] 兆国，即王兆国，时任中共中央政治局委员，全国人大常委会副委员长、党组副书记。

把人民代表大会制度坚持好完善好 *

（二〇一二年三月九日）

人大是国家权力机关，是重要的政治机关。加强常委会自身建设尤其是思想政治建设，对做好人大各项工作至关重要。

去年七月一日，胡锦涛同志在庆祝中国共产党成立九十周年大会上发表的重要讲话，系统总结了我们党九十年的光辉历程和宝贵经验，深刻阐述了坚持和发展中国特色社会主义的若干重大问题，对于在新形势下全面推进中国特色社会主义伟大事业具有重大而深远的意义。讲话集中论述了中国特色社会主义制度的基本内涵和重大意义，强调要继续大力推进社会主义民主政治建设，进一步发挥我国社会主义政治制度的优越性，为党和国家兴旺发达、长治久安提供更加完善的制度保障。常委会组成人员、专门委员会组成人员结合人大工作实际认真学习、深刻领会讲话精神。大家一致认为，胡锦涛同志的重要讲话为坚持和完善人民代表大会制度、做好新形势下人大工作指明了方向，在人大工作的同志要自觉把思想和行动统一到讲话精神上来，站在坚持和发

---

* 这是吴邦国同志在十一届全国人大五次会议上所作人大常委会工作报告的一部分。

展中国特色社会主义的战略高度，把人民代表大会制度坚持好完善好。

一要坚定不移走自己的路。办好中国的事情，要立足中国的实际，依靠中国人民自己的力量，走符合中国国情的发展道路。我们这样一个有着十三亿人口、五十六个民族、底子薄、起步晚的发展中大国，能够保持政局长期稳定和社会和谐，能够维护国家统一和民族团结，能够以世界上少有的速度持续快速发展起来，关键是我们在深刻总结国内外经验教训的基础上，探索出一条符合中国国情的中国特色社会主义道路。包括人民代表大会制度在内的中国特色社会主义制度，是当代中国发展进步的根本制度保障，必须倍加珍惜、长期坚持。把人民代表大会制度坚持好完善好，就是要深刻认识我国人民代表大会制度的本质特征，理直气壮地坚持自己的特色，充分认识我国人民代表大会制度与西方资本主义国家政体的本质区别，在重大原则问题上做到头脑清醒、立场坚定、旗帜鲜明，坚定不移走中国特色社会主义政治发展道路。

二要进一步发挥人民代表大会制度的特点和优势。我国人民代表大会制度是人民当家作主的根本途径和最高实现形式，也是党在国家政权中充分发扬民主、贯彻群众路线的最好实现形式，具有强大的生命力和巨大的优越性。把人民代表大会制度坚持好完善好，就是要发挥我们党是中国特色社会主义事业坚强领导核心的政治优势，确保党的主张经过法定程序成为国家意志，从制度上法律上保证党的路线方针政策的贯彻落实；就是要发挥国家一切权力属于人民的制度优势，确保人民通过各级人民代表大会行使管理国家的权力，动员全体人民以国家主人翁的地位投身改革开放和社会主义现代化建设，实现好、维护好、发展好最广大人民的根本利益；就是要发挥民主集中制的体制优势，坚持人民代表大会统一行使国家权力，监督和支持"一府两院"依法行使职权，保证国家机关协调高效运转，保证国家统一有效地组织各项事业，更好地发挥国家权力机关在国家政治生活中的重要作用。

三要不断推进人民代表大会制度完善和发展。改革开放三十多年来，我们党领导的改革是全面的改革，包括经济体制、政治体制、文化体制、社会体制等方面的改革，不断推进社会主义制度自我完善和发展，赋予社会主义新的生机和活力。实践发展永无止境，探索和创新也永无止境。人民代表大会制度必将在党和人民的创造性实践中不断完善和发展。推进人民代表大会制度的完善和发展，就是要牢牢把握正确政治方向，坚持中国特色社会主义政治发展道路，坚持党的领导、人民当家作主、依法治国有机统一，坚持从国情和实际出发，积极稳妥、扎实推进人大工作的创新。要进一步健全国家权力机关的组织制度和运行机制，优化人大代表和常委会组成人员结构，密切人大代表同人民群众的联系，完善中国特色社会主义法律体系，加强和改进人大监督工作，在建设中国特色社会主义的伟大实践中不断推动人民代表大会制度与时俱进。

人民代表大会制度是我国的根本政治制度。坚持和完善人民代表大会制度，是坚持和发展中国特色社会主义的重要内容，是党和人民赋予我们的义不容辞的光荣使命。在人大工作的同志要加强理论武装，在政治上自觉同党中央保持高度一致，旗帜鲜明抵制各种错误思想理论影响，不断增强坚持和拓展中国特色社会主义道路的自觉性和坚定性，不断增强坚持和丰富中国特色社会主义理论体系的自觉性和坚定性，不断增强坚持和完善中国特色社会主义制度的自觉性和坚定性，做中国特色社会主义共同理想的坚定信仰者和忠实践行者。

提高立法质量是加强和改进立法工作的永恒主题[*]

（二〇一二年三月九日）

提高立法质量是加强和改进立法工作的永恒主题，也是完善中国特色社会主义法律体系的必然要求。总结这些年的好经验好做法，在具体工作中我们要着重把握好以下几点。

一是切实加强对立法工作的组织协调，深入论证立法项目的必要性和可行性，科学编制立法规划和年度计划，着力督促有关方面认真解决立法中涉及的重大问题，使法律更好地适应经济社会发展的现实需要、回应人民群众的热切期盼。

二是更加注重把修改完善法律同加强监督工作有机结合起来，在开展执法检查、专题调研时，深入分析现行法律规定不适应不完善的问题，为修改完善法律提供重要依据，使法律的修改更具针对性，使法律的规定更具可操作性。

三是积极推进科学立法、民主立法的制度化、规范化、程序化，进一步改进和完善法律草案公开征求意见的方式方法，更加注重深入实际、深入基层调查研究，直接听取群众意见，正确反

---

　　* 这是吴邦国同志在十一届全国人大五次会议上所作人大常委会工作报告的一部分。

映和统筹兼顾不同方面的利益，使公民参与立法的过程成为广泛集中民智、凝聚社会共识的过程。

共享西部开发开放机遇，
开创互利共赢美好明天 *

（二〇一二年九月二十六日）

女士们，先生们，朋友们：

在这秋高气爽的美好时节，有机会同各位新老朋友相聚天府之国，出席第十三届中国西部国际博览会暨第五届中国西部国际合作论坛，感到十分高兴。首先，我谨代表中国政府对博览会和论坛的举办表示热烈祝贺！向远道而来的各国嘉宾表示诚挚欢迎！预祝本届博览会和论坛取得圆满成功！

中国西部国际博览会暨西部国际合作论坛成立以来，在各方面的共同努力下，以鲜明的主题和务实的风格，受到海内外的广泛关注，国际组织代表、各国政府要员、工商企业界人士和专家学者纷至沓来，共话合作发展大计，投资推介、国际采购、项目洽谈等经贸活动精彩纷呈，互利合作成果丰硕，日益显示出巨大的影响力，成为促进中国西部地区与世界各国特别是泛亚国家开展经贸合作的重要平台，成为展示中国西部地区经济社会发展成果的重要窗口。

---

* 这是吴邦国同志在四川成都举行的第五届中国西部国际合作论坛上的主旨演讲。

2012 年 9 月 26 日，吴邦国在四川成都出席第五届中国西部国际合作论坛，并发表题为《共享西部开发开放机遇，开创互利共赢美好明天》的主旨演讲。

当前，中国正按照"十二五"规划纲要的要求，以科学发展为主题，以加快转变经济发展方式为主线，把更多精力放在转方式、调结构上，着力推动产业优化升级，着力提高自主创新能力，着力保障和改善民生，更加注重经济增长的质量和效益，更加注重经济增长的协调性和可持续性，努力在转变经济发展方式上取得实质进展。今年以来，面对错综复杂的国内外经济形势，我们坚持科学发展，坚持稳中求进，经济社会发展总体形势是好的，经济增速和物价涨幅保持在预期目标范围内，就业和居民收入较快增长，社会保持和谐稳定。我们对中国经济发展前景充满信心。

女士们、先生们、朋友们！

中国西部幅员辽阔、资源丰富、历史悠久，涵盖十二个省区市，面积占全国的百分之七十一点五，人口占全国的百分之二十七点五，拥有中国百分之八十五的陆地边境线，发展潜力巨大。二〇〇〇年开始实施的西部大开发战略，给中国西部地区发展注入了强大动力，广袤的西部大地焕发出勃勃生机。

——后发优势进一步凸显。"十一五"期间，西部地区生产总值年均增长百分之十三点六，固定资产投资年均增长百分之二十八点五，地方财政收入年均增长百分之二十六点一，分别高出全国平均增速二点四、二点八和四点二个百分点。二〇一〇年主要经济指标比二〇〇五年翻了一番以上，比二〇〇〇年翻了两番多，城乡居民收入十年间分别同比增长两倍和一点七倍。今年上半年，尽管国际经济形势复杂多变，中国经济面临的困难增多，西部地区仍然保持了百分之十二点三的快速增长，固定资产投资增速达到百分之二十六点五，比全国平均水平分别高出四点五和六点一个百分点。

——经济社会发展支撑能力明显增强。截至目前，累计新开工重点工程一百六十五项，投资总规模达三万一千亿元，新增公路通车里程一百零九万公里，其中高速公路二万二千八百公里，新增铁路营业里程一万五千公里，民用机场达到九十个，占全国机场总数的百分之五十，综合交通运输网络骨架初步形成，西气东输、西电东送等标志性工程投入使用，退耕还林、退牧还草、三江源保护等重点生态工程全面实施。

——对外开放格局初步形成。累计实际利用外商直接投资五百五十七亿美元，批准外商投资企业约二万家，世界五百强在中国西部投资企业超过二百家。重庆、成都、西安、昆明等内陆型经济开放高地正在崛起，新疆喀什、霍尔果斯等经济开发区和广西东兴、云南瑞丽、内蒙古满洲里等重点开发开放试验区初具规模，边境口岸布局和基础设施建设日臻完善，边境贸易政策更加灵活，西部国际博览会、中国—东盟博览会、中国—亚欧博览会等已成为推动区域经济合作的有效平台。

今天的中国西部地区，正在成为中国经济重要的新的增长极，不仅为中国的发展开辟了更为广阔的空间，也为世界各国特别是泛亚国家同中国加强经贸合作提供了难得机遇，无论是大型跨国企业集团还是具备实力的中小企业，都能够在这里找到符合自身情况、富有发展潜力的合作项目。

这里我要强调的是，实施西部大开发战略，是中国政府基于社会主义现代化建设全局作出的重大决策，在中国区域协调发展总体战略中具有优先地位。我们将以更大的决心、更强的力度、更有效的措施，深入实施新一轮西部大开发战略，继续加大中央财政对西部地区投入力度，实行有利于西部地区加快发展的优惠政策，扩大西部地区对内对外开放。我们坚信，中国西部的未来一定更加灿烂辉煌。

女士们、先生们、朋友们！

国际金融危机的深层次影响仍在持续，反思危机的深刻教训，无论是发达经济体还是新兴经济体，都认识到发展实体经济的重要性。本届论坛以"泛亚合作与实体经济发展"为主题，吸引了八百多位国内外嘉宾参会，是论坛举办以来最多的，就从一个侧面充分说明了这一点。中国作为发展中大国，人口多、底子薄，历来高度重视优先发展实体经济。实施西部大开发战略，很重要的就是发挥西部地区土地、资源、劳动力等要素优势，大力推进传统优势产业改造升级，有序承接国内外产业转移，积极培育战略性新兴产业，加快构建现代产业体系。加强中国西部地区同世界各国特别是泛亚国家实体经济合作大有可为、大有作为。

我们要把加强实体经济合作作为深化经贸合作的重要抓手，促进实体经济合作与各自产业转型升级有机融合，努力形成优势互补、携手并进、共享繁荣的发展格局。要强化基础设施建设合作，以交通、能源、通信为重点，推动铁路、公路、水路、航空和管道网络建设，促进跨区域跨国境基础设施互联互通。要扩大产业合作，挖掘现代农业、战略性新兴产业、先进制造业和现代服务业等领域的合作潜力，联合开发新能源和可再生能源，加强技术研发合作和转让，推动绿色经济、循环经济发展。要完善合作机制，继续抓好已有自贸区建设，加快区域经济一体化进程，积极推进贸易和投资自由化便利化，共同反对各种形式的贸易保护主义，推动建立更加公正合理的国际经济新秩序。

女士们、先生们、朋友们！

中国西部的发展生机勃勃，泛亚地区的合作充满机遇。让我们携起手来，努力开创互利共赢、共同发展的美好明天。

谢谢大家。

坚持党的领导、人民当家作主、依法治国有机统一[*]

（二〇一二年十一月八日）

党的十八大报告从七个方面阐述了坚持走中国特色社会主义政治发展道路和推进政治体制改革，包括支持和保证人民通过人民代表大会行使国家权力、健全社会主义协商民主制度等。西方是选举一种民主形式，我们是社会主义民主的两种重要形式相结合，比如十八大报告的起草，就经过了反复协商。改革开放三十多年来，我们党领导的改革是全面的改革，在推进经济体制改革的同时，一直积极稳妥推进政治体制改革，并取得重大进展，对此我们都深有体会。从"以阶级斗争为纲"到以经济建设为中心，这是多大的变化！从计划经济到市场经济，这是多大的变化！还有从领导干部职务终身制到退休制、任期制，实行公务员公开招录，这是多大的变化！过去我们的干部是"小车不倒只管推"，"活到老干到老"，许多人老死在工作岗位上。正是因为我们积极稳妥推进政治体制改革，使上层建筑适应经济基础的发展变化，才有了我国经济发展的突飞猛进。现在有些人认为我国经济体制改革推进力度大，政治体制改革滞后，把经济社会发展中遇到的矛盾和问题都归因于政治体制。他们之所以随意把一切问题都上升为政治问题，是因为他们想搞的政治体制改革，就是全盘西化、照搬西方那一套。我之所以要强调这个问题，是因为对西方政治制度在党内还存在模糊认识，那一套在社会上还有一定市场。中央认为，深化政治体制改革，最核心的是必须坚持正确政治方向。小平同志曾讲过，政治体制改革总的方向是为了发扬、保证党内民主和人民民主，总的目标是要有利于巩固社会主义制度，有利于巩固党的领导，有利于在党的领导和社会主义制度下发展生产力。他讲得很清楚，政治体制改革必须坚持"三个有利于"的标准，必须以加强党的领导、增强党和国家活力、发挥社会主义制度优越性、调动人民群众积极性为目标。什么是正确政治方向，就是要坚持党的领导、人民当家作主、依法治国有机统一，核心是坚持党的领导。党的领导是根本保证，人民当家作主是本质要求，依法治国是基本方略。这是党的十八大精神，也是我们的一贯主张。在这些重大原则问题上，我们必须立场坚定、旗帜鲜明，与中央保持高度一致，来不得半点含糊。在中国，最大的折腾就是政治体制改革偏离正确政治方向。报告明确提出，既不走封闭僵化的老路，也不走改旗易帜的邪路。这是经典论断，不能动摇。以经济建设为中心、坚持四项基本原则、坚持改革开放，"一个中心、两个基本点"是党在社会主义初级阶段的基本路线。小平同志讲，基本路线一百年不动摇。十八大报告提出，基本路线是党和国家的生命线，必须把"一个中心、两个基本点"统一于建设中国特色社会主义的伟大实践。不能只讲改革开放，少讲或不讲四项基本原则这个立国之本。要警惕上世纪八十年代末政治风波那样的深刻教训，我们切不可掉以轻心。

报告提出人民民主是社会主义的生命。我们发展的民主是可控的、有序的民主，是集中指导下的民主、民主基础上的集中，也就是民主集中制，不是无政府主义的大民主，这方面我们有"文革"的惨痛教训。现在是民主讲得多，集中讲得少了，很值得注意。

通过立法加强网络信息保护 *

（二〇一二年十二月二十三日）

常委会第三十次会议将要审议关于加强网络信息保护的决定草案，这件事很重要，也比较敏感。常委会党组认为，有必要召开一次党员委员会议，把有关情况和问题讲清楚，把大家的思想统一到中央的精神上来，在此基础上做好审议工作，确保决定草案顺利通过。

刚才，会议介绍了决定草案的有关情况，讲得很详细，也很清楚。为做好工作，这里我强调三点。

第一，充分认识作出决定的必要性和重要性。这些年来，网络技术迅猛发展、广泛运用，在促进经济社会发展的同时，也带来很多严重问题，利用网络侵犯公民、法人和其他组织合法权益的问题愈加突出，一些别有用心的人通过网络助推舆论热点和突发事件发酵，境内外敌对势力更是千方百计利用网络对我进行渗透、抹黑和攻击。这些都严重损害群众利益、影响社会稳定、危害国家安全。社会各方面强烈呼吁加强网络社会管理、严厉打击网络违法犯罪，全国人大代表也多次提出议案建议，要求尽快制

---

　　* 这是吴邦国同志在全国人大常委会中共党员委员会议上的讲话。

定网络信息安全保护方面的法律。适应形势发展需要和各方面的呼声，全国人大常委会审议通过关于加强网络信息保护的决定，重点解决我国网络信息立法滞后问题，满足人民群众期盼互联网健康有序发展和维护国家安全的需要，十分重要、十分必要。

第二，提请审议的决定草案是成熟的、可行的。党中央一直高度重视网络管理和网络安全问题。党的十七届六中全会明确提出加强网络法制建设的要求，党的十八大强调要加强网络社会管理、推进网络依法规范有序运行，中央领导同志多次作出重要批示，要求加快推进网络安全立法。全国人大常委会党组贯彻中央精神，及时把网络信息保护立法工作摆上重要日程。法工委深入开展调查研究，认真总结网络管理实践经验，分析国外网络立法情况，广泛听取各方面意见建议，会同中宣部、中央外宣办、工信部、公安部、国务院法制办等部门反复研究讨论，形成了拟提请常委会审议的决定草案。这个决定草案的核心是一个，就是以法律形式确定实行网络身份管理，即实行网络实名制。目的有两个：一是保护公民个人电子信息安全，促进社会和谐稳定；二是维护国家安全和政治稳定，确保国家长治久安。实行网络实名制符合国际惯例，世界上包括美国、法国、德国、日本、澳大利亚等很多国家也是这么做的。前不久，习近平同志主持召开中央政治局常委会会议，专门听取了全国人大常委会党组的汇报。中央领导同志充分肯定全国人大常委会的工作，认为决定草案已经基本成熟，是符合实际的，也是可行的，希望按照法律程序尽快审议通过。

第三，确保决定草案顺利通过。在这次常委会会议上审议通过这个决定草案，是党中央交给我们的一项重要政治任务，也是贯彻落实党的十八大精神的一项重要举措。我们要把思想统一到中央精神上来，坚决把中央的意图贯彻好落实好。出台这个决定，社会上特别是网络上会有杂音，境内外敌对势力也会指手画脚、说三道四。我们不能因此就不立法，或者耽误立法进程。不论从当前还是从长远看，作出这个决定对党和国家的事业都是有益的，对维护老百姓的合法权益同样也是有益的。希望大家从党和国家工作全局的高度出发，坚决贯彻落实中央部署，认真审议，带头发言，多提建设性意见和建议，把草案修改好完善好，确保决定顺利通过。

还要指出的是，我们要做好宣传引导工作。常委会办公厅和法工委要按照中央的统一安排，做好有关材料准备和舆情研判等工作，把握正确舆论导向，为决定顺利实施营造良好的社会环境。

坚持和平发展，促进合作共赢[*]

（二○一三年一月二十八日）

尊敬的马特维延科^[1]主席，

各位同事：

首先，我代表中国全国人大对本届年会的召开表示热烈祝贺，对马特维延科主席和俄方所作的努力表示衷心感谢！

本届年会围绕地区安全、经济贸易、区域合作等议题坦诚对话，对维护地区和平稳定、促进合作共赢具有重要意义。

当今世界正在发生深刻复杂变化。亚太地区总体和平，但热点问题和局部冲突仍时有起伏；各国经济总体增长，但受国际金融危机影响不确定因素增多。促进亚太地区和平合作发展，是亚太各国的共同责任，也是亚太人民的殷切期盼。我们要坚持从战略高度审视地区形势和彼此关系，努力扩大共识、付诸行动。

——坚定维护和平稳定。没有和平稳定，一切无从谈起。要摒弃冷战思维和零和博弈观念，相互尊重彼此主权和核心利益，

　　＊　这是吴邦国同志在俄罗斯符拉迪沃斯托克举行的亚太议会论坛第二十一届年会上的主旨发言。

反对各种形式的霸权主义和强权政治，倡导互信、互利、平等、协作的新安全观，推动建立公平有效的地区安全机制，为亚太发展创造良好氛围和条件。

——着力深化互利合作。亚太各国经济优势互补、合作潜力巨大。要积极推动高新技术、先进制造、节能环保、能源资源、现代农业等领域务实合作，推进跨区域跨国境基础设施互联互通，反对各种形式的保护主义，推动贸易和投资自由化、区域经济一体化，为亚太经济持续增长注入强劲动力。

——弘扬包容互鉴精神。文明的多样性是亚太地区的重要特色。要尊重文明多样性，尊重各国人民自主选择的发展道路，尊重各国的文化传统、价值观念和宗教习俗，促进不同文明和社会制度相互交流借鉴，求同存异、取长补短，推动亚太多元文明共同进步。

议会代表人民、反映民意，在各自国家政治生活中发挥着重要作用。我们要敦促和支持本国政府实施有利于和平发展、互利共赢的外交政策，坚持公平公正、开放包容的发展理念；加强议会间各层次、各领域对话交流，增进政治互信，推动务实合作，加深人民友谊，努力使议会交往成为推动国家关系发展的建设性力量。

各位同事！

中国是亚太大家庭中的重要成员，也是世界上最大的发展中国家。在座的很多朋友长期关心中国的发展，特别是去年十一月中共十八大召开后，大家十分关注中国的发展走向。这里，我要告诉各位的有这样三条。

一是坚持科学发展。中国已经取得的发展成就举世瞩目，但面临的矛盾和挑战也世所罕见，发展不平衡不协调不可持续的问题依然突出。我们将始终坚持以经济建设为中心，以科学发展为主题，以加快转变经济发展方式为主线，把扩大内需作为发展的战略基点，推进经济结构调整，增强经济增长的内生动力；着力保障和改善民生，推进基本公共服务均等化，千方百计增加居民收入，缩小收入分配差距，使发展成果惠及全体人民；大力推进生态文明建设，推动能源资源节约集约利用，显著减少污染排放总量，努力实现绿色发展、循环发展、低碳发展。总之，发展仍然是解决中国所有问题的关键，我们将聚精会神搞建设，一心一意谋发展，确保到二〇二〇年全面建成小康社会，让中国人民过上更加幸福美好的生活。

二是坚持对外开放。中国人民从三十多年的对外开放中得到了实惠，对外开放在中国已经深入人心，不会停顿、更不会逆转。我们将坚持对外开放基本国策，始终不渝奉行互利共赢开放

2013 年 1 月 28 日，吴邦国在俄罗斯符拉迪沃斯托克出席亚太议会论坛第 21 届年会，并作题为《坚持和平发展，促进合作共赢》的主旨发言。

战略，努力在更广领域、更高层次扩大对外开放。进一步优化投资环境，积极引进外资，鼓励中国企业走出去；进一步降低关税水平，减少非关税措施，推动对外贸易平衡发展；加强区域和次区域合作，坚持向发展中国家提供力所能及的帮助；积极参与全球经济治理，推动建立更加平等均衡的新型全球发展伙伴关系。中国正在实施居民收入十年倍增计划，据预测，仅"十二五"期间就要进口超过八万亿美元的商品，这必将为世界各国提供更多商机。

三是坚持和平发展。中华民族历来酷爱和平，近代以来中国频受劫难、屡遭战乱，中国人民更加珍惜和平。我们将始终不渝走和平发展道路，坚定奉行独立自主的和平外交政策，这是中国基于时代发展潮流和自身根本利益作出的战略抉择，不会因为中国综合国力和国际地位的变化而改变。我们坚持国家不论大小、强弱、贫富一律平等，不干涉别国内政，永不称霸；坚持通过和平谈判方式解决同周边邻国历史遗留的陆地边界问题，妥善处理同有关国家的岛屿主权和海洋权益争端；推动和平解决国际争端和热点问题，发挥负责任大国作用。总之，中国的发展对他国和世界不是挑战，更不是威胁，中国过去是、现在是、将来永远是维护地区和世界和平、促进共同发展的积极因素和坚定力量。

各位同事！

国际社会日益成为你中有我、我中有你的命运共同体。中国人民奋力推进的事业，是同世界各国合作共赢的事业。我们将继续高举和平、发展、合作、共赢的旗帜，为人类和平与发展的崇高事业作出更大贡献。

注　释

[1] 马特维延科，时任俄罗斯联邦委员会主席。

澳门发展是国家发展的重要组成部分*

（二〇一三年二月二十一日）

在新春佳节之际，我很高兴来到澳门，与大家在这里见面，首先向你们，并通过你们向全体澳门居民致以新春的问候和良好的祝愿！

澳门特别行政区虽然面积不大，人口不多，但在祖国大家庭中具有特殊的地位。到澳门看望广大澳门同胞，了解澳门特别行政区成立以来的建设发展情况，感受这里的历史文化和生活气息，一直是我的心愿。"百闻不如一见"，看到澳门的生机活力，看到澳门社会的安宁和谐，看到澳门同胞昂扬奋进的精神面貌，看到澳门回归后迅速走上与祖国内地优势互补、共同发展的道路，我深受感染，十分高兴。

一九九九年十二月二十日澳门回归祖国，这是澳门历史发展的里程碑。十三年来，澳门特别行政区取得的建设和发展成就同样是历史性的。第一，广大澳门同胞第一次真正实现了在法律面前人人平等，充分享有基本法和法律保障的基本权利和自由，成

---

* 这是吴邦国同志在澳门社会各界纪念澳门基本法颁布二十周年启动大会上的讲话。

2013年2月21日,吴邦国在澳门社会各界纪念澳门基本法颁布20周年启动大会上讲话。

为澳门的主人,也是国家的主人,第一次享有当家作主的民主权利。第二,澳门特别行政区依法建立了行政、立法和司法机关,进行了三任行政长官选举、三届立法会选举,实现了"澳人治澳",有效地行使基本法赋予的高度自治权。第三,澳门经济出现了历史上前所未有的高速增长,城市面貌发生了天翻地覆的变化。从二〇〇〇年到二〇一一年,本地生产总值从四百九十亿澳门元增加到二千九百二十亿九千万澳门元,人均本地生产总值由一万四千美元增长到六万六千美元,居亚洲第二。整体经济增长超过六倍,预计二〇一二年本地生产总值还有百分之十的增长。截至二〇一一年,累计财政结余超过二千一百亿澳门元,外汇储备达到了三百四十亿三千万美元。第四,广大澳门居民个人收入成倍增长,在原有的社会保障制度基础上,澳门历史上第一次建立了惠及全体居民的社会福利制度，包括社会保障制度、中央公积金制度、社会福利制度、教育福利制度和医疗福利制度，全面提高了澳门居民的生活水平。现在的澳门，社会和谐，人民幸福，对未来充满希望。第五，在外交权属于中央的原则下，澳门第一次享有在经济、贸易、文化等领域依法处理对外事务的权力，对外交往日益扩大，与世界各国各地区和有关国际组织建立了广泛的经济文化联系。

澳门特别行政区的建设和发展成就，是中央政府和内地各地方大力支持的结果，是前任行政长官何厚铧先生、现任行政长官崔世安先生和特区政府与广大澳门居民一起攻坚克难、团结奋斗的结果，更是全面贯彻落实"一国两制"方针和澳门基本法的结果。这里，我代表中央政府充分肯定澳门回归十三年来取得的成绩，相信澳门的明天会更美好。

今年是澳门基本法颁布二十周年，澳门特别行政区政府和基本法推广协会筹划了一系列纪念活动，新春伊始就在这里隆重集会，宣传和推广基本法，在全社会牢固树立基本法意识和法制观念，抓住了澳门长期繁荣稳定的根本，具有重大的意义。关于澳门基本法，我想强调三点。

一是，宣传推广基本法，一定要始终坚持中央政府对澳门实行的各项方针政策的根本宗旨。

中央政府对澳门实行的各项方针政策，根本宗旨是两条，一是维护国家主权、安全、发展利益，二是保持澳门长期繁荣稳定。上个世纪八十年代中期，邓小平同志领导制定了解决澳门问题的三条基本方针：一是，一定要在二〇〇〇年以前收回澳门，并恢复行使主权；二是，在恢复行使主权的前提下，保持澳门的稳定和发展；三是，恢复行使主权后，按照"一个国家，两种制度"的指导思想和中国宪法第三十一条的规定，在澳门设立特别行政区，继续实行资本主义制度，五十年不变。为贯彻落实这三条基本方针，中央政府从澳门实际出发，制定了在澳门实行的各项方针政策，其核心是对澳门恢复行使主权，其关键是保持澳门的稳定和发展，其途径是采取"一国两制"的办法。维护国家主权、安全、发展利益，保持澳门长期繁荣稳定，是中央政府对澳门基本方针政策的出发点和落脚点，是贯穿其中的根本宗旨。

在江泽民同志的卓越领导下，中央根据这一根本宗旨，妥善处理基本法起草和筹备成立特别行政区所遇到的重大政治法律问题，确保了澳门政权顺利交接和平稳过渡。澳门回归后，中央政府坚定不移地坚持"一国两制"方针，按照基本法处理澳门事

2013 年 2 月 21 日，吴邦国在澳门参观氹仔岛官也街。

务，无论是处理政治法律问题，还是支持特别行政区发展经济、改善民生，贯穿其中的也是维护国家主权、安全、发展利益，保持澳门长期繁荣稳定这一根本宗旨。胡锦涛同志明确指出，中央政府对澳门采取的任何方针政策措施，都始终坚持有利于保持澳门长期繁荣稳定，有利于增进澳门全体居民的福祉，有利于推动澳门和国家共同发展的原则。坚持这一根本宗旨，并以此作为依法处理澳门事务的指导原则，这已成为"一国两制"在澳门成功实践的重要经验。

基本法是"一国两制"方针的法律体现，是澳门长期繁荣稳定的法律保障。基本法的生命在于实施，基本法的权威也在于实施。中央政府对澳门实行的各项方针政策的根本宗旨，既要贯穿基本法实施的全过程，还要作为是否忠实执行基本法的重要检验标准。对基本法各项规定的理解和执行，必须始终坚持以有利于维护国家主权、安全、发展利益，有利于保持澳门长期繁荣稳定为指导原则。这是维护基本法权威地位的要求，也是既保持基本法稳定，又与时俱进、不断丰富基本法理论和实践的要求。

需要强调的是，维护国家主权、安全、发展利益，保持澳门长期繁荣稳定这个根本宗旨，是由特别行政区是中央下辖的地方行政区域的法律地位所决定的，也是由澳门发展是国家发展重要组成部分的性质所决定的。广大澳门同胞与我国其他地方的人民群众一样，都是国家的主人，都是国家的建设者。保持澳门长期繁荣稳定，是澳门同胞的根本利益所在，也是国家的根本利益所在；维护国家主权、安全、发展利益，是国家根本利益所在，也是澳门同胞的根本利益所在。

二是，宣传推广基本法，一定要深刻认识澳门特别行政区实行的制度。

澳门基本法序言规定："根据中华人民共和国宪法，全国人民代表大会特制定中华人民共和国澳门特别行政区基本法，规定澳门特别行政区实行的制度，以保障国家对澳门的基本方针政策的实施。"因此，基本法的内容就是规定澳门特别行政区实行的制度。这包括基本法规定的国家设立和管理澳门特别行政区的基本原则，中央与澳门特别行政区的关系，澳门居民的基本权利和义务，澳门特别行政区的政治体制，经济、文化和社会事务，对外事务，以及基本法的解释和修改等，这构成了完整的澳门特别行政区制度。从澳门特别行政区成立之日起，一方面国家对澳门行使主权，中央对澳门具有的权力，主要体现在这套制度里面；另一方面澳门特别行政区实行"澳人治澳"、高度自治，也主要体现在这套制度里面。

中央与特别行政区的关系是这套制度的一项重要内容。首先，国家对澳门具有主权权力，是中央政府对澳门特别行政区享有管治权的前提，也是授予澳门特别行政区高度自治权的前提。其次，澳门特别行政区的高度自治权是中央授予的，澳门特别行政区有多大的高度自治权，应当遵循什么程序行使这些权力，都要以基本法规定为依据。中央通过基本法作出授权，是十分严肃的，中央的行为也要受基本法约束，这充分保障了澳门特别行政区高度自治权。第三，澳门特别行政区在其高度自治权范围内，可以自行处理有关事务，中央不干预。与此同时，基本法也规定了必要的机制，以确保澳门特别行政区行使高度自治权符合基本法的规定。这些机制包括，行政长官负责执行基本法，既要对澳门特别行政区负责，也要对中央人民政府负责；澳门特别行政区立法机关制定的法律要报全国人大常委会备案，全国人大常委会履行法定程序后在法定范围内可以将有关法律发回，被发回的法律立即失效；澳门特别行政区法院在审理案件时，在法定情况下，终审法院需要提请全国人大常委会对基本法有关条款作出解释等等。深刻认识中央与澳门特别行政区的权力关系，就是既要维护中央权力，也要保障澳门特别行政区高度自治权，从而使这两方面权力都落到实处，以实现澳门的良好管治。

一九八四年邓小平同志在论述"一国两制"时曾经说过，"我们提出这个构想时，人们都觉得这是个新语言，是前人未曾说过的。也有人怀疑这个主张能否行得通，这就要拿事实来回答。现在看来是行得通的，至少中国人坚信是行得通的。""再过十三年，再过五十年，会更加证明'一国两制'是行得通的。"[1]澳门回归以来，澳门特别行政区政府与广大澳门同胞一起，忠实执行基本法，用实际行动证明了邓小平同志关于"一国两制"完全行得通的论断。宣传推广基本法，就是要促进澳门社会全面地认识在澳门特别行政区实行的制度，不断增强"一国两制"理论自信、制度自信，不断增强维护"一国两制"和基本法的自觉性，推进澳门不断向前发展。

三是，宣传推广基本法，一定要全面理解国家主体实行社会主义和澳门实行资本主义的关系。

在统一的中华人民共和国内，国家主体实行社会主义制度，香港、澳门实行资本主义制度，这是一项史无前例的伟大创举。"一国两制"事业是祖国内地与香港、澳门共同发展繁荣的事业，也是中华民族伟大复兴事业的重要组成部分。

"一国两制"方针政策之所以能够行得通，具有强大的生命力，首先在于，无论是实行社会主义的国家主体、还是实行资本主义的澳门，都有一个共同的目标，这就是实现国家富强、人民富裕，实现中华民族伟大复兴。新中国成立以来尤其是改革开放后，我国选择的社会制度、发展道路，制定的建设目标、发展战略，以及采取的重大举措，都是为了让中国人民富裕起来，国家强盛起来，振兴伟大的中华民族。中央对澳门实行的基本方针政策同样以此为目标。其次在于，国家主体实行社会主义，澳门实行资本主义，是基于我国国情和澳门实际的历史选择。目前世界发达国家的总人口大约是十三亿，我国的总人口是十三亿多。我们这样一个过去贫穷落后的大国要在一百年时间内基本实现国家现代化，在人类历史上还没有过先例，这决定了我国的发展与建设，不可能有任何先例可循，必须走出一条自己的道路，这就是我国各族人民经过艰苦探索开辟的，并且已经为实践所检验的中国特色社会主义道路。国家主体实行社会主义，是历史的选择，人民的选择。同时，在国家主体坚持社会主义的前提下，澳门实行资本主义制度，是基于澳门的历史与现实情况作出的选择，是保持澳门长期繁荣稳定的唯一可行办法，是我国坚持走自己的道路在处理澳门问题上的反映。第三，在澳门实行资本主义是以国家主体实行社会主义为前提的。用邓小平同志的话来说，"'一国两制'除了资本主义，还有社会主义，就是中国的主体、十亿人口的地区坚定不移地实行社会主义。主体地区是十亿人口，台湾是近两千万，香港是五百五十万，这就有个十亿同两千万和五百五十万的关系问题。主体是很大的主体，社会主义是在十亿人口地区的社会主义，这是个前提，没有这个前提不行。在这个前提下，可以容许在自己身边，在小地区和小范围内实行资本主义。我们相信，在小范围内容许资本主义存在，更有利于发展社会主义。"[2]

全面理解"一国两制"下国家主体实行社会主义和澳门实行资本主义的关系，坚持一国原则才能落到实处，尊重两制差异才能成为自觉行动，从而保持两种制度都不变，把国家和澳门建设好、发展好。

二〇一二年我国政治生活中的一件大事，是胜利召开了中国共产党第十八次全国代表大会，选举产生了以习近平同志为总书记的新一届中央领导集体，开始了全面建成小康社会的新征程。习近平同志指出，实现中华民族伟大复兴，是中华民族近代以来最伟大的梦想。这个梦想，凝聚着几代中国人的夙愿，体现了中华民族和中国人民的整体利益，是每一个中华儿女的共同期盼。经过鸦片战争以来一百七十多年的持续奋斗，中华民族伟大复兴展现出光明的前景。现在，我们比历史上任何时期都更接近中华民族伟大复兴的目标，比历史上任何时期都更有信心、有能力实现这个目标。目前澳门同祖国内地一样，正处于历史上最好的发展时期，让我们共同努力，把澳门建设得更美好，为国家现代化和中华民族伟大复兴作出更大贡献。

注　释

[1] 见邓小平《中国是信守诺言的》(《邓小平文选》第3卷，人民出版社1993年版，第102页)。

[2] 见邓小平《中国是信守诺言的》(《邓小平文选》第3卷，人民出版社1993年版，第103页)。

第十一届全国人民代表大会
常务委员会工作报告 *

（二〇一三年三月八日）

各位代表：

我受十一届全国人大常委会委托，向大会报告五年来的主要工作，请予审议。

过去五年工作的简要回顾

过去的五年，是中国共产党团结带领全国各族人民经受住各种困难和风险考验、夺取全面建设小康社会新胜利的五年，也是我国社会主义民主法制建设和人民代表大会制度建设取得重大进展的五年。十一届全国人大及其常委会认真贯彻落实党的十七大和十八大精神，坚持以邓小平理论、"三个代表"重要思想、科学发展观为指导，坚持党的领导、人民当家作主、依法治国有机统一，紧紧围绕党和国家工作大局依法行使职权，充分发挥最高国家权力机关作用，圆满完成各项工作任务，为全面推进中国特

---

　　* 这是吴邦国同志在第十二届全国人民代表大会第一次会议上所作的工作报告。

色社会主义事业作出了重要贡献。

——如期形成并不断完善中国特色社会主义法律体系。到二〇一〇年形成中国特色社会主义法律体系，是党的十五大提出的立法工作目标。围绕实现这一目标，我们坚持从国情和实际出发，坚持科学立法、民主立法，在提高立法质量的前提下，抓紧制定在法律体系中起支架作用的法律，及时修改与经济社会发展不相适应的法律规定，集中开展法律清理工作，督促有关方面清理行政法规和地方性法规、制定法律配套法规。到二〇一〇年底，涵盖社会关系各个方面的法律部门已经齐全，各法律部门中基本的、主要的法律已经制定，相应的行政法规和地方性法规比较完备，法律体系内部总体做到科学统一。在党中央领导下，经过各方面长期共同努力，一个立足中国国情和实际、适应改革开放和社会主义现代化建设需要、集中体现党和人民意志，以宪法为统帅，以宪法相关法、民法商法、行政法、经济法、社会法、刑法、诉讼与非诉讼程序法等多个法律部门的法律为主干，由法律、行政法规、地方性法规三个层次的法律规范构成的中国特色社会主义法律体系如期形成，社会主义经济建设、政治建设、文化建设、社会建设、生态文明建设实现有法可依。这是我国社会主义民主法制建设史上的重要里程碑，是中国特色社会主义制度走向成熟的重要标志，具有重大的现实意义和深远的历史意义。中国特色社会主义法律体系，以宪法和法律的形式确立了国家发展中带有根本性、全局性、稳定性和长期性的一系列重要制度，是中国特色社会主义永葆本色的法制根基、创新实践的法制体现、兴旺发达的法制保障。

中国特色社会主义法律体系形成后，我们全面分析我国法制建设面临的新形势新任务，强调中国特色社会主义法律体系是动态的、开放的、发展的，必然随着中国特色社会主义实践的发展而发展，我国立法任务依然艰巨而繁重，立法工作只能加强不能削弱；强调要在新的起点上继续加强和改进立法工作，把更多的精力放到法律的修改完善上，放到推动法律配套法规的制定修改上，同时为适应经济社会发展需要制定一些新的法律，不断完善中国特色社会主义法律体系；强调法律的生命力在于实施，法律体系的形成总体上解决了有法可依的问题，要更加注重宪法和法律的有效实施，切实做到有法必依、执法必严、违法必究，切实维护宪法和法律的权威和尊严。为弘扬社会主义法治精神，作出进一步加强法制宣传教育的决议，开展纪念现行宪法公布施行三十周年活动。五年来，全国人大及其常委会共审议法律、法律解释和有关法律问题的决定草案九十三件，通过八十六件。

——扎实开展监督工作。全面贯彻实施监督法，按照"围绕中心、突出重点、讲求实效"的工作思路，加强法律监督和工作监督，完善监督工作方式方法，监督和支持国务院、最高人民法院、最高人民检察院的工作，推动中央重大决策部署贯彻落实。加强对经济工作的监督，涉及宏观经济运行、经济结构调整、预算决算、"三农"工作、资源环境保护、重要领域改革等方面，促进经济持续健康发展。加强对民生工作的监督，推动以保障和改善民生为重点的社会建设，促进基本公共服务均等化，解决人民最关心最直接最现实的利益问题。加强对司法工作的监督，督促审判机关、检察机关完善工作机制，强化队伍建设，规范司法行为，提高司法水平，维护社会公平正义。五年来，常委会共听取和审议"一府两院"七十个报告,组织二十一次执法检查,开展九次专题询问。

——做好代表履职服务保障工作。认真贯彻实施代表法,坚持为代表服务思想,努力提高代表服务保障工作水平,支持和保障代表依法履职。共办理代表议案二千五百四十一件,二百二十七件议案涉及的三十八个立法项目已经审议通过,一百三十六件议案涉及的八个立法项目正在审议。办理代表建议三万七千五百二十七件,建议所提问题已经解决或计划解决的占总数的百分之七十六,代表对建议办理工作表示满意或基本满意的超过百分之九十。邀请代表一千多人次列席常委会会议,三千八百多人次参加执法检查和专门委员会活动。组织代表九千多人次开展专题调研,形成调研报告五百多篇。举办三十三期代表专题学习班,参加学习的代表六千三百多人次。

——形成人大对外交往新格局。坚持服务国家总体外交,充分发挥人大对外交往的特点和优势,积极开展高层交往,稳步推进机制交流,有效利用多边舞台,全面加强与各国议会及多边议会组织的友好关系,形成全方位、多渠道、宽领域、深层次的人大对外交往格局。目前,全国人大与十四个国家议会及欧洲议会建立定期交流机制,成立一百零六个双边议会友好小组,加入十五个多边议会组织,成为五个多边议会组织观察员。在对外交往中,坚决维护国家主权、安全、发展利益,增进政治互信,促进务实合作,加深人民友谊,不断夯实国家关系发展的社会基础,为维护我国发展重要战略机遇期发挥了重要作用。

常委会还批准我国与外国缔结的条约、协定和我国加入的国际条约三十九件,决定和批准任免了一批国家机关工作人员。

常委会高度重视自身建设。全面加强思想政治建设、组织制度建设、作风能力建设，牢固树立党的观念、政治观念、法治观念、大局观念和群众观念，不断提升依法履职能力和水平。密切联系群众，深入开展调查研究，向群众学习、向实践学习、向基层学习。办好常委会专题讲座，丰富讲座内容，增强讲座实效。通过多种方式提高人大工作透明度，自觉接受人民监督。虚心听取各方面意见，努力改进工作中的不足。充分发挥专门委员会作用，支持专门委员会依法履职。各专门委员会紧紧围绕全国人大及其常委会的中心工作，认真研究、审议和拟订有关议案，在提高立法质量、增强监督实效、发挥代表作用等方面做了大量工作。加强与地方人大常委会的联系，共同做好新形势下人大工作，推进社会主义民主法制建设。全国人大机关开展深入学习实践科学发展观、创先争优活动，大力加强机关干部队伍建设，充分发挥参谋助手和服务保障作用。

过去五年工作的基本总结

坚持和完善人民代表大会制度，做好新形势下人大工作，是党和人民赋予我们的光荣使命。在以往各届特别是十届全国人大及其常委会工作的基础上，十一届全国人大及其常委会进一步增强坚持和完善人民代表大会制度的自觉性，努力工作，积极探索，不断丰富人民代表大会制度的理论与实践，积累了新的宝贵经验，开创了人大工作新局面。在工作中，大家体会最深的是以下六个方面。

一、牢牢把握人大工作正确的政治方向。全国人大是最高国

2013 年 3 月 8 日，十二届全国人大一次会议在北京人民大会堂举行第二次全体会议。吴邦国作全国人大常委会工作报告。

家权力机关，在国家政治生活中发挥着重要作用。坚持正确政治方向，是做好人大工作的根本，事关国家和民族的前途命运。我们始终坚持以马克思列宁主义、毛泽东思想、邓小平理论、"三个代表"重要思想、科学发展观为指导，坚定不移走中国特色社会主义政治发展道路，坚持党的领导、人民当家作主、依法治国有机统一，牢牢把握人大工作正确政治方向，并贯穿于行使职权的全过程，落实到履行职责的各方面。

一是坚持党的领导。中国共产党是中国特色社会主义事业的坚强领导核心，以全心全意为人民服务为根本宗旨，党的主张凝聚了全党全国人民的集体智慧，体现了最广大人民的共同意愿。我们自觉坚持党对人大工作的领导，贯彻党的基本理论、基本路线、基本纲领、基本经验、基本要求，落实中央重大决策部署，使党的主张通过法定程序成为国家意志，使党组织推荐的人选通过法定程序成为国家政权机关的领导人员，从法律上制度上保证党的路线方针政策贯彻落实，保证党总揽全局、协调各方的领导核心作用充分发挥，确保人大各项工作，无论是立法、监督工作，还是决定重大事项、行使人事任免权，都有利于加强和改善党的领导，有利于巩固党的执政地位，有利于保证党领导人民有效治理国家。

二是坚持和发展中国特色社会主义。中国特色社会主义是党和人民长期实践取得的根本成就，是当代中国发展进步的根本方向，只有中国特色社会主义才能发展中国。我们坚定对中国特色社会主义的道路自信、理论自信、制度自信，牢牢把握社会主义初级阶段基本国情，紧紧围绕全面建成小康社会奋斗目标，坚持以经济建设为中心，坚持四项基本原则，坚持改革开放，推动科学发展，着力改善民生，促进社会和谐，及时将改革开放和社会主义现代化建设的实践经验上升为法律，推动宪法和法律有效实施，推动中央重大决策部署贯彻落实，充分发挥最高国家权力机关在坚持和发展中国特色社会主义伟大实践中的保障和促进作用。

三是坚持和完善人民代表大会制度。我国是工人阶级领导的、以工农联盟为基础的人民民主专政的社会主义国家。人民代表大会制度是体现我国国家性质、保证人民当家作主的根本政治制度，也是党在国家政权中充分发扬民主、贯彻群众路线的最好实现形式。我们深刻认识我国人民代表大会制度的本质特征，理直气壮地坚持自己的特色、发挥自己的优势，不断推进人民代表大会制度自我完善和发展；充分认识我国人民代表大会制度与西方资本主义国家政体的本质区别，坚决抵制各种错误思想理论影响，在重大原则问题上立场坚定、旗帜鲜明。我们借鉴人类政治文明有益成果，但绝不照搬西方政治制度模式。

二、紧紧围绕党和国家工作大局开展人大工作。人大工作是党和国家工作的重要组成部分，涉及中国特色社会主义事业总体布局的方方面面，事关改革开放和社会主义现代化建设的顺利进行。只有服从服务于党和国家工作大局，人大工作才能取得党和人民满意的效果。我们始终从党和国家事业发展的全局来谋划和推进人大工作，依据人大工作定位和特点，统筹安排立法、监督等各项工作，集中力量、突出重点、务求实效，着力推动中央重大决策部署贯彻落实。

一是紧扣加快转变经济发展方式这条主线，推动科学发展。针对我国产业结构不合理、科技创新能力不强、现代服务业发展滞后等突出矛盾以及国际金融危机的冲击和影响，常委会在每年听取审议计划执行情况报告的同时，专门安排听取审议应对国际金融危机、转变经济发展方式、调整经济结构、"十一五"规划纲要实施情况中期评估以及服务业、旅游业发展等报告，检查科技进步法实施情况，修改专利法等。常委会组成人员强调，我国粗放型增长方式已经难以为继，加快经济结构调整刻不容缓，国际金融危机冲击使得调整的任务更为凸显、更加紧迫。要正确处理解决当前困难与实现长远发展的关系，化严峻挑战为发展机遇，变市场压力为调整动力，牢牢把握扩大内需这一战略基点，把更多精力放到提高经济增长的质量和效益上来，使应对国际金融危机冲击的过程成为增强发展可持续性的过程。一要加快传统产业转型升级，大力发展战略性新兴产业和先进制造业，推动企业向产业链和利润高端调整。二要大力发展服务业特别是现代服务业，促进制造业与服务业、现代农业与服务业融合发展，提高服务业在国民经济中的比重。三要完善以企业为主体、市场为导向、产学研相结合的技术创新体系，推进科技与产业、科技与金融紧密结合，加大科技投入，着力突破关键核心技术，加快科技成果产业化，加强知识产权保护，推动经济增长更多依靠创新驱动。

完善社会主义市场经济体制，促进公有制经济和非公有制经济协调发展，是加快转变经济发展方式的重要内容。十届全国人大制定的物权法，体现社会主义初级阶段基本经济制度，确立了平等保护物权的原则。本届常委会制定企业国有资产法，保护国有资产权益，防止国有资产流失。还听取审议国有企业改革与发展、促进中小企业发展等报告，强调要毫不动摇发展公有制经济，推动国有资本向重要行业和关键领域集中，深化国有企业改革，健全国有资产监管体制和国有资本经营预算制度，营造有利于国有企业改革发展的良好舆论环境，不断增强国有经济控制力、影响力；要毫不动摇发展非公有制经济，着力改善中小企业发展环境，拓宽融资渠道，放宽市场准入，保证各种所有制经济依法平等使用生产要素、公平参与市场竞争、同等受到法律保护。

　　常委会始终把推动解决"三农"问题摆在重要位置。制定农村土地承包经营纠纷调解仲裁法，修改农业技术推广法，检查农业法等五部涉农法律实施情况，听取审议国家粮食安全、农田水利建设、促进农民稳定增收等六个报告，强调要落实最严格的耕地保护制度，切实保障农民土地承包经营权，加大对粮食主产区和农田水利建设投入，提高农业科技进步贡献率，发展专业化、标准化、规模化、集约化生产；完善强农惠农富农政策，加大财政"三农"投入，加强现代农业建设，支持农民多渠道转移就业，推进社会主义新农村建设，推动城乡发展一体化。

　　针对资源环境约束加剧的严峻挑战，常委会制定循环经济促

2012 年 7 月 16 日至 21 日，吴邦国赴黑龙江大兴安岭、佳木斯、抚远、鸡西等地调研。图为 7 月 19 日吴邦国在黑龙江农垦建三江管理局二道河农场万亩大地号察看水稻长势。

进法，修改可再生能源法、水土保持法、清洁生产促进法，听取审议环境保护、水污染防治、土地和矿产资源管理等报告，开展环境影响评价法、清洁生产促进法、节约能源法执法检查，从法律层面和工作层面促进绿色发展、循环发展、低碳发展，推进社会主义生态文明建设。结合听取审议国务院应对气候变化工作情况报告，常委会作出关于积极应对气候变化的决议，进一步明确我国应对气候变化的指导思想、基本原则和措施要求，强调要坚持共同但有区别的责任原则，同国际社会一道积极应对全球气候变化。国务院高度重视贯彻常委会的决议，提出我国控制温室气体排放行动目标，既维护了我国的发展权益，又展示了良好的国际形象，得到国际社会的广泛好评。

为贯彻党的十七届六中全会精神，常委会听取审议文化体制改革、文化产业发展等报告，并制定非物质文化遗产法，开展文物保护法执法检查。常委会组成人员强调，促进文化大发展大繁荣，要坚持社会主义先进文化前进方向，坚持中国特色社会主义文化发展道路，坚持把社会效益放在首位，继续深化体制机制改革，完善公共文化服务体系，大力发展文化事业，积极发展文化产业，弘扬中华优秀传统文化，更好地满足人民精神文化需求。

二是围绕加强和创新社会管理，促进社会和谐稳定。为推进网络依法规范有序运行，保护公民个人及法人电子信息安全，作出关于加强网络信息保护的决定。近些年来，网络技术迅猛发展、广泛运用，对促进经济社会发展发挥了重要作用，同时也带来很多严重问题。社会各方面强烈呼吁加强网络社会管理、严厉打击网络违法犯罪，全国人大代表也多次提出议案建议，要求尽快制定网络安全方面的法律。常委会认真总结网络发展和管理的实践经验，分析国外网络立法情况，广泛听取各方面意见，以法律形式保护公民个人及法人电子信息安全，确立网络身份管理制度，明确网络服务提供者的义务和责任，并赋予政府主管部门必要的监管手段。常委会的决定对促进社会和谐，维护国家安全和政治稳定，确保国家长治久安具有重要意义。

常委会制定人民调解法，总结人民调解工作积累的好经验好做法，从法律上完善这一具有中国特色的非诉讼纠纷解决方式，明确人民调解与其他纠纷解决机制的关系，加强对人民调解工作的支持和保障，努力将民间纠纷和社会矛盾化解在基层，解决在萌芽状态。为预防和减少因医疗损害、环境污染、产品缺陷等引发的社会矛盾，在侵权责任法中对归责原则、赔偿范围及标准等作出明确规定，更好地起到平衡利益、定分止争的作用。为强化公共安全体系建设，及时修改道路交通安全法和消防法，听取审议相关工作报告，强调要坚持警钟长鸣、常抓不懈，加大交通肇事行为处罚力度，加大人员密集场所消防设施建设，大力整治安全隐患，切实保障人民群众生命财产安全。为推动加强基层社会管理服务，开展城市社区建设有关问题专题调研，强调要充分发挥我国的政治优势和制度优势，强化基层党政组织、城乡社区群众自治组织社会管理和公共服务职能，努力提高社会管理科学化水平。

三是抓住改革发展面临的深层次矛盾，推动重要领域改革。改革开放以来，我国城乡居民收入不断增加、生活水平不断提高，但收入分配领域也逐渐积累了一些突出矛盾和问题。合理调整收入分配关系，既是事关全局的一项重大改革，也是转变经济发展方式的客观需要。常委会对此高度重视，二〇一〇年将国民收入分配问题作为调研的重点课题，提出尽快制订收入分配改革方案的意见和建议，为中央研究编制"十二五"规划提供重要参考。二〇一一年又着重就提高居民收入在国民收入分配中的比重、提高劳动报酬在初次分配中的比重、规范收入分配秩序、强化税收调节作用等问题，组织开展专题调研，要求有关方面认真落实"十二五"规划纲要确定的目标任务，尽快扭转收入差距扩大趋势，形成合理有序的收入分配格局，使发展成果惠及全体人民。

针对调研中发现的一些地方政府融资平台公司数量多、举债融资不规范、不少地区和行业偿债能力弱等问题，我们及时提出要高度重视防范和化解地方政府性债务风险。国务院于二〇一〇年十二月部署地方政府性债务专项审计，并在二〇一一年的审计工作报告中向常委会汇报了专项审计情况；与此同时，我们就化解地方政府性债务风险开展专题调研。常委会组成人员强调，要抓紧清理地方政府融资平台公司，对已形成的地方政府性债务要区别情况、分类处理，逐步化解地方政府性债务风险；地方政府性债务收支要纳入预算，接受同级人大审查和监督，地方各级预算要按照量入为出、收支平衡的原则编制，不能打赤字。

建立健全县级基本财力保障机制，关系到国家基层政权建设和经济社会发展大局。针对一些地方县级财政困难，二〇〇八年常委会在审查中央决算时提出，要力争用二至三年时间建立起以保工资、保运转、保民生为目标的县级基本财力保障机制。随后，就这个问题多次开展专题调研，并在二〇一二年听取审议国务院相关报告。常委会组成人员对这些年县级基本财力保障工作取得的积极进展给予充分肯定，同时强调要进一步合理界定县级政府支出责任，提高一般性转移支付比重，大力发展县域经济，健全中央和地方财力与事权相匹配的体制，增强基层政府提供基本公共服务的能力。

二〇〇八年五月四川汶川特大地震灾害发生后，我们按照中央部署紧急行动，第一时间召开委员长会议，听取国务院专题汇报，根据特事特办原则，立足灾区实际需要，建议动用中央预算稳定调节基金，建立灾后恢复重建基金；六月份的常委会会议，专门听取审议国务院抗震救灾工作报告并作出决议，全力支持国务院和有关方面的工作，动员全国人民支援灾区、共克时艰，并批准二〇〇八年中央预算调整方案，为抗震救灾及恢复重建提供资金保障；十二月份的常委会会议，在总结抗震救灾实践经验的基础上，对防震减灾法作出重大修改，为抗震救灾及恢复重建提供法律保障。

香港特别行政区基本法、澳门特别行政区基本法的解释权属于全国人大常委会。常委会审议通过关于香港特别行政区基本法第十三条第一款[1]和第十九条[2]的解释，明确国家豁免属于外交事务范畴、决定国家豁免规则和政策属于中央的权力、香港特别行政区须遵循国家统一的国家豁免规则和政策。这是第一次由香港特别行政区终审法院在审理案件过程中，就基本法有关中央人民政府管理的事务和中央与特别行政区关系的条款，提请全国人大常委会进行解释。常委会审议通过关于澳门特别行政区基本法附件一第七条[3]和附件二第三条[4]的解释，明确修改澳门特别行政区行政长官和立法会产生办法的程序，并在认真审议澳门特别行政区行政长官提出的有关报告基础上，作出关于澳门特别行政区二〇一三年立法会产生办法和二〇一四年行政长官产生办法有关问题的决定。还分别对香港特别行政区、澳门特别行政区行政长官和立法会产生办法修正案给予批准或备案。常委会作出的有关解释和决定，确保了"一国两制"方针贯彻落实，确保了两个基本法全面正确实施。

三、把维护最广大人民根本利益作为人大工作的出发点和落脚点。在我国，国家的一切权力属于人民，人民是国家和社会的主人。人民通过各级人民代表大会行使国家权力，管理国家和社会事务、管理经济和文化事业。我们始终坚持人民主体地位，坚持走群众路线，从人民的实践创造中汲取智慧，从人民的发展要求中获得动力，努力使人大各项工作更好地反映民意、集中民智、贴近民生，实现好维护好发展好最广大人民的根本利益。

一是健全民主制度，发展人民民主。选举权是人民当家作主的基本权利。我们贯彻落实党的十七大精神，修改选举法，实行城乡按相同人口比例选举人大代表，保证各民族、各地区、各方面都有适当数量的人大代表，更好地体现人人平等、地区平等、民族平等。提出做好全国县乡人大换届选举和全国人大代表选举工作的指导意见，就十二届全国人大代表选举的有关法律问题作出决定。各地坚持党的领导、充分发扬民主、严格依法办事，全国县乡人大换届选举顺利完成，十二届全国人大代表顺利产生，代表结构进一步优化，为坚持和完善人民代表大会制度提供了坚实的组织保障。

基层民主制度是人民依法直接行使民主权利的重要制度保障。常委会修改村民委员会组织法，完善村委会选举和罢免程序，健全村民会议、村民代表会议等民主议事制度，强化信息公开、村务监督、民主评议等方面规定，保证基层群众更好地行使民主选举、民主决策、民主管理、民主监督的权利。检查工会法实施情况，强调要全心全意依靠工人阶级，健全企事业单位民主管理制度，保障职工的知情权、参与权、表达权、监督权。

二是加强社会领域立法和监督，保障和改善民生。为推进城乡社会保障体系建设，常委会制定社会保险法，明确国家建立基本养老、基本医疗和工伤、失业、生育等社会保险制度，并对群众最为关心的基本养老保险关系转移接续，提高基本养老保险基金统筹层次，建立新型农村社会养老保险制度和新型农村合作医疗制度等作出原则规定。修改老年人权益保障法，适应我国人口老龄化趋势，确立社会养老服务体系的基本框架，逐步提高老年人保障水平。听取审议农村社会保障体系建设、社会救助工作情况报告，要求加快实现新型农村社会养老保险全国覆盖，逐步提高新型农村合作医疗补助标准，尽快解决失地农民社会保障等问题，切实保障城乡生活困难群众基本生活。还组织有关专门委员会就农村社会保障体系建设开展跟踪检查，并听取审议跟踪检查报告，有力地推动了相关工作，新农保参保人数从二〇一〇年初的三千三百二十六万人增加到二〇一二年底的四亿六千万人。

住房、医疗和教育是人民群众十分关心的重大民生问题。常委会听取审议城镇保障性住房建设和管理、深化医药卫生体制改革进展情况报告，并开展专题询问，强调要建立可持续的保障性住房建设资金投入机制，严格区分保障性住房和改善性住房的界限，建立健全保障性住房公平分配和运营机制，真正使低收入住房困难户得到实惠；医药卫生体制改革要优先满足群众基本医疗卫生需求，着力解决群众反映强烈的"看病难"、"看病贵"问题。为规范义务教育，十届常委会修改了义务教育法，明确规定义务教育经费纳入财政预算，义务教育不收学费杂费，并就此开展执法检查，本届常委会又开展新一轮执法检查，重点推动落实义务教育经费保障机制。还听取审议国家中长期教育改革和发展规划纲要实施情况报告，强调要确保二〇一二年国家财政性教育经费支出占国内生产总值的比重达到百分之四。

食品安全、饮用水安全关系人民群众身体健康和生命安全。针对食品非法添加、滥用食品添加剂等突出问题，常委会制定的食品安全法明确规定，只有在技术上确有必要、经过风险评估证明安全可靠的食品添加剂才能使用；确需使用食品添加剂的，必须严格执行食品安全标准规定的品种、范围和用量。还两次开展食品安全法执法检查，推动国务院及其有关部门健全食品安全统筹协调机制，完善食品安全标准体系，建立风险监测和评估机制，开展食品非法添加、滥用食品添加剂专项整治，依法查处了一批典型案件。为推动解决城乡居民饮用水安全问题，在听取审议国务院相关报告时，要求切实加强饮用水水源保护和管理，积极推进农村饮用水安全工程建设和城市供水管网改造，着力提升水源、水质监测能力和突发事件应急处置能力。

消除贫困、实现共同富裕，是社会主义的本质要求。为贯彻二〇一一年中央扶贫开发工作会议精神，我们把推动扶贫开发作为监督工作的重要内容，深入大别山革命老区等地，实地了解连片特困地区群众所思所盼，立足当前、着眼长远，提出依托本地资源优势发展特色农业、开展农村金融改革试点、建设工业园承接产业转移、加强职业教育、完善基础设施等具体措施，并加强同国务院有关部门及地方政府的沟通协调，推动这些重大举措落到实处，努力探索革命老区脱贫致富、科学发展的新路子。常委

2012 年 6 月 20 日，吴邦国在安徽省金寨县燕子河镇大峡谷村与群众亲切交谈。

会还听取审议少数民族和民族地区经济社会发展情况的报告，组织有关专门委员会开展调查研究，督促有关方面认真贯彻实施民族区域自治法，落实中央加快民族地区经济社会发展的政策措施，加大在基础设施建设、优势产业发展、基本公共服务、扶贫开发和生态保护等方面的支持力度，推进民族地区实现跨越式发展。

三是完善诉讼、刑事、行政法律制度，尊重和保障人权。十届全国人大通过的宪法修正案，明确将国家尊重和保障人权载入宪法。按照这一宪法原则，我们贯彻中央司法体制改革精神，修改刑事诉讼法，正确处理惩治犯罪与保障人权的关系，从证据制度、辩护制度、强制措施、审判程序、执行程序等方面对现行刑事诉讼制度作了重要补充和完善。修改民事诉讼法，进一步保障民事案件当事人诉讼权利，健全举证制度，完善调解与诉讼衔接机制，强化民事诉讼法律监督。为落实宽严相济的刑事政策，十届常委会修改的人民法院组织法，将死刑案件核准权统一收归最高人民法院，本届常委会审议通过的刑法修正案（八），取消十三个经济性非暴力犯罪死刑罪名，使我国刑罚结构更趋合理。行政强制制度和国家赔偿制度直接涉及公权力的行使和公民合法权益的保护。在制定行政强制法和修改国家赔偿法过程中，坚持正确处理权力与权利、权力与责任的关系，既赋予国家行政机关、审判机关、检察机关必要的权力，又对权力的行使进行规范、制约和监督，避免和防止权力滥用，切实维护公民、法人和其他组织的合法权益。

四、充分发挥人大代表参与管理国家事务的作用。全国人大代表是最高国家权力机关组成人员。尊重代表的权利就是尊重人民的权利，保障代表依法履职就是保证人民当家作主。我们始终把充分发挥代表作用作为坚持和完善人民代表大会制度的重要内容，在总结实践经验的基础上修改代表法，进一步推进代表工作制度化，提高代表服务保障工作水平，更好地发挥代表参与管理国家事务的作用。

一是保证代表参加行使国家权力。出席人民代表大会会议，审议和表决各项议案、报告和其他议题，是代表参加行使国家权力的主要形式。为充分保证代表的民主权利，每次大会前，组织代表审阅和讨论拟提请大会审议的重要议案，认真听取代表意见和建议；会议期间，坚持发扬民主、集思广益，督促有关方面根据代表的意见和建议，修改完善各项议案和报告；会议结束后，及时将代表审议意见汇总整理，送有关方面研究改进工作。充分保证代表知情知政，及时向代表提供经济社会发展情况等材料，适时举办形势报告会，组织代表开展集中视察和专题学习，帮助代表了解党和国家重大决策以及有关工作进展情况，为代表审议好议案和报告创造条件。

二是增强代表议案和建议办理实效。提出议案和建议是代表依法履职的重要内容，办理代表议案和建议是国家机关的法定职责。常委会每年听取审议各专门委员会关于代表议案审议结果的报告，听取常委会办公厅和有关方面关于代表建议办理情况的报告。代表议案和建议承办单位注重加强与代表的联系，邀请代表参加座谈会和专题调研，共同研究办理方案，有关专门委员会还加强对重点办理代表建议的跟踪督办，努力使议案办理过程成为提高立法质量的过程，使建议办理过程成为推动改进工作的过程。职业病防治法的修改，就吸收了代表提出的明确用人单位责任、发挥工会组织作用、加强工作场所环境检测等意见。宁夏代表团建议中提出的保障西海固地区饮水安全、实施生态移民搬迁以及发展节水高效农业等问题，内蒙古代表团建议中提出的保护草原生态、增加牧民收入等问题，经过持续跟踪督办和各方面共同努力，已经得到较好解决，一些好的做法还在全国推广。这不仅是充分发挥代表作用的结果，更是人民当家作主的重要体现。

三是扩大代表对常委会工作的参与。常委会由代表大会产生，对代表大会负责，受代表大会监督。常委会注重紧紧依靠代表做好各项工作，建立健全代表参与常委会工作的机制。在制定立法规划和年度立法、监督工作计划时，认真研究代表议案和建议反映集中的突出问题，并作为确定立法和监督项目的重要依据。在开展立法、监督工作的过程中，邀请相关领域和熟悉情况的代表参与立法调研、专题调研和执法检查，邀请代表列席常委会会议和专门委员会会议，重要法律草案还书面征求全体代表意见，充分采纳代表提出的合理建议。列席会议和参加活动的代表精心准备、积极参与，为提高常委会工作质量发挥了重要作用。

四是密切代表同人民群众的联系。人大代表工作和生活在人民中间，同人民群众保持着密切联系，对党和国家的方针政策、宪法和法律的贯彻实施体会最深刻，对现实生活中的实际问题、人民群众的愿望呼声了解最深入。加强和改进代表联络服务工作，在省级人大常委会设立全国人大代表联络处，建立健全二百六十多个全国人大代表小组，完善代表小组活动方式，拓宽代表联系人民群众的渠道，支持代表通过多种形式听取和反映群众意见。围绕改革发展稳定的重大问题，每年组织代表开展专题调研，并将调研报告转交有关方面研究处理，为党和国家决策提供参考。

五、坚持民主集中制原则、依法按程序办事。我国宪法规定，国家机构实行民主集中制原则。人大是国家权力机关，统一行使国家权力，国家行政机关、审判机关、检察机关都由人大产生，对它负责，受它监督。全国人大及其常委会依照宪法和法律的规定，根据党的主张和人民的意愿，通过制定法律、作出决议，决定国家大政方针，并监督宪法和法律的实施，监督和支持"一府两院"依法行政、公正司法。我们正确处理人大与"一府两院"的关系，做到依法履职、尽职尽责，但不代行行政权、审判权、检察权，保证各国家机关在党的领导下，按照各自职责和分工，协调一致地开展工作，共同为建设中国特色社会主义服务。在具体工作中，注意加强与"一府两院"的沟通协调，共同研究解决立法中存在的主要矛盾和问题；就执法检查、专题调研、计划和预算决算初步审查中发现的问题与有关方面交换意见，将常委会组成人员的审议意见送"一府两院"研究处理，并要求依法向常委会报告研究处理结果；针对法规备案审查中发现的同宪法和法律相抵触的问题，及时与制定机关加强沟通、提出意见，督促自行修改或废止。实践证明，人大依法加强监督，有利于促进"一府两院"改进工作，推动国家各项工作法治化；"一府两院"自觉接受人大监督，有利于依法行政、公正司法，保证人民赋予的权力始终用来为人民谋利益。

人大工作的特点是遵循民主集中制原则，依照法定程序，通过会议形式，集体行使职权，集体决定问题。常委会坚持发扬民主，严格依法按程序办事，保证常委会组成人员充分发表意见包括不同意见，在基本达成共识的基础上，依照法定程序、通过会议形式进行表决，实行一人一票，按照多数人的意见作出决定。在具体工作中，充分发挥协商民主优势，对于意见分歧较大的法律草案和重要事项，采取积极慎重的态度，需要调研的深入调研，需要协商的耐心协商，需要论证的充分论证，真正做到集思广益。还修改常委会议事规则、委员长会议议事规则等，进一步规范议事程序、提高议事效率。正是坚持充分发扬民主、严格依法按程序办事，保证了人大通过的法律、作出的决议更好体现人民的共同意志，更加具有权威性。

六、坚持从国情和实际出发推进人大工作创新。创新工作方式方法，推动人大工作与时俱进，是坚持和完善人民代表大会制度的内在要求，也是做好新形势下人大工作题中应有之义。

我们按照宪法和法律的规定，坚持从国情和实际出发，扎实有序推进人大工作创新，做了大量开创性工作，进一步增强了工作实效。

一是探索科学立法、民主立法新途径。健全法律草案公布机制，法律草案公布实现常态化。常委会审议的法律草案原则上都在中国人大网上公布，重要法律草案还在主要新闻媒体上公布，广泛征求社会各界的意见，同时健全吸纳公众意见反馈机制，积极回应社会关切。这既是扩大人民有序参与立法的过程，也是科学决策民主决策的过程，还起到了普及法律知识的作用。五年来，先后向社会公布四十八件法律草案，共有三十多万人次提出一百多万条意见。个人所得税法修正案草案公布后，收到二十三万多条意见，在综合考虑各方面意见基础上，经过反复协商和充分审议，常委会对草案作出重要修改，将工薪所得减除费用标准提高到三千五百元，并降低了工薪所得第一级税率。

开展立法后评估试点，建立立法后评估工作机制。选择科学技术进步法、残疾人保障法等六部法律，通过问卷调查、实地调研、案例分析等多种形式，对法律制度的科学性、法律规定的可操作性、法律执行的有效性等作出客观评价，为修改完善法律提供重要依据。农业技术推广法的修改，就吸收了立法后评估报告提出的明确农业技术推广机构公益性质、强化公益性农业技术推广服务等意见，进一步增强了法律的针对性和可操作性。

二是创新监督工作方式方法。询问和质询是人大对"一府两院"实施监督的法定形式。常委会结合听取审议国务院有关报告，分别采取分组会议、联组会议等形式开展专题询问，邀请国务院有关部门主要负责同志到会听取意见、回答询问，同常委会组成人员深入交流，共同研究解决问题的办法，同时通过电视、网络等媒体进行现场报道和直播，产生积极社会反响。会后，选择常委会组成人员关注的重点问题加强跟踪监督，推动有关方面改进工作。

预算监督是常委会的重要职权。为增强监督实效，将以往在六月份常委会会议上听取审议中央决算报告时一并审议当年前五个月预算执行情况的做法，改为在八月份会议上专门听取审议当年预算执行情况的报告，重点审查全国人大批准的预算及预算决议执行情况、中央财政转移支付情况、重点支出资金到位和使用情况等，同时加强对政府性基金预算、国有资本经营预算执行情况的监督，推动建立政府全口径预算决算制度。

跟踪监督是这些年人大推动解决重点难点问题的一个好办法。十届常委会通过加强跟踪监督，推动解决了拖欠出口退税、拖欠农民工工资、超期羁押等一批长期得不到解决的问题。本届常委会在认真总结经验的基础上，更加注重综合运用多种监督形式反复督查、一抓到底，更加注重把加强监督与修改完善法律结合起来，着力推动解决问题并建立长效机制。为推动劳动合同法有效实施，常委会在这部法律正式实施的当年就进行执法检查，针对国际金融危机背景下我国劳动就业面临的新情况新问题，强调要千方百计稳定和扩大就业，防止拖欠职工工资和大规模裁员，提高中小企业和劳动密集型产业劳动合同签订率。二〇一一年又组织开展第二轮执法检查，并在去年对劳动合同法作出修改，重点解决劳务派遣被滥用及不规范问题，明确劳动合同用工是我国的企业基本用工形式，劳务派遣用工只是补充形式，对劳务派遣工作岗位作出更加明确的界定，严格控制劳务派遣用工数量，强调劳务派遣人员享有同工同酬的权利。

三是丰富调查研究方式。调查研究是做好人大工作的内在需要，同时也有利于推动有关方面的工作。我们把加强调查研究作为改进工作作风的突破口，充分发挥常委会组成人员、专门委员会组成人员理论功底扎实、实践经验丰富的特点，在做好立法调研和监督调研的同时，积极探索调查研究的新方式，围绕中央重大决策的研究制定和宏观调控政策的贯彻实施，多次组织专门委员会、工作委员会主动开展专题调研，提出务实中肯的意见和建议。为有效应对国际金融危机冲击，二〇〇九年国务院提出增加中央政府公共投资计划。考虑到这一投资计划不仅数额大、涉及面广，而且实施时间紧、工作任务重，我们选择保障性住房建设、教育卫生等民生工程、技术改造和科技创新、农田水利建设等四个题目开展专题调研。针对调研中发现的有的项目前期工作不扎实、配套资金不落实、进展不平衡以及个别地方滥铺摊子等突出问题，及时与地方政府和国务院有关部门交换意见，推动研究改进工作、完善政策措施，更好地发挥政府公共投资在保增长、调结构、促民生方面的作用。

各位代表，十一届全国人大常委会取得的成绩，归功于党中央的正确领导和全国人民的高度信任，是全国人大代表、常委会组成人员、各专门委员会组成人员以及机关工作人员辛勤工作的结果，也是国务院、最高人民法院、最高人民检察院协同配合和地方各级人大及其常委会大力支持的结果。在此，我代表十一届全国人大常委会向大家表示衷心的感谢！

今后一年工作的总体安排

二〇一二年十一月召开的中国共产党第十八次全国代表大会，高举中国特色社会主义伟大旗帜，确立科学发展观的历史地位，提出夺取中国特色社会主义新胜利的基本要求，确定全面建成小康社会和全面深化改革开放的目标，对新的历史条件下推进中国特色社会主义事业作出全面部署，描绘了全面建成小康社会、加快推进社会主义现代化的宏伟蓝图，为党和国家事业进一步发展指明了方向，同时也对加强和改进人大工作提出了新的明确要求。我们要深入学习贯彻党的十八大精神，把智慧和力量凝聚到落实党的十八大提出的各项任务上来，增强责任意识和忧患意识，以更加奋发有为的精神状态做好人大工作，把人民代表大会制度坚持好完善好。

要坚定不移走中国特色社会主义政治发展道路，以保证人民当家作主为根本，以增强党和国家活力、调动人民积极性为目标，发展更加广泛、更加充分、更加健全的人民民主，支持和保证人民通过人民代表大会行使国家权力，推进社会主义民主政治制度化、规范化、程序化，充分发挥我们党是中国特色社会主义事业坚强领导核心的政治优势，充分发挥国家一切权力属于人民的制度优势，充分发挥国家机构实行民主集中制原则的体制优势，确保国家永远沿着中国特色社会主义道路奋勇前进。

要紧紧围绕全面建成小康社会的宏伟目标，充分发挥最高国家权力机关的作用，依法行使立法、监督、决定、任免等职权，加强立法工作组织协调，加强重点领域立法，从完善社会主义市场经济体制、推动经济发展方式转变、保障和改善民生、加强和创新社会管理、建设社会主义文化强国、推进生态文明建设等方面，及时修改和制定相关法律，充分发挥法律的引领、推动和规范、保障作用；加强对"一府两院"的监督，推动中央提出的一系列新目标新举措落到实处，着力推动科学发展、促进社会和谐，着力改善人民生活、增进人民福祉，让中国人民过上更加幸福美好的生活。

要全面推进依法治国，更加注重发挥法治在国家治理和社会管理中的重要作用，维护国家法制统一、尊严、权威，完善中国特色社会主义法律体系，推进科学立法、民主立法，拓展人民有序参与立法途径；强化对权力运行的制约和监督，督促和支持国家机关依照法定权限和程序行使权力，保证有法必依、执法必严、违法必究；深入开展法制宣传教育，提高领导干部法律意识和依法办事能力，引导人民群众依法表达合理诉求、维护合法权益、解决矛盾纠纷，加快建设社会主义法治国家，实现国家各项工作法治化。

二〇一三年是全面贯彻落实党的十八大精神的开局之年，也是十二届全国人大及其常委会依法履职的第一年。按照党的十八大精神，根据中央经济工作会议的部署，常委会办公厅会同有关方面拟订了二〇一三年常委会工作要点和立法、监督工作计划，并经十一届全国人大常委会委员长会议原则通过，对今年的工作作出预安排。一是抓紧研究制定五年立法规划，继续审议预算法、商标法、环境保护法、土地管理法修正案草案和旅游法、资产评估法、特种设备安全法草案等。二是听取审议深入实施西部大开发战略、城镇化建设、反贪污贿赂等报告，检查行政复议法、义务教育法、可再生能源法等法律实施情况，围绕加强对政府全口径预算决算的审查和监督等开展专题调研，结合审议农村扶贫开发、传染病防治等报告开展专题询问。三是完善代表联系群众制度，认真办理代表议案和建议，组织好代表闭会期间活动，组织好代表履职学习，支持和保障代表依法履职。

我们相信，在党中央的坚强领导下，在全国各族人民的大力支持下，新一届全国人大及其常委会一定能够不负重托、不辱使命，推动人大工作不断迈上新台阶，为坚持和完善人民代表大会制度、全面建成小康社会作出更大贡献。

各位代表，中国特色社会主义事业站在了新的历史起点上，中华民族伟大复兴的光明前景催人奋进。让我们紧密团结在以习近平同志为总书记的党中央周围，高举中国特色社会主义伟大旗帜，以邓小平理论、"三个代表"重要思想、科学发展观为指导，万众一心、开拓进取、扎实工作，为全面建成小康社会、夺取中国特色社会主义新胜利而努力奋斗！

注　释

[1] 见本书（下）《明确香港特别行政区的外交、国防等事务由中央人民政府负责管理》注 [1]。

[2] 见本书（下）《明确香港特别行政区的外交、国防等事务由中央人民政府负责管理》注 [2]。

[3]《中华人民共和国澳门特别行政区基本法》附件一第七条规定："二〇〇九年及以后行政长官的产生办法如需修改，须经立法会全体议员三分之二多数通过，行政长官同意，并报全国人民代表大会常务委员会

批准。"

[4]《中华人民共和国澳门特别行政区基本法》附件二第三条规定："二〇〇九年及以后澳门特别行政区立法会的产生办法如需修改，须经立法会全体议员三分之二多数通过，行政长官同意，并报全国人民代表大会常务委员会备案。"

编辑统筹：张振明
责任编辑：郑　治　朱云河
封面设计：肖　辉　王欢欢
版式设计：汪　莹
责任校对：胡　佳　马　婕

图书在版编目（CIP）数据

吴邦国论人大工作：全2册／吴邦国　著 . —北京：人民出版社，2017.8
ISBN 978 - 7 - 01 - 018251 - 3

I.①吴…　II.①吴…　III.①吴邦国 – 文集②全国人民代表大会 – 工作 –
文集　IV.① D2–0 ② D622–53

中国版本图书馆 CIP 数据核字（2017）第 221784 号

吴邦国论人大工作
WU BANGGUO LUN RENDA GONGZUO

吴邦国　著

人民出版社 出版发行
（100706　北京市东城区隆福寺街 99 号）

北京尚唐印刷包装有限公司印刷　新华书店经销

2017 年 8 月第 1 版　2017 年 8 月北京第 1 次印刷
开本：710 毫米 ×1000 毫米 1/16　印张：44
字数：501 千字　插页：6

ISBN 978 - 7 - 01 - 018251 - 3　定价：112.00 元（上、下）

邮购地址 100706　北京市东城区隆福寺街 99 号
人民东方图书销售中心　电话（010）65250042　65289539